山本英史編

東アジア海域叢書1

近世の海域世界と地方統治

汲古書院

近世の海域世界と地方統治　目　次

東アジア海域叢書 1

『近世の海域世界と地方統治』序

山本英史

一

「我は海の子、白浪のさわぐいそべの松原に、煙たなびくとまやこそ、我がなつかしき住家なれ」で始まる童謡「われは海の子」は一九一〇年に尋常小学読本唱歌として選定された際、次のような第七番目の歌詞があったことは存外知られていない。「いで大船を乗出して、我は拾はん、海の富。いで軍艦に乗込みて、我は護らん、海の国」。日露戦争に勝利して富国強兵に成功した後を受けて、さらに韓国を併合した年に作られた歌詞には当時の日本人にとっての海域世界に対する感覚が極めてよく反映されている。

他方その少し前の十八世紀末から十九世紀にあっては、林子平が「細カに思へば江戸の日本橋より唐、阿蘭陀迄境なしの水路也」（『海国兵談』第一巻）との警句を発し、さらには魏源が「四海の内、其の帆横の到らざるは無し。凡そ有土有人の処、睥睨相度し、其の精華を梭削するを思はざるは無し」（『海国図志』巻五二）と危惧するように、東アジアにとって海域世界は欧米諸国からの軍事的脅威に直接繋がり、それゆえに海防が急務とされた場所であった。

しかし、それ以前の、すなわち十八世紀以前の東シナ海や南シナ海を中心とする海域世界は、途中、元寇や倭寇の風浪にさらされることがままあったにせよ、前近代の悠久な時間にあっては総じて〝静謐〟を保ち、中国という群を抜いた中心で生み出された政治機構や経済制度、文化、風俗習慣などが平和裏に伝播する媒体として、その拡大、発展、変容に寄与してきたことは疑いない。海とは交流を遮断する障壁では決してなく、むしろ反対に多くの地域を相互に結ぶ役割を果たすものであった。

二

本書は以上のような海域世界の特徴を踏まえ、東アジアの中核で形成された地方統治の規範が、十七～十九世紀の東アジア・東南アジア周辺の各地にどのように普及し、それぞれの地域形成・秩序形成の現場においていかに実現されたか、または実現されなかったかを問うために、各地の地方統治官が遺した記録、地方政治に関わる文書、地方統治のマニュアル類を検討することを目標に掲げた。そして具体的には中国中核部における明清時代の地方統治官の行動事例を基軸としつつ、中華帝国の周辺の事例および中華帝国の外縁に位置するベトナム、琉球、フィリピンの事例を取り上げて比較検討することを共通の課題とした。さらに①東アジア海域世界の中核部に位置する浙江寧波の清代における地方統治の規範的言説とその実態、②東アジア周辺における規範と受容のあり方、および規範と現実との関係、③東アジアの地方統治官の在地勢力との関係の偏差、などを念頭に置きながら、その実証的な解明を進めた。

本書に収められた諸研究の基礎となったのは「東アジアの地域形成と地方統治官：規範の普及と現実」として立ち上げた研究プロジェクトであった。これは二〇〇五年度に発足した文部科学省科学研究費補助金特定領域研究「東アジアの海域交流と日本伝統文化の形成――寧波を焦点とする学際的創生――」（略称「にんぷろ」）の一環として始まったものであった。「にんぷろ」は歴史学、思想史、文学史、美術史、芸術史、仏教学、考古学、人類学、建築学、船船工学、数学等、総数三十四の研究グループからなる大規模研究事業であり、そのうち我々は文献資料研究部門の海域社会研究分野の一つとしての地方統治を担当することになった。

「にんぷろ」本隊は、東アジア海域における人的・物的交流の歴史を多分野横断的に分析し、日本の伝統文化形成過程を再検討するという大きな目標を掲げて、具体的には、「中国大陸において東シナ海に面する中核的港湾都市として栄えた寧波を焦点に、歴史的存在として不断に変化する大陸文化がそれぞれの時点においてどのように日本に伝来し、どう影響を与え、どう変容してきたかという問題を検討する」ことを課題とした。それに対し我々の研究グループは、東アジア海域において寧波が担った中核としての役割、さらにそこから政治、経済、文化の規範が周辺や外縁にどのように普及したかという点においては問題関心を共有しつつ、「日本の伝統文化形成過程を再検討すること」についてはあまり力点を置いていない。また、対象とする時代も他の多くの研究グループが主に扱う十一～十六世紀からやや下った十七～十九世紀であり、内容的にもまた地方政治組織や統治観念といった分野に偏重している。この点では「にんぷろ」本隊と若干目標に違いがあるが、それはまた同時に我が研究グループの固有の特徴でもある。岸本美緒が「一六世紀から一七世紀の初めにかけての東シナ海・南シナ海は、煮えたぎる坩堝《るつぼ》のように国家や文化圏の境が曖昧になり、人々が入り交じっていた海域であったということができる。そのなかから、東アジアでも東南アジアでも新しい国家の枠が固まってくるのが一七世紀から一八世紀である」（岸本美緒「東アジア・東南アジア伝統社会の形成」『岩波講座　世界歴史』13、岩波書店、一九九八年、五頁）とアウトラインを提示するように、清朝が海禁を解いた十七世紀末以降は、それ以前の約百年に及ぶ過熱したブームが過ぎ去り、ヨーロッパ人や日本人商人の自立的な勢力が姿を消した反面、中国人商人の商業活動が活発化し、周辺地域へのヒトとモノの大量進出がそれぞれの地域における政治、経済、文化に大きな影響を与える時代であった。その意味ではこの時代の海域世界において、なお中核の役割を維持し続けた中国の政治組織や統治観念がどのようにしてヒトとモノとともに周辺および外縁に伝えられ、受容され、ないしは変容されて、それぞれの地域における地域形成・秩序形成に影響を及ぼしたかという問題を解明することは、十一～十六世紀の海域世界のあり方、さらには十九世紀後半以降の近代海域世界のあり方と比較する点において特有の意義があると思われる。

三

以下、編者の理解に基づいて本書に収められた論考の概要を述べる。

山本英史「清初における浙江沿海の秩序形成と地方統治官」は、中国の浙江海域を担当した地方統治官の布告や上申書を史料として、十七世紀後半の遷界令解除前後における浙江海域のあり方、それに対する地方統治官の秩序形成認識について論じ、当時の海域地方統治の特徴について明らかにしたものである。

三木聰「裁かれた海賊たち――祁彪佳・倭寇・澳例――」は、同じく中核地域としての中国東南海域である福建沿海部を地域として扱い、ここでは十七世紀初めの明朝による倭寇・海賊の取締と裁判を通して地方統治官たちの海域世界への対応の具体的なあり方を問うている。

巫仁恕（吉田建一郎訳）「明清都市民変研究の再検討――集合行動の角度から――」は従来民衆反乱の一環として取り上げられることが多かった中国の都市民変を「集合行動」（collective action）という新しい概念によって再検討したもので、十六～十八世紀の中国各地の事例を包括的に扱って、その類型化を試みている。

ピエール・エティエンヌ・ヴィル（梅川純代・大道寺慶子訳）「清初の江南における文武の権力関係」は、十七世紀後半に江南知識人たちの手によって著された日記や文集の記事から清朝の江南軍事占領期においては「武」の「文」に対する優位、すなわち軍人・武官が権力を増す一方で地方文官や郷紳の権力が後退低下したことを指摘している。

陳支平（吉田建一郎訳）「民間家族文書から見た清代台湾海峡両岸における移民のパターン」は、近年発見された福建と台湾における十七〜十九世紀に及ぶ蔡氏一族の家族文書を通して台湾海峡両岸の移民の二つのパターン、とりわけ農業開墾を目的とした移民と商業活動を目的とした移民とでは祖籍地の結びつきや文化的精神的な紐帯の相違などが顕著に見られることを論じている。

武内房司「地方統治官と辺疆行政――十九世紀前半期、中国雲南・ベトナム西北辺疆社会を中心に――」は、十九世紀前半の中国内陸部である雲南やベトナム北部地帯を対象地域として、この地域における中国人移民が拡大し、様々な紛争が顕在化する状況の中で清朝の地方統治官が実施した辺境行政が在地社会に与えた影響について検証している。

八尾隆生「社会規範としてのベトナム『国朝刑律』の可能性――書誌学的考察より――」は、十五世紀、ベトナム黎朝初期に唐律・明律、さらには黎朝以前のベトナム律を参考にして編纂された『国朝刑律』が以後ほとんど改変を加えられぬまま四〇〇年もの間、国法として用いられたことを書誌学的な考察を通して明らかにし、その意味について考える。

上田新也「ベトナム黎鄭政権の地方統治――十七〜十八世紀鉢場社の事例――」は、ベトナム・ハノイ近郊の末端行政単位の一つである鉢場社を例にして十七〜十八世紀の紅河デルタを支配した黎鄭政権の国家機構と村落との関係を検討し、それを通して地方統治の実態を明らかにしている。

嶋尾稔「ベトナム阮朝の辺陲統治――ベトナム・中国境沿海部の一知州による稟の検討――」は、十九世紀中葉、中国と国境を接する地方を統治した一地方統治官による報告書《稟》の具体的検討を通して、当時において中国系住民の流入が常態であった辺境地域におけるベトナム阮朝の地方統治にあり方を分析している。

渡辺美季「近世琉球の『地方官』と現地妻帯――両先島を例として――」は、中国本土やさらには朝貢国であった朝鮮・ベトナムでも禁止されていた地方統治官の現地妻帯が十七～十九世紀の琉球では公認されていた事実を明らかにし、その理由としてこの点に限っては日本、とりわけ薩摩藩の影響が大きかったことを挙げている。

菅谷成子「スペイン領フィリピンの中国人統治――支配の正統性原理と総督府あるいは「マニラ市」の利害の交錯するところ――」は、十八世紀末・十九世紀初におけるスペイン領フィリピンの中国人移民社会に対する統治の問題を取り上げ、その統治をめぐって総督府、教会、マニラ市の三者の利害が対立する中、中国人移民は巧みな交流によって自己に有利な条件を引き出すべく行動していた事実を指摘している。

四

本書は地方統治というそれぞれの土地に根差した事象をめぐって、①海域世界の中核であり続けた中国の浙江や福建、②中核地域と海上交通で密接につながる台湾、琉球、フィリピン、③中核地域との海を通しての交流が②ほど密ではないものの、海に連なり海からの影響を受けてきた北部ベトナム、南中国、の三つの地域に大きく分け、「移動する各種の中国系の人々」の管理統制と「移植される政治制度・規範」の受容のあり方を問うたものであり、個別具体的な比較を通して、いくつかの共通性、類似性、差異性の認識を共有し、新たな東アジア海域世界像の提示を試みたものである。このようなあり方が地中海世界などの他の海域世界の場合とどのような点で同じで、どのような点で違うのかという大問題に関して我々にはいまそれに言及する用意はないが、その関連でいえば、本書の実証作業を通して明らかにした諸事実が今後の議論の発展に幾分でも寄与することを望むものである。

ところで、先に触れた魏源は伝統的な中国のあり方を次のように批判している。「彼の、一隅を株守し、自ら封域を画し、而して牆外に天有ること、舟外に知有ることを知らざるは、適《まさ》に井蛙蝸国の識見の如く、自小自蔀するのみ」（『海国図志』巻七六）。前近代の東アジア海域世界にあってヒトとモノとの交流は一貫して活発に続けられてきた。しかし、その中核に居座ったままの中国は、とりわけ地方統治や規範という政治性・思想性を強く帯びた分野に限っていえば、その影響力を一方的に及ぼすだけで、他からの影響を受けることがほとんどない存在だったのかもしれない。この点が東アジア海域世界の他の海域世界とは異なる性格を際立たせている大きな要素であることはほぼ間違いない。

近世の海域世界と地方統治

東アジア海域叢書1

清初における浙江沿海の秩序形成と地方統治官

山本英史

はじめに

本稿は、清朝による海禁政策である遷界令が実施された前後の時代、すなわち十七世紀後半における地方統治と秩序形成のあり方を浙江沿海という特定の地域に即して実態的に把握しようとするものである。

近年の明清史研究の一つの状況として、中国社会を東アジア・東南アジアの海域世界のなかでグローバルに捉えようとする傾向が見られる。そしてその代表的な研究者である岸本美緒は「一六世紀から一八世紀の東アジア・東南アジアの歴史を鳥瞰してみるとき、我々の眼に映るのは、混乱とも見える急激な膨張・流動化から沈静・秩序化へと向かう一サイクルの大きな動きである」との見通しの下、その概括的なデッサンを試みている。(1)筆者はこの見通しを基本的に支持しつつも、ここでは十七世紀後半の浙江沿海という限られた時代と地域に焦点を絞り、その見通しそのものを具体的かつ実証的に検証することに主眼をおく。それは、東アジア・東南アジアに展開された個々の事象は極めて多様な局面によって構成されており、それを包括的に把握するにはそれぞれの地域における、地域に即した固有の事情を勘案し、その情報の集積を目指すことが必要不可欠な基本作業であると考えるからに他ならない。

清朝による海禁政策の実証研究は二十世紀前半から今日に至るまで数多く見られる。(2)しかし、その政策が地域に及ぼした影響やそれに伴う秩序形成などの内政問題との関連において論じた研究はこれまでほとんどないといってよい。近年、改めてこの政策の経済的な影響の有無を問う研究が現れたが、ここでも地域社会の秩序形成の問題に関してはさほど言及されていない。(3)

本稿では、遷界令の影響が及んだ地域の一つである浙江沿海の統治管理の特徴を見出し、それを通して清朝の地域支配の現場を担当した地方統治官の、行政における規範と現実のあり方を明らかにしたい。

一　遷界令の実施と浙江

清朝は鄭成功の海上勢力に対抗するため、順治十五年（一六五八）に海禁を強化し、順治十八年（一六六一）に沿海の住民を内地に強制移住させて海上勢力との接触を遮断する遷界令を山東、江南、浙江、福建、広東の五省に施行した。その中心は鄭成功の勢力が最も強い福建であったが、浙江もまた少なからず影響を受けた。まずはその施行過程をたどることにしよう。

海上勢力としての鄭成功は、父の鄭芝龍が清朝に投降した後もその経済力・軍事力を背景にして清朝に反抗し続けた。また順治五年（一六四八）以後常に沿海を拠点に派兵する一方、父の後を継いで海上貿易に従事していた。清朝はこれに何らかの対策を講じなければならなかった。それがすなわち海禁の強化であった。

海禁をさらに厳しくする方針は、鄭成功の懐柔が期待薄になった順治十一年（一六五四）二月、礼科給事中季開生が提議した「厳海禁」に始まる。(4) 順治十二年（一六五五）六月、浙閩総督屯泰は沿海の関係各省に対し、明代弘治年間の海禁令にならい、「片帆も入海を許すなきこと」を厳命するよう求めた。(5) だが、それは大型船の出航を禁じただけで、小型船の場合、手形があれば出航し、沿海居民が捕魚採薪できることを認めていた点では、なおいまだ比較的緩い海禁であったといえよう。

本格的な海禁は順治十三年（一六五六）六月十六日、浙江、福建、広東、山東、天津の各総督・巡撫・鎮将に対する次のような一切の通海の禁止と違反者への厳罰の命令が出されることによって開始された。

海逆鄭成功等は海辺に潜伏しているが、いまに至るまでまだ徹底討伐できないのは、きっと奸人が密かに渡りをつけて、厚利を貪り、貿易往来して、食糧や物品を提供しているために違いない。法を設けて厳禁しなければ、海上を粛正できない。今後、担当督撫鎮各官は沿海一帯の文武各官に命じ、商民の船隻が勝手に出海するのを厳禁せよ。逆賊と交易する者については、官民の区別なく、すべて報告して斬刑にせよ。担当地方の文武各官で取り締りを行わない者はみな罷免し、重罪にせよ。地方・保甲が結託して見逃す場合はすべて死罪にせよ。沿海地方で大小の賊船が停泊・登岸できそうな場所では、担当督撫鎮各官がみな防守の各官に厳命し、互いに状勢を鑑み、方法を講じて阻むべく、土手を築き木柵を造って、処々防禦を強化し、片帆の入口も一賊の登岸も許さないようにせよ。依然として防衛に怠慢であれば、その担当各官は即刻軍法にかける。担当督撫鎮もすべて罪を審議する。爾らは速やかに上諭に遵い、力を尽して実行せよ(6)。

しかし、鄭成功の部下であり、のち清に投降した黄梧の次の証言によれば、この海禁は必ずしも徹底しなかったことが知られている。

鄭成功がまだ討伐されないのは、福州・興化等がその補給基地になっているからです。南部では米を恵州・潮州に仰がなければ賊糧は維持できず、中部では貨物を興化・泉州・漳州に仰がなければ賊餉は維持できず、北部では材木を福州・温州に仰がなければ賊船は維持できません。いま沿海の補給を禁止しましたが、要領を得ません。賊船は雲をつかむようです。福州・興化から恵州・潮州まで風に乗れば二日で行けます。しかし福建と広東では管轄が異なり、水陸軍に統一した権限がありません。鄭成功が討伐を遁れるのはこのためです(7)。

その結果、清朝は事情に通じた黄梧の献策を採用し(8)、順治十八年（一六六一）に遷界令の実施を戸部に命じた。命令について直接に伝える文献の存在はなお確認されていないが、内容についてはそれに代わる以下の上諭で知ることができる。

江南・浙江・福建・広東の沿海地方は賊の巣窟に近いため、海の逆賊が常にその地を侵犯し、人民たちは安らぐことができなくなった。そこで彼らをことごとく内地に遷移したのだが、それは実際のところ民生を保全するためだった。いま人民たちに対し速やかに田地や住居を支給しなければ、彼らは生活できなくなってしまう。担当督撫に命じて詳しく調査した上でそれらを支給させせよ。必ず担当官みずからが取りしきり、人民たちをふさわしい場所に落ち着かせ、恩恵に浴させるようにせよ。属員に委ねて草率に事を処理してはならない。戸部は速やかに上諭に遵って実行せよ(9)。

遷界令とは、鄭氏の海上勢力に対抗するために清朝中央が該当地方の住民をすべて内地に強制移住させ、牆で境界を設けるよう命じた政策をいい、その前身である海禁令を一層強化し、その徹底を図ったものであった。それは江南、浙江、福建では順治十八年（一六六一）中に、広東省では康熙元年（一六六二）に、山東省では康熙二年（一六六三）にそれぞれ施行されたといわれる(10)。

ところで、「遷界の行はれた地域は以上の二省（山東・江南）の一部の外に、浙江省の寧波・台州・温州の三府、福建の沿海全部、広東の七府二十七州県に亙つた(11)」とされるように、その中心は福建と広東であったが、浙江も影響を強く受けた地域の一つであった。また、「順治一八年、温州・台州・寧波の三府の沿海居民を内地に遷移した。康熙二年、命令を受け、沿海一帯に境界を定めた。烽火台を築き、旗を目印に立て、若干の監視兵を置いて昼夜警備に当たらせた(12)」といわれるように、浙江に限ればその中心は温州、台州、寧波の三府であった(13)。さらに「浙江で遷界令の被害を受けたのは温州・台州・寧波の三府であったが、舟山が最も激しかった。舟山が定海と改称したのは遷界令の後であり、この名前からしてもその被害の激しさが窺われる(14)」と語られるように、寧波府の中でも舟山などの島嶼部の影響が一番大きかった。

順治十三年（一六五六）の海禁令が施行されるにさかのぼること二年の順治十一年（一六五四）、浙江巡撫に就任した秦世禎は浙江における諸問題を以下のように指摘している。

海防には禁令があり、片板も出海を許していない。ましてや現在大海はまだ平定されておらず、とりわけ注意を払わねばならない。近く聞くところでは、沿海地方には樵採や捕魚を口実に無断で出海し、機に乗じて外洋に遠出する居民が多いという。もし居民がこのために内地の消息を漏らし、潜かに奸細と通じて往来するようなことがあれば、事は重大である。内外の奸民の探りを防ごうとすれば、まず船隻が出海してはならないことを厳命しなければならない。このため各道、通行の属県、沿海地方に通達し、居民や沿海の船隻が総じて採捕の名目にかりて勝手に出海し奸悪の種を生じさせてはならないようにする。(15)

秦世禎はまた次のように言う。

海賊がわがままに振舞い、我が軍に逆らっている。およそ清朝の臣民であれば共に仇とすることしきりである。我方が防禦を厳しくすれば、その勢力は海洋にあって困窮し、直ちに絶滅寸前になるはずだが、どうしたものか、一部の奸徒がわずかな利益を貪るため、危険を冒して海賊と連絡を取り、米糧、鞋帽、綢布等の物品を運搬貿易している。奸細が内地に潜入し、補給品を購買することもある。役人は禁止されていることを知らず、下級武官の中には知っていながらわざと見逃す者もいる。このような利敵行為は大いに法を犯すものであり、厳禁しなければならない。(16)

順治十三年(一六五六)の海禁令施行以前において沿海居民の出海はすでに管理統制の下にあったが、徹底を欠いていた。その原因として「海賊」に必需物資を運搬貿易する沿海商人の利益活動とそれを黙認して賄賂を求める官兵の存在があったという。秦世禎はこれが延いては沿海居民の中から海上勢力と内通し、それに軍需を提供することで、結果として海上勢力を支援する者が多発することを憂慮している。こうした懸念が海禁令の強化につながったことはいうまでもないが、遷界令はヒトとモノとの往来を物理的に遮断することで、その海禁令をさらに徹底したものであることから、遷界令の主たる目的もまた沿海居民から外部勢力との接触の機会を奪うことにあったと見てよい。

康熙八年(一六六九)、浙江総督に就任した劉兆麒は遷界令施行直後の浙江の状況を次のように伝えている。

浙江の寧波・紹興・台州・温州の沿海一帯には汛を設けて防衛を分担している。一人の越境も片板の出海も許してはならない。違犯者は奸民であれば磔刑にする。汛の士卒や地方の捕り方で事情を知りながらわざと見逃し、賄賂を取って釈放する者がいればすべて斬刑にする。怠慢から奸民を捕えない者は罷免処罰する。法令を各自遵守しなければならない。(17)

この告示による限り、浙江沿海における遷界令は所期の目的を果たしたかのように見受けられる。もちろん遷界令の施行下においてもなお警備の弁兵が職務を怠る結果、「奸民」が機に乗じて越界する事態が予想されたが、それでもなお遷界令の施行前に比べれば、その越界行動は相対的に抑制されたと見ることはできる。

だがその一方で遷界令が施行された現場の状況を詳細に報じた江日昇は次のように証言する。

当時、境界を警備する士卒には最も権限があった。これに贈賄する者には出入を許した。少しでも恨みがあれば無理やり牆外に出界させ、これを殺しても官は責任を問うことなく、民は口をつぐんで訴えなかった。人々は失業し、号泣の声が道に溢れた。郷民が困苦し一家離散となるひどい情況だった。夫に背き子を棄て、父を失い妻から離れ、老人や子供は野垂れ死にして骸骨が荒野にさらされた。(18)

江日昇によれば、遷界令はむしろ官兵らに新たな無法を許すばかりか、内地に強制移住させられた一般人民にとっての被害が甚大であったという。

鄭氏への対抗策として有効な妙案とされた遷界令ではあったが、その徹底した実施はむしろ沿海居民に及ぼす悪影響の方が大きく、その結果、清朝は施行後数年にして当初の方針の調整を余儀なくされることになった。

二　遷界令の緩和と浙江

遷界令は康熙四年（一六六五）以後、若干の緩和措置がとられ、山東を先駆けに、浙江、福建、広東の三省にも遷界令の適用を緩める命令が下った[19]。その時期は「康熙八年乙酉……命令を受けて展界し、民は幸いにも業に復した」[20]という記事から康熙八年（一六六九）とされている。

具体的な内容は必ずしも明らかでないが、「展界」が命じられ、「民が業に復した」という限りにおいては、少なくとも遷界令で最も弊害とされた「該当地方の住民をすべて内地に移住させ、牆をもって境界を設ける」ことの停止を意味するものであった。しかし、沿海居民の出海や貿易に関しては依然として厳禁方針が堅持されたと見られる。それゆえ、これはあくまでも暫定的な措置であり、海禁の方針そのものが撤廃されたわけではなかった。むしろ「同時に順治十八年の禁令が一層厳しくなった」とされ[21]、沿海地方は外部との接触を一切絶つという海禁の原則に変りはなかったのである。

しかしながら、そうした事実にもかかわらず遷界令が一時的にせよ緩和されたことで、少なくとも浙江沿海の状況は大きく変化することになった。その点について清朝中央は次のような認識を持っていた。

先に沿海遷徙が人民の損失を招くことを恐れ、特に展界を命じて人民が復業し、生活を営むことを許した。いま聞くところでは、沿海地方の奸民はなお海寇と関係し、潜かに往来して、反って良民の不安を招いている。たび禁止命令を出すが、担当各官は陰日なたがあり、先例にならってそれを軽視するため、悪弊が日ごとに増している。地方の汛を守る官兵は賄賂を受けてわざと見逃し、結託して隠し立てするため、奸民の行動がますます激しくなる。また海寇の船隻がしばしば登岸し、略奪行為を働くことを頻りに聞くも、汛の各官兵が漫然として討伐に当たらないのは、とりわけ法をないがしろにするものである[22]。

そこで清朝中央は遷界令を緩和したことで新たに生じた諸問題について、①いま奸民の通海をいかにすれば厳しく禁止できるか、②賊寇の登岸をいかにすれば防止できるか、③戦船水師をいかにすれば編成して訓練できるか、④台寨の修築は防衛に役立つかどうか、の四項目にわたって現場の担当督撫・提督に諮問した。(23) 諮問の筆頭に「奸民」の通海禁止対策を問うている点が注目される。それは、緩和措置により以前から懸念されていた「奸民の越海通賊の問題」が再燃したため、清朝中央にとってこの問題の解決が焦眉となったことを示している。

その諮問に対し、浙江総督劉兆麒は康熙九年（一六七〇）七月に次のように回答している。

思いますに、民間人が越界して悪事をなすのはおおむね三種です。第一は移住させた民です。彼らは生活のために網などを密かに持ち出して越界し、魚を獲って糊口を凌ぐ者です。これは無自覚の窮民です。第二は地方の奸徒です。漁利を羨ましがり、界の内外において船隻を私造し、漁獲期が来るたびに出洋捕魚して、乾魚を売る者です。これは射利の奸民です。第三は他処の奸徒です。内地の貨物を販売し、越界貿易して儲けをもくろんだり、洋物と交換して内地に携え発売したりする者です。これは悪事を行い、法を犯す奸商です。推し量ってみるとだいたいこの三種に尽きます。窮民の越界は生活のためだけで人数も多くなく、夜間に行動するので、士卒も気づきません。もとより罪を免れませんが、その情状は同情の余地があります。しかし、魚を獲って売る奸民と貿易を行う奸商に関しては、糾弾する人数や携帯する貨物も多く、勢い土棍と結託し士卒に贈賄して、その出入を自由にするもので、その悪事は測り難く、憂慮する事態はさらに深いといえます。そこで必ず窮民たちを落ち着かせ、相応しい場所を提供して出海の来源を一掃し、その後奸商・土豪・衿棍・官僕などを厳しく調査して通海の悪因を絶てば、人民にその気持ちが失せ、奸徒も好き勝手に振舞えなくなるでしょう。(24)

彼は、民間人で禁令を守らないのは三種あり、このうち生きるためにやむを得ず出海する「窮民」はともかく、漁獲で射利をたくらむ地元の「奸民」と貿易で巨利を得る外来の「奸商」が大きな問題であり、彼らが内地の土豪・棍徒や駐在する士卒と関係していることがその出入を自由にさせていると分析している。

劉兆麒はこの上諭を受け、治下の人民に対し越界を厳禁する告示を出すが、そこでは違犯者の予想される行動として、次のようなものを具体的に挙げている。

爾ら民どものなかには、愚昧無知であり、旧習を改められず、欲に目がくらみ、情で法を枉げる者がいる。その行動には仲間を集めて越界し魚蝦を採ること、禁制貨物を調達して出海の機会を窺うこと、海上に潜伏する賊徒に敢えて宿を提供すること、密貿易を謀り貨物を海岸に隠すこと、旧知の親戚が海外にいるためなお連絡を取り合うこと、捕魚と偽って船で外洋に出ることなどがある。これらの違法行為は現在まだ実行されてはいないものの、奸民のかつてのやり方が復活するのを避けられない。(25)

さらに劉兆麒は再び治下の人民に対し越界を厳禁する告示を出している。そこでは禁令が遵守されない大きな原因を次のように考える。

反逆の奸徒は海上勢力と販買貿易する者やそれに援助補給する者である。ところが汛の官兵で奸徒からの賄賂を利としてわざと出海を見逃す者や不肖の士卒で奸徒と結託して法を軽んじ貿易の利益を分けあう者がいる。沿海の内側で内通する者がいなければ、外側の奸徒は非望を抱くすべがない。官兵が公平に巡邏すれば、奸徒もまた断じて法網に触れることをやらないはずだ。これは自然の理というものである。(26)

遷界令の暫定的な緩和により少なくとも浙江沿海においては順治十三年(一六五六)に本格的な海禁令が施行される以前に問題とされた状況の復活を招いたと見てよい。

遷界令は康熙十二年(一六七三)十一月に始まった三藩の乱の影響がその翌年の康熙十三年(一六七四)に東南沿海地方に及ぶに至って停止され、さらに同年五月、鄭経が厦門に入るに及んで事実上撤廃されたものの、康熙十五年(一六七六)、福建の耿精忠が清朝に降伏するとともに、見直しの議論が再燃し、康熙十七年(一六七八)に再び施行されるという経過をたどった[27]。しかし、康熙十二年（一六七三）に劉兆麒の後任として浙江総督に就任した李之芳が康熙二十年（一六八一）の状況について、「目下台州・寧波の各汛が日々報じるところでは、賊船が内海をうろつき、しばしば登岸に機会を狙っているという[28]」と明言するように、所期の目的を十全に果たすことは困難だった。それゆえ内地からそれに呼応する存在を抑えることもまた困難を極めたのである。

三　遷界令緩和下の秩序形成

しからば、こうした一連の海禁政策とその実情の中で、沿海地方の地方統治官はその地方の秩序形成においてどのような問題を抱え、それをいかにして解決しようとしたのであろうか。

劉兆麒は遷界令が緩和された直後の浙江沿海地方の状況を次のように理解している[29]。

寧波・紹興・台州・温州等の府は海に面した険しい山の地域であり、第一の要害の地と称される。いま外には游魂がまだ討伐されず、内には多くの奸宄が潜伏している。さらに新たに展界の命を受けた。荒地を開墾するため招来した流民は集まったばかりであり、予防には一層厳しく注意を払わねばならない。そこで本部院は特に申請して、海辺においては船を巡邏させて賊船の探索を防ぎ、内地においては保甲を編立して奸民の越界を防ぐようにした。また官より元手を提供して落ち着かせるのは沿海の持ち主のない田地を窮民に給して開墾させ出海の源を一掃するためである。

劉兆麒は遷界令緩和後の秩序形成にあっては外なる「游魂」に対して引き続き厳重注意を払うとともに、内なる「奸宄」の潜伏に対して一層の警戒を強めることが沿海所轄担当官にとって肝要であると説く。しかし、彼が「浙江と福建は財賦の重点地区であり、海に面した重要な土地である。太平の世になってすでに久しいが、領域は広大であり、災厄は以前と変わらない(30)」といい、また後任の李之芳が「浙江は僻遠の地であり、これまで常に悪人が隠れるのに容易であった。近日無法の輩が流言煽動するのがしばしば発覚したことから、管轄地区は厳戒態勢を取っている。外来の奸細が潜伏して様子を窺い、本地の狂徒が機に乗じて動きだす恐れがあるので、厳しく捜査し患を未然に防がねばならない。城池、庫獄、関津、隘口ではいずれも注意して警備を倍加する必要がある(31)」というように、その困難が予想された。

このような状況の下、浙江沿海地方の統治官は内地行政の規範と秩序を乱す民衆とはいかなる存在であるかを知り、それにどのような管理統制を図るかに主要な関心を抱くようになった。そして彼らが書き残した行政文書ではそのような管理統制を必要とする民衆を「奸民」または「奸徒」と称し、さらに元来は無頼を意味する「棍」または「棍徒」をそれらと同じ意味合いで用いてその名称としたのである。

劉兆麒は滕元である杭州における「奸民」の態様を次のように詳しく述べている。

省都杭州は人家が密集していて悪人が群生している。游手好閑で本業に努めない徒は専ら匪類と結んで悪の限りを尽す。例えば放賭拈頭（賭場を開いて上前をはねる）、火囤紮詐（美人局で詐取する）、包告包准（訴訟を請け負う）、夥告夥証（大勢で訴える）、誆撞太歳（身の程知らずに人を騙す）、造使仮銀（贋金造り）、揑造誹謡（誹謗歌の揑造）、匿名榜帖（匿名の掲示）等である。ただこれらはその旧来からの行動である。次に剪絡白闖（すりかっぱらい）、拐騙掏摸（詐取窃盗）、偸鶏弔狗（こそ泥）、放火打搶（火付け盗賊）、白昼邀奪（白昼のひったくり）、黒夜穿窬（黒夜の侵入）などである。これらはその小手調べのようなものである。ひどい場合では、押し込み強盗や人殺しをすることがある。(32)

彼はさらに次のように言う。

杭州は省都であり、要衝の地に当り、人家が密集している。加えていろいろな所から来た住民が雑居しており、兵・民の区別や善人・悪人の見分けがつかない。近く調べたところによれば、一部の棍徒らが仲間を作って人家が立て込んでいる土地に散居し、郊外の辺鄙な所で様子を窺っているという。納税や交易で財貨を携えて単身城内に来る郷民を見れば公然と強奪し、奪った財貨をあちこち送り渡して脚がつかないようにする。さらに各船着場においてはこれらの輩は船頭に扮装して客商を引き止め、荷の積み替えを名目に途中で舟を停め、金品を奪い取る。彼らは獲物を手に入れると直ちに客商を岸に追い払うため、寄る辺のない客商は被害を受けるも怨みを晴らすすべがない。このように旅人が禍に遭うことは一件に止まらない。地元の人間はそれを明らかに知っているが敢えて止めない。見る者聞く者はみな恐れおののく。棍徒らは城内の市肆や船着場においてともすれば横行して憚らず、さらに郊外の村落において住民に害毒を流すなど、その数は測り知れない。太平の世にあって、このような命知らずの徒が地域に害を及ぼすのをどうして見過せようか(33)。

こうした状況は「浙省の民情は狡猾さが習いとなっている(34)」というように、ひとり杭州城内に止まらず、浙江沿海地方に恒常化しており、「奸民」はこれらの〝不法行為〟による収入源を得て「内地に潜伏し、海外と貿易販売する」のを可能にしていた。

劉兆麒が「浙江は各方面に人々が雑居し、習俗は軽薄であり、奸詐が生じやすく、人の心をはかり知ることができない」として、内地の「奸民」を、①異籍にして当地に毒を流して財を騙し取る者、②土棍にして人を害して揺すりたかりを行う者、③官兵を騙り公然と騒ぎ立てる者、の三種に類型化しているのは興味深い(35)。

このうち①の外地から潜入する「奸民」である棍徒は地方統治官にとって最も警戒を要する存在であったが、遷界令が緩和された環境の下で省会である杭州や沿海の都市においてはそれを完全に食い止めるのは容易ではなかった。彼らはその土地に足場を築くためにも土着の「奸民」である地棍（土棍）と密接な関係を持つ傾向にあった。②の土棍もまた外来の「奸民」との関係を重視し、「人を害して揺すりたかりを行い」易くした[36]。その結果、遊棍は地棍と結託するのでなければ、その奸をほしいままにするに十分でなく、地棍は遊棍に助けを借りるのでなければ、その詐取を行うことができない。この輩は相表裏することを求め、遂に好き放題やるようになる[37]。といった強固な共生関係が生まれ、地方統治官も容易にそれを禁止しえなかった。

しかし、とりわけ注目すべきは劉兆麒も指摘する③のような軍隊と関係を持つ「奸民」の存在である。この点についていま少し詳しく述べよう。

劉兆麒は「奸民」と駐留軍との関係について次のように述べている。

近く聞くところでは、各営に無頼の游棍がいて、兵丁の名にかこつけ、あるいは食糧調達と称し、虎の威をかりて地元の民を苦しめている。共同で店を開き、郷民を威圧する者、賭場を開き金持ちを騙す者、高利貸しを営み民から金を搾り取る者、土妓を匿い美人局を行う者など、いろいろである。さらに兵船を私造し、昼間は塩の密売や客商の貨物を無理やり積み込む。夜間は武器を携えて略奪行為に走る。実にやりたい放題である。また船着場に停泊する船隻には、御上の御用を避けるため、軍隊に身を寄せて庇護を求める者がいる。官兵が船を必要とする時になっても、知県に金を贈るので、依然として兵船の積荷については問い質すすべがない。さらに盗賊が現れたとの報を受けても、定例に遵わず、すぐに兵を発して逮捕しようとはせず様子を見ているだけである。賊が逃げたと聞くと、やっと追捕を口にするが、またまた村中を騒がせ、罪をでっち上げて、善良な民を巻き添えにし、郷村の金品を掠め取る。小民が官兵から受ける惨状は賊から受ける掠奪よりもひどい。種々の害毒を流す有様はとくに激怒に堪えない。これすべて土棍が軍隊に入り込み、結託して悪事をなすに至ったものである。かくなる上は、厳しく禁止命令を出さなければ、民害を止めようがない。[38]

遷界令の施行は沿岸防衛のために駐留していた軍の威勢を高めたことは疑いない。また、前述のように康熙十二年（一六七三）に三藩の乱が起こり、靖南王耿精忠が翌年の康熙十三年（一六七四）、浙江の台州、温州、処州を攻略したことから、浙江全体の緊張が高まり、軍備がさらに増強された。[39] こうした背景から浙江沿海地方においても駐留軍としての緑営の影響力が強くなり、その分だけ官兵や軍属らの横暴による弊害が指摘されるようになった。[40] しかし、劉兆麒はそれに借りて悪事を働くのは官兵一般ではなく、「みな土着の劣兵や地方の悪棍[41]」であると理解していた。また、李之芳も、「軍属が搾取のきっかけを作ったとあれば、無頼の徒が機に乗じて紛れ込むので、その区別が出来ない[42]」と述べている。緑営の兵士の出身は遊民・無頼などがかなりの程度を占めていたといわれ、その選募に当たっては機械的に員数合わせをするだけで、人材技芸を問わなくなっていたことから、遊民・無頼などがそこにかなりの程度を占め、彼らは官軍の権威をバックに不正を敢行したという。[43] 沿岸防衛の増強に伴う兵士のさらなる調達は地元の「奸民」たちが軍隊に入り込んで私利を実現するのに絶好の機会を与えたのである。[44]

劉兆麒は「奸民」が官兵と結託して働く悪行のなかでとりわけその具体的なものとして以下のような営債を挙げている。

杭州城内には奸悪な棍徒がおり、専ら官兵と結託して手広く金貸しを行い、その威勢に借りて高利を取って山分けする。融資の時は七、八掛けに過ぎないのに、全額借りた証文を無理やり書かせる。返還を求める際には利息は五、六割、ひどい時には十割にもなる。証文を書き換えるごとに利息が膨らみ、半年一年の間に元金の何十倍にもなってしまう。借りた方は困り果て先のことを考えられない。しかし貸した方は、誰それには狙いやすい裕福な親戚や友人がいることをあらかじめ調べ、元利が累積するころを待って、家屋を差し押さえ、妻女をかたに取る。なおかつ足りなければ、親戚に取り入って肩代わりを頼むことを強要する。あるいは暴力で脅し、罵声を門前に絶やさない。それを苦にして自殺者まで出る始末だ。さらには公然と官に告発して借金の返済を迫るよう仕向ける。その様は筆舌に尽くせない。ひどいのになると、多年焦げ付いた債権を官兵に与えて取り立てさせる。賭場を開いて上前をはねる。険悪な奸棍が他人を陥れることを思いついたとしても、ほとんど区別できない。官兵は軍に属しており、多忙で収入にも限度があり、余財を蓄積することはとてもできない。その行為は地棍が官兵と結託、事に託けて利をむさぼっていることは明らかだ。それゆえ放債を行う者と仲を取り持つ者とはみな一脈相通じ、巧みに姦計を設ける者である。その苦難はこのままでいけば尽きることがない。(45)

営債とは各地の軍営中の兵士がその特殊な背景を借りて行った高利貸しの一種で、その歴史は古く、三国時代にすでに現れ、宋代以後、史書にその記載が多くなったといわれ、武力を背後にして取り立てを行うことからもとより違法なものとして禁止の対象になってきたものだった。(46) 注目すべきは「奸民」と官兵との関係を取り結ぶ者がいたことである。李之芳はそれについて次のように言う。

浙江の無頼の悪棍は軍隊を利用して利益を上げ、命令に背いて民に災いをもたらすものである。本部院はしばしば禁止命令を出すも、悍兵・悪棍は全く改悛の念がなく、害毒を住民に及ぼすこと、日ごとに甚だしい。……ただその禍根を推測すれば、軍と民間人とは本来面識がないので、やはりある種の仲介役の棍徒がいて、気脈を通じて誘い込み、その結果、罠にはめる者のいることがそれであろう。(47)

ところで、以上のような劉兆麒や李之芳によって指摘されてきた「地棍」ないし「土棍」と呼ばれる者たち、すなわち遷界令の緩和に伴って顕在化し、地方統治官にとって望ましいと思われた沿海地域の秩序形成に〝負〟の役割を果たした一群の内地の「奸民」とは何か。地方統治官の証言から、彼らは第一に沿岸や船着場において外地から来訪する客商や地元の商人・納税者を標的に詐取や掠奪をもくろむ存在であり、第二に賭場を開き、高利貸しや娼館を営んで富裕層から金品を巻き上げる存在であり、第三に船舶を用いて塩の密売や貿易を敢行する存在であることが判明する。殺人、強盗、放火などの凶悪犯を別にすれば、沿海の政治軍事情勢の変化に乗じて一儲けをたくらむ者たちであり、沿海地域を活動の中心として、いくらかの資本を元手に不法営業をもくろむ者たちであることを考えれば、そこからは冒険的な地元商人、ないしそれに繋がる土着民、あるいはその利益を共分有する無頼の姿が浮かび上がってくる。彼らは個々には微力であり、不安定な立場にあったゆえに外来の勢力との関係を密にし、さらには駐留軍の威光を借りることで自らの活動を保障したものと思われる。

劉兆麒はさらに言う。

本業に努めない徒の仲間といえば、たいていは軍隊に名を登録している者や追い詰められて投降した者であり、総じて無頼の土棍を後ろ盾にしている連中である。その集結する場所といえば、たいていは奥まった家屋や辺鄙な通り、人気のない寺廟であり、城の内外、ありとあらゆる所であるが、賭場がとりわけ多い。彼らのなかには呼び集める者、探りを入れる者、加勢に応じる者などがおり、平素はその力量によって用いられるが、いざとなれば争い事を好み、利益を山分けする。地元の民はそれを横目で見、地方官は敢えてそれに近寄ろうともせず、その結果、裕福だが意気地のない者は日夜不安になる。ましてやこれから起こる災厄はなお語るに忍びない。(48)

このような「奸民」に対し、地元の住民はいうに及ばず、地方統治官でさえもあえてその現状に手を着けようとしない事実がそこにあったことが知られる。

四　遷界令解除後の秩序形成

康熙二十二年（一六八三）八月、台湾鄭氏が清朝に降伏した。これより先、康熙二十年（一六八一）二月、福建総督姚啓聖と巡撫呉興祚が前後して遷界令の廃止を要請した。[49] さらに康熙二十三年（一六八四）四月、工部侍郎金世鑑の要請を受け、[50] 同年十月、九卿会議において以下の決定が下された。

いま海外が平定され、台湾・澎湖島には官兵が駐留するようになった。直隷・山東・江南・浙江・福建・広東の各省において先に定めた海禁処分の例はことごとく停止すべきである。もし禁令に違反して硝黄や軍器等の物品を密かに積載して出海貿易する者がいれば、なお律に照らして処分する。[51]

これ以後、浙江においても遷界令が解除され、地方統治官は海上勢力と呼応する「奸民」の取締りに神経を使うことを必要としなくなった。しかしその反面、解禁によって外部からヒトとモノとが流入したことから生じる新たな局面に対して従来とは異なった意味での秩序形成に関心を払わざるを得なくなったのである。

浙江のなかでもとりわけ寧波は遷界令の影響を強く受けた地域であったことから、遷界令の解除はこの地域に大きな状況変化をもたらすことが予想された。康熙二十七年（一六八八）に寧波府知府に赴任した張星耀は、まさしくその遷界令が解除されて間もない寧波の地方行政を担当することになった。彼の公牘『守寧行知録』は当時の寧波の様子を生々しく伝えている。[52]

まずは展海、すなわち遷界令解除直後における寧波の一般情況について、張星耀は告示や詳文の中で次のように語っている。

寧波府は海禁が解除された後、商人が雲の如く集まり、各方面から来た人間の雑居する状況になった。加えて普陀山に近く、参拝の要路となっている。そのため往来が盛んで、とりわけ奸民にとって身を隠すのに容易である。[53]寺院は悪の巣窟、海外はとりわけ悪人を匿う場所である。普陀山の寺院は隔絶された島だが、展海して以来、人が数多く集まってくる。さらに焼香のために往来する者も絶えない。その間に善人・悪人が入り混じらないはずはなく、調査を厳しくしないわけにいかない。[54]

鎮海の関は浙江の門戸です。近日開海して以来、商船や外国船は定海を経由せず、おおむねみな直接寧波に来るようになり、警戒防衛において頼れるのはただ鎮海の一関だけになりました。[55]

沿海地方は皇帝陛下の無窮の仁愛を享け、いま民に対して出海して貿易や採捕を行うことが許されました。これは誠に恩恵にあまねく浴するものであり、大いに喜びとするものです。にもかかわらず、どうして軌道を外れた輩は、洋上の船隻や制しやすい単独の船が人少なく騙しやすいと見るや、ついに掠奪をはばからず、大きな災厄をもたらすのでしょうか。[56]

海洋は広く数省にも亙っています。江浙、福建、広東の船の去来は錯綜していて、ある船は外国と貿易し、ある船は海洋で採捕活動を行うので、住所や行方は定まりません。軍営の各船は外洋の浪風を避けて附近の島に停泊しているので、見張りが行き届かず、巡邏や討伐が十分に及びません。[57]

寧波府は土地が海に臨み、外洋からの船の往来が激しく、四方から商人が盛んに往き来している。ましてやこの厳冬ゆえに奸宄に対し一層警戒しなければならない(58)。

以上の言説が明らかにするように、遷界令解除後の寧波はそれ以前に比べて外洋からの船舶が飛躍的に多く入港したことから、それに伴って各地から商人や遊民が来寧し、さらに普陀山への参拝客も加わって、その分「奸民」が紛れ込む機会も多くなり、地方統治官にとってはこれまで以上に警戒を要する状況になっていたのである。

では、その「奸民」はどんな行動に出たのか。張星耀は寧波における「奸民」の実態を以下のように述べている。

寧波府は海禁が解除されて以後、福建や広東から客商が来航するようになったが、それは予測できない大波を越え、洋々たる大海を渡ってくるもので、その冒険ぶりは言葉では尽せないほどだ。……どうしたものか、奸牙狡儈には良心というものがない。隙あれば次々と欲心を出し、貨物を受け取るとただちに悪巧みを抱き、貨物のすり替えをもくろむ。事が発覚するに及んで、未払いを残したまま、すべてを持ち逃げして行方をくらます。その結果、頼るあてのない客商は涙を呑むことになる。……たとい一、二の現状に甘んじない客商がいて、官府に訴え出たとしても、馴れ合いの官府ではうやむやにしてしまうか、放置して終歳結審しないかである。結審の結果、幸い返還が命じられたとしても、奸牙狡儈たちは金がないとあくまでも言い逃れ、客商には被害額の一割も戻ってこない(59)。

まずはここでいう「奸民」の実体は「奸牙狡儈」、すなわち内地の船着場を舞台とする悪徳の牙行（仲買商）であり、彼らが外来の客商を食いものにする姿を具体的に明らかにしている(60)。他方、張星耀は「厳禁異棍」と題する告示において、

寧波府の東渡門外においては海禁が解除されて以来、商人が雲の如く集まるようになった。本府は奸猾牙儈が客

貨を騙し取ることを恐れ、厳令を出した。また地方官に一体調査させた。牙行が客貨の代金を支払わない等の訴えがあれば、ただちに指令を出している。このように本府の爾ら遠来の客商への対応は大変なものだ。それなのに爾らは本府の気持ちを全く理解せず、拳術を好み、どこまでも騒動を起こし地域に害を及ぼす。種々の不法行為については本府がすでに調査し確かな証拠を握っている。(61)

と述べている。ここでいう「異棍」とは客商に他ならない。客商もまた沿海地域にあっては「異棍」と呼ばれ、仲買業者に劣らない「奸民」だったのである。また、内外の「奸民」は必ずしも対立するものにあらず、「奸徒はみずからを詐称し、地棍と結託し、また、言いがかりをつけては人を騙し、愚かな民を煽動する」(62)とあるように、利害を共にする場合は共謀することもありえた。そして、

近く調べたところでは、一部の不法の光棍がいる。血盟を結び義兄弟の契りを交わして三々五々群れをなし、酒に酔って騒ぎ立て、好き勝手に振る舞う。彼らは游手の徒を一ヵ所に集め、小さいものでは徒党を組んで騒ぎ、大きいものでは市街を占拠する事態を起こし、金を浪費して次第に悪事に手を染める。さらに一種の凶徒がいる。法を守ることを知らず、衆でもって寡を虐げ、強でもって弱を欺く。一旦事あれば衆を集めて暴力沙汰に及ぶ。これはみな地方の大害であり、法の許しがたきものである。(63)

とあり、彼らが組織的な同盟を結ぶと暴力団化する傾向があり、事態は深刻になった。

遷界令解除に伴う寧波固有の問題として、沿海地域を舞台に暗躍する地元の仲買商や外来の客商などが新しい環境の中で一層跋扈するようになったことが挙げられ、地方統治官にとってそれは改めて解決しなければならない案件として映ったのである。

それでは張星耀はこうした「奸民」にどのように対応したのであろうか。彼はまず地元の仲買業者に対しては、

今後は禁令を厳守して確かな商いをせよ。契約は期日を過ぎてはならず、金銭の授受は寸分も違えてはならない。そうすることで客商が義を慕うようになれば、互いに諍いが生じないであろう。商いは爾らの生活の糧ではないか。どうしてこのようなあくどい手段でもって法を軽んじ人を騙そうとするのか。さらにまた客商が本署に救いを求めてきたら、本府は爾らを即刻鎖に繋ぎ、代金の返済をさせるほか、厳しく枷をはめて責め、所払いにして、再び客商の物資を独占することがないようにする。爾ら商人はまた本府の思いを感じ取らなければならない。(64)

と述べ、また外地から来往した客商に対しては、

外来の客商は禁令を厳守しなければならない。取引は平静な心で行え。三々五々集まり酔いに借りてわめき散らしてはならない。また仲間を呼び集めて若者を誘惑してはならない。それでもなお日が暮れて街をぶらつき、多勢を集めて騒ぎ立て、不法行為を好き勝手にやって再び前轍を踏む者があえていれば、地元住民が協力して手捕りにするのを許す。本府は光棍例によって処分することを申請する。本府は「氷心鉄面」（冷酷かつ公正）であり、「言出如山」（口に出したことを変えない）である。先に警告を与えるのは、爾らが身家を守り、穏やかに商いすることを望むからだ。わざと背いて自ら法の網にかかってはならない。(65)

と諭している。張星耀の対応は、仲買商・客商の双方に対してともに法令の遵守と違法への処罰の厳格な適用を明言し、警告と説諭によって不法行為の抑制をはかろうとしたもので、「氷心鉄面」「言出如山」などの慣用句によって官府の「本気ぶり」を強調しているのが特徴といえよう。

ところで、遷界令緩和の際に問題視された「奸民」の行動の一つとしての高利貸しと娼館経営は遷界令が解除された後どのような状況を呈したのであろうか。張星耀はそれについて次のように語っている。

地方において弊害の最たるものは娼館があることだ。風俗の衰退の最たるものは恥を知らないことだ。それは受

け継がれてすでに久しく、悪いこととは思わなくなっている。さらにまた奸棍・豪徒がその仕事を請け負って利を求め、ついには結託して風俗を損なってなお止まない状態である。寧波府は開海して以来、商人が雲の如く集まってくるが、郷民は裕かになれず、客商もいつも損しているのは、多くが貴重な金を娼館で使い果たすからである。とりわけ恨めしいのは、奸棍・豪徒が高利貸し業を利益独占の場、暴力に頼ることを利益獲得の源と見なしていることである。(66)

寧波では高利貸しと娼館経営が結びつき、それが「奸棍」や「豪徒」の利藪になっている状況が続いていたことが知られる。張星耀はそれに対して以下の警告を発している。

本府は「不告之誅」（警告なしで処罰すること）を行わない。そのため再三命令し、告示でもって府内の兵民たちに知らしめる。告示を出した後は各々前非を改め、速やかに出境せよ。もしなお娼婦を隠匿して他所に留め置くようなことがあれば、それが民であれば法によって重く懲罰し、兵であれば営に送って処分する。そうなれば借金証文の破棄に止まらず、その身が徹底追及を受けることになる。本府は「鉄面如氷」（氷のように冷酷）であり、かつ「有言必践」（口に出したら必ず実行する）である。各々命令を厳守し、後悔することのないようにせよ。(67)

ここから「奸棍」や「豪徒」と呼ばれた者たちの主体に「民」のみならず「兵」が含まれていたことが窺われ、彼らが金貸し業に関与していたという意味においては遷界令解除後の高利貸しになお「営債」的なものが続いていたと判断される。そして張星耀はそのような「奸棍」や「豪徒」に対し、ここでもまた「鉄面如氷」や「有言必践」の定型句で警告を与え、「不告之誅」を行わないことを明らかにする。

他方、遷界令解除後の紹興府と杭州府の状況は、張星耀の寧波府知府の就任期間（康熙二十七年―三十四年、一六八八―一六九五）とほぼ同時期の紹興府知府（康熙二十八年―三十一年、一六八九―一六九二）と杭州府知府（康熙三十一年―

三十五年、一六九二―一六九六）を勤めた李鐸の著した公牘『越州臨民録』および『武林臨民録』に具体的に示されている。

李鐸はまず紹興の情況として、「紹興府は山や海が交錯しており、奸宄が出没しがちなため、とりわけ防犯に心がけねばならない。それが保甲を実施し、夜禁を厳しくせざるをえない理由である」(68)といい、また杭州府の情況として、「杭州府は人口が多く、所属の各県は山や海が交錯しており、水陸が入り混じっている。その間にいる人間の奸良の区別がつかないため、調査は厳密にしなければならない。恃みとなる各官は日頃保甲に務め、昼夜巡邏しているので、防犯の基本は整っている。匪類たちがよそ者の奸徒に宿を提供しないのを望むだけである」(69)といい、紹興・杭州の両府もまた「奸民」がその地域に潜入することから厳重な警戒が必要だという、寧波府に似た情況があったことを伝えている。そして紹興府の「埠棍」と呼ばれる船着場に跋扈する「奸民」の様子を次のようにいう。

曹娥・蒿壩・梁湖・百官は寧波と台州の要路であり、商人の往来は盛んである。(70)また近頃、関所を設けて開海したため、客貨は以前よりさらに多くなり、荷車の往来も絶え間なくなった。窮民は貨物の運輸で生計を立て、船頭もまた荷の上げ下ろしで生活している。商人は運ぶ荷の量によって賃金を払い、小民は力仕事で口過ぎする。労使ともに利があるやり方で極めて簡便だ。いま本府が直接探知したところでは、この地には積奸の埠棍がおり、久しく禁絶されているため飯屋を隠れ蓑にしていることがわかった。彼らは荷が船着場に入ると虎視眈々、輸送費を三、四割増してピンはねするのはいうまでもなく、ひどい場合には水夫や脚夫に命じて貨物を奪わせ、一人一貨を店にもってくればその利益を山分けする。結果、頼るあてのない客商は自分の貨物が散逸し、後のことを判断できず、泣き寝入りしてしまうのである。いかんともしがたいのは、往来する垣道は危ない道と見られてしまうことだ。これが「客商の商いがうまくいくと梁湖壩が通れない」という民謡が生まれる理由である。商民を

苦しめることは痛恨の窮みである。(71)

続いて杭州府の「牙埠」について次のように述べる。

杭州府は水陸交通の要衝にして、商人の貿易往来が盛んである。かつて各所の埠頭（船着場の頭）はみな積棍が独占していた。埠頭は客商の貨物を招き入れ、高く吊り上げた運搬費を強要するが、船頭にはその半分も入れないため、商民がそれぞれ迷惑する情況だった。そこで禁止命令を受け、雇船一両につき一銭余以上に手数料を求めることを許さないことを決定した。もし積棍が決められた額以上を強要することがあれば、即刻逮捕して罪を問うことにしたのはすでに知ってのとおりである。ただ積奸の牙埠は船着場に居座っており、その悪習はすでに根深い。船が着くと牙埠はまずその舵櫓風帆を受け取り、それらをことごとく隠してしまう。また荷の積み下ろしを請け負う際にはピンはねをほしいままにする。少しでも言う通りにしなければ、川岸に船を着けさせて任務を放り出す。船頭が諦めて他に頼ろうとしてもすでに舵などは差し押さえられているため立ち去ることができない。そのまま様子を見たとしても、金が尽き食を求めるすべがなくなるだけだ。商人がその要求に応じなければ、荷の積み下ろしは滞り、行程は遅れる。そのため恨みをこらえて牙埠に従わざるを得ない。船頭は手足を労して働くも、糊口をしのぐ僅かな金も稼げない。客商は身を風雨にさらすも、またこの牙埠のひどい仕打ちに遭う。しかし牙埠は人をあごで使い、いながらにして厚利を得る。痛恨の窮みである。(72)

ここでいう「埠棍」ないし「牙埠」とはすなわち船着場における積荷の運搬作業を請け負い、貨物販売の媒介を業とする仲買商を意味するが、遷界令が解除され外部からの貿易船の来航が増えるに連れてその役割も重要となり、それだけ彼らによる〝弊害〟も顕著になったものと思われる。(73)

李鐸はまた紹興の「私債」に触れ、「一部の奸悪の輩はただ利益だけを考え、良心というものが全くない(74)」と述べるとともに、「奸悪の輩はひどい場合には勢宦に頼り、軍隊に名をかり力を恃んで借金の返済を債務者の子女や土地家屋で埋め合わせることを無理強いする。種々の豪悪が民膏を吸い尽し、情け容赦なく金を儲けて大いに法令を犯す」[75]ことを明らかにしている。さらに李鐸は杭州の「放債」についてもほぼ同様の情況を記しているが、[76]とくに省城には「縴棍」なる者がいて、一部の富裕層に対して借金の手引きをし、結果として高利で苦しめる様子を詳しく説明している。[77]ここで注目すべきは、こうした「奸民」は高利貸し業をバネにして多額の資本や土地を集積する「富を為せば仁ならず」（『孟子』滕文公上）の者だったことである。さらにまた彼らの高利貸し業を安定保障するための権力装置として、従来からの軍隊に加えて「勢宦」、すなわち在地の郷紳勢力を対象としていることである。遷界令が解除され、次第に戒厳令的な緊張が緩和された浙江沿海地方においては郷紳勢力の威信は徐々に回復したものと見られ、その勢力は「奸民」が頼るべき対象として再評価するに至ったことを示しているのかもしれない。

以上のような「奸民」に対する李鐸の対応は張星耀と基本的に変わらなかった。すなわち彼は秩序規範を乱す者に対して厳重に処罰する旨を言明するだけだったのである。[78]

だが、果たしてこのような陳腐な定型句による警告の繰り返しは事態の解決に功を奏したのであろうか。最後にいま一度、張星耀の言葉を引用しよう。

知県は天子の命でこの地を治めに来た者でもとより父母の称がある。上が下を愛さなければそれは職務怠慢である。下が上を敬わなければ、これは逆民である。いやしくも牛馬の類でないかぎり、尊卑の分がわからない者はいない。文学の名邦と謳われた爾らの慈谿県でもなお風紀の悪い所がある。例えば廿三都の先に開廷した事件である。そのきっかけは迎龍（年中行事としての龍踊り?）から起こった。迎龍は本府がすでに禁止し、何度も諭したので爾らも聞き知っているはずだ。そもそも迎龍がだめなら執械（凶器を持っての争い）はなおさらだ。執械がだめなら無端（いわれなき争い）はなおさらだ。兵役を殴り、県堂で騒いで物を壊す。世の中を不安にし、反逆に出るものではないか。本府は本来各上官に報告し、余党を追及し、律によって処分し、それによって国法を昭かにしたいと考える。しかし、赤子はもともと無知である。ひとたび法を執行すれば、巻添いをくって必ずや生き残れない。さらに光棍刁徒が機に乗じて騙すことがある。もはや法を免れず、さらにまた財を損なう。爾らが自ら招いた災いとはいえ、心配せずにはおられない。本府はこのような人間が極めて多いことがわかっているので、殷の湯王が網の三面をはずしたようにしばらくは爾らに仁を施しておく。ただし、馮成・董丙・翁五の三犯を枷示するのは、法は犯してはならず、官は欺いてはならず、県堂は鬨がしてはならず、官物は毀してはならず、兵役は殴ってはならないことを爾らに知らしめたいからに他ならない。とりわけ爾らには知県が上への報告をしない恩情と本府の誅求を求めない意向を知らせ、罪を悔い改め、善良な士民になることを望むのである。寛宥な措置が特別なものであることがわからず、法は枷責だけだと思って頑なに行いを悛めなければ、刑法に正されることになり、反って本府のこれまでの情け深く民に接する心に背くことになる。そこで告示を出し、慈谿県の士民たちに知らしめる。以後、本府のいうことを聞き、秩序を重んじて争い事を抑え、廿三郡の馮成等のことをもって戒めにせよ。この太平にあっては鼓腹撃壌して共に聖人の治める世を楽しく生きよ。これは本府が爾ら民に対して深く望むものである。(79)

これは寧波府下の慈谿県の「奸民」の行動、文面から推測される限り集団での暴力が兵役への殴打や県署での騒擾破壊事件に発展した行動を戒めた告示であり、そこには「奸民」に対する地方統治官の心情が集約されている。張星耀は、人民は赤子であり、地方統治官はその父母であることを確認したうえで、「赤子はもともと無知であるから、ひとたび法を執行すれば必ず生き残れない」ので法の執行は猶予する。ただし、主犯の三人を枷示するのは、人民たちに「法は犯してはならず、官は欺いてはならず、県堂は閧がしてはならず、官物は毀してはならず、兵役は毆ってはならざること」を理解させるためであることを強調する。清初の江南においては在地勢力に対して地方統治官の取った行動はスケープゴートの選出とパフォーマンス、見せしめ、恫喝、反復、一罰百戒などを特徴とするものだったが(80)、遷界令が解除された後の浙江沿海地方の地方統治のあり方もこの伝統がそのまま踏襲されていたことが確認できる。

おわりに

本稿では遷界令施行前後の浙江沿海地方の地方統治のあり方を概観した。最後に、これまで述べてきたことを以下にまとめる。

清朝は鄭氏の海上勢力に対抗して海禁政策を強化し、順治十八年(一六六一)からは沿海住民の強制移住を伴う遷界令を実施した。それは途中に若干の緩和措置がとられるものの、海上との交通を一切遮断するという原則を康熙二十三年(一六八四)まで二十年余にわたって基本的に遵守するものであった。浙江はその対象となった五省の一つであり、とりわけ寧波、台州、温州の三府はその主要な地域とされた。

遷界令そのものはその原則が徹底して守られたわけではなかったが、海上封鎖が沿海地方に与えた影響は少なくなかった。それゆえ、遷界令が緩和され廃止されることで、沿海地方には新たな環境の変化がもたらされた。その結果、沿海地方の地方統治官はその管理行政において新たな問題に直面することになった。

地方統治官が改めて問題としたのは、沿海地方におけるヒトとモノの急激な流入だった。そして客商を食いものにする地元の仲買商、反対に外部から揉め事を持ち込む客商、その間に暗躍する無頼組織や流民、彼らの行動の一部を保障する軍隊ならびに郷紳などの在地勢力が結びついて、官が望ましいと見なしてきた秩序を乱すという状況であった。地方統治官はそうした状況を演出する者たちに対してすべからく「奸民」ないしは「棍徒」などの名を付した。彼らの行動は遷界令という状況下にあってもなお発生したが、遷界令が緩和ないし廃止された後においては格段に活発化するものだった。

「奸民が秩序を乱す」という事実は、なにも浙江に限らず、また清一代を通じて各地方統治官が共通して問題にしたことであるが、清朝の地域支配が確立する十七世紀後半の沿海地方のそれは商業貿易の飛躍的な発展ともあいまって特別な様相を呈しており、浙江が〝難治〟、すなわち統治が難しい省とされた理由の一端はここにあったものと見られる。

本稿が対象とした東アジアの海域世界は、十六世紀後半から十七世紀前半にかけての過熱した動乱の時期が終わり、自立的勢力が姿を消した反面、逆に中国人商人によるジャンク貿易が活発化する舞台と化したといわれる(81)。遷界令解除後の浙江沿海の「奸民」のあり方もその反映だった。そして時代は清朝にとってこのような新しい環境を取り込んで、それを秩序の中に整頓し、内政を安定させねばならない時機を迎えていた。しかしながら、当時の浙江沿海部を担当した地方統治官たちはその秩序の再編に対してなお一貫して伝統的な規範の適用を墨守し続けた。それは遷界令施行以前の状況と基本的に変わるものではなかった。彼らは遷界令解除後の時代の変化と浙江沿海地方という特有の地域構造を考慮し、それに順応する抜本的な政策構築の発想を持ちえなかった。その結果、地方統治官は彼らが「秩序を乱す」と見なした商人やそれに繋がる諸人をすべからく「奸民」の範疇に一括し、彼らに対して御題目のように旧態の規範を繰り返すだけだった。それゆえ「奸民が秩序を乱す」という現実はなんら改められることのないまま以後も存続することになり、浙江が〝難治〟であるという認識も清一代にわたって変わることがなかったのである。

註

（1）岸本美緒「東アジア・東南アジア伝統社会の形成・はしがき」『岩波講座世界歴史』13、岩波書店、一九九八年、v頁および同「構造と展開」前掲『岩波講座世界歴史』13、五頁、所収。同様の見解は、同『東アジアの「近世」』山川出版社、一九九八年、四頁、などにもある。

（2）鷹取田一郎「台湾に及ぼしたる遷界移民の影響」『台湾時報』五号、一九二一年。謝国楨「清初東南沿海遷界考」『国学季刊』二巻四号、一九三〇年。田中克己「清初の支那沿海——遷界を中心として見たる——」『歴史学研究』六巻一号および六巻三号、一九三六年。謝剛主（国楨）「清初東南沿海遷界補考」『中和月刊』一巻一号、一九四〇年。浦廉一「清初の遷界令に就いて」『日本諸学振興委員会研究報告』一七号、一九四二年。浦廉一「清初の遷界令の研究」『広島大学文学部紀要』五号、一九五四年。田中克己「遷界令と五大商」『史苑』二六巻二・三号、一九六六年、など。

（3）王日根『明清海疆政策与中国社会発展』福州、福建人民出版社、二〇〇六年。

（4）『清実録』順治十一年二月己巳。

（5）『清実録』順治十二年六月壬申。また光緒『大清会典事例』巻六二九、兵部、緑営処分例、海禁一、順治十二年題准。

（6）『清実録』順治十三年六月癸巳「海逆鄭成功等、竄伏海隅、至今尚未勦滅、必有姦人暗通線索、貪図厚利、貿易往来、資以糧物。若不立法厳禁、海氛何由廓清。自今以後、各該督撫鎮、著申飭沿海一帯文武各官、厳禁商民船隻、私自出海。有将一切糧食貨物等項、与逆賊貿易者、或地方官察出、或被人告発、即将貿易之人、不論官民、倶行奏聞正法、貨物入官、本犯家産尽給告発之人。其該管地方文武各官、不行盤詰擒緝、皆革職、従重治罪。地方保甲、通同容隠、不行挙首、皆論死。凡沿海地方、大小賊船、可容湾泊登岸口子、各該督撫鎮、倶厳飭防守各官、相度形勢、設法攔阻、或築土壩、或樹木柵、処処厳防、不許片帆入口、一賊登岸。如仍前防守怠玩、致有疎虞。其専汎各官、即以軍法従事。該督撫鎮一并議罪。爾等即遵諭力行」。また康熙『大清会典』巻一一八、刑部十、律例九、兵律一、関津、順治十三年六月十六日上諭参照。なお、原檔が内閣大庫檔案に残されているが（〇三八一八九〔『明清檔案』第二八冊A二八—二、所収〕）、内容については大きな違いはない。

(7)『清実録』順治十四年三月丁卯「鄭成功未即勦滅者、以有福興等郡為伊接済淵藪也。南取米於恵潮、賊糧不可勝食矣。中取貨於興・泉・漳、賊餉不可勝用矣。北取材木於福・温、賊舟不可勝載矣。今雖禁止沿海接済、而不得其要領、猶弗禁也。夫賊舟飄忽不常。自福興距恵潮、乗風破浪、不過両日。而閩粤有分疆之隔、水陸無統一之権。此成功所以逋誅也」。

(8)『台湾外紀』巻一一、順治十八年六月。

(9)『清実録』順治十八年八月己未「前因江南・浙江・福建・広東瀕海地方逼近賊巣、海逆不時侵犯、以致生民不獲寧宇。故尽令遷移内地、実為保全民生。今若不速給田地・居屋、小民何以資生。着該督撫詳察酌給。務須親身料理、安挿得所、使小民尽沾実恵。不得但委属員、草率了事。爾部即遵諭速行」。なお、『明清檔案』には順治十八年十二月十八日付けで同様の内容の上諭が二件収録されている(〇三一八一、〇三八一八五)。

(10)光緒『大清会典事例』巻七七六、刑部、兵律関津、歴年事例。

(11)田中前掲「清初の支那沿海(一)」八一頁。

(12)雍正『勅修浙江通志』巻九六、海防二、国朝防海事宜「順治十八年、以温・台・寧三府辺海居民遷内地。康熙二年、奉檄、沿海一帯、釘定界椿。仍築墩堠台寨、竪旗為号、設目兵若干名、昼夜巡探編伝烽歌詞、互相警備」。

(13)浙江省の中でもとりわけ寧波、台州、温州の三府が重要であるという認識は遷界令施行以前から存在した。浙江巡撫佟国器は順治十六年(一六五九)五月六日の上奏において次のように述べている。「浙省拾壱郡……其濱海者有杭州・嘉興・紹興・寧波・台州・温州陸府。陸府之中、寧・台・温参府最重。則以支港錯雑、易於入犯、岸口深広、便於泊舟、故寧・台・温号称三区応設重兵防禦」(『撫浙密奏』不分巻、謹陳浙海形勢逆賊近日情形併設兵機宜)。浙江巡撫朱昌祚は遷界令によって移住させられた寧波、台州、温州の人民の数をそれぞれ一一〇〇〇余人、四六〇〇〇余人、三四〇〇〇余人と報告している(『撫浙移牘』巻一、覆総督賑済遷民)。

(14)謝前掲「清初東南沿海遷界考」八一四頁。

(15)『撫浙檄草』巻一、禁航海船隻「海防有禁、片板不許出洋。況当鯨氛未靖、尤宜加謹提防。近聞沿海地方多有居民、以樵採捕魚為名、私自出関下海、乗機遠出外洋。倘因此透漏内地消息、潜通奸細往来、関係封疆、貽誤匪細。是欲杜奸宄窺伺之端、宜先申船隻下海之禁、合行厳飭。為此牌仰各道、通行属県、沿海地方、凡居民瀕海船隻、総不許仮借採捕名色、擅自出洋、以滋奸釁」。

(16)『撫浙檄草』巻一、申厳通海「海孽不逞、逆我顔行。凡属臣民、同仇志切。若能厳我備禦、因彼窮洋、直是釜底游魂、旦夕可供刀俎。無何、有等奸徒貪射微利、蹈険私通、凡米糧鞋帽綢布等物、搬運貿易。甚有奸細潜入内地、購買接済。有司不知禁防、弁亦有知而故縦者。似此藉寇資盗、大干法網、合行厳禁」。

(17)『総制浙閩文檄』巻一、申飭海孽慎防偸越「浙省寧紹台温沿海一帯、地方設汛分防。毋容一人偸越、不許片板下海。凡有違犯者、奸民梟示。汛守弁兵、地方印捕知情故縦、売放叢奸、一併処斬。疎虞無獲、従重革職治罪。煌煌功令、各宜凛遵」。

(18)『台湾外紀』巻五「時守界弁兵、最有威権。賄之者縦其出入不問。有睚眦、拖出界牆外殺之、官不問。民啞冤莫訴。人民失業、号泣之声載道。郷井流離、顛沛之惨非常。背夫棄子、失婦離妻、老稚塡於溝壑、骸骨白於荒野」。

(19)『清実録』康熙五年一月丁未、福建総督李率泰上疏。同康熙七年十一月戊申、広東広西総督周有徳上疏、等。また、田中前掲「清初の支那沿海（二）」九〇―九二頁、参照。

(20)『台湾外紀』巻一五「康熙八年乙酉二月、奉旨展界、民頼復業」。

(21)田中前掲「清初の支那沿海（二）」九一頁。

(22)『総制浙閩疏草』巻二、条議防海機宜首疏「前以沿海遷徙、恐致民人失所、故特令展界、許民復業、以資生計。今聞、沿海地方奸民、仍与海寇交通、潜相往来、妄行不絶、反致良民不安。雖屢経禁飭、而該管各官、陽奉陰違、視為故事、因循怠玩、奸弊日滋。甚至有地方汛守官兵、納賄故縦、通同容隠、以致奸宄益熾。又海寇船隻、時常登岸、劫掠頻聞。汛守各官漫無勦禦、殊非法紀」。

(23)『総制浙閩疏草』巻二、条議防海機宜首疏「今奸民通海、作何厳行禁止、賊寇登岸、作何勦禦、戦船水師、作何整練。至於修築台寨、有無裨益防守、爾等会同、逐款速行詳確議奏」。

(24)『総制浙閩疏草』巻二、条議稽禁奸民第一疏「臣等窃以民人透越作奸者、其類有三。一係遷移之民、資生之策、私帯網縺等物、偸渡出界、捕魚食用者。此無聊之窮民也。一係地方奸徒、羨慕漁利、或於界内界外、私造船隻、毎逢漁汛、出洋捕魚、発売鰾鮝者。此射利之奸民也。一係他処奸徒、販売内地貨物、越界貿易、希図重価、或換取洋物、携入内地発売者。此則作奸犯法之奸商也。雖従前未必各汛皆有其事。而揆情度理、総不外此三者。蓋窮民偸渡、止為口食之計、人数無多、夜行昼伏、弁兵不及覚査。罪固莫逭、而其情可矜。若捕魚発売之奸民与貿易貨物之奸商、所糾之夥必多、所帯之物必広、勢必勾連土棍、賄囑弁兵、窩隠交通、恣其出入、則其奸叵測、而為患漸深矣。是必安挿窮民、務俾得所、以清出海之源、而厳査奸商・土豪・衿棍・宦僕、以絶通海之孽、庶民不生心、而奸不肆志也」。

(25)『総制浙閩文檄』巻三、飭禁透越「爾民或愚情無知、或旧習難改、或利令智昏、或容情扞法。有聚衆越界、採捕魚蝦者。有収買犯禁貨物以伺出洋者。有海上潜来賊徒、竟敢容留歇宿者。有暗約貿易、携物蔵置海辺者。有因故旧親戚在於海外而仍通書信往来者。有仮称捕魚而乗船偸出外洋者。此等違禁之事、目今雖未有犯、恐奸民故智、難免復萌」。

(26)『総制浙閩文檄』巻四、再禁透越奸弊「不軌奸徒……或販買貿易、或接済通洋。有奸民賄囑汛防官兵、利其貲財、而故意縦放者。有不肖劣弁串通玩法、兵民置貨営運、而瓜分余利者。要見内無細作、則外奸何由覬覦。官兵若能巡緝無私、則奸徒亦断断不敢軽蹈法網。此自然之理也」。

(27)『清実録』康熙十七年閏三月癸卯。

(28)『李文襄公別録』巻六、文告紀事、厳禁奸民通海告示（康熙二十年九月）「今台・寧各汛日報、賊艘游移内洋、屢次登犯」。

(29)『総制浙閩文檄』巻五、飭沿海招集遷民稽察透越「寧紹台温等府為濱海巌疆、最称険要。今者外有游魂未靖、内多奸宄潜生。兼之新奉展界墾荒、招徠流遺、初集防範、更宜厳毖。是以本部院特疏条議、海辺派船巡哨、以禦賊船窺伺、内地編立保甲、以杜奸民透越、沿海無主田地、撥給窮民開墾、官給牛種籽粒、安挿得所以靖出海之源」。

(30)『総制浙閩文檄』巻一、申飭両省武官「浙閩乃財賦奥区、瀕海重地。雖則承平已久、然而幅員遼濶、災祲相仍」。

(31)『李文襄公別録』巻三、飭各道察拿奸宄（康熙十三年四月）「浙属山陬水澨、向来毎易蔵奸。近日不軌之徒、訛言煽動、勾党散劄。屢経発覚、今辺圉戒厳。恐有外来奸細潜跡窺探。或本地狂徒、乗機窃発、必須厳謹査察、弭患未萌。城池庫獄関津隘口、皆当留心倍加防護」。

(32)『総制浙閩文檄』巻五、緝拿土棍「省会人煙稠雑、奸宄叢生。有等游手好閑不事本業之徒、専一結交匪類、靡悪不為。諸如放賭拈頭・火囤紮詐・包告包准・夥告夥証・誆撞太歳・造使仮銀・捏造誹謡・匿名榜帖等事。是其平居之生意也。次而剪綹白闖・拐騙掏摸・偸鶏弔狗・放火打搶・白昼邀奪・黒夜穿窬等事。是其小試之端倪也。甚而塗面盤頭、踰垣入室、明火執械、劫財傷人」。

(33)『総制浙閩文檄』巻四、巡緝不法奸徒「杭城乃省会之区、路当衝要、人居稠密。兼之五方雑処、兵民莫辨、真偽難稽。近訪有等棍徒小厮、結党成群、散処于人煙輳集之処、窺伺於郊関野僻之間。瞯有単身郷愚、或進城完納銭糧、或負貨往来貿易、或肩背包褁、或身帯銀銭、公然搶奪、彼伝此遞、転眼無踪。更有各処船埠馬頭。此輩仮扮舟子、拉扯客商、名為装載、半路停舟、捜奪銀物、到手立時、駆逐登岸、孤身客旅、受害無伸。似此路人遭殃、不一而足。地方隣里明知而不敢攔救。見者側目、聞者寒心。会城市肆、官埠馬頭、輙敢横行無忌、以至郊原曠野村居僻壌流毒閭閻、又不知凡幾許矣。当此光天化日之下、豈容慤不畏死之徒貽害地方」。

(34)『総制浙閩文檄』巻四、訪拿訟師訟棍「浙省民情刁険成習」。

(35)『総制浙閩文檄』巻六、禁緝誆詐奸徒「浙省五方雑処、習俗澆漓、奸詐易叢、人心莫測。……或以異籍而流毒誆財、或以土棍而害人撞歳、或冒旗営而紮詐公行」。

(36)『総制浙閩文檄』巻六、飭禁棍徒詐騙。同巻六、緝拿放火奸徒、『李文襄公別録』巻五、告示、関防詐欺告示（康熙十二年十月）等。土棍と游棍との結びつきについては、山本英史『清代中国の地域支配』慶應義塾大学出版会、二〇〇七年、二一四―二一五頁、参照。

(37)『総制浙閩文檄』巻五、訪拿指詐奸棍「遊棍非串同地棍、不足肆其奸。地棍非仮藉遊棍、不能行其詐。此輩相需表裏、遂無不可為之事」。また山本前掲書二一四頁参照。

(38)『総制浙閩文檄』巻二、飭禁営伍縦兵「近聞、各営有無藉游棍、冒充兵丁名色、或竟頂名食糧、狐仮虎威、播虐閭里。有合夥開舗、欺圧郷愚者。有放頭局賭、誆騙殷懦者。有放印子銭而盤算小民者。有窩蔵土妓而紮詐火囤者。甚且私造営船、昼則興販私塩、強載客貨。夜則懸刀挿矢、劫掠民間、放肆横行、無所不至。更有埠頭船隻、避当官差、投営庇護。及遇営兵需船、又向県官折乾、仍将営船装載莫可誰何。再則聞報盗賊劫掠、不遵定例、不即発兵、追擒遷延観望。及聞賊遁、始借追緝為名、復又沿郷騒擾、指扳良善、猟詐郷村。小民受兵之惨、甚於受賊之劫。種種荼毒、殊堪髪指。此皆土棍鑽入営伍、朋比勾引、以至作孽如是。若不厳加禁飭、民害何止」。

(39)『李文襄公別録』巻五、文告紀事、暁諭安民（康熙十三年四月）。

(40)楢木野宣「清代の緑旗兵」『群馬大学紀要』人文科学篇、二巻三号、一九五三年、等（同『清代重要職官の研究』風間書房、一九七五年、所収）。

(41)『総制浙閩文檄』巻一、禁約営兵不許生事擾民「此皆土著劣兵、地方悪棍、仮威肆虐」。

(42)『李文襄公別録』巻五、文告紀事、示禁悍兵旗厮騒擾（康熙十三年五月）「営厮既開奪取之端、即有無藉之徒、乗機仮冒、真偽莫辨」。

(43)佐々木寛「緑営軍と勇軍」『木村正雄先生退官記念東洋史論集』汲古書院、一九七六年、三五〇—三五一頁。

(44)早急の補充の必要から兵士は皆土着の者だったという（羅爾康『緑営兵志』商務印書館、一九四五年、のち一九八四年に北京、中華書局から再版、二二九頁、参照）。

(45)『総制浙閩文檄』巻一、禁営兵借放民債「杭城有等奸悪棍徒、専一勾合営兵、広放私債、藉其威燄、規取厚利、両下亮分。当放債之時、則止於七折八折、勒写足数之券。及索償之際、則利至五分六分、甚且至於十分。票上転票、息上盤息、不須半載周年之間、竟至倍蓰什佰於本貲矣。彼欠債之人、無聊困乏、只顧目前。而放債之人、則預先探其某為親戚殷実可欺、某為至交家道可擾、延至本利積累之候、封佔房屋、搶縶女妻。猶且不敷券数、則逼其扳親累眷、代為償還。或佩刀乗馬、辱詈盈門、或毀器拿人、箠楚備至。甚有短見自尽、軽棄性命於莫償者。更有公然告理、逼勒官府、代彼追討者。天昏日黒、惨不忍言、人怨神恫、毒難尽述。甚有多年冷債、而送与営兵以索逋、亦有放賭拈頭、而即以博輸為実。借此又険悪奸棍設心陥人、幾於不可方物矣。不思営兵籍隷戎行、不但分身無術、抑且糧餉有限、何従積蓄余財。其為地棍串通借端牟利、不問可知。所以放債之人与勾引居間之人皆属一気貫通、巧設機穽者也。若非力行禁遏、則水深火熱、長此安窮」。

(46)「営債」の語はすでに『三国志』魏志、高柔伝にあり、宋以後史書の記載はさらに多くなる。また『宋史』巻一九三、兵志七には、軍における弊害として、「其弊有六。一曰上下率斂、二曰挙放営債……、似此雖具有条禁、而犯者極多」とあり、すでに弊害の一つとして認識されていた。張忠民『前近代中国社会的商人資本与社会再生産』上海、上海社会科学院出版社、一九九六年、一〇二―一〇三頁に簡単に触れている。また、康熙初に浙江巡撫范承謨の幕友を務めた魏際瑞の文集『四此堂集』巻一〇の「愚民無知者、有急而或借営債、其本或八折、六折、或四、五折、其利重至十分、二十分、或三十分、一時無還、利又作本、例換文書、照例起利、百姓有借銀二、三十両、未及一年、算至二、三百両者」を引き、その流行要因として民間の借貸資本の欠如を挙げている。

(47)『李文襄公別録』巻六、文告紀事、厳禁営債告示（康熙二十一年七月）「浙省無藉悪棍、毎多駕営滾利、違旨殃民。本部院屢経禁飭、悍兵悪棍、全不悔禍自悛、流毒閭閻、日甚一日。……惟是推原禍始、旗営与民人原不相識、乃有一種縴棍、勾通引誘、輙堕牢籠」。

(48)『総制浙閩文檄』巻五、緝拿土棍「問其党羽、大抵掛名営伍、投誠窮迫、而総以無頼土棍為奥援也。問其結聚、大抵深房僻巷、冷静廟宇、城内城外、無処蔑有。而要之窩賭局場、為尤甚也。有招攬者、有探聴者、有応援者、平日則量材而用、臨時則遇事生風、得財則見者有分。地方側目而視、有司莫之敢攖、以致殷懦人家、日不安席、夜不安枕。将来流禍尚忍言哉」。

(49)『清実録』康熙二十年二月辛卯。

(50)『清実録』康熙二十三年四月辛亥。

(51)『清実録』康熙二十三年十月丁巳「今海外平定、台湾・澎湖設立官兵駐劄。直隷・山東・江南・浙江・福建・広東各省先定海禁処分之例、応尽行停止。若有違禁、将硝黄軍器等物、私蔵在船、出洋貿易者、仍照律処分」。

(52)張星耀は直隷武強の人、康熙二十七年（一六八八）より康熙三十四年（一六九五）まで寧波府知府を務めた。『大清畿輔先哲伝』巻一〇、伝三〇、賢能三、また乾隆『寧波府志』巻一六下、秩官、国朝文職官制、参照。『守寧行知録』は全二八巻、康熙三十三年（一六九四）自序刊本、中国国家図書館蔵。

(53)『守寧行知録』巻二六、示檄、申厳禁例「寧郡自海禁大弛之後、商賈雲集、五方雑処。兼密邇普陀、又為進香孔道。往来如織、尤易隠蔵」。

(54)『守寧行知録』巻二五、示檄、緝奸杜害「叢林為納汚之所、海外尤為蔵奸之地。普陀山寺懸隔島洋、自展復以来、聚集緇流、盈千累百。且往来焼香者、又復繹絡不絶。恐其間不無賢奸雜処、稽査不可不厳」。

(55)『守寧行知録』巻一、詳文、諮訪浙省「鎮関為浙省門戸。近日開海以後、商艘番船不由定海、率皆揚帆抵郡、所恃以稽査防範者、惟鎮海一関是頼」。

(56)『守寧行知録』巻一、詳文、請厳泊船「沿海地方、仰荷皇仁浩蕩、許令百姓駕船出海貿易採捕。此誠遐邇沾恩、莫不鼓舞欣忭。豈今不軌之徒、機乗在洋船隻或孤舟可制、人少易欺、竟無忌憚、肆行攘奪、以致劫失」。

(57)『守寧行知録』巻三、詳文、諮詢防海「海洋遼濶、相距数省。江浙閩広之船去来錯雑、且或貿易外番、或就洋採捕、住留靡定、行駛無常。其汎防戦哨各船避外洋之風潮、而住泊於附近島嶴、瞭望難周、巡勦莫及、勢所必至」。

(58)『守寧行知録』巻二一、示檄、禁止夜行「寧郡地衝辺海、洋船絡繹、四方商賈、雑遝往還。況際此隆冬、奸宄更須防範」。

(59)『守寧行知録』巻二三、示檄、厳禁牙人「寧郡自海禁大弛之後、閩広各客航海而来、臨不測之波濤、渉汪洋之瀚海、其為冒険経営、更莫言状矣。……無如、奸牙狡儈不存天理良心、視眈眈而欲逐逐、接貨到家、即行打算。或那東掩西、張冠李戴、或遺新換旧、李代桃僵。及至水落石出、而拖欠不還、席捲潜逃、竟無着落。遂使客旅孤踪、忍泣呑声。……即有一二不甘、告官追究、而因循不察之官府、非為情面註銷、即置終歳不結審。幸而執法追比、則又将敝衣破物、抵死搪塞、較量資本、十不得一」。

(60)清初の牙行による商業秩序の破壊行為については、韋慶遠「清代牙商利弊論」『清史研究通訊』一九八五年四期（同『明清史辨析』北京、中国社会科学出版社、一九八九年、二八九―二九八頁、所収）、山本進「明末清初江南の牙行と国家」『名古屋大学東洋史研究報告』二一号、一九九七年（同『明清時代の商人と国家』研文出版、二〇〇二年、一九四―二〇二頁、所収）に詳しい。

(61)『守寧行知録』巻二三、示檄、厳禁異棍「寧郡東渡門外、自海禁大弛之後、商賈雲集。本府恐有奸猾牙儈呑騙客貲、厳行出示禁約。又檄地方官一体査究。及至放告日期、凡控有牙人拖欠客貨等詞、靡不即為批発。是本府之待爾等遠商、良不薄矣。豈爾等商人全不仰体本府優恤之心、習尚拳勇、一味生事、擾害地方。種種不法、本府已訪聞確有実拠」。

(62)『守寧行知録』巻二二、示檄、関防詐偽「奸徒詐冒、串通地棍、借端騙害、煽惑愚蒙」。

(63)『守寧行知録』巻二三、示檄、厳禁歃盟「近訪、有等不法光棍。歃血訂盟、焚表結義。三五成群、酗酒撒潑、肆行無忌。夫聚游手之徒於一処、小則扛幇闘殴、大則鬨街覇市、金銭乱費、馴至為非。更有一種凶徒。罔知法紀、以衆凌寡、以強欺弱。有事輒聚衆相打。凡此皆地方大害、法所難宥者也」。

(64)『守寧行知録』巻二三、示檄、厳禁牙人「嗣後務当凛守禁約、信実通商。約期毋逾時日、授受不爽分毫。使遠人慕義、主客相安。是即為爾等衣食之源。何必用此奸狡誑騙之術、敢有藐法如故、仍行局騙。再使異郷孤客来府呼籲者、本府立刻鎖拿、於追完客本之外、仍将本人重責枷号、駆逐出境、弗使再行壟断陥客資。爾等商人亦当仰体本府一片熱腸」。

(65)『守寧行知録』巻二二、示檄、厳禁異棍「凡属外来客商、当凛遵禁令、恪守法紀。遇有交易、平心和気、不許三五成群、借酔咆哮。更不許呼朋引類、哄誘子弟。敢有定更之後、沿街行走以及聚衆殴打横行非法、再蹈前轍者、許地方里民協同擒送。本府照光棍例、通詳究治。本府氷心鉄面、言出如山。先行誥誡者。是望爾等之保守身家、和気生財。慎勿故違自罹法網也」。

(66)『守寧行知録』巻二四、示檄、包娼放債「地方之害最壊於有娼。風俗之衰莫甚於無恥。相沿既久、恬不知非。而又有奸棍豪徒包攬覔利、遂致蟠結敗壊而未有已。寧郡自開海以来、商賈雲集、然里民未見殷饒、洋估毎傷虧本、多由有限之金銭、耗入妓館、無多之衣食、塡在青楼。尤可恨者、貸銭放債、挜為壟断之場、倚勢恃強、視為膏腴之穴」。

(67)『守寧行知録』巻二四、示檄、包娼放債「本府不為不告之誅。爰申再三之令、為此示仰闔郡兵民人等知悉。自示之後、各宜痛改前非、速行出境。如有仍前蔵匿、強留他所、或被告発、或経訪聞、民則尽法重懲、兵則移営究処。非惟原券抹銷、抑且直窮到底。本府鉄面如氷、有言必践。各宜凛遵、毋致噬臍」。

(68)『越州臨民録』巻四、告示、申厳保甲夜巡〔康熙二十八年八月二十八日〕「紹郡襟山帯海、奸宄易於出没、尤宜加意防範。是保甲之法不可不挙、而夜行之禁不可不厳也」。

(69)『武林臨民録』巻二、信牌、申厳保甲〔康熙三十一年九月十九日〕「杭郡人居稠密、烟戸万家。而所属各県襟山帯海、水陸雑処。其間奸良莫辦、稽察務宜厳密。所頼印捕各官平日力行保甲、昼夜巡査、則防範有素。庶幾匪類無所客身奸徒無托足之地矣」。

(70)雍正『勅修浙江通志』巻五七、水利六、紹興府には壩や堰として四つの名が見出せる。

(71)　『越州臨民録』巻四、告示、禁埠棍扣剋〔康熙二十八年十一月二十五日〕「曹娥・蒿壩・梁湖・百官為寧台孔道、商賈往来如織。且邇来定関開海、客貨較前更多、輓輸絡繹不絶。是以窮民毎藉搬運営生、而船戸亦頼装載度日。商人量貨給資、小民出力餬口。両利之道、誠甚便也。今本府親訪得、此地有等積奸埠棍、因埠頭久奉禁革、遂爾巧借飯舗為囮。凡遇商貨到壩、眈眈虎視、無論船銭脚価加三加四扣除不等、甚至指使水手脚夫攬奪行李、搶得一人一貨到店、便可分肥肆詐。以致孤行商客、貨物星散、瞻前不能顧後、忍気呑声。無奈遂令往来坦道視若畏途。此所以有客人好做、梁湖壩難過之民謡也。病商剝民、殊可痛恨」。

(72)　『武林臨民録』巻三、告示、厳禁牙埠扣剋〔康熙三十二年四月十日〕「杭郡当水陸要衝、商民貿易往来如織。向因各処埠頭皆係積棍覇充。招接客貨、写船攬載、埠頭高価勒索、及到船戸之手未得其半、商民交困。是以歴奉憲禁、酌定僱船毎両止許付牙用一銭余外、不許多勒分毫、毎於月終親詣査問。如有積棍暗充、額外多索掯難情弊、即行厳拿解究、按月具結申送在案。惟是積奸牙埠盤踞壟断、積習已深。凡遇船隻到埠、先収其舵櫓風帆、尽為蔵匿。迨至攬載、任意重扣。稍不依従、令其泊舟河干、擯斥不問。船戸若欲棄此他図、則業已留質難去。如守候以待、則嚢空覔食無門。倘商賈不遂其重索、則停頓貨物、遅滞行程、勢不得不飲恨呑声以順其慾。是使煢煢舟子胼手胝足、不能覔微利以糊口。彼行商遠客櫛風沐雨、復遭此牙埠之辣手。而此輩頤指気使、坐享厚利。言之殊可痛恨」。

(73)　このような状況の明末清初の江南のあり方については、上田信「明末清初・江南の都市の『無頼』をめぐる社会関係——打行と脚夫——」『史学雑誌』九〇編一一号、一九八一年、に詳しい。

(74)　『越州臨民録』巻四、告示、禁私債重利〔康熙二十八年十月一日〕「有等奸悪之輩、惟利是図、天良喪尽」。

(75)　『越州臨民録』巻四、告示、禁私債重利〔康熙二十八年十月一日〕「甚有倚托勢宦、掛名営伍、準折子女、陥良為賤、逼献田房、使無立錐。種種豪悪吸尽民膏、為富不仁、大干功令」。

(76)　『武林臨民録』巻三、告示、厳禁私債重利〔康熙三十二年三月十九日〕「甚有倚勢托力、準折子女、逼売田産。種種刻剝民膏、真属為富不仁」。

(77)　『武林臨民録』巻二、信牌、厳禁縴棍放印子銭〔康熙三十二年九月二十日〕。

(78)『越州臨民録』巻四、告示、禁埠棍扣剋、『武林臨民録』巻三、告示、厳禁牙埠扣剋。

(79)『守寧行知録』巻二五、示檄、特行誡諭「邑宰一官、天子命来令斯土、原於民有父母之称。上不愛下、是為曠職。下不敬上、斯為逆民。苟非披毛帯角之倫、未有不識尊卑之分者。不意、爾慈素称文学名邦、猶有互鄕。如廿三都者、前開堂一事。其釁起於迎龍。迎龍之非、本府已経示禁、反覆譬暁、想所共聞。夫迎龍不可、何況執械。執械不可、何況無端。揮拳於兵役、喧嚷乎県堂。破案毀鼓、不幾令天日為昏、居然叛逆形逕哉。本府原擬通詳各憲、窮究余党、按律擬戍、以昭国典。因念蚩蚩赤子原属無知。一経執法、株連扳扯、必無噍類。更恐光棍刁徒乗機索詐。既已不免於法、又復重傷於財。雖自作之孽、豈不堪病堪憐。本府稔知実繁有徒、姑開三面。但将馮成・董丙・翁五三犯枷示、無非使爾等知法不可犯、官不可欺、県堂不可閧、官物不可毀、兵役不可殴。尤欲使爾等知県官不通詳之恩、本府不誅求之意、悔罪改過、好義明紀、為善士為良民。若不知寛宥出於格外、以為法止於枷責、剛愎不悛、則刑法縄之於後、反負本府従前忠厚待人之心。合行示諭、為此示仰慈谿県士民人等知悉。嗣後務聴本府之言、須明礼講譲、愛親敬長、尊上急公、忍争息闘、以廿三郡馮成等為戒。乗此清平盛世、撃壌鼓腹、共楽堯天。是本府之所深望於爾民者也」。

(80)山本英史前掲書一七五頁。

(81)尾形勇・岸本美緒編『中国史』山川出版社、一九九八年、二九三―二九四頁。

裁かれた海賊たち――祁彪佳・倭寇・澳例――

三木　聰

はじめに

本稿は、明末における〈地方統治官〉の海域世界への対応について考察しようとするものである。ここで具体的に取り扱う事柄は、明朝による倭寇・海賊の取締の結果としての海賊案件の処理についてである。また、対象とする地域は福建の沿海部であり、明末の行政区画でいえば興化府および漳州府が中心となる。

はじめに、倭寇をめぐるわが国の研究史について一瞥しておきたい。一九五〇年代に発表された佐久間重男・片山誠二郎両氏の研究は、いわゆる〈後期倭寇〉および「海外私貿易」「海上密貿易」に関する特筆すべき成果であった。(1) 佐久間氏が福建の社会経済的状況との関連で倭寇・私貿易の問題を究明される一方で、(2) 片山氏は〈後期倭寇〉を明朝の海禁政策強化にともなう王直等〈自立的中小貿易商人層〉によって惹起された民衆反乱であると看做し、それを〈嘉靖海寇反乱〉と呼ばれたのであった。(3) 特に片山氏の研究は、現時点からみれば、同時代の中国史研究に特徴的な民衆反乱史・農民戦争史という大きな枠組の中に位置づけられるものであった。しかしながら、その後、明清史の分野における倭寇研究がいわば停滞期に入ることで、八〇年代に至るまで、佐久間・片山両氏の研究内容が大きく発展させられることはあまりなかったといえよう。

わが国の倭寇研究が再び活況を呈するようになるのは、一九八〇年代後半に入ってからである。(4) その牽引役を果たされたのは、日本史研究者の荒野泰典・村井章介両氏であった。(5) 荒野氏は、十六世紀の東シナ海域に現出した倭寇・密貿易によるカオス的状況を〈倭寇的状況〉と呼ぶとともに、当該海域に国家・国境を相対化する〈諸民族雑居〉状態の存在を読み解かれたのであった。(6) 他方、村井氏は、主に朝鮮半島周辺で活動する倭寇・海賊集団を国籍・民族を離脱した〈周縁に生きる人々〉、すなわち〈マージナル・マン〉と規定されたのである。[7] 荒野・村井両氏の研究は、その後の海域史研究の進展にきわめて大きな寄与をなしたと評価することができる。

次に、本稿が問題とする明代後期の福建海域をめぐる歴史的状況について簡単に触れておきたい。嘉靖三十年代を中心に吹き荒れた〈嘉靖大倭寇〉――現在ではこの呼称が一般的に用いられている――が沈静化した後、「隆慶初年」において明朝の海域政策は大きく転換することとなった。[8] 明初以来、〈祖宗の法〉として遵守してきた海禁政策が解除され、「東西二洋」への私貿易が公認されたからである。また、漳州府の月港を中心に海澄県が新たに設置され、該県を開港場として中国側からの海外貿易を管理する餉税制が実施されたのであった。[9] その一方で、〈嘉靖大倭寇〉は嘉靖末年の段階で一応の沈静化をみたとはいえ、倭寇・海賊、或いは密貿易の活動は持続的に行われていたのである。[10]

ここで本稿の基本的スタンスについて明示しておきたい。本稿が中心的に扱う時期は、十六世紀の末から十七世紀の初めにかけて、すなわち万暦後半から崇禎初年にかけてである。こうした時期的限定を設ける所以は、本稿が依拠する史料の存在に大きく規定されているからである。主に取り上げる史料は判牘といわれる裁判史料であるが、[11] 明清時代の法制史研究ばかりでなく、社会経済史、或いは社会史研究における判牘の有用性については、濱島敦俊氏の研究をはじめ、すでにいくつかの論考で指摘されているとおりである。[12] 従来、倭寇・海賊、或いは海域史の分野において、こうした裁判史料が利用されることは皆無であったといえよう。

本稿が分析を加える判牘は、次の二種である。一つは汪康謡『閩讞』であり、いま一つは祁彪佳『莆陽讞牘』である。両者ともに、十七世紀の初頭に福建沿海地域の〈地方統治官〉として在任した時期の判牘を収録しており、そこには倭寇・海賊関係の数多くの事案を見出すことができる。すなわち、倭寇・海賊史研究において、判牘史料が有する可能性は意外に大きいものだといえよう。従って、本稿では、当該分野において従来、顧みられることのなかった新たな史料を利用することで、海域をめぐってどのような歴史的世界が拓けてくるのかを考察することにしたい。

一　イメージ／トラウマとしての倭寇

わが国では東京大学史料編纂所に所蔵されている、いわゆる『倭寇図巻』については倭寇に関する貴重な絵画史料として、これまで田中健夫氏をはじめ、多くの研究者に注目されてきた。(13) 当該図巻が題箋に「明仇十洲台湾奏凱図」と記されているものの、嘉靖年間を中心とする〈後期倭寇〉の襲撃と明軍による鎮圧との状況を活写したものであることは周知のとおりである。ここに描かれた倭寇一人ひとりの頭には月代があり、彼らは倭服を着て日本刀・長槍を持ち、さらには日本風の兜や甲冑を身に着けた者さえ見られる。まさしく当時の日本人のイメージが図巻の絵として焼き付けられているといえよう。これに代表される倭寇＝日本人というイメージは、中国では当該時期ばかりでなく、後代においても払拭されることなく持続していたように思われる。(14)

しかしながら、〈後期倭寇〉の集団を構成する者たちの多数が日本人でなかったことは、夙に多くの論者によって繰り返し指摘されており、さらに、近年では華人・華僑を中心に様々な国や地域の人々によって構成される倭寇・密貿易集団を一括して〈倭寇的勢力〉と呼ぶことが一般化しつつある。(15)

さて、ここではまず、些か手垢のついた問題ではあるが、倭寇の出自について書かれた史料を提示することにしたい。それは『明世宗実録』嘉靖三十四年（一五五五）五月の有名周知の記事である。

南京湖広道御史屠仲律、条上御倭五事。一、絶乱源。夫海賊称乱、起於負海姦民、通番互市。夷人十一、流人十

二、寧・紹十五、漳・泉・福人十九。雖概称倭夷、其実多編戸之斉民也。臣聞、海上豪勢、為賊腹心、標立旗幟、勾引深入、陰相窩蔵、輾転貿易。此所謂乱源也。(16)

南京湖広道御史屠仲律は、「御倭五事」を上奏した。一、乱源を絶つこと。そもそも海賊が横行しているのは、沿海の奸民が通番互市することに起因している。［海賊の内訳は］夷人が十の一、流人が十の二、寧・紹が十の五、漳・泉・福人が十の九である。概して倭夷と称しているが、実際にはその多くが編戸の斉民である。臣が聞くところでは、沿海の勢豪が、［海］賊の腹心となっており、目印の旗竿を立て、［倭夷を］深く［陸地に］引き入れて、陰ながら［密輸品を］窩蔵し、それを転がして貿易を行っている。これがいわゆる乱源である。

この史料において屠仲律は、倭寇（「海賊称乱」）と密貿易（「通番互市」）とが分かち難く結び付いていることを的確に指摘しているが、ここで注目すべき内容は次の二点である。第一に、倭寇（「倭夷」）の構成員として夷狄（「夷人」）が十分の一、流氓が十分の二、浙江の寧波・紹興の出身者が十分の五、そして福建の漳州・泉州・福州の出身者が十分の九と書かれていることである。これらの比率を合計すると、何故か十割をはるかに超えることになり、当該の数値を整合的に解釈する術を、現時点で筆者は持ち合わせていない。しかしながら、倭寇の中でも福建沿海三府の出身者が圧倒的多数を占め、それに次いで浙江の寧・紹両府の人間が多くを占めていたと指摘されているのである。第二に、これら福建・浙江の出身者について、その多くが「編戸の斉民」であったという点である。すなわち、倭寇・海賊と呼ばれた者たちの多くが明朝の戸籍に登録された一般の人々であった。こうした点を踏まえるならば、倭寇・海賊問題について検討するとき、改めて福建・浙江沿海の基層社会・地域社会との関連に着目する必要があることになろう。八〇年代後半以降、〈倭寇的勢力〉或いは〈マージナル・マン〉という範疇において、むしろ国や地域から離脱した存在として倭寇・海賊を捉えようとする傾向が強く見られる一方で、近年、公刊された橋本雄・米谷均両氏による〈倭寇論〉に関する研究動向では、上記議論の有効性を確認しながらも「国内史的視点から分析を進め」、「複眼的視野」によって倭寇の「実態／実体」に迫る必要性が主張されている。(17) 両氏のいう「国内史的視点」は日本の場合を想定していると思われるが、同様に、明代の中国についても該当する、きわめて重要な問題提起だといえよう。

ところで、すでに述べたように、隆慶年間の海禁解除後も、倭寇・海賊の活動が下火になったわけではなかった。また、万暦二十年（一五九二）に始まる豊臣秀吉の朝鮮侵略が明朝側に「倭寇朝鮮（倭、朝鮮を寇す）」としてイメージされたように、秀吉の出兵はまさに倭寇の大規模な再来そのものであった。(18) 万暦二十七年（一五九八）の秀吉の死によって日軍の朝鮮半島からの撤退が行われたとはいえ、〈嘉靖大倭寇〉に引き続く秀吉の〈倭寇朝鮮〉は明朝側に強烈な倭寇イメージ、或いは倭寇トラウマとして刻印されることになったと思われる。

『明神宗実録』によれば、万暦三十年代・四十年代においても依然として「倭夷」「倭奴」に対する危機意識は持続的に存在していた。例えば、万暦三十年（一六〇二）十二月には、

兵部題、倭奴狡詐異常、情形叵測、則自内及外、先事設防、皆今日所当亟講者。況閩・広・浙・直沿海地方、無処不可通倭、則随処皆当戒厳。

兵部は［次のように］題奏した。倭奴は異常なほど狡猾であり、その状況は予測不能であれば、則ち内から外まで、予め防備を固めることは、今日、まさに急ぎ講ずべきところのものである。ましてや、閩・広・浙・直の沿海地方は、倭と通じることのできない処は無く、則ち何処でもすべて厳戒すべきである。

と書かれており、(19) 万暦三十八年（一六一〇）七月の福建巡撫陳子貞による「防海要務数款」の上奏に対する万暦帝の上諭にも、

倭夷変詐、這防海事、宜依議通行、申飭遵守、不得疎虞取罪。

倭夷［の本質］は欺瞞的であり、この防海の事は、宜しく提議［内容］に即して通行し、厳しく遵守させるべきであり、疎虞して罰せられるようなことをしてはならない。

と見える。(20)「倭奴」「倭夷」は「狡詐」「変詐」であるという、なかば固定化したイメージの存在を窺うことができよう。また、万暦四十三年（一六一五）九月の礼科給事中余思孳の上奏でも「今日の事勢」の「危ぶむべき者六」の中に「倭夷の交通」が依然として挙げられているのである。(21)

その間、万暦三十七年（一六〇九）には日本の薩摩による琉球への侵攻が行われた。(22)福建の福州府閩県出身で万暦四十年（一六一二）十月当時、中央の吏部文選司員外郎に就任していた董応挙は、題奏した「厳海禁疏」の中で琉球のことにも触れつつ、次のように述べている。

臣閩人也。閩在嘉靖之季、受倭毒至惨矣。大城破、小城陥、覆軍殺将、膏万姓于鋒刃者、十年而未厭、倭之視閩、如薙草焉。……推其禍始、乃緜閩浙沿海奸民、与倭為市、而閩浙大姓、没其利、陰為主持、牽連以成俗。当時撫臣朱紈、欲絶禍本、厳海禁、大家不利、連為蜚語中之、而紈驚死矣。紈死而海禁益弛。于是宋素卿・王直・陳東・徐海・曾一本・許恩之流、争挾倭為難。自淮揚以南、至于広海万餘里、無地不被其残滅、而閩禍始惨矣。当時戚継光、無論東南、閩非国家有也。臣聞、劫数将至、民生外心、昔日東南之乱、天地一大劫也。去今未五十年、民又生心、相率与倭為市。福州首郡也、処八閩之脊、而綰其会。福州有事、則八閩中断、而不相属。……今之与倭為市者、是禍閩之本也。而省城通倭、其禍将益烈于前。臣聞諸郷人、向時福郡無敢通倭者。即有之、陰従漳泉附船、不敢使人知。今乃従福海中開洋、不十日直抵倭之支島、如履平地。一人得利、踵者相属、歳以夏出、以冬帰。倭浮其直、以售吾貨、且留吾船、倍售之、其意不可測也。昔斉桓欲取衡山、而貴買其械、欲収軍実、而貴羅趙粟。即倭未必然、然他日駕吾船、以入吾地、海之防汛者、民之漁者、将何識別、不為所併乎。万一有如許恩・曾一本者、乗之不買白衣揺櫓之禍乎。又況琉球已為倭属、熟我内地、不難反戈。又有内地通倭者、為之勾引、此非独閩憂、天下国家之憂也。(23)

臣は閩人である。閩は嘉靖の末に在って、倭毒を受けること至って凄惨であった。大城は破れ、小城は落とされ、軍が覆り将は殺され、万民が［倭寇の］鋒刃の膏となることは、十年［を経て］も終わらず、倭が閩を視ること、草を薙ぎ払うが如きであった。……その禍の始まりを推測するならば、閩・浙沿海の奸民が、倭と市を為し、閩・浙の大姓が、その利を独占して、陰でその主宰となり、［そのことが］連動して習俗となったことに由る。当時、撫臣の朱紈は、禍の本を絶とうとして、海禁を厳しくしたが、大家は［それを］利とせず、デマを連ねてこれを陥れ、［結果として］紈は驚死したのである。紈が死んで海禁は益々弛むことになった。そこで宋素卿・王直・陳東・徐海・曾一本・許恩の輩が、争って倭を引き入れ災厄を招いたのである。淮・揚より以南、広の海に至るまで一万餘里、その残滅を被らなかった土地はなく、閩の禍はこうして凄惨になった。当時、［戚］継光を徴用したが、東南は論ずるまでもなく、閩は国家のものではなかったのである。臣が聞くところでは、劫数が将に至ろうとするとき、民は外心（ふたごころ）を生ずるが、昔日の東南の乱は、天地の大劫であった。今を去ること未だ五十年にもならないが、民は［今］また異心を生じ、相率いて倭と市を為している。福州は首郡であり、八閩の背骨に位置し、［人々の］集まりを束ねている。福州が有事になれば、則ち八閩は分断されて、相属さないことになる。……今の倭と市を為す者は、閩に禍をもたらす本である。そして省城が倭に通じたならば、その禍は前よりもっと烈しくなるであろう。臣がこのことを郷里の人に聞いたところ、かつて福郡で敢て倭に通じる者はいなかったとのこと。よしんばいたとしても、陰で漳・泉［人］に従って船を附け、敢えて人に知らしめないようにしたのであろう。今、福海中より出航すれば、十日も経ずに倭の一部の島に到るが、［それは］平地を踏むが如きである。一人が利を得れば、跡を追う者が続き、［毎］歳、夏に出て冬に帰ることになる。倭はその値を浮かせて、吾が物資を買い、かつ吾が船を留めて倍［の値］でこれを買う。その意味を推し測ることはできない。昔、斉の桓公は衡山を取ろうとして、その武器を貴く買い、軍糧を集めようとして、趙の粟を貴く買った。しんば倭は必ずしもそうではないとしても、しかし他日、吾が船に乗って、吾が地に入ったならば、海で防汛する者や、民の漁をする者は、どうして［それを］識別し、［倭に］取り込まれないことがあろうか。万が一にも、許恩・曾一本の如き者がいたならば、これに乗じて船を操る白衣（平民）の禍を招かないことがあろうか。また、ましてや琉球はすでに倭の属となったのであり、我が内地を熟知しており、反攻することも難しくないであろう。また内地の倭に通ずる者がいて、これを引き入れたならば、これはただ閩の憂いとなるだけでなく、天下・国家の憂いとなるであろう。

まず、福建が嘉靖の末年に「倭毒」の惨害を被ったことから説き起こし、その原因が「閩浙沿海奸民」による「倭」との密貿易（「市」）にあり、「閩浙大姓」がその裏で利益を壟断していたことに触れている。また、嘉靖二十年代に浙江巡撫（福建沿海地方をも兼轄）を務め、「沿海地方郷紳層」の政治的圧力によって失脚・獄死した朱紈の厳格な海禁政策の実行を、董応挙は改めて高く評価し直したのであった。(24) 同時に、〈嘉靖大倭寇〉（「東南之乱」）を「天下の一大劫」であったという応挙は、それから五十年後の「今」また「民」が「異心」を起こして「倭」と密貿易を行っている現状に対し、「禍閩之本」として強い危機感を持つに至っていた。さらに、それは薩摩の琉球侵攻によって益々拍車を掛けられていたのである。(25)

万暦三十五年（一六〇七）から同四十二年（一六一四）まで内閣大学士として在任し、後半の三年間は首輔を務めた葉向高は、福建の福州府福清県の出身であった。彼の文集『蒼霞餘草』には、万暦三十九年（一六一一）から同四十二年（一六一四）まで福建巡撫の任に在った丁継嗣に宛てた四通の書簡が残されている。(26) 薩摩の琉球侵攻後、最初に来閩した琉球使節に厳しく応対したのが丁継嗣であったが、当時、継嗣は地方官として官界では高く評価されていたようである。(27) ここでは、葉向高の丁継嗣宛書簡の中から二通を取り上げて分析を加えることにしたい。

当該書簡の一つは、次のように書かれている。

興販為害、在此日。当道或以愛民心勝、不欲痛縄。乃敝郷士紳、隠憂甚切。昨見舎親林客部請、近日有人捜出所販之物、至有紀効新書・籌海重編、各千餘部。不知、曾報官否。如此則是明導倭、以入寇也。安得縦容。弟非敢嘵嘵多言。但恐他日有事、未亮者或反謂、郷官勢豪阻撓、難於禁治。不得不予白耳。敝郡同年、如林楚石・宗石竹、皆屢書来言此事。台下試一詢之何如。[28]

興販が害をなすのは、今日のことである。当道は或いは民を愛する心が勝っており、厳しく取り締まることを望んでいない。ところがわが郷里の士紳たちの、隠憂は甚だ切実である。先頃、舎親の林客部に会ったところ、［次のように］願っていた。近日、ある人が販売する物資を捜し出したところ、紀効新書・籌海重編が、各々千餘部もあった。［このことを］すでに官に報告したか否かはわからない。このようなことは則ち明らかに倭を導いて、入寇させようとするものであろう。どうして容認することなどできようか、と。弟《わたし》は敢えて嘵嘵と［口うるさく］多言を要しているのではない。ただ他日、有事のときに、不明の者が或いは却って、郷官・勢豪が邪魔をして、禁圧することができなかったと謂うことを恐れるのである。予め申し上げておかねばならないだけである。わが郡の同年の、林楚石・宗石竹などは皆、屢々書簡でこのことを言って来ている。台下に試しに一度、どうするのかを詢ねたい。

「興販為害」というように海上の密貿易が倭寇の来襲（「入寇」）を誘引することに対する、葉向高の大きな不安を読み取ることができる。同郷の林茂槐（「林客部」）との会見で知らされたこと、すなわち戚継光『紀効新書』や鄧鍾『籌海重編』などの軍事書・海防書が大量に海外へ持ち出されることで、地理的状況を含めた福建沿海地域の情報が「倭」に筒抜けになることへの危機意識も窺うことができよう。[29] さらには、葉向高自身も福州の郷紳の一人として、密貿易・倭寇の取締に「郷官勢豪、阻撓す」と余計な中傷を加えられかねないことも心配の種だったのである。

他方、いま一つの書簡は、次のような内容となっている。

販倭事、一時或以為、小民射利、未必有勾引之謀。不知、射利不止、必至于勾引、失今不図、後且悔之。琉球既折、而入于倭。倭之借寇以通貢、亦必然之勢。如此則濱海之禍、将不可言。来教所云、厳査而拒絶之、其策亦無以易此也。第嘗妄謂、治乱相乗、乃一定之数。今南倭北虜、安静已四五十年、自古所未有。茲亦其蠢動之時也。而蔽郷習俗、日就奢華、当嘉靖倭乱時、亦是如此。懲前慮後、可為戒心。惟恃台下在事、綱紀綢繆、銷萌建威、庶幾無恐耳(30)。

販倭の事は、一時、ある者が［次のように］言った。小民が利を得ようとするもので、未だ必ずしも［倭を］勾引する謀などないであろう、と。［その者は］利を得るに止まらず、必ずや勾引にまで至り、今を失って対処しなければ、後にこれを悔やむことになるのを分かっていないのだ。琉球は既に屈して、倭［の領域］に入った。倭が寇に借りて通貢しようとすることも、また必然の勢いである。そうであるならば、則ち濱海の禍は、将に言うことのできない［ほど悲惨な］ことになるであろう。来教の云うように、厳査してこれを拒絶することであり、その策もまた変えなくてもよいのである。ただ嘗て妄りに思ったところでは、治・乱が相継ぐことは、一定の命数による。今、南倭北虜が、安静化して已に四五十年になるが、［このことは］古より未曾有のことである。ここにまた蠢動の時となった。それなのにわが郷里の習俗は、日々奢華に流れており、嘉靖倭乱の時も、またこうであった。前［の失敗］を懲らしめて後［の成功］を慮れば、心に戒めとすることができよう。ただ台下が任に在って、綱紀綢繆につとめ、［倭乱の］萌しを消して［官の］威を建て、［そうすることで］心配が無くなるであろうことに恃むだけである。

最初の書簡に比べて、当該時期の倭寇に対する危機意識をより明確に窺うことができるように思われる。この記述からは、葉向高の認識として、次の四点を抽出することができよう。第一に、「販倭」と「勾引之謀」とが密接に連関していること、すなわち海禁解除後も依然として続いていた日本との密貿易が倭寇の襲撃を呼び寄せること、第二に、薩摩による琉球侵攻の結果、「倭」は琉球を通じて朝貢を要求し、それによって福建に「濱海之禍」がもたらされるであろうこと、第三に、「治」「乱」が繰り返されるという命数からすれば、隆慶以降の「安静なること、巳に四五十年」という年月は未曾有のことであり、現時点こそまさに「蠢動の時」に当たること、そして第四に、「奢華」に流れる昨今の社会風潮が「嘉靖倭乱時」に酷似していることである。

嘉靖三十八年（一五五九）七月に福清県という福建の沿海地域に生まれた葉向高にとって、[31]自らの記憶と伝聞とによって形作られた〈嘉靖大倭寇〉のイメージはきわめて鮮烈なものだったに違いない。[32]〈嘉靖大倭寇〉から万暦二十年代の〈倭寇朝鮮〉を経て、万暦三十七年（一六〇九）における琉球の「倭属」化という事態の推移は、〈倭寇トラウマ〉とでもいうべきものを葉向高の頭の中で交錯させていたのであり、それが倭寇に対する危機意識を増大させていたといえよう。[33]この時期、まさに倭寇の再来、「嘉靖倭乱」の再現が強く意識されていたのではなかろうか。[34]

二　汪康謡の裁きと海賊たち

（1）　汪康謡と『閩讞』

本章で検討する史料は、汪康謡の判牘集『閩讞』である。『閩讞』は不分巻で、崇禎五年（一六三二）序刊本であり、わが国の国立公文書館内閣文庫に所蔵されている。[35]撰者の汪康謡の伝記については、出身地である南直隷徽州府休寧県の康熙『休寧県志』、或いは清の陳鼎が編纂し、康熙年間の初めに刊行された『東林列伝』を除いて、さほど多くの叙述を見出すことはできない。ここではまず、上記二史料に依拠して、汪康謡の官歴と治績とについて少しく述べることにしたい[36]。

汪康謡は、字は淡衷で、号は鶴嶼である。二十歳前（「弱冠」）に挙人となり、万暦四十一年（一六一三）に進士及第となった。浙江の台州府諸曁県の知県を皮切りに中央の戸部郎中等を経て、福建の漳州府知府に就任した。当該知府としての治績は「実心を以て実政を行い、州大いに治まる」と評価されており、「卓異第一」として分巡漳南道に推挙された。だが、折しも天啓帝の厚い信任によって中央の実権を掌握した宦官魏忠賢や、閹党で「五虎」の一人といわれた崔呈秀の意に逆らい、身分剝奪の処分を受けたのであった[37]。まさしく〈東林派〉に数えられる所以である[38]。その後、「崇禎改元」によって名誉を回復した汪康謡は、福建按察司副使として福寧兵備道（「福寧兵憲」）に就いたのであった。

ところで、『閩讞』は汪康謡が漳州府知府および福寧兵備道――『閩讞』では「分巡福寧道」とされている――として在任した時期の判牘を収録したものであるが[39]、後者が崇禎元年（一六二八）の就任であると思われる一方で、前者の在任期間がいまひとつ明確ではない。先の康熙『休寧県志』および『東林列伝』では、ともに「出守漳州」の時期が明記されておらず、ただ「守漳三載」と見えるのみであった。他方、任地の地方志である康熙『漳州府志』の「秩官」によれば、漳州府知府としては万暦四十年（一六一二）に就任した「袁業泗」の次に「汪康謡」の名が記されているものの、その割註には「進士、見名宦祠」とあるのみであり、その次の知府「施邦曜」についても「天啓間任、有伝」としか書かれていない[40]。この記載では、汪康謡の在任時期が万暦年間の末なのか、或いは天啓年間に入ってからなのかさえ判然としないのである。しかしながら、『閩讞』所収の判牘それ自体の中に、

天啓五年五月内、蒙巡按福建監察御史姚会審、蒙道行理刑館、該本府兼管理刑知府汪、審得、……。

天啓五年五月内に、巡按福建監察御史姚の会審を蒙り、［その後］道台による理刑館への行文を受け、該本府兼管理刑知府汪

［康謡］が審理したところ、……。

という記載を見出すことができる。[41] 従って、汪康謡が漳州府知府として在任した期間は、天啓五年（一六二五）を含む前後三年間ということになろう。

汪康謡『閩讞』には、併せて五十六件の判牘が収録されている。その内訳は、康謡が漳州府知府として在任した時期の判が三十四件、および福寧兵備道（分巡福寧道）としての判が二十二件である。[42] 因みに、知府在任時における三十四件のうち、三四・二％に当たる十三件の判が海賊関係の事案である。なお、これらすべての判牘は一度、福建巡按御史の段階まで上がり、「会審」を経た後に差し戻された再審案件であった。

（2）海賊の再生産と汪康謡の裁きかた

では、『閩讞』所収の判牘の分析に移ることにしたい。はじめに提示する史料は「一起、擒獲劫賊劫贓事」と題された判であり、「原問依強盗已行得財、不分首従律、斬罪、一名呉秀」と書かれているものである。

蒙巡按福建監察御史姚会審、蒙道行府、該本府知府汪、審得、呉秀始以被擄、而甘心従賊、継以乗間、而負贓私逃。坐以強盗得財擬辟、秀将奚辞。然終未可以協秀之罪也、何也。擲賊首黄色彩口供、秀不過随船役使、非同夥行劫也。即哨兵捉獲秀時、亦不過搜銀四両三銭、無多資也。夫海洋大盗、禦貨若山。若使其同行劫、而平分贓、則豈有従事数月、而僅得如許之金乎。則同行得財之律、于秀有未協也。而讞者曰、強盗之贓、不論多寡。不知、以贓而証盗、則多寡皆贓也。以贓而証同盗、則贓太少、正見其非平分之真贓也。而讞者又曰、陳却従盗久、故贓多、呉秀従盗暫、故贓少。窃恐大盗劫財、一挙手而横呑無算。豈有共事数月、而僅得数金為傭奴、販豎之為乎。則此数金之捜獲、決不従同夥行劫而得。而呉秀与陳却同招謂、乗大盗之沈酣、而因以窃取者。此語実為近之。蓋秀之始而従賊也、如鳥斯弋、冀緩須臾之死。継而私逃也、如兎斯脱、実出恐怖之心。観其後之楽帰、則知前之強従。此実秀当日之光景、而亦実秀之定案也。応照知強盗、後分贓例遣戍。合候詳奪[43]。

巡按福建監察御史姚の会審を蒙り、［その後］道台による府への行文を受け、該本府知府汪［康謡］が審理したところ、呉秀は始めは被擄となり、甘んじて従賊となったが、継いで間に乗じ、贓物を持って私かに逃亡した。「強盗で財を得た」という律によって死罪に擬せられたのであり、秀はどうして［刑罰を］逃れることなどできようか。然れども、結局は［刑を］秀の罪に合わせることができないのは、何故であろうか。賊首の黄色彩の供述によれば、秀は船で役使されていたに過ぎず、［賊の］一味として劫奪を行ったことはない、とのこと。即ち哨兵が秀を捕縛した時も、四両三銭を捜し出したに過ぎず、多くの資金など無かったのである。そもそも海洋の大盗は、貨財を奪うこと山のよう［に大量］である。もし共に行動し、贓物を平分したのであれば、則ち豈《どう》して数ヵ月も附き従っていたのに、僅かにこのような銀両を得ただけなどということがあろうか。則ち「同行して財を得た」という律は、秀には決して該当しないのである。それなのに讞者は［次のように］言う。強盗の贓物は、多寡を問題にしない、と。贓によって盗を証明するのであれば、則ち多も寡も皆、贓である。しかし、贓によって盗の一味であることを証明するのであれば、則ち贓が甚だ少なければ、それが平分した真の贓物ではないと看做すべきことを分かっていないのだ。それなのに讞者はまた［次のように］言う。陳却は従盗となってから久しいので、故に贓物が多いのであり、呉秀は従盗となってから暫しの間であるから、故に贓物が少ないのだ、と。窃か思うに、大盗が財を劫奪するときは、一挙に数えられないほど奪い取るのである。豈して事を共にして数ヵ月も経つのに、僅かに［銀］数両を得て傭奴となるなど、販夫の為すことであろうか。則ちこの［銀］数両という捜索物は、決して［海賊の］一味として劫奪によって得たものではない。そして呉秀と陳却とは共に供述書で［次のように］謂っている。［贓物は］大盗の泥酔に乗じて、窃取したものである、と。この言葉は実に［真実に］近いものであろう。蓋し秀が初めに従賊となったのは、鳥が射獲されるが如く、僅かの間だけ死を逃れようと願ったのであり、継いで私かに逃亡したのは、兇が脱走するが如く、実に恐怖の心から出たものであったに違いない。その後、喜んで帰［郷］したのを観れば、則ち前に［海賊によって］無理に従わされたことが分かるであろう。これが実に秀の当時の状況であって、また実に秀の確定した案件である。応に「強盗と知りながら、後に贓物を分けた」という例に照らして遣戍とすべきである。合に［憲台の］詳奪を待つべきである。

巡按御史の段階から差し戻された海賊案件の再審において、汪康謡が出した判は、きわめて論理明晰な内容であった。被告人の呉秀は、海賊に拉致（「被擄」）された後、その配下（「従賊」）となったが、機を見て僅かばかりの銀両を奪って逃走した。帰郷した折に逮捕され、裁かれることになったものと思われる。初審では明律の刑律、「強盗」条の「財を得た者」の規定によって「斬」に擬せられたが、(44) 再審の判において汪康謡は初審の擬罪を破棄し、「斬」から「遣戍」への減刑措置を採ったのである。(45) 康謡の判断の基準は、呉秀の「従賊」が海賊の強制（「強従」）によるものか否かという一点に絞られていたのであり、あまりに些少な「贓」の額によって「強従」という結論が導き出されたのであった。

但し、ここで筆者がまず確認しておきたい点は、いたって単純な事柄である。それは、次から次へと新たな海賊が生まれてくること、すなわち海賊の再生産が「被擄」から「従賊」へという形態で行われていることである。沿海地域で漁業等に従事しながらごく普通に暮らしていた人々が、生活のために出海した後、海賊に遭遇して拉致された場合、そのまま海賊化することが多かったことを当該史料は示唆しているといえよう。

次に、汪康謡の判牘を通じて、捕縛された海賊がどのように裁かれていたのかを見ていくことにしたい。汪康謡が分巡福寧道（福寧兵備道）を務めた時期の判牘に、次のような記述が残されている。

凡論海賊、必人徒衆多、刃人傷人。不則亦須帯有刀鎗番衣牌銃之類、方為殺人。真海賊、自応論斬、不待言矣。

若只以漁船、于海洋中、機乗人寡、而摽掠之、此与陸路之白昼搶奪、何異。必一一論辟、則沿海一帯生霊、無噍類矣(46)。

凡そ海賊を論ずるならば、［それは］必ずや仲間が多数で、人を殺傷するものである。そうでないとしても、則ち須らく刀鎗・番衣・牌銃の類を帯びることで、はじめて殺人を行うのである。真の海賊であれば、自ずから応に斬に処すべきことは、言を待たないであろう。もしただ漁船によって、海洋中で［相手の］人寡という機に乗じて、掠奪を行ったならば、これは陸路の「白昼搶奪」と何の違いがあろうか。必ずや一つ一つを死罪に処していたならば、則ち沿海一帯の生霊《じゅうみん》に、生きている者などが居なくなるであろう。

基本的に、海賊は明律の「強盗」条によって「斬」に処せられるのが一般的であり、ここでも「真の海賊は、自ずから応に斬に論ずべきこと、言を待たず」と明記されている(47)。しかしながら、汪康謡は、すべての海賊行為を働いた者に死刑を宣告したならば「沿海一帯の生霊、噍類も無し」とまで言い切っているのである。それほど海賊行為はきわめて頻繁に、日常的に行われていたのであった。従って、「真の海賊」ではない者たちによる掠奪行為の場合は、「強盗」としてではなく「白昼搶奪」として処罰すべきことを汪康謡は主張しているのである(48)。当該史料からはもう一点、「海賊」は「刀鎗・番衣・牌銃」を身に着ける存在であると書かれているが、特に「番衣」を着るという指摘にも注目しておきたい。

同じく分巡福寧道時代の判牘には、拉致された後に海賊となる事例として、

該本道参看得、楊妹弟・游揚仔・王三仔、此三犯者、初係被擄、其従賊也。抛其始従後獲之時、僅数月耳。……此三犯者、宜寛一面。擬以已行未得財之律、似非為縦也。

該本道が再審理したところ、楊妹弟・游揚仔・王三仔、この三犯は、初めは被擄であったが、［その後］従賊となったもので

ある。始めに［賊に］従って後に捕縛されるまでの時間は、僅か数ヵ月のみである。……この三犯は、宜しく少し寛大にすべきである。「已に行うも未だ財を得ていない」という律に擬したとしても、［殊更に］縦《ゆる》したということにはならないであろう。

という記述を見出すことができる。(49) 当該の判において汪康謡は、「被擄」後に「従賊」となった楊妹弟等三名に対し、「従賊」の期間が「僅か数月のみ」ということもあって寛大な処分に止めたのであった。(50) 拉致（「被擄」）によるとはいえ、海賊の一味として居た期間の長短が、裁判による処罰内容に影響していたことが窺えよう。

海賊を裁くに当たって、汪康謡の基本的な考えかたを窺うことのできる事例を、漳州府知府時代の判に見出すことができる。

該本府兼管理刑知府汪、審得、王迪卿等、背華通倭、横行洋海。中間抵傷官兵、屠戮商民、不可枚挙。従来大盗之凶横、無有踰此者。分別梟斬、夫豈待時。独陳楸宰一犯、既称奉文往諭矣。意此時為楸宰者、力能招則招之、不能招則逃之、又不能逃、則当時既挟寸舌、以触賊鋒、必当斃于賊刃之下矣。未有招既不従、逃又莫可、而猶能与賊、懽然相聚于一船者、則楸宰之甘心従賊無疑矣。夫既従賊、則豈但入鮑而俱化、更且助桀而為虐。安見其不刃人、不分贓、為楸宰解也。第微有可原者、処楸宰之地、諒楸宰之心。始焉奉差往撫、実猶欲藉此以徼功、継焉計窮力詘、乃未免違心以降虜。蓋中道逼従、与立意行盗者、不無有可原也。陳楸宰応照前案改戍。合候詳奪。(51)

該本府兼管理刑知府汪［康謡］が審理したところ、王迪卿等は、中華に背いて倭に通じ、洋海に横行していた。その間に官兵を傷つけ、商民を殺戮すること、枚挙できないほどである。従来、大盗の凶横で、これを超える者はいない。それぞれを梟斬に処すこと、豈して時を待つ必要などあろうか。ただ陳楸宰という一犯だけが、「命を奉じて説諭に往った」と称している。思うに、この時、楸宰なる者は、招撫することができたならば則ち招撫し、招撫することができなければ則ち逃亡し、また逃亡もできなければ、則ちその時は寸舌を使うことで、賊の怒りに触れ、必ずや賊刃の下に殺されたであろう。招撫しても従わず、逃亡さえもできないという状況がないのに、なお賊と一緒に、欣然と一隻の船に集って居たのであれば、則ち楙宰が甘んじて従賊となったことは疑いない。そもそも既に従賊となったのであれば、則ち豈してただ鮑《くさや》［の仲間］に入れば共に［鮑と］なるだけであろうか。［そればかりか］更に桀（凶暴な者）に助力して残虐［な行為］をなすのである。どうして人を殺さず、贓物も分配されなかったことで、楙宰［の罪］を解くことなどできようか。ただ微かに許すべきものがあるとしたら、楙宰が居た処に立って、楙宰の心を理解することである。始めは差遣を奉じて招撫に往き、実にこれに借りて功を挙げようとしたが、継いで計は窮まり力も及ばず、［結局は］心に違って賊に降らざるをえなかったのである。蓋し途中で無理に従わされた場合は、決意して盗を行った者よりは、許すことができないわけではない。陳楙宰は応に前案に照らして遣戍に改めるべきである。合に［憲台の］詳奪を待つべきである。

「背華通倭」の「大盗」であった王迪卿の一味が拿捕されたとき、本来は官の側から海賊招撫のために派遣されていた陳楙宰も同様に捕縛されたのであった。ここで問題とされたのは、陳楙宰が果たして海賊化していたか否かである。判者汪康謡は、拉致も含むと思われるが、元来は普通の民であった者が海賊の仲間に加わった場合の裁きかたとして、「中道逼従」（賊の強制による場合）と「立意行盗」（自ら進んでなった場合）との違いを明言しているのである。すなわち、前者には情状酌量の餘地が残されていたのであり、陳楙宰の場合も「中道逼従」と認定することで「斬」から「戍」への減刑措置が採られたのであった。

以上のように、「被擄」から「従賊」へという形態で海賊の再生産が行われる状況のもとで、天啓・崇禎期に漳州府知府および福寧兵備道（分巡福寧道）として在任した汪康謡による海賊案件の裁きかたの特徴は、「被擄」と「従賊」とを厳密に区別することであり、その場合、「中道逼従」と「立意行盗」との違い、或いは「被擄」後の時間の長短に配慮するということであった。

さて、隆慶年間に海禁が解除され、「東西二洋」への私貿易が公認されたにも拘わらず、日本との間の私貿易は依然として禁止されたままであった。しかしながら、実態として日明間の密貿易は半ば公然と行われており、中国の福建と日本の薩摩との間には恒常的な通商貿易関係が存在していたのである。万暦二十年（一五九二）から同二十二（一五九四）まで福建巡撫を務めた許孚遠は、中国人で「私販によって現に倭国に住む者」が多数であると伝えている。(52)また、九州志布志湾の内之浦では当時、頻繁に「唐船」が来航していたことが、日本の儒者藤原惺窩の日記にも書き残されている。(53)

上述の判牘では、海賊の頭目王迪卿について「華に背いて倭に通じ、洋海に横行す」と記されていたが、当該案件の「犯人」として捕縛された海賊の中には「真倭一市濤門」が存在していた。(54)おそらくは「市濤門」という名前の日本人であったと思われる。さらに、別の一件として日本との密貿易に関連する事案が存在する。

該本府兼管理刑知府汪、審得、楊一孟之一犯也、称係陳次渓夥盗。然次渓殊未捉獲也。既非盗党之供扳、又無失主之識認。只憑林良之一言、遂成莫逭之辟案。拠林良称、一孟面有刀痕、過日本老船上飲酒。夫林良一被擄之人、当日自懾于賊威、俛首舟中、救死不暇。復何暇磨察諸賊、而記其面有刀痕者。又何暇察其過船、而幷察其所過之船、為日本老者。及捜身有番銭綢衣、並無文引可拠。夫使一孟為盗夥供扳、則銭衣倶為贓物。今一孟依然一行旅之人、安知銀銭非随身路費、而綢衣非常穿通用之物乎。且無引而走四方者、八閩比比皆然。何独于一孟而疑之、且遽加之以盗也。明係林良途遇行旅携貲、乃同哨兵挟詐。故文致其事、而成此羅織之獄耳。不然、何次渓夥党多人、並無一人敗露、而独一孟就縛也。又被擄一十四名、何更無一人生還、而偏林良能識認也。総之、一人之口供、難定辟案。随身之銀衣、安辯盗贓。然拠本犯訴詞、自供前往日本経紀、則只当定一走番之巨猾、不当坐以禦人之大憝。応依越販律、改配。合候詳奪。(55)

該本府兼管理刑知府汪［康謡］が審理したところ、楊一孟という一犯は、［海賊］陳次渓の一味だと言われている。だが次渓は殊に未だ捕獲されていない。既に賊党の供述で［仲間と］看做されたのでもなく、また劫奪された者が見知っていたわけでもない。ただ林良の一言によって、遂に逃れられない死刑案件と成ったのである。林良［の供述］に拠れば、［次のように］称している。一孟の顔には刀傷が有り、通過した日本の老船上で酒を飲んでいた、と。そもそも林良は被擄となった者であり、当日は賊の威勢に怯え、舟の中で首を垂れ、死から逃れるために暇がなかったはずである。またどうして賊たちを観察して、その顔に刀傷が有ることを記憶する暇などあろうか。またどうしてその通過する船を見て、併せてその通過した船が日本の古いものであることを察知する暇などあろうか。捜索するに及んで［楊一孟は］身には番銭・綢衣を着けていたが、全く拠るべき文引を持ってはいなかった。そもそも、もし一孟が賊党に引き入れられていたのなら、則ち銭・衣は共に贓物ということになる。今、一孟が依然として行旅の人であれば、どうして銀銭が身に着けた路費ではなく、綢衣が普通に着ている物でないなどと知りえようか。かつ文引を持たずに四方へ出かける者は、八閩ではどこでも皆、そうなのである。どうして独り一孟だけを疑い、かつ遽かに賊盗［という罪］を加えることなどできようか。明らかに林良が途中で行旅の資金を携帯した者に遭遇し、すなわち哨兵と共に［その者を］騙そうとしたのである。故にその事を飾り立て、このでっち上げの事案を成立させようとしただけである。そうでなければ、どうして次渓の一味には多くのものがいるのに、全く一人も暴かれず、ただ一孟だけが捕縛されたのであろうか。また被擄の十四名のうち、どうしてほかに一人の生還したものもおらず、偏に林良だけが認識できたのであろうか。これを要するに、一人の供述では死刑案件と定めることは難しいのである。身に着けていた銀・衣が、どうして海賊の贓物だと辯ずることができようか。然れども本犯の訴詞に拠れば、日本へ出向いた経紀だと自供している。則ちただ当に番国へ［密貿易のために］赴く巨猾《わるもの》と看做すべきのみであり、まさに人を禦《おびやか》す大悪として問罪すべきではない。応に「越販」の律に依って、配に改めるべきである。合に［憲台の］詳奪を待つべきである。

初審（「原擬」）では林良の偽りの証言で海賊陳次渓の一味として「斬」に擬せられた楊一孟が、再審では「配」に減刑されたのであった。但し、海賊の一味という冤罪は晴れたものの、一孟自身が「文引」も携帯せず、日本に赴いて密貿易を行う海商（「経紀」）であったために、(56)「越販律」が適用されたのである。(57)ここでは「日本の老船」や「日本へ前往する経紀」が登場している。前者については、当該海域にごく普通に日本の船隻が航行していたことが窺える一方で、後者に関連して「八閩、比比に皆、然り」とあるように、この時期の福建ではまさに「文引」を持たずに海外へ出航することがいわば常態化していたのであった。

三　祁彪佳の裁きと海賊たち

（1）祁彪佳と『莆陽讞牘』

次に取り上げるのは、祁彪佳の『莆陽讞牘』である。祁彪佳は、天啓四年（一六二四）から崇禎元年（一六二八）まで福建の興化府推官として在任した。着任時の年齢は僅か二十三歳であった。その後、江南の蘇松巡按御史や福王政権下の江南巡撫を歴任し、清朝の順治二年（一六四五）、四十四歳という若さで明朝に殉じたことは周知のとおりである。祁彪佳の興化府推官時代の判牘である『莆陽讞牘』については、すでに濱島敦俊氏による詳細な解題が存在しており、ここでは行論に関連する事項について簡単に触れるだけにしておきたい。(58)

『莆陽讞牘』は不分巻の抄本で、これまで唯一、北京の国家図書館（旧北京図書館）に収蔵されていたが、近年、中国社会科学院法学研究所の楊一凡氏等によって刊行された『歴代判例判牘』に、その排印本が収録されている。(59)但し、後者では何故か二巻本とされている。『莆陽讞牘』所収の判牘には、自らが推官の任に在った興化府以外に、泉州府・

福州府・漳州府・延平府・邵武府および福寧州関連のものも存在しているが、全体で一千五百十四件にも及ぶ膨大な判牘群の中に一百十七件の海賊関係事案が含まれている。

さて、祁彪佳と同郷の浙江紹興府山陰県出身の王思任は、(60)興化府推官時代の祁彪佳の治績にかかわる記述を、彪佳の年譜の天啓七年（一六二七）の項に残している。

先生二十有六歳。……先生官莆、多善政。海寇数窺辺壖、撫軍授之符曰、獲寇即斬以徇。先生獲数十人、令獄善視之。逾日復陳酒食、令酔飽、温加慰諭、令輸海上情形、寇感悉吐其実。於是決其重者、察可原者、責釈之。莆民好訟。先生閲旧牒、以刁訟者半、厳法禁之、訟遂簡。(61)

先生は二十六歳である。……先生は莆陽（興化府）に官となって、多くの善政を残した。海寇が屢々海辺を窺っていたが、撫軍が授けた符（軍令書）には［次のように］書かれていた。海寇を捕縛したならば即ちに斬首して晒すように、と。先生は数十人［の海寇］を捕縛し、獄吏によく監視させた。日を逾えて、また酒食を提供し、［彼らを］酔飽させ、温かく慰撫を加え、海上の情形を話させたところ、海寇たちは感激してその実情を尽く白状した。そこで［罪状の］重い者は処刑し、赦すことのできる者を調べ出し、［軽く］責めて釈放した。莆陽の民は訴訟を好んだ。先生は古い案牘を閲したところ、悪辣な訴訟が半ばを占めていたので、法を厳しくして禁じたところ、訴訟沙汰は遂に少なくなったのである。

ここではまず、捕縛した海賊（「海寇」）について書かれている。祁彪佳は獄中の海賊を酒食によってうまく手懐け、「海上の情形」を吐かせたという。さらに「莆民は好訟」で、かつ旧時の案牘の半ばは「刁訟」によるものであった。そうした結果が、まさに『莆陽讞牘』の膨大な数の判牘に繋がっていくのだと思われる。

（2）海賊の再生産──「被擄」から「従賊」へ──

すでに汪康謡の裁きのところで述べたように、海賊が次々と再生産される背景には「被擄」から「従賊」への転身という事態が存在していた。祁彪佳の『莆陽讞牘』にも、次のような典型的な事例が存在する。

審得、(a)張七・荘糞仔・孫可奇・蔡四仔、与已故之甘居仔、皆始被擄、継従賊者也。(b)游元振・游申仔・謝治・陳老・林時老・劉檜、与已故之郭昆・謝三治、或以被擄、或以糾合、而作賊者也。(c)曾顕居・劉進居、従賊原非甘心、生死出入之関、尚煩議者也。(d)陳春・劉二奇・劉二・高録・黄英仔・郭茂・呉木養・鄭福仔・王良仔九人、皆八月初十後、相継被擄者也。(e)黄世耀・唐瑤・蔣樑・李寵墀・翁端三・林珍琦・唐志兗・呉鸞・高賜・李耀・謝雷・黄選・謝奇仔・李咬十四人、皆於九月十七日、一併被擄者也。(f)作賊者、一則虎視於波濤、一則鼠竄於閭里。被擄者、一則飲泣於巨海、一則反戈於同舟。職請条分盗犯之情形、而合按其罪状、可乎。(62)

審理したところ、(a)張七・荘糞仔・孫可奇・蔡四仔とすでに死亡した甘居仔とは、皆、始めは被擄となり、継いで従賊となった者である。(b)游元振・游申仔・謝治・陳老・林時老・劉檜とすでに死亡した郭昆・謝三治とは、或いは被擄によって、或いは糾合されたことで、賊と成った者である。(c)曾顕居・劉進居は、従賊となったのは原より甘んじてではないが、生・死の［大きな］違いに関わることであり、なお審議を煩わすものである。(d)陳春・劉二奇・劉二・高録・黄英仔・郭茂・呉木養・鄭福仔・王良仔の九人は、皆、八月十日の後に、相継いで被擄となった者である。(e)黄世耀・唐瑤・蔣樑・李寵墀・翁端三・林珍琦・唐志兗・呉鸞・高賜・李耀・謝雷・黄選・謝奇仔・李咬の十四人は、皆、九月十七日に、一斉に被擄となった者である。(f)賊となった者は、一つは則ち波濤［の間］に虎視し、一つは則ち村里［の間］を鼠竄《こそこそ》する。被擄となった者は、一つは則ち巨海に涙を飲み、一つは則ち同船［の賊］に反旗を翻す。［当］職が願うのは盗犯の情形を分析して、合にその罪状を究明すべきことであり、［そうすれば］可《よい》ではないか。

おそらくは時期を同じくして一斉に検挙された海賊集団の裁判において、末尾に見られるように、祁彪佳はそれぞれの「盗犯の情形」を細やかに分析して罪状の確定を目指していたといえよう。当該史料に(a)～(f)の符号を附けてあるが、(f)以外は海賊か否かを認定する段階において、それぞれが同じ範疇に属すると看做された者たちである。(a)は「被擄」の後に「従賊」となった者であり、(b)は「従賊」ではあるが、「被擄」からなのか、或いは「糾合」によるものか、不分明のもの、(c)も一応は「従賊」とするものの自ら進んで海賊になったとは考えられず、「従賊」と断定することに躊躇を覚えるものである。ここまでが取り敢えず「従賊」の範疇に入れられた者たちであった。一方、(d)と(e)とは「被擄」段階に在ると認定された者たちであり、拉致された時期の違いによって分けられただけである。

海賊の処罰において、「被擄」と「従賊」とはまさしく「生死出入」にかかわるほど大きく懸隔したものであった。(a)・(b)に名前の挙げられた者たちは、すべて「従賊」すなわち海賊の一味と認定されたのであったが、当該判牘ではより詳細な分析が行われている。ここでは張七・荘糞仔・孫可奇の三名に関する記述を提示することにしたい。

張七者、於八月初九日出海、十一日被擄。在賊既已月餘、已受阿班老之号矣。不特此也。被擄呉木養、確認其同賊起居、為賊捉刀矣。不特此也。若糖船・杉船・商船之劫、鑿鑿供吐於寨中。被擄倶受其荼毒矣。蓋入夥最早、而流毒最深者也。職不能為七解也。荘糞仔者、於八月十七日出海、二十日被擄、在賊已及一月、且儼然以尚猛老自命矣。且黄英仔認其曾執刀矣。且郭茂受其一木棍矣。而況本犯有曲従賊旨之供。夫賊旨而可曲従乎。而況原供有曾殺啞爹老之語。夫啞爹非郭昆手刃之朱恭厳乎。其偕昆殺賊者、其偕昆作賊者也。職不能為糞仔解也。孫可奇者、於八月初十日出海、十八日被擄。受総管老之号、是蓋一鉄証矣。劉二哥・郭茂、有従賊已久之認、是又一鉄証矣。黄英仔確指其在舟管押諸被擄、是又一鉄証矣。即本犯有詭応以従之供、既従矣、尚為詭応乎。是欲蓋之而

彌彰也。……職不能為可奇解也。(63)

張七なる者は、八月九日に出海し、十一日に被擄となった。賊のところに居て既に一月餘になり、已に阿班老という称号を受けている。ただこれだけではない。被擄の呉木養は、賊と共に起居し、賊の［頭目の］代理となっていることも確認している。ただこれだけではない。糖船・杉船・商船の劫奪についても、はっきりと寨中で供述している。被擄となった者は共にその被害を受けている。蓋し［賊の］仲間に入ったのが最も早くて、流した害毒が最も深刻な者である。［当］職は［張］七のために［罪を］赦すことなどできないのである。荘糞仔なる者は、八月十七日に出海し、二十日に被擄となり、賊のところに居てすでに一月になる。且つ儼然と尚猛老として自任している。かつ黄英仔は彼がかつて刀を執ったことを認めている。且つ郭茂は彼の棍棒で叩かれてもいる。ましてや本犯には曲げて賊の意に従ったという供述があるのだが、そもそも賊の意に曲げて従うなどできるであろうか。ましてや元の供述には、かつて啞爹老を殺したという語が有るのだが、そもそも啞爹は郭昆が手ずから殺した朱恭厳ではないのか。［荘糞仔は］昆と共に賊を殺した者であり、昆と共に賊となった者である。［当］職は糞仔のために［罪を］赦すことなどできないのである。孫可奇なる者は、八月十日に出海し、十八日に被擄となった。総管老の称号を貰っていることは、蓋し［賊であることの］一つの鉄証である。劉二哥・郭茂は、従賊となってすでに久しいと認めており、これもまた一つの鉄証である。黄英仔は彼が船の中で被擄たちを監禁していたことを確かに指摘しており、これもまた一つの鉄証である。たとい本犯が［賊に］欺応して従ったという供述をしたとしても、既に［賊に］従っているのに、なお欺応したというのであろうか。これは隠そうとしたのにいよいよ明らかになったものである。……［当］職は可奇のために［罪を］赦すことなどできないのである。

張七は八月九日に出航し、二日後に拉致されてそのまま海賊の一味となり、「阿班老」という称号を得るまでになっていた。荘糞仔は八月十七日に出航し、三日後に拉致され、自らを「尚猛老」と称したのであった。また、孫可奇も同様に八月十日に出航して十八日に拉致され、その後、おそらくは海賊の頭目から「総管老」という称号を授けられていた。一端の海賊になるための途は、まさしく「被擄」から「従賊」への転身であった。三人ともに、もともとは海を活計の手段としていたと思われるが、船隻で出航すると程なく海賊の襲撃をうけて「被擄」となり、そのまま海賊化していったのである。張七に関する別の判では「閩粤の海上、幾んど赤犢・緑林の藪と成る」と書かれているように、この時期、福建・広東の海域は相変わらず海賊の淵藪であった(64)。また、三人それぞれが「阿班老」「尚猛老」「総管老」という称号（或いは渾名）を有していたように、「〇〇老」という名前は、海賊の頭目か、或いはそれに準じる存在を表すものだったと思われる(65)。

いまひとつ、類似した事例を提示してみよう。「斬罪」という判が出された周四老等に関するものであり、

審得、周四老・楊標・劉三英・梁晩成・劉二仔・楊八、皆陣擒之虜也。周四老、於五月初十日、以捕魚為張第所擄、禁之於草寮、十七始下賊船、十八日開駕。楊標、五月初十日、於此港山、為張第等所擄、禁之於草寮、十六日始下賊船。同舟被擄者三人、其二逸去。劉三英・梁晩成・劉二仔三人、同舟捕魚、於五月初四日出海、初六日為賊首所擄。舟係小艓、祇此三人、倶下賊船。楊八、於十四日為賊所擄、同舟者六十人、而賊祇携八過船。此各犯入夥之崖略也。始未嘗不為漁為販、而継且肆劫肆強。

審理したところ、周四老・楊標・劉三英・梁晩成・劉二仔・楊八は、皆、［明軍との］戦いで捕獲された者である。周四老は、五月十日に、漁撈中に張第に拉致され、草寮に監禁されていたが、十七日に始めて賊船に降り、十八日に［船を］操縦した。楊標は、五月十日に、この港山で張第等に拉致され、草寮に監禁されたが、十六日に始めて賊船に降った。同船で被擄となっていた者は三人で、そのうちの二人は逃走した。劉三英・梁晩成・劉二仔の三人は、同じ船で漁撈を行っていたが、五月四日に出海し、六日に賊首に拉致された。船が小舟であり、この三人しかいなかったので、共に賊船に降った。楊八は、十四日に

> 賊に拉致され、同船の者は六十人もいたが、賊はただ八だけを連れて行った。これが各犯が〔賊の〕仲間に入った概略である。始めは漁撈や商販を行っていたが、継いで〔賊となって〕肆に劫奪を行ったのである。

と記されている。[66]「周四老」という名前からして、すでに海賊の中の大立者の一人になっていたと思われるが、この周四老をはじめ、楊標・劉三英・梁晩成・劉二仔の五名は、もともとは漁業（「為漁」）や商業貿易（「為販」）に従事していた者たちであった。しかし、彼らは生業中に海賊の襲撃を受けて「被擄」となり、そのまま「賊船に下って」海賊と化したのである。

ところで、同じく『莆陽讞牘』所収の閩県に関する判では、「被擄」後に「従賊」とならざるをえない悲哀について記されている。

> 前件、該本館看得、海上被擄而作賊者、十之五六。彼従渤澥滄溟之中、進則懼死於法也、退則懼死於賊也。賊勢迫而法網寛、則不得不従賊、以存餘息耳。是被擄之誠可哀矜哉。[67]

> 前件について、該本館が取り調べたところ、海上で被擄となり、賊となった者は、十の五・六である。彼らは渤澥滄溟（東海）の中より、進めば則ち法によって死ぬのを懼れ、退けば則ち賊に殺されるのを懼れる。賊勢が迫って法網が弛めば、則ち賊に従って、餘命を残さざるを得ないだけである。このように被擄とは誠に哀れむべきものではないか。

ここで特に注目したいのは、拉致（「被擄」）された者のうち、後に「賊」となった者が五・六割を占めるという、祁彪佳の見解が示されている点である。上述の諸史料の用語によって海賊の再生産の途を描くならば、「出海」→「被擄」→「従賊」→「作賊」という構図になるであろう。そうした事例は祁彪佳の判牘の中に多数、存在しているのである。

（3）海賊の裁きかた――「被擄」と「従賊」との差異――

裁きの場に引きずり出された海賊に対して、興化府推官としての祁彪佳はどのような判決を下していたのであろうか。焦点は「被擄」であるか、「従賊」であるか、という一点にあったといっても過言ではない。祁彪佳の判を具体的に検討することにしたい。

最初に取り上げるのは、先に提示した海賊周四老の裁きに関する事例である。周四老は、海賊張第によって「被擄」となった後、海賊の一味に加わったのであるが、祁彪佳はここで次のような興味深い言説を残している。

被擄作賊之分、当分於時日之久近。蓋日久則賊已威脅於前、以利誘於後。其不革良民之面、成凶寇之心者、有幾。[68]

被擄と作賊との違いは、当に時日の久・近によって分けるべきである。蓋し日が久しければ、則ち賊は已に初めに威力で脅し、後に利によって誘い込もうとする。良民の顔を変えないで、凶寇の心を持つ者など、どれほどいようか。

祁彪佳によれば、単に拉致された者（「被擄」）か、真の海賊（「作賊」）であるかを判断する基準は「時日の久・近」にあるという。

次に、海賊郭喜の裁きについて見てみよう。祁彪佳は、まず郭喜自身について、

審得、郭喜於元年・二年、屢次出海、踪迹倶不可知。而三年十月内、遂岸然与衆軍老、称雄海上矣。時有同里林湖、与二十一人、出海捕魚。於本月初四日、陡遭喜衆、拘船勒贖、湖等以二十金買命。而喜之面目、固湖之熟識、假鬚倭衣、叱咤惟命之状、此湖当官鑿鑿供吐者。

審理したところ、郭喜は［天啓］元年・二年に、しばしば出海したが、その足跡はすべて知ることができない。だが三年十月の内に、遂に際立つように多くの軍老とともに、海上に覇を称えたのであった。時に同郷の林湖が、二十一人［の仲間］と、

海に出て漁撈を行っていた。本月初四日、忽ち喜の集団に遭遇し、船は拿捕されて身代金を強要され、湖等は銀二十両で命を贖った。だが喜の顔立ちを、固より湖は熟知しており、假鬚や倭衣で、叱咤命令していた様は、湖が官において明確に供述したものである。

と述べている。(69)ここでも漁撈を行っていた林湖等二十二名が「被擄」となり、海賊の頭目であった郭喜に身代金を要求されている（「勒贖」）。また、郭喜が「假鬚」とともに「倭衣」を着ていたことにも注目しておきたい。この記述の後で、郭喜が自らも「被擄」であると主張するのに対して、祁彪佳は次のように指摘している。

乃喜嘵嘵、以被擄為解乎。夫被擄与従賊、判在毫厘。使不従賊、則敵起舟中、何以相安於七閲月。(70)

ところが［郭］喜は［不平を］言い立てているが、被擄ということで辯解などできようか。そもそも被擄と従賊とは、その判断は毫厘［の間］に在る。もし従賊でないのであれば、則ち敵は船中に居り、どうして七ヵ月も相安んじていることなどできようか。

「被擄」か「従賊」かの判断の難しさを、祁彪佳はその違いがほんの「毫厘」の差にあるためだとしている。この点に関して、海賊陳英等の裁判ではより詳しく述べられている。ここでは、頭目陳英のところにいた蔡元攀の裁きを取り上げることにしたい。

被擄蔡元攀等、初為王申老所擒、而分隷於英船者。柳宗著又確認、英攘臂拘縶之状。其嘯聚縦横、即彼若呑若吐、而已定不易之辟矣。若蔡元攀、同郭七上山取水、既不乗間逸去、復不喊救於官兵、甘心従賊之疑、其何以解。然海波中、被擄作賊相近、原不径庭。当以時日之久近為奸良、又当以賊夥之拘放為順逆。元攀被擄日浅、取水之際、既有郭七威押於前、又有林日選留質於後。欲逸去、則恐同夥之被戮也、欲喊救、則恐賊首之掣刃也。俯首用命、夫豈得已。且孱弱孺子、其不能岸然自雄、与賊為伍者、又可於面質之時卜之也。杖釈非縦。(71)

被擄の蔡元攀等は、初めは王申老に拉致され、［他の者たちと］分かれて［陳］英の船に繋がれていた者である。柳宗著もまた、英が積極的に拘禁していた状況を確認している。［仲間を］呼び集め縦横に［海賊活動を］行ったことは、たとい彼［の供述］がしどろもどろであったとしても、すでに確かに死刑案件と定まっているのである。蔡元攀の如きは、郭七と共に山に登って水を汲んだとき、既に隙に乗じて逃走しなかったばかりか、また官兵に救いを求めることもしなかったのであり、甘んじて従賊となったという疑いを、どうして解くことができようか。然れども、海波の中では、被擄と作賊とは相近いものであり、原よりさほど隔たりはない。当に時日の久・近によって奸・良を分けるべきであり、また当に賊党の拘・放によって順・逆を分けるべきである。元攀は被擄となって日が浅く、水を汲む際に、既に郭七が前で威嚇されていたばかりか、また林日選が後で人質として残されていたのである。逃げ去ろうとすれば、則ち仲間が殺されるのを恐れ、救いを求めようとすれば、則ち賊首の刃を恐れるのである。頭を垂れて命令を聞くのも、已むを得ないことであろう。且つ弱々しい子供のように、厳めしく覇を称えて、賊と伍すことなどできない者であることも、また訊問の時に推し量ることができたのである。杖［による懲戒］を与えて釈放したとしても［勝手に］放免したことにはならないであろう。

海賊王申老に拉致された後、陳英の船に繋がれていたという蔡元攀が、果たして「被擄」なのか「従賊」なのか、というのが当該史料における裁きの焦点であった。最終的に「従賊」ではないという判断のもとに、祁彪佳は「杖釈」処分に止めたのである。その判断の基準について、祁彪佳は先の周四老の裁きのところに見える指摘よりも詳しい見解を述べている。それは、第一に、「被擄・作賊は相近く、原より徑庭あらず」とあるように、「被擄」と「作賊」との違いは僅かであったこと、第二に、「当に時日の久・近を以て奸・良と為すべし」とあって、両者を分ける基準は拉致された後の時間の長短にあったこと、そして第三に、「当に賊夥の拘・放を以て順・逆と為すべし」というように、海賊による拘束という状態も「作賊」と看做すか否かの分かれ目であったことの三点である。

以上のように、捕縛した海賊をどのように裁くのか、という問題に対して、興化府推官としての祁彪佳は明確な判断基準を個々の判牘の中で提示していたのである。海賊を裁くに当たって、最大の難問は当該の被告が「被擄」であるか「従賊」であるかの判断であったが、それは両者の違いが僅かの微妙な差にあったからである。すなわち、祁彪佳の裁きにおいては、拉致された後の時間の長短こそ「被擄」と「従賊」とを分ける根本的な判断基準だったのである。

四　祁彪佳の裁きと沿海地域社会

（1）　海賊の地域性——族的戦略としての海賊——

祁彪佳『莆陽讞牘』には、汪康謡の場合と同様に、海賊と〈倭〉との関係を窺わせる史料も数多く見出すことができる。まず、海賊の頭目林六老に関する判を提示することにしたい。

審得、林六老、夥陳四老、嘯聚総管老舟中。其時賊夥、如頭椗老等十餘人、而被擄者、亦以十五六人計。六老因商帰賊、已半月餘。後同六人駕小舟、出劫魚鮮以佐餐、乃為邏卒所偵、併力追捕。……夫陣擒之虜、可不論贓、而破浪之時、已倶漂没、不必究其烏坵・東甲両劫之果否。而倭装利刃、足成鉄案矣。参看得、林六老、家蜃海而藪鯨波、走険如鶩、手彫戈而身卉服、詭漢作倭。(72)

審理したところ、林六老と仲間の陳四老は、総管老の舟中に［一味を］糾合した。その時、賊の一味としては、頭椗老等の如き十餘人がおり、被擄となっていた者も、十五六人を数えた。六老は商人から賊となって、已に半月餘であった。後に六人と共に小舟を操り、［漁船から］鮮魚を劫奪して食料としたが、邏卒の偵察に掛かり、力を併せて追捕された。……そもそも戦いの場で捕獲された者は、贓物を論じなくてもよく、高波によって已に漂没しているからには、必ずしも烏坵・東甲という二つの襲撃の結果を究明しなくてもよい。そして倭装・利刃は、鉄案とするに十分である。調査したところ、林六老は蜃海を家とし、鯨波を住まいとしており、［一味と］一緒に危険も顧みず、彤戈を手にして卉服を身に着け、漢を欺いて倭となったのである。

ここには既出の総管老をはじめ、林六老・陳四老・頭椗老という海賊の頭目らしき者たちが出てくるが、林六老についてはまた「倭装」或いは「詭漢作倭」と書かれている。六老に関する別の判では「詭夏従夷」とあり、さらに捕縛されたとき、官軍側は「番服・倭刀の種種、これを臨敵に獲る」という。(73) また、上述の海賊郭喜も「倭衣」を身に纏っていたのであった。さらに、黄十二に対する裁判では、

看得、黄十二誘結真倭、反戈内地、以久逋之乱民、為門庭之大寇。劫掠陸船、或駕於潮州、或泊於比港、或至東番、或至甘吉、流移行劫。劉瑞春等、首被其毒者也。及虎井嶼之役、把総奮力長呼、兵士争先用命、至死傷相継、而師無退心、擒斬十人、餘賊驚遁。被擒黄十二・倭如完、皆渠魁也。

調べたところ、黄十二は真倭を糾合し、反って内地を襲撃したのであり、逃亡中の乱民が、門庭の大賊となったものである。陸や船を劫掠し、或いは潮州に航海し、或いは比港に停泊し、或いは東番に至り、或いは甘吉に至り、移動して劫奪を行っていた。劉瑞春等は、初めにその毒を被った者である。虎井嶼の役では、把総が奮闘して叫び続け、兵士は先を争って命令を果たそうとし、死傷者が相継ぐに至っても、兵に退却の考えは無く、［賊の］十人を擒斬したところ、餘賊は驚いて遁走した。捕縛された黄十二と倭の如完は、皆、渠魁であった。

と述べられている。(74) 海賊黄十二は「真倭」を糾合して「内地」を襲撃したのであった。ここではまた、如完という〈倭〉も頭目の一人として裁かれている。

以上の諸史料の記載によれば、祁彪佳が裁いた海賊の中には「倭衣」や「倭刀」を身に着けることで〈倭〉を偽装する者たちが含まれていた。いま一度、村井章介氏の議論に立ち戻るならば、彼らを「帰属する国家や民族集団からドロップ・アウト」した〈マージナル・マン〉に親和的な集団と看做すことも可能なように思われる[75]。しかしながら、その一方で、〈マージナル・マン〉と呼ぶには些か違和感を覚える海賊も存在していたのである。

ここではまず、嘉靖二十年代のかの朱紈の『甓餘雑集』に見える記述を取り上げることにしたい。すでに片山誠二郎氏によって紹介されたものであるが、福建の漳州府詔安県について次のように記されていた[76]。

夫詔安八閩之窮、而梅嶺又詔安之窮。其地濱海、切隣走馬渓・下湾二澳、由走馬渓而南、則潮州之南澳山矣。蓋閩広嗾喉之衝、賊夷出没之所、視龍渓県之海滄、均為要害。而其民頑梗不法、則或過之。蓋詔安去漳郡三日之程、而梅嶺去県治四十餘里。地僻則化益阻、化阻則俗益悪。賊船集泊、毎于走馬渓・下湾者、則以此地両山壁立、風濤不驚、若天成一賊藪。然又有梅嶺群悪、以済之耳。如田如林如何如傅如蘇等姓、延聚数里許、人居不下千餘、凶頑積習、険狠成風。或出本販番、或造船下海、或勾引賊党、或接済夷船。先年引賊肆劫、合県生霊、受其荼毒、惨不可言[77]。

そもそも詔安は八閩の窮まったところであり、梅嶺はまた詔安の窮まったところである。その地は濱海にあり、走馬渓・下湾の二澳に近接しており、走馬渓から南は、則ち潮州の南澳山である。蓋し閩・広の咽喉の地であり、賊夷の出没する所であって、龍渓県の海滄に比べても、均しく要害となっている。その民は頑迷不法であり、則ち或いはそれ以上である。蓋し詔安は漳郡を去ること三日の行程であり、梅嶺は県治から四十餘里である。地は僻遠にあるので則ち教化は益々阻まれ、教化が阻まれれば則ち習俗は益々悪化する。賊船が集泊するとき、常に走馬渓・下湾にあるのは、則ちこの地が両山壁立し、風濤に邪魔されず、天然の賊藪となっているからである。そうであるから、梅嶺の悪人どもが、これを助けるだけなのである。田・林・

何・傅・蘇等の姓の如きは、数里ばかりに延聚し、人居は千餘を下らず、凶頑さは積習となり、険狠は風俗となっている。或いは資本を出して番国に販売し、或いは造船して海に下り、或いは賊党を引き入れ、或いは夷船に接済する。先年には賊を引き入れ劫奪を行い、全県の生霊は、その害毒を被ったのであり、その惨さは言うことができないほどであった。

詔安県の沿海地域に位置する梅嶺には、田・林・何・傅・蘇等の一族が聚居していたが、彼らは密貿易経営を行うとともに、かつ海賊勢力とも密接に結びついていた。朱紈は、さらに泉州府同安県の郷紳林希元が自らを「林府」と称し、「違式の大船」を建造して密貿易経営を行い、「郷曲に武断」していた状況を詳細に書き残している。[78] かつて、重田徳氏は「林府」の例を〈郷紳支配〉の典型と看做されたのであったが、むしろ宗族的結合を媒介とした地域支配と看做すこともできるのではなかろうか。[79]

祁彪佳の『莆陽讞牘』にも、そうした族的な結合を前提として密貿易・海賊経営を行う、次のような注目すべき事例が存在する。

審得、劉選儒、巨賊也。其縦横海上久矣。漁民畏其威、而莫敢指告。游鳳賓、即其妻父也。選儒之妻、現在賓家、其衣食皆賊之資、亦非一日矣。黄成・黄章、亦皆慣賊、現招安在厦門。游祖選、其妹夫也。其保匿成・章、人皆知之也。宰純秀之子大鳳、林永坤・永賢之侄林懐、朱廷委之子朱平、皆海上作賊、未得正法者也。或親或子或侄作賊、明明寄銀養家、為之親及父及叔、亦明明言贓従海上来、反揚揚誇耀郷里。郷里有指告者、出海即受其荼毒、以故莫敢首発。[80]

審理したところ、劉選儒は巨賊である。海上で縦横に活動して久しい。漁民はその威力を畏れて、敢えて告発しようとはしない。游鳳賓は、その妻の父である。選儒の妻は、現在、［鳳］賓の家に居り、その衣食［の費用］は皆、賊の資金によっているが、［これは］一日［という短い期間］のことではない。黄成・黄章は、皆、慣賊であり、現在は［官の］招撫を受けて厦門に居る。游祖選は、その妹の夫である。その成・章を保匿していることを、人は皆、知っている。辜純秀の子大鳳、林永坤・永賢の侄林懐、朱廷委の子朱平は、皆、海上で賊となっているが、未だ処刑されていない者たちである。或いは親が、或いは子が、或いは侄が賊となり、明らかに銀を送って家族を養っており、この為に親や父や叔父は、はっきりと贓（資金）は海上から来ると言い、反って揚揚として郷里にひけらかしている。郷里で告発する者がいたならば、［その者は］出海したときにその害毒を受けることになり、故に敢えて告発するものはいないのである。

ここには「巨賊」の劉選儒が登場しているが、祁彪佳による裁きの直接的な対象は選儒の岳父に当たる游鳳賓である。海賊劉選儒の妻は実家である游鳳賓の家で暮らしていたが、「其の衣食は皆、賊の資」に頼っていた。こうした状況を踏まえて「或いは親、或いは子、或いは侄、賊を作し、明明として銀を寄せて家を養い、これが為に親、及び父、及び叔も、また明明として贓は海上より来たると言い、反って揚揚として郷里に誇燿す」と書かれている点に注目したい。一族の中から親や子や甥が海賊となって劫奪を働き、それによって一族が郷里で生活する資金がもたらされていたのであった。また、郷里で暮らす者たちは、海賊となった親族を恥じることもなく、資金が送られてくることを地域社会の中で得意気に自慢していたという。

当該史料は、族的な結合に媒介された、いわば海賊経営の実態と、それが沿海の地域社会と不可分に結びついていたことを如実に表しているといえよう[81]。まさしく沿海地域密着型の海賊ということができるのではなかろうか。そうした意味で、〈マージナル・マン〉とは明らかに性質の異なるものだといえよう。

（2） 澳例と沿海地域社会

祁彪佳『莆陽讞牘』には、いまひとつ注目すべき判を見出すことができる。それは福建の沿海地域社会の特質解明に向けて、きわめて興味深い内容の判牘である。

審得、張崇熙販米、自沙埕載帰。劉漢斗係船戸、曾元及・劉茂英係水艄也。去歳八月初十日開駕、二十日於沙澳中洋、遇賊劫掠。漢斗等跳小舸以遁、元及・漢斗之胞侄茂英、為賊所擄、併其米劫去。崇熙・漢斗、幸得回澳、元及二人、竟邈不知其生死也。此時賊已得米、故未打票。且元及二人、慣海長年、賊或欲用之、亦未可知。故与質贖不同也。無打票、無質贖、故劫後之情形、与游移之海所、崇熙等倶不能知也。拠漢斗称、曾載酒及猪、出海尋覔、而賊杳無蹤、此亦情之可信者。蓋漢斗即漠置元及、必不肯軽棄茂英、非有心致元及於死也可知。況元及固未必死乎。独是崇熙・漢斗、於紛擾之中、絶無顧恤同舟之誼。且澳例、漁民被擄、過三月不帰、同事者醵銀付家属、作祭奠之需。今廖氏呼天搶地、而二人漠不憐之、遅其澳例、致氏控之上台。崇熙・漢斗是当罪耳、姑薄罰之、澳例十二両、一併追給。倘遅此而元及生還、仍以原銀付還両人、可也。[82]

審理したところ、張崇熙は米を販売するために、沙埕から積載して帰るところであった。劉漢斗は船戸であり、曾元及・劉茂英は水艄（船頭）であった。去年の八月初十日に出航し、二十日に沙澳中の海洋で、賊に遭遇して襲撃された。漢斗等は小船に跳び移って遁走したが、元及と漢斗の侄茂英は、賊に拉致され、併せて米も劫奪された。崇熙・漢斗は、幸いにも［現住の］澳に戻ることができたが、元及等二人は、遂にその生死さえも分からなくなったのである。この時、賊は已に米を獲得したので、故に未だ［身代金の］票を出してはいない。且つ元及等二人は、海に慣れた長年（舵手）であり、賊が或いは彼らを使おうとしたのかは、未だ知るすべもない。故に質贖（身代金の略取）とは違うのである。打票もなく、質贖もなく、故に劫奪後の状況や、移動した海域を、崇熙等は共に知りようがないのである。漢斗［の供述で］は［次のように］言っている。曾て酒と豚を積み、出海して捜索したが、しかし賊の足取りは杳として摑めなかった、と。これもまた事情として信用できるものであろう。蓋し漢斗がたとい元及を放置したとしても、きっと茂英を軽々しく棄てるとは思われず、心から元及を死に追いやろうと考えたものでないことも分かるからである。ましてや元及は固より未だ必ずしも死ぬとは限らないのであるから。ただ崇煕・漢斗は、混乱の中で、絶えて同舟を顧恤するという誼に欠けただけである。且つ澳例では、漁民が拉致され、三ヵ月を過ぎても帰らなければ、同舟の者は銀を醵出して家族に与え、祭祀の費用に当てる、とある。今、廖氏は天に叫び地を叩いて［悲嘆に暮れて］いるが、二人は漠としてこれを憐れむこともなく、澳例［の規定］に遅れたのであり、［結果として廖］氏はこれを上台（知府）に訴えることになったのである。崇煕・漢斗は当に断罪すべきであるが、姑らく軽く罰を与え、澳例の十二両を、併せて追徴して［廖氏に］支給する。もしこれ以後、元及が生還したならば、やはり原銀を両人に償還させれば、可《よい》であろう。

ここに沿海の地域社会に特有の「澳例」の存在を見出すことができた。「販米」を目的とした航行中に海賊の襲撃を受け、船頭（「水艄」）の曾元及と劉茂英が海賊に拉致され、その後、杳として行方が分からなくなったという案件であるが、襲撃から逃れて郷里へ戻ることのできた船戸の劉漢斗および米商の張崇煕の二人がどのような責務を果たさねばならないかが、この裁判では問題とされている。当該の拉致被害者の母親か妻である廖氏が、上記の二人を訴えたのであるが、その理由は〈澳例〉が存在するにも拘わらず、決められた額の銀両を二人は廖氏に支払わなかったからであった。

ここに見える〈澳例〉の内容は、当該地域社会の住民が船隻で航行中に海賊によって拉致された場合、三ヵ月を経過しても行方が分からず、郷里に戻らなかったときは、同船の者がその家族に対して一定の銀両を支払わねばならないというものである。また、その金額は「祭奠」、すなわち葬儀の費用に相当するものだったのである。〈澳例〉は拉致家族に対するある種の保障システムであると同時に、「澳」という入江・海湾を中心とした地域社会特有の共同体的な慣習と看做すこともできるのではなかろうか。さらに、当該史料からは、祁彪佳による裁きが〈澳例〉という地域社会の慣習に基づいて処理されているようにも思われる。換言すれば、祁彪佳の判では〈澳例〉自体が判断の拠りどころになっていたといえよう。[83]

ところで、明末の福建沿海地域には〈澳甲制〉とでも称する制度の存在を確認することができる。万暦六年（一五七八）に福建巡撫となった耿定向は、福建地域に郷約・保甲制を実施したのであるが、この時期、沿海地域には「澳甲」が存在していたのである。耿定向『耿天台先生文集』所収の保甲規定には、

一、訪得、沿海各澳居民、戸籍多隠漏、不報在官。奸弊之叢、正由於此。近会題准海禁事宜内開、稽察保甲、防緝接済、事体更為重大。澳甲尤宜慎選、応将各澳甲、倶編入里甲図内、択里長有身家者、即為澳甲、併各澳船戸姓名、与腹裏居民一例、倶編入冊。

一、調査したところ、沿海の各澳の居民は、戸籍が多く隠漏しており、官に報告されていない。奸弊が叢生するのは、正にこれに由るのである。近ごろ会題して准された海禁事宜内に［次のように］書かれている。保甲を稽察し、接済を防緝することは、事がらとして更に重大である、と。澳甲は尤も宜しく慎重に選ぶべきであり、応に各々の澳甲を、共に里甲図内に編入し、里長のうちで身家（資産）の有る者を選んで、即ち澳甲と為し、併せて各澳の船戸の姓名を、腹裏の居民と一体で、共に簿冊に編入すべきである。

と記されている。[84]この段階には、すでに沿海の各澳に澳甲制が実施されていたことが窺えるが、海賊や密貿易に対する「接済」等を防止するために「里甲」と「澳甲」との一体化が図られたのであった。同様に、万暦四十三年（一六一五）から同四十五年（一五一七）まで福建巡撫として在任した黄承玄の郷約・保甲に関する「約保事宜」にも、次のように規定されている。

一、沿海澳港、各立総甲一人、将本澳船隻、不論大小、尽数報官、編定字号。毎船尾大書刊刻某州県某澳某字号・

船戸某人・澳甲某人、以便稽査。如新造船隻、必先告明、編刻字号、方許下水。毎十船為一甲、責令互相保結。仍置総冊二本、一存該県、一付澳甲収貯。如有私販通倭者、澳甲及同甲船戸、即時挙首、定行重賞。若本澳不挙、而他処擒獲者、澳甲一体連坐(85)。

一、沿海の澳港では、各々総甲一人を立て、本澳の船隻を、大小を論ぜず、数を尽して官に報告し、字号を編定する。各船尾に某州県某澳某字号・船戸某人・澳甲某人と大書刊刻し、以て稽査の便に資す。もし新たに船隻を建造したならば、必ずや先ず［官に］報告し、字号を編刻して、はじめて水に下ろすことを許可する。十船ごとに一甲とし、責務として相互に保結させる。そうして総冊二本を作成し、一つは該県に保存し、一つは澳甲に与えて保存させる。もし私販によって倭に通じる者が居て、澳甲および同甲の船戸が、ただちに告発したならば、必ず重く褒美を与える。もし本澳で告発せず、他の処で拿捕された場合は、澳甲も一体で連坐とする。

黄承玄は「沿海の澳港」に「総甲一人」を置くとともに、当該の澳港に停泊する船隻に字号を刻印し、かつ船隻を保甲的システムに編成したのであった。当該記事の後半に「澳甲」が出ており、ここでは澳甲と総甲とは同一の存在であったと思われる。また「如し私販して倭に通ずる者有り、澳甲及び同甲の船戸、即時挙首せば」と書かれているように、それは当該澳港の船隻が倭寇・海賊と通じることを防ぐ狙いがあったといえよう。澳甲制は一方では、まさしく沿海地域の治安を維持するための制度であった。

他方、澳甲制は漁民層に科せられた賦税、すなわち魚課の徴収単位としても機能していたと思われる(86)。嘉靖末年に泉州府恵安県の知県を務めた葉春及は、自らの著作『恵安政書』において、次のような記述を残している。

魚課、雖有専司、遡之訟者実繁、由版籍久闕、易以誣詆故耳。原額八澳、澳有甲、当書某澳某甲某戸、有某処某業米若干。隠者予覈登答簿而罪焉。有業而未籍者、及原無籍而業者可告。余酌之以抵一二無徴者(87)。

魚課は、専門の役所が有るとはいえ、以前の訴訟が実に多かったのは、版籍が久しく欠けていたことに由って、ただ誣告し易かったからである。［恵安の］原額は八澳で、澳には甲が有り、当に某澳・某甲・某戸で、某処・某業・米若干であると書くべきである。隠蔽した者は予め調べて答簿に登載して処罰する。［漁］業をしているのに未だ登記していない者、および原もと簿籍が無いのに［漁］業に従事している者は報告せよ。余はこれを斟酌して以て一二の徴収の無いところに充当する。

当該地域では、八ヵ所の「澳」が「原額」として存在しており、澳―甲―戸という組織を通じて魚課の徴収が行われていた。(88) 同様に、明末の福州府長楽県の地方志、崇禎『長楽県志』にも、

一、魚課米、六百五十八石六斗五升六合、……毎石、徴銀三銭五分。此定額也。向派之各魚舟、毎年点澳甲催徴、額本易完。

一、魚課米、六百五十八石六斗五升六合、……毎石、銀三銭五分を徴収する。これが定額である。かつてはこれを各々の漁船に科派したが、毎年、澳甲に割り当てて催徴させ、額本は容易に完納された。

という記載を見出すことができる。(89) 長楽県では、澳甲が毎年の魚課米――実際は銀納化されていた――の催徴を行っていたのであり、おそらくは「澳」が魚課徴収の単位になっていたと思われる。

以上のように、明代の後半から明末にかけて、福建の沿海地域には「澳」を単位とする地域社会が形成されていたといえよう。地形的に入江や海湾に当たる「澳」に施行されていた澳甲制は、一方で保甲に類した治安維持の組織として機能すると同時に、他方では魚課徴収の役割を担っていたのである。私見によれば、こうした澳甲制は、特に〈嘉靖大倭寇〉以降、福建沿海地域に広汎に展開していたと思われる。従って、澳甲制の浸透・展開とも相俟って、「澳」という地域社会に暮らす人々を規制する〈澳例〉は出現してきたのではなかろうか。

おわりに

以上、本稿は、明末の福建沿海における〈地方統治官〉と海域世界との関連を、主に倭寇・海賊の取締と裁判という視角から考察してきた。〈嘉靖大倭寇〉以降、明末にかけて、福建の海域では依然として倭寇・海賊の跳梁跋扈が続いていたが、官側の取締によって裁きの場に引きずり出され、白日のもとに曝け出された海賊の実態や海賊をめぐる状況を通じて、当該期の海域世界の新たな一面を描き出すことができたのではなかろうか。そうした意味で、今回、主に利用した判牘の史料としての有用性は明らかであると思われる。

本稿が取り上げた汪康謡および祁彪佳の判牘では、倭寇・海賊（容疑者）が果たして「被擄」なのか、それとも「従賊」なのか、ということが判断を迫られるきわめて難しい問題として現れていた。しかしながら、祁彪佳が明確に述べるように、判断の基準を突き詰めるならば、それは「被擄」となった後の「時日の久・近」にあったのである。その一方で、祁彪佳が「被擄」から「作賊」への移行は「十の五・六」であると指摘しているように、海賊が次から次へと再生産される過程には膨大な数の「被擄」、すなわち拉致された人々が存在していたのである。この拉致された人々はまさしく「編戸の斉民」であり、沿海地域に暮らす漁民層や沿岸貿易に従事する商人層がその多くを占めていたに違いない。海上での拉致が頻繁に行われる背景に「打票」や「勒贖」という海賊による身代金の略取という事態が見られたことも事実である。だが、ここでは東アジアの海域世界の各地域に荒野泰典氏の所謂〈諸民族雑居〉状態を将来した要因の一つとして、海賊による拉致問題が厳然たる史実として存在していたことに改めて注目する必要があろう。(90)

ところで、明末においても〈倭〉を偽装する海賊たちが数多く登場してくるが、村井章介氏が言われるように彼らを〈マージナル・マン〉に類するものと看做すことができるのかも知れない。しかしながら、その一方で、〈マージナル・マン〉とは全く異質な沿海地域密着型の海賊も存在していたのであり、彼らは族的戦略として海賊経営を活計の手段としていたのであった。本稿ではまた、〈澳〉を中心とする沿海地域社会の中に、〈澳例〉といわれる共同体的な慣習を祁彪佳の判牘を通じて発見することができた。海賊による拉致が頻繁に行われるという現実の中から派生してきたものと思われるが、〈澳例〉は拉致家族に対するある種の保障システムとして機能していたのであり、そこからは〈澳〉社会のもつ独自性と〈澳〉社会に暮らす人々の生存のための智恵を看取することができるのではなかろうか。

註

(1) 佐久間重男「明代海外私貿易の歴史的背景——福建省を中心として——」『史学雑誌』六二編一号、一九五三年。なお、当該論文をはじめ、倭寇・海寇に関する佐久間氏の一連の論考は、同『日明関係史の研究』吉川弘文館、一九九二年に収録されている。また、片山誠二郎「明代海上密貿易と沿海地方郷紳層——朱紈の海禁政策強行とその挫折の過程を通しての一考察——」『歴史学研究』一六四号、一九五三年、同「嘉靖海寇反乱の一考察——王直一党の反抗を中心に——」山崎宏編『東洋史学論集』第四、不昧堂書店、一九五五年、所収、等、参照。

(2) 佐久間重男、前掲「明代海外貿易の歴史的背景」参照。

(3) 特に、片山誠二郎、前掲「嘉靖海寇反乱の一考察」参照。

(4) それ以前の倭寇研究において、田中健夫『倭寇——海の歴史——』教育社、一九八二年は、きわめて優れた概説書だといえよう。また、鄭樑生『明・日関係史の研究』雄山閣、一九八五年も、貴重な成果である。

(5) 特に、荒野泰典「日本型華夷秩序の形成」『日本の社会史』一巻〈列島内外の交通と国家〉、岩波書店、一九八七年、所収、および村井章介『中世倭人伝』岩波書店、岩波書店、一九九三年、参照。

(6) 荒野泰典、前掲「日本型華夷秩序の形成」参照。また、荒野泰典・石井正敏・村井章介「時代区分論」荒野泰典・石井正敏・村井章介編『アジアのなかの日本史』Ⅰ〈アジアと日本〉、東京大学出版会、一九九二年、所収、三七—四四頁、参照。

(7) 村井章介、前掲『中世倭人伝』参照。

(8) 従来の研究では、その多くが「隆慶初年」を隆慶元年(一五六七)と理解しているように思われる。他方、佐久間重男氏は「明代後期における漳州の海外貿易——蕭基の恤商策について——」前掲『日明関係史の研究』所収(原載は『三上次男博士喜寿紀年論文集』〈歴史編〉、平凡社、一九八五年、所収)、三二七頁において、隆慶初年を「隆慶元年も含めてその頃と解すべきもの」と指摘されている。

(9) 小葉田淳「明代漳泉人の海外通商発展——特に海澄の餉税制と日明貿易に就いて——」同『金銀貿易史の研究』法政大学出版局、一九七六年、所収(原載は『東亜論叢』四輯、一九四一年)、および佐久間重男、前掲「明代後期における漳州の海外貿易」参照。なお、海禁の解除・撤廃というよりは「海禁の再確立」であったという見解については、檀上寛「明代海禁概念の成立とその背景——違禁下海から下海通番へ——」『東洋史研究』六三巻三号、二〇〇四年、二七頁、同「明代「海禁」の実像——海禁=朝貢システムの創設とその展開——」歴史学研究会編『港町と海域世界』〈シリーズ港町の世界史①〉、青木書店、二〇〇五年、所収、一七一頁、参照。また、岩井茂樹「帝国と互市——一六—一八世紀東アジアの通交——」籠谷直人・脇村孝平編『帝国とアジア・ネットワーク——長期の一九世紀——』世界思想社、二〇〇九年、所収、参照。

(10) 日本史研究の視座から〈後期倭寇〉の終焉を「豊臣政権の誕生」期に見る点については、橋本雄・米谷均「倭寇論のゆくえ」桃木至朗編『海域アジア史研究入門』岩波書店、二〇〇八年、八九頁、参照。〈嘉靖大倭寇〉以降、明末の倭寇・海賊については、松浦章『中国の海賊』東方書店、一九九五年、七一—九五頁、等、参照。

(11) 「判牘」の定義については、滋賀秀三『清代中国の法と裁判』創文社、一九八四年、九五・一四五・一五〇頁、参照。

(12) 濱島敦俊「明代の判牘」滋賀秀三編『中国法制史——基本資料の研究——』東京大学出版会、一九九三年、所収、参照。

また、三木聡「清代順治・康熙年間の判牘史料四種について」『北大史学』四五号、二〇〇五年、八五頁、参照。

(13) 田中健夫「『倭寇図巻』について」同『中世海外関係史』東京大学出版会、一九七五年、所収（原載は東京大学史料編纂所蔵『倭寇図巻』〈複製版〉近藤出版社、一九七四年、所収）。また、多くの概説書でも『倭寇図巻』は取り上げられている。例えば、山根幸夫『図説中国の歴史』七〈明帝国と日本〉、一九七七年、六三―七五頁には六枚の図版が挙げられており、最新の上田信『中国の歴史』九〈海と帝国――明清時代――〉、講談社、二〇〇五年、二〇八―二〇九頁の間の挿図には「倭寇の上陸」と題してその一部が提示されている。

(14) 二〇〇八年三月に訪れた寧波市鎮海口海防歴史紀念館の「鎮海軍民抗倭闘争」と題する展示パネルには「十四世紀以来、日本の内戦で敗れた武士が東南沿海の武装密貿易集団と結合し、わが国の沿海に逃亡して意のままに劫奪を加え、騒擾を起こしたが、これが二百餘年の長きに及ぶ倭寇の害であった」と記されている。

(15) 荒野泰典・石井正敏・村井章介、前掲「時代区分論」三八頁、参照。

(16) 『明世宗実録』巻四二二、嘉靖三十四年（一五五五）五月壬寅条。

(17) 橋本雄・米谷均、前掲「倭寇論のゆくえ」八七―八八頁。

(18) 実録では、「倭寇朝鮮」という表現が『明神宗実録』巻二四九、万暦二十年（一五九二）六月丙午条、同、巻二八一、万暦二十三年（一五九五）丙戌条、等に見られる。また、村井章介氏は、前掲『中世倭人伝』二二〇頁において、秀吉を「かの倭寇王王直の血を引く〈倭寇的勢力〉の統括者である」と指摘されている。なお、秀吉の朝鮮侵略については、中村栄孝「豊臣秀吉の外征――文禄・慶長の役――」同『日鮮関係史の研究』中、吉川弘文館、一九六九所収、参照。明朝側の対応については、小野和子「明日和平交渉をめぐる政争」同『明季党社考――東林党と復社――』同朋社出版、一九九六年（原載『山根幸夫教授退休記念明代史論叢』上巻、汲古書院、一九九〇年）、三木聡「万暦封倭考（その一）――万暦二十二年五月の「封貢」中止をめぐって――」『北海道大学文学研究科紀要』一〇九号、二〇〇三年、および同「万暦封倭考（その二）――万暦二十四年五月の九卿・科道会議をめぐって――」『北海道大学文学研究科紀要』一一三号、二〇〇四年、等、参照。

(19) 『明神宗実録』巻三七九、万暦三十年（一六〇二）十二月戊子朔条。

(20)『明神宗実録』巻四七八、万暦三十八年(一六一〇)七月癸亥条。

(21)『明神宗実録』巻五三八、万暦四十三年(一六一五)九月庚辰条には「礼科給事中余思孳言、今日事勢、可憂者四、可危者六、而可修者亦有六。……所謂可危者、一曰閹人之得志、二曰妖人之蝿集、三曰門庭之寇盗、四曰都城之無備、五曰辺塞之空虚、六曰倭夷之交通」とある。

(22)薩摩の琉球侵攻については、小葉田淳「近世初期の琉明関係――征縄役後に於ける――」同『中世南島通交貿易史の研究』刀江書院、一九六八年、所収、紙屋敦之『幕藩制国家の琉球支配』校倉書房、一九九〇年、および上原兼善『島津氏の琉球侵略――もう一つの慶長の役――』榕樹書林、二〇〇九年、等、参照。また、明朝側の対応については、夫馬進「一六〇九年、日本の琉球併合以後における中国・朝鮮の対琉球外交――東アジア四国における冊封、通信そして杜絶――」『朝鮮史研究会論文集』四六号、二〇〇八年、および渡辺美季「琉球侵攻と明日関係」『東洋史研究』六八巻三号、二〇〇九年、参照。

(23)董応挙『崇相集』疏一、「厳海禁疏〈万暦四十年十月、吏部文選司員外董応挙題〉」。

(24)朱紈の海禁強行策については、片山誠二郎、前掲「明代海上密貿易と沿海地方郷紳層」および山崎岳「巡撫朱紈が見た海――明代嘉靖年間の沿海衛所と「大倭寇」前夜の人々――」『東洋史研究』六二巻一号、二〇〇三年、参照。

(25)董応挙の当該上奏については、夫馬進、前掲「一六〇九年、日本の琉球併合以後における中国・朝鮮の対琉球外交」一九頁、参照。

(26)丁継嗣の福建巡撫在任期間については、呉廷燮『明督撫年表』巻四、福建(中華書局(北京)、一九八二年、五一二―五一三頁)参照。また、葉向高の丁継嗣宛書簡については、崔来廷『海国孤生――明代首輔葉向高与海洋社会――』江西高校出版社(南昌)、二〇〇六年、一五四―一五九頁、参照。

(27)葉向高『蒼霞餘草』巻一二、墓誌銘には、彼が書いた丁継嗣の墓誌銘「嘉議大夫巡撫福建都察院右副都御史禹門丁公墓誌銘」が残されている。この中で葉向高は、万暦三十九年(一六一一)に丁継嗣が福建巡撫に陞る前に江西右布政使から福建左布政使へ異動した時のエピソードとして「公之宦轍、多在三楚・江右、自江右移為閩左轄。余在宦途、逢江右士大夫、未嘗不言閩人奪我丁公、意殊恨恨」と記している。

(28) 葉向高『蒼霞続草』巻一九、尺牘、「答丁撫台」。

(29) 戚継光『紀効新書』は著名な軍事書であり、贅言を要しないであろう。一方、鄧鍾『籌海重編』は万暦二十年（一五九二）序刊本であり、総督蕭彦の依頼を受けた福建泉州府晋江県の鄧鍾が、鄭若曾『籌海図編』の「繁冗を刪って」重輯したものである（永瑢等『四庫全書総目』巻七五、史部、地理類存目四、「籌海重編」）。中砂明徳『江南――中国文雅の源流――』講談社、二〇〇二年、一六四頁・一七〇―一七一頁、参照。なお、林茂槐は葉向高と同じく福清県の出身で、万暦二十三年（一五九五）の進士である。また、当該書簡の末尾に見える「林楚石」は林材（同府閩県出身）であり、「佘石竹」は佘夢鯉（同府福清県朱出身）だと思われるが、「同年」とあるように、両者はともに葉向高と同じく万暦十一年（一五八三）の進士であった。万暦（四一）『福州府志』巻四七、選挙志三、国朝進士、「万暦十一年癸未朱国祚榜」、参照。

(30) 葉向高『蒼霞続草』巻二〇、尺牘、「答丁撫台」。

(31) 葉向高の自訂年譜ともいうべき『蘧編』巻一の劈頭には、「嘉靖三十八年己未七月三十日亥時、余生」とある。

(32) 崔来廷、前掲『海国孤生』二三三頁、参照。

(33) 薩摩による琉球侵攻（事実上、日本の琉球併合）後、最初の琉球の朝貢使節に対し、明朝中央として「見事な外交的政策を立案した」のは福建福州府出身の大学士葉向高および礼部左侍郎翁正春（侯官県）等であったという。夫馬進、前掲「一六〇九年、日本の琉球併合以後における中国・朝鮮の対琉球外交」二二一頁、参照。

(34) 葉向高は丁継嗣宛の別の書簡で次のように記している。「敝郷人憂販倭、如剥膚、無日不以書来聞。在事者、或以董銓部之疏為過計。然乎否乎」と（『蒼霞続草』巻二〇、尺牘、「答丁撫台」）。ここに見える「董銓部之疏」とは上述の題奏を指すと思われるが、葉向高は董応挙の「疏」を好意的に受け止めていたといえよう。

(35) なお、内閣文庫本の景照版が京都大学人文科学研究所に所蔵されている。三木聰・山本英史・高橋芳郎編『伝統中国判牘資料目録』汲古書院、二〇一〇年、三四―三五頁、参照。

(36) 康熙『休寧県志』巻六、人物、儒碩、汪康謡、および陳鼎『東林列伝』巻二一、「汪康謡伝」。

(37) 崔呈秀は汪康謡と「同年」＝万暦四十一年（一六一三）の進士であった。前註の『東林列伝』に「崔為同門友、嘗授意招致、乃峻詞拒絶。守漳三載、迄不通一字、崔銜之」とあるように、康謡は呈秀の恨みを買っていたのである。崔呈秀については、『明史』巻三〇六、列伝一九四、閹党、参照。また張顕清・林金樹『明代政治史』下冊、広西師範大学出版社（桂林）、二〇〇三年、八一五―八一六頁、参照。

(38) また、小野和子、前掲『明季党社考』所載の「東林党関係者一覧」参照。

(39) 福寧兵備道は分巡福寧道を兼轄していた。万暦『大明会典』巻一二八、兵部一一、鎮戍三、「督撫兵備」。

(40) なお、本文に提示したように、施邦曜は康熙『漳州府志』巻一九、宦蹟上、明宦蹟、知府に立伝されているが、そこには「天啓初為工部主事。時魏璫擅権、諸曹郎皆奔門下。邦曜独不往、忠賢銜之。乃亟請補外、出知漳州」と記されており、施邦曜の漳州府知府在任時期が「天啓初」でないことは明らかであろう。

(41) 汪康謡『閩讞』「一起、哨獲海洋異船事」。

(42) 註（35）の三木聰・山本英史・高橋芳郎編、前掲『伝統中国判牘資料目録』三四―三五頁、参照。

(43) 汪康謡『閩讞』「一起、擒獲劫賊劫贓事」。

(44) 明律、刑律、賊盗、「強盗」条では「凡強盗已行、而不得財者、皆杖一百・流三千里。但得財者、不分主従、皆斬」と規定されている（黄彰健編『明代律例彙編』〈中央研究院歴史語言研究所専刊七五〉下冊、中央研究院歴史語言研究所（台北）、一九七九年、七五五頁）。

(45) 「遣戍」とは「充軍」のことである。明代の刑罰としての「充軍」については、滋賀秀三「刑罰の歴史」同『中国法制史論集――法典の刑罰――』創文社、二〇〇三年、所収（原載は荘子邦雄等編『刑罰の理論と現実』岩波書店、一九七二年、所収）三二五―三二六頁、参照。また、呉絶紅『明代充軍研究』社会科学文献出版社（北京）、二〇〇三年、参照。

(46) 汪康謡『閩讞』「一起、為緝獲海洋強劫事」。

(47) 註（44）、参照。

(48) 明律、刑律、賊盗、「白昼搶奪」条は「凡白昼搶奪人財物者、杖一百・徒三年」と規定されており（黄彰健編、前掲『明代律例彙編』下冊、七六一頁）、基本的に「強盗」条とは刑罰の面で隔絶の差があった。

(49) 汪康謡『閩讞』「一起、為飛報擒獲海洋賊船事」。
(50) ここに見える「已行未得財之律」については、註(44)の「強盗」条、参照。
(51) 汪康謡『閩讞』「一起、哨獲海洋異船事」。
(52) 許孚遠『敬和堂集』公移〈撫閩稿〉、「禁止私販倭船、行各道」に「近拠差回船戸許豫報称、探得、私販見住倭国者、実繁有徒」とある。ここに見える許豫については、三木聰「福建巡撫許孚遠の謀略――豊臣秀吉の「征明」をめぐって――」『人文科学研究』四号、一九九六年、二二一―二二三頁、参照。
(53) 三木聰「十六世紀末における明朝の「封倭」政策と日本情報」大櫛敦弘編『前近代の環シナ海世界における交流とネットワークに関する史的研究』〈高知大学二十一世紀地域振興学術プロジェクト研究成果報告書〉、高知大学、二〇〇三年、一五頁、および中島楽章「十六世紀末の福建―フィリピン―九州貿易」『史淵』一四四輯、二〇〇六年、八一―八二頁、参照。
(54) 註(52)の「一起、哨獲海洋異船事」の最初の部分に「依強盗已行得財、不分首従律、斬罪、照例奏請梟示、転詳未示。犯人王迪卿・真倭一市濤門・王用・王応元・陳川・李少逸・陳楙宰」と見える。
(55) 汪康謡『閩讞』「一起、地方事」。
(56) 「文引」については、佐久間重男、前掲「明代後期における漳州の海外貿易」三二八頁、参照。
(57) ここに見える「越販律」とは、明律、兵律、関津、「私出外境、及違禁下海」条を指していると思われるが、但し、律本文ではなく、「万暦四十年浙江巡撫高挙題准新例」の「一、奸民希図重利、夥同私造海船、将紬絹等項貨物、擅自下海、船頭上假冒勢官牌額、前往倭国貿易者、哨守巡獲、船貨尽行入官。為首者用一百斤科枷、枷号二個月、発煙瘴地面、永遠充軍。為従者、枷号一個月、倶発辺衛充軍」という条例が該当するといえよう。黄彰健編、前掲『明代律例彙編』下冊、六九七頁、参照。
(58) 祁彪佳の履歴も含めて、濱島敦俊、前掲「明代の判牘」五二〇―五二五頁、参照。また、濱島敦俊「北京図書館蔵『莆陽讞牘』簡紹――租佃関係を中心に――」『北海道大学文学部紀要』三二巻一号、一九八三年、六七―七〇頁、参照。
(59) 楊一凡・徐立志編『歴代判例判牘』第五冊、中国社会科学出版社、二〇〇五年、所収。三木聰・山本英史・高橋芳郎編、

前掲『伝統中国判牘資料目録』三八—四四頁、参照。以下、『莆陽讞牘』を引用する場合は、『歴代判例判牘』第五冊（以下『判例判牘』と略記）の頁数を併せて表示する。

(60) 王思任は、字は季重で、万暦二十三年（一五九五）の進士である。国立中央図書館編『明人伝記資料索引』上、国立中央図書館（台北）、一九六四年、四三頁、参照。

(61) 祁彪佳『祁忠敏公日記』所収、王思任「祁忠敏公年譜」天啓七年（一六二七）の項。

(62) 祁彪佳『莆陽讞牘』「院道一件、擒獲海洋強賊事〈斬罪張七等〉」（『判例判牘』四〇二—四〇三頁）。

(63) 前註、参照。

(64) 祁彪佳『莆陽讞牘』「一起、擒獲海洋強寇事〈依強盗已行、得財不分首従、皆斬決不待時、駁問未結。犯人張七等。依不応事重律、減等杖七十的決。犯人曾顕居等〉」（『判例判牘』二四八頁）には「前件、看得、張七等、皆故賊郭昆之羽翼也。或以原糾烏合、或以被擄従凶、各立偽号、分駕堅舟。閩粤海上、幾成赤犢緑林之藪。幸而官兵用命、殲茲小醜、賊夥供報、併獲群凶。庭訊時、被擄者一一指認、某也執刀、某也操舟、某也書票、某也殺人。是情形之甚真、証佐之極確者也」と記されている。

(65) 松浦章、前掲『中国の海賊』七七—七八頁には、万暦二十年代から天啓年間にかけて暗躍した海賊として、無歯老・周四老・袁八老・林辛老の名が挙げられている。

(66) 祁彪佳『莆陽讞牘』「分守道一件、攻獲海洋強賊事〈斬罪周四老等〉」（『判例判牘』一一四—一一五頁）。

(67) 祁彪佳『莆陽讞牘』閩県、「一起、速勦海賊、以杜乱萌事〈依強盗得財律、斬監候。会審犯人十一名内、見在送審四名、黄新・邵光仔・洪超・呉振宗、議獄緩死、七名、鄭来進・荘李仔・鄭媽四・蕭二仔・陳三娘・王表・陳進、倶押漳防館監候。再審未到〉」（『判例判牘』四八九頁）。

(68) 註（66）、参照。

(69) 祁彪佳『莆陽讞牘』「巡海道一件、劫殺大変事〈斬罪郭喜〉」（『判例判牘』一三六頁）。

(70) 前註、参照。

(71) 祁彪佳『莆陽讞牘』本府、「司道一件、巡獲船隻事〈斬罪陳英等〉」(『判例判牘』四三九―四四〇頁)。
(72) 祁彪佳『莆陽讞牘』「分守道一件、攻獲海洋強賊事〈斬罪林六老〉」(『判例判牘』一一四頁)。
(73) 祁彪佳『莆陽讞牘』「一起、獲海洋強賊事〈依強盗已行、得財不分首従、皆斬決不待時。続奉批允監候会審、重犯林六老〉」(『判例判牘』二四九頁)に「前件看得、林六老、詭夏従夷、鶩鯨波以為壟断、殺人越貨、傅虎翼而肆梟張。漁商久被虜、劉海嶼幾成敵塁。一旦官兵追捕、輒揮戈逆我顔行。維時賊艇犁沈、猶躍岸恣渠凶状。雖羽徒鬥物累塁、多溺洪濤、而番服倭刀種種、獲之臨敵。似此窮凶之劇寇、焉逃罔赦之常刑」とある。
(74) 祁彪佳『莆陽讞牘』泉州府、「一起、血戦擒獲大夥倭賊事〈依奸民潜通海賊、同謀結衆、及為嚮導劫掠良民、比照謀叛已行、斬罪黄十二〉」(『判例判牘』四四二―四四三頁)。
(75) 村井章介、前掲『中世倭人伝』三九頁、参照。
(76) 片山誠二郎、前掲「明代海上密貿易と沿海地方郷紳層」二七頁。
(77) 朱紈『甓餘雑集』巻五、章疏四、「一設専職、以控要害事」嘉靖二十八年(一五四九)正月初八日。
(78) 朱紈『甓餘雑集』巻二、章疏一、「閲視海防事」嘉靖二十六年(一五四七)十二月二十六日。片山誠二郎、前掲「明代海上密貿易と沿海地方郷紳層」二七―二八頁、参照。
(79) 重田徳「郷紳支配の成立と構造」同『清代社会経済史研究』岩波書店、一九七五年、所収(原載は岩波講座『世界歴史』一二、中世六〈東アジア世界の展開Ⅱ〉、岩波書店、一九七一年、所収)参照。
(80) 祁彪佳『莆陽讞牘』「本府一件、海劫慘害事〈杖罪游鳳賓〉」(『判例判牘』二一六頁)。
(81) 陳支平氏は、新たに発掘された崇禎年間編纂の『鄭氏族譜』(鄭芝龍・鄭成功の一族)の分析を中心とする研究において、福建沿海地域における「郷族勢力」の存在が「当時の海商集団や族商・族盗という現象」の普遍性に影響したことを指摘されている。陳支平「明代民間文献中的福建族商史料」同『民間文書与明清東南族商研究』中華書局(北京)、二〇〇九年、所収、参照。
(82) 祁彪佳『莆陽讞牘』「分守道一件、夫命事〈杖罪、張崇熙老〉」(『判例判牘』九三頁)。

(83) 周知のように、滋賀秀三氏のいわゆる〈情理裁判論〉によれば、慣習は「情理」とは区別されない非実定的なものであり、従って、法源とはなりえないものであった。但し、当該の判において祁彪佳は、明らかに〈澳例〉に依拠して銀十二両の追徴を命じたのであり、ここでは〈澳例〉が法源の役割を果たしていたようにも思われる。滋賀秀三「伝統中国における法源としての慣習――ジャン・ボダン協会への報告――」同『続・清代中国の法と裁判』創文社、二〇〇九年、所収（原載は国家学会編『国家学会百年記念国家と市民』三巻〈民事法・法一般・刑事法〉、有斐閣、一九八七年、所収）参照。

(84) 耿定向『耿天台先生文集』巻一八、雑著二、牧事末議、「保甲」。

(85) 黄承玄『盟鷗堂集』巻二九、公移一、「約保事宜」第十二条。

(86) 福建の魚課については、三木聰「明代の福建における魚課について」『山根幸夫教授退休記念明代史論叢』上巻、汲古書院、一九九〇年、所収、参照。

(87) 葉春及『恵安政書』一、図籍問。

(88) 嘉靖『恵安県志』巻七、課程、魚課には「吾邑東南海地、分為八澳、澳有総甲一人、催督課米」とある。三木聰、前掲「明代の福建における魚課について」四二八―四二九頁、参照。

(89) 崇禎『長楽県志』巻四、食貨誌、雑征。

(90) 米谷均「後期倭寇から朝鮮侵略へ」池亨編『天下統一と朝鮮侵略』〈日本の時代史一三〉、吉川弘文館、二〇〇三年、所収、一四六―一四七頁、参照。米谷氏はここで鄭舜功『日本一鑑』に描かれた、九州大隅の「被虜中国男女二三百人」という記事を紹介し、「倭寇がもたらした負の側面」としての「被虜人」に注目されている。また、秀吉の朝鮮出兵情報を明朝に伝えた許儀後も倭寇による「被擄」であった。松浦章「明代海商と秀吉「入寇大明」の情報」同『海外情報からみる東アジア――唐船風説書の世界――』清文堂出版、二〇〇九年、所収（原載は『末永先生米寿記念献呈論文集』坤、末永先生米寿記念会、一九八五年、所収）、参照。

明清都市民変研究の再検討——集合行動の角度から——

巫　仁恕
吉田建一郎　訳

はじめに

明代後期以降、城鎮で多くの民衆運動が発生した。明代以前の中国では、民衆反乱の主役はほとんどが農民であり、明代後期になって都市住民が政府に反抗する状況（例えば食糧暴動、商人や労働者のストライキ、反地方官暴動、徴税に抵抗する暴動など）がたくさん発生したため、歴史書ではこれと農村の暴動反乱を「民変」と総称している。今日の歴史家は、「民変」が都市で多く発生したことの重要性に注目して、それらを「都市民変」と呼んでいる。そして都市民変は、明清社会史研究の重要な課題となっている。本稿は、関連する過去の研究成果を紹介しつつ、新しい観点、つまり「集合行動」(collective action) の観点から都市民変について考えたい。また、この観点から筆者の近年の研究成果を整理、再構成して読者諸氏の御教示を賜りたい。

一　研究史の回顧

一九五〇年代に入り、明清期の都市民変に関する研究でまず注目されたのは明末江南地域の都市民変であった。特に明末万暦年間に発生した大規模な反鉱税使事件について、中国大陸の多くの研究者が活発に研究に取り組んだ。早期の研究はいずれも「資本主義萌芽」論と関係があった。そこでは次のような主張がなされた。明末は資本主義萌芽期で新しい生産関係が出現し、特に城鎮でいわゆる「市民階級」が出現した。万暦期の鉱税使派遣は、まさに専制統治者が贅沢をし堕落したことによる都市民への略奪の強化であり、それにより大規模な「市民運動」が醸成されたのである、と。(1) また特に資本主義萌芽がみられた東南部の都市では、民変が普遍的に発生し、期間も比較的長く闘争性が強く、多くの異なる階級、身分の人々が一緒に協力したのである、と。(2) さらに生員と士大夫が指導あるいは関与した民変が少なくなかったため、次のような主張が見られた。生員層と市民階級との間には結びつきがあり、また当時の東林党士大夫は社会の「中等階級」に属し、中小地主と商人家庭の出身者から構成され、都市の商工業者と利益が一致あるいは近かったので、民変に共鳴し明代後期の市民運動にさえ参加したのである、と。(3)

このほか清代前・中期の「市民闘争」に関する研究がある。特に清代初期の労働者のストライキについて、中国大陸の研究者の多くが、明代のそれとの形態の違いや進歩性を強調した。清代は、手工業労働の雇主・被雇用者の対立が明代に比べて深まったため、康熙期から清末にかけて労使間の衝突が絶えず発生した。清朝は封建社会の秩序と経済的利益を維持するため、ストライキの禁止を命じたほか、強大な力を用いて鎮圧することさえあった。この時期、手工業に従事する職人たちは「行幇」と呼ばれる自分たちの組織を持っていた。これは明代にはなかった。清代の「市民闘争」の目的は暮らしに関わる問題であったが、闘争は常に旧型の「反清復明」という種族闘争の衣をまとっていた。闘争の方式は、明代に比べより多様になった(4)。

日本の研究者はすでに一九六〇年代に、マルクス主義史学の影響を受けて、明末の労働者とストライキ暴動の問題に関心を寄せ始めていた。特に万暦二十九年の蘇州における織工の暴動について、横山英、田中正俊の研究は同様の見解を示した。それは次のような内容であった。この民変は、農村共同体の外で都市が商品経済の刺激を受けて新たな生産方式を有するようになったために、都市に賃金労働者が出現し市民の主体となったことの表れである。しかしこの民変での反抗相手は宦官であり、まだ階級対立による衝突は見られなかった。当時の労働者は、なおギルド的規制の制約を受けており、家父長制的な労働形態が見られた(5)。天啓六年に蘇州でおきた開読の変については、これが東林党と閹党との闘争に関わっており、また士変と民変とが一体になった例であったため、田中正俊、宮崎市定、佐伯有一といった日本の研究者は、この民変に対する知識人層の関与を指摘した(6)。

中国大陸においても日本においても、早期のほとんどの研究は明確に既定の理論構成の影響を受けていた。例えば中国大陸の研究者は「資本主義萌芽」のもとでの「市民運動」を強調し、日本の研究者は雇用関係に重点を置いて労働運動について検討を進めた。彼らはみなマルクス主義史観の影響を受け、階級分析の観点から明清の都市民変を扱った。この視野のもとで、明清都市民変の「進歩性」が過度に誇張された(7)。中国大陸では、明末の士大夫が民変に関与したことについて、特殊な思想的背景があり、明末思想界の「反理学思潮」と「民主主義啓蒙思想」の闘争が結びついた思想の反映であると考える研究者さえいた(8)。

一九八〇年代以降、中国大陸と日本の研究者は、次第に過去の通説を放棄するようになり、かつて「資本主義萌芽」の前提のもとで打ち立てられた「市民運動」説も徐々に打破されていった。例えば劉志琴は、万暦年間の都市民変と「資本主義萌芽」は特に関連がないと主張した。民変は経済が発展した東南部の都市でのみ発生したのではなく、遼東、陝西、山西といった経済発展が比較的遅れた地域でも反鉱税使の民変が起きたからであった。劉はまた、万暦の民変には、確かに官員や士大夫が主導した反鉱税使の民変が多くあるが、これは主に宦官の横暴な振る舞いが官僚の自律性を失わせ、また各地域で地主、商人、士大夫を苦しめたためであると指摘した。こうしたことから劉は、士大夫が民変に参加したり民変を主導したことに「進歩的」な思想はなく、宦官の不法強奪に対する反対にすぎないのであって、法定政府が刺激されることはなく、また階級対立の観念や新しい生産関係の出現もなかったと考えた(9)。林麗月は、東林党と「市民運動」との関係という言い方に修正を加えた。林は、万暦年間に鉱税に反対した士大夫は東林党の人間だけではなかったため、都市民変に対する同情あるいは支持を、明末における様々な政党の「階級基盤」と断定することはできないこと、東林の「恵商思想」も明代後期に商品経済が発達する中で生まれてきたものであり、彼らの「階級基盤」とは関係がないことを指摘した(10)。

以上の研究はすでに過去の観念を乗り越えたものの、民衆運動の参加者と主導者の身分の問題は依然として議論の焦点の一つに残された。一九八〇年代以降、続々と進められた個別事例研究によって研究の視野が広げられ、新しく多元的な方向に向けて研究が深化し、目覚しい成果が得られた。中国大陸、日本あるいは台湾の研究者が、多くの史料を開拓して、国家政策、都市の徭役、都市の社会階層、士大夫などと都市民変との関係について、私たちの理解を深めさせてくれる成果を世に出した。

まず、万暦年間に各地で発生した鉱税に関わる民変について、国家政策の角度から検討が行われた。例えば福建の宦官高寀に反抗する民変について、この地の人々の海禁政策への反発や、海上貿易の主導権争奪をめぐる問題にまで関心が及んだ。(11) 田口宏二朗は、財政制度史の観点から畿輔の鉱税問題を検討し、鉱税問題は帝室の財源開拓を体現するものであったが、戸部および州県の財政収入との間で矛盾が生じたと指摘した。(12)

民変に対する政府の処理と政策については、中国系米国人研究者である袁清が、清朝は明朝に比べて専制的な鎮圧方法によって民変に対処したため、明代にしばしば見られた士大夫と民衆とが連携した民変が、清代になると次第に見られなくなることを強調した。(13) また岸本美緒は、清朝の支配権確立後、人々が地方官に対し不満を訴えるルートが徐々に制度化されたため、都市の民変は明代に比べて少なくなったと考えた。(14)

民変に関与した者の身分と社会構成についても多くの新たな発見があった。(15) 注目すべきは、日本の少なからざる研究が、明清期のひとつの大きな特徴として、社会関係の拡大と社会の層の多様化を指摘したことであった。最も早いところでは森正夫の研究が、順治元年（一六四五年）に太倉州沙渓鎮で発生した烏龍会の反乱事件を例に、江南の市鎮、農村で下層に位置した遊手、無頼、奴僕、家丁などが武力によって清朝に抵抗した状況を紹介した。(16) また上田信、川勝守、和田正広らは、江南の都市や市鎮の「無頼」（打行、脚夫、訪行、訟師、窩訪など）について研究し、彼らがグループを形成し、紳士や大商人のバックアップに依存し、商品経済が発達した城鎮に寄生し、常に城鎮での民変に関与していたことは、明清交替期における国家の支配力の衰退を示すものであると考えた。(17)「無頼」の姿は、福建と湖広の民変においても見られた。(18)

民変の中には、都市の特殊性（urbanity）が発生の背景に密接に関わるものがあった。なかでも都市の徭役負担の公平性に関する問題について、栗林宣夫、夫馬進、リチャード・ヴァン・グランが関連する研究を行った。そして嘉靖、万暦年間に、江南の都市では巡警、火甲をはじめとする一連の徭役改革が進められたが、地方官府が力役あるいは銀納の方針決定をめぐり絶えず姿勢を変更させたため、損を蒙った人たちの不満が高まり、嘉靖三十九年の南京兵変や万暦年間の杭州の兵変や民変を発生させたと指摘した[19]。

明末清初の都市では、しばしば食糧暴動が発生した。これに関する個別事例研究は多数にのぼる。初期の研究の例として、傅衣凌は、搶米の風潮が都市の不在地主と農村の佃農との関係の先鋭化を反映していると考えた[20]。日本の新しい世代の研究者は、より多面的に都市の食糧暴動の問題に検討を加えた。例えば、国家は人々の生活を保障する責任があると考えた暴動関与者の集団心理の状態が明らかにされたほか[21]、食糧暴動と食糧市場の流通、あるいは食糧価格の変動との関係に注目が集まった[22]。

清代の士大夫と民変の関係についても新たな見方が提起された。例えば夫馬進は、明代嘉靖期以降に現れた「生員公議」と「世論」（政治輿論）の状況に着目して次のように論じた。生員が集まり有力な団体となって地方行政に関与し、さらに地方官との対立や反地方官の「士変」にまで発展することがあった。このため「士変」は「生員公議」の延長にある。士が時として民変に関わったことは、士と民が思想面で相互に刺激しあっていたことの反映である、と[23]。また明末の士変に見られた抗争のやり方の一部が、清朝に継承された点も指摘した[24]。岸本美緒は議論をさらに進めて次のように指摘した。明末の「世論」は、個人の徳性が政治闘争の焦点となったことにより広く流布した社会的輿論である。これは十六世紀以来の江南地方政治の特質であり、しばしば明末の地方騒動という社会状況を導き、非常時には「民変」にさえ発展したのである、と[25]。

岸本美緒はさらに新生面を切り開き、文化史の観点から民変主導者の姿と評価について検討した。岸本は、明末天啓六年に蘇州で起きた開読の変以降の、民変首謀者五人に対する主観的な人物像を例として、歴史的事件に関する多くの地方史料は事実性を標榜すると同時に、実際には主観的なメッセージが含まれていると論じた(26)。このほか日本の研究者は、治安と犯罪学の観点から、官府による都市民変の処理方法を分析し、従来とは異なる観点を私たちに提供した(27)。

以上の紹介からは、明清の都市民変に関する研究が相当に豊富な成果を蓄積し、成熟段階に達していることが理解できる。ただ同時に研究は隘路に直面している。どうすれば新たな道が開けるだろうか。「他山之石、可以攻錯（よその山から出る石を用いてわが玉を磨くのに足る）」という言い方がある。欧米の初期近代（early modern）の都市における民衆の集合行動について、歴史学、社会学を問わず相当に多くの研究蓄積がある。これらの研究は中国史研究にも啓発を与えるであろう。特に歴史社会学者チャールズ・ティリーの集合行動に関する研究は、すでに欧米の学界の典範となっている。また彼の分析方法は、明清の都市民変研究にとって非常に有効である。

二　数量統計と質的変化

チャールズ・ティリーは、十七世紀から現代までの新聞、官側の報道、檔案などに見られる大量の暴動に関する資料を収集し、膨大な数にのぼる集合行動の個々の事例について数量分析を行った(28)。明清の都市民変に関する従来の研究は、概して個別事例の代表性を重視する傾向にあった。ただ、もし明清期のそうした個別事例について統計を作成し分析を加えたならば、重要な趨勢を発見できるかもしれない。筆者は、明代後期から清代乾隆期までに都市で発生

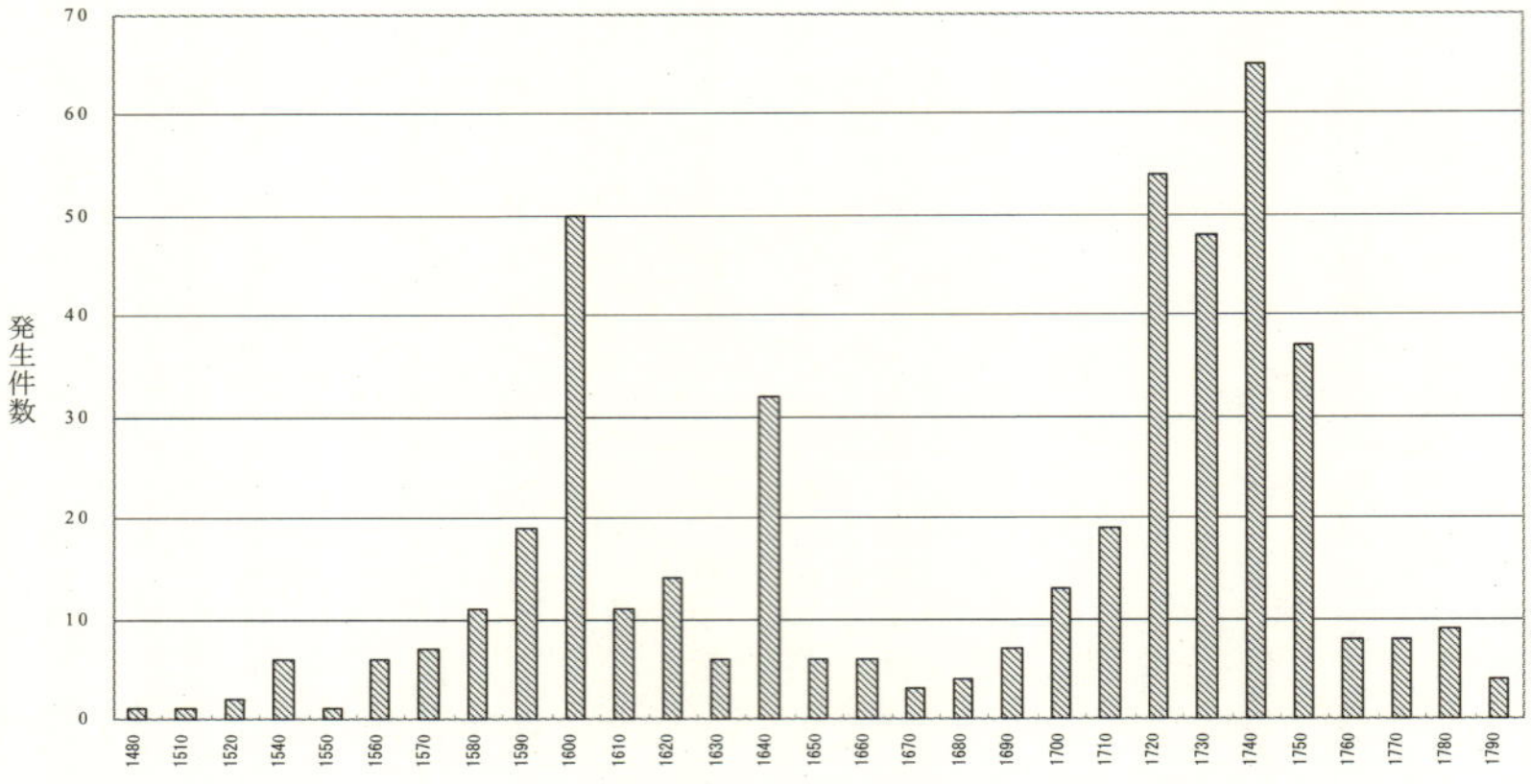

図1　明清期の都市における集合行動事件の発生件数と発生時期

＊注：1490、1500、1530の各年代は、事件の記録を得られなかった。

した四五八件（明代が一五八件、清代が三〇〇件）の集合行動事件のデータを集めた。これらの発生件数を、十年を一つの単位としてまとめたものが図1である。

明清の都市における民衆の集合行動発生の比率と趨勢をみると、主に三つの時期に集中している。（一）明朝万暦年間（一五九〇、一六〇〇年代）、（二）明清交替期である崇禎年間から順治年間（一六四〇年代）、（三）清朝の雍正期から乾隆初年（一七二〇―一七五〇年代）、である。

空間的分布を見てみると、事件が最も多く発生したのは江蘇、浙江、江西、福建、そして湖北である。長江下流の江蘇、浙江と福建は都市化の水準が相当に高いことから、ある地域の都市化の程度とその地域内の都市で民衆の集合行動が発生する率との間に、かなり深い関係があることは明らかである。

明清の都市における集合行動事件の類型は非常に複雑である。まず行動をおこす相手により、政府と直接的に関わる集合行動と社会的衝突の二つに大きく分けられる。この二分類はさらに細かく五つに分けられる。この分類、そして各分類の事件数と総数に占める割合は表1に挙げたとおりである。

(一) 政府公権力への直接的な反発　284（62.3%）	(二) 社会的衝突：ある集団、派閥、階層への反対　172（37.7%）
a 財政税務関連政令に反対する暴動（reactive）　79（17.3%）	d 上下階層の対立（貧民の富戸への反抗）（proactive）　149（32.7%）
(1)反塩税　3（0.7%） (2)反鉱税　46（10.1%） (3)反商税　6（1.3%） (4)反銭法　6（1.3%） (5)反徭役　10（2.2%） (6)「地丁合一」への反発、その他　7（1.5%） (7)抗糧　1（0.2%）	(1)囤戸、米商に対する市民、貧民の搶糧と阻米暴動　91（20%） (2)機戸と坊の主に対する労働者のストライキ　23（5.0%） (3)反宗室　5（1.1%） (4)反郷紳　13（2.9%） (5)その他（反高利貸）　3（0.7%） (6)都市の奴変　14（3.1%）
b 官吏と制度に反対する暴動（reactive）　117（25.7%）	e 同等のグループ間の対立（competitive）：一集団対別の一集団　23（5.0%）
(1)地方行政官の権力濫用への反発69（15.1%） (2)閹党と宦官への反発　7（1.5%） (3)兵変　12（2.6%） (4)科場の士変　21（4.6%） (5)その他　8（1.8%）	(1)地域的な対立・競争　6（1.3%） (2)業種関連の対立・競争　2（0.4%） (3)大宗族間の対立　2（0.4%） (4)種族の衝突　4（0.9%） (5)その他（兵民間の衝突等）　9（2.0%）
c 政府の措置に対する要求（proactive）　88（19.3%）	
(1)閙賑、開倉・平糶の要求　43（9.4%） (2)手工業労働者ストライキ　13（3.1%） (3)運搬労働者ストライキ　2（0.4%） (4)減税要求　3（0.7%） (5)地方官留任　22（4.8%） (6)「地丁合一」の要求　4（0.9%）	総数：456＊ ＊注：記録を集めた458件の事件のうち2件は、資料の記載が非常に簡略で特徴を確認できないため統計に含めていない。

表1　明清における都市民衆の集合行動の類型

　まず二大分類による事件数と割合を見てみると、政府の公権力に直に反発するものが多く（二八四件、六二・三％）、社会的衝突は比較的少ない（一七二件、三七・七％）。五つの小分類の割合をみると、高い順にd類（三二・七％）、b類（二五・七％）、c類（一九・三％）、a類（一七・三％）、e類（五％）となる。さらに詳細に各類型の集合行動事件について発生率の高いものを順にいくつかあげると、搶糧と阻米、反地方官事件、反鉱税使の民変（ただしこの類の事件が見られるのは明代のみ）、閙賑と開倉・平糶の要求となっている。かつて研究者の注目が多く集まったストライキや反鉱税使の事件の割合がとりわけ高かったわけではない。総体的にみて明清期における大部分の集団抗争

	明代		清代	
	事件数	割合	事件数	割合
反動型（reactive）	103	66%	93	31%
前撮型（proactive）	53	33%	184	62%
競争型（competitive）	2	1%	21	7%
総計	158	100%	298	100%

表２　明清の都市における集合行動の３類型の数と割合

の対象は政府と官吏であった。

ここで挙げた五つの分類について、ティリーの「反動型」（reactive）、「前撮型」（proactive）、「競争型」（competitive）という三つの分類によって統計を作成すると、(29)表２のようになる。ここからは、明代に「反動型」が多く、清代は「前撮型」が中心であることが見てとれる。この類型の変化が示す意味は何であろうか。ティリーは、ヨーロッパに着目した研究で次のように指摘している。十五、十六世紀は、ほぼ「競争型」の集合行動が中心であった。十七世紀から十九世紀までは「反動型」が次第に拡大し、「競争型」は緩やかに衰退していった。十九、二十世紀になると「前撮型」が中心となり「反動型」は比較的少なかった。そして新しい形態である「競争型」の集合行動も現れた。(30)こうした変化は民族国家の形成と関係があり、国家の権力構造の中に一般大衆がすでに広く関わってきていたことを反映しているのである、と。(31)明清（十六世紀から十八世紀）の都市における集合行動の類型上の変化は、ちょうどヨーロッパの十七世紀から十九世紀の変化に似ており、清朝政府の統治技術が明代のそれを上回り、国家権力の広がりと浸透も明代にはなしえない程度にまで進んでいたことを反映している。

三　「市民運動」？

今日の研究は過去の「市民運動」の観念をすでに乗り越えているとはいえ、都市の集合行動事件を検討する際、主導者や参加者の身分的背景をはじめとするメンバーの属性の検討を無視することはできない。これは「階級」形成の有無の問題を検討するのではなく、事件に参加したメンバーの属性がまさに明清期の都市社会構造の複雑性を反映しているからである。主導者と参加者について数量分析を行えるならば、それは明清両期の都市の社会構造と権力構造の変化を理解するうえで大いに有効である。

筆者が集めた四五八の事件例のうち、主導者と参加者の身分について情報が得られる事件の統計が表3である。この表からは、史書の記載において主導者や参加者を「市民」と呼ぶ例や、彼らが明確に都市住民であるとわかる例は非常に少ないことがわかる。「市民」が主導したという記録がある民変事件はほとんど見られない。「市民」が参加した事件は比較的多く十八件あるが、これも全体の七％を占めるにすぎない。大部分の史料において、参加者はただ「民」「平民」「県民」などと記されるだけである。参加者に占める平民層の割合は比較的高く一一・二八％を占めた。これは、明末から清代中期にかけて都市が急速に発展したが、官側や士大夫が著した文字史料はいずれも「市民」を一つの特殊な階層あるいは階級とは見なしておらず、「市民運動」と言う必要がなかったことを意味している。また、明清の都市における集合行動事件全体において、都市近辺農村の農民の参加者が相当に多く、その割合は市民が関与した事件にさえ匹敵するほどであった。さらに表3からは、都市の集合行動に参加したメンバーは身分が相当に複雑であり、農村の抗租、抗糧運動のメンバーが高い同質性をもっていたのとは大きく異なっていたことが見てとれる。これもまた明清期の都市社会構造の変化を反映している。

主導者と参加者を無頼流民層、紳士層（明代中期以降、紳と士は通常同一階層と見なされた(32)）、平民層（平民、農民、労働者、市民を含む）、商工業主、その他の五つに分類し、明清期におけるそれぞれの割合を見てみると、つまり表4と図2からは明代と清代の違いが見出される。主導者に着目すると、明代は紳士層が中心であり（五二％）、清代は紳士層と平民層の割合がほぼ同じで（それぞれ三〇％と二七％）、無頼流民層がこれに次ぐ（二三％）。参加者に着目すると、

類別	主導者の身分			主導者の人数	割合	参加者の人数	割合
A.紳士層	Ⅰ.	紳階層	郷紳、縉紳	5	1.95%		
	Ⅱ.	士階層	挙人、貢生、監生、生員、革生、武生、劣衿、童生	89	34.6%	52	20.31%
B.無頼流民層	Ⅰ.	無頼階層	刁民、刁徒、流棍、奸民、無頼、地棍、乱民、棍徒、不軌之徒煽惑、游手、悪少無知、鉱徒、胥吏、訟師、土棍	44	17.12%	37	14.4%
	Ⅱ.	流民階層	流民、飢民、乞丐	2	0.78%	13	5.06%
C.平民層	Ⅰ.	平民層	平民、民人、県民、府民、脚夫、船戸	18	7.0%	29	11.28%
	Ⅱ.	農民	郷民、佃農、刁佃、村民、村鎮奸民、団民	5	1.95%	20	7.78%
	Ⅲ.	工匠	工匠、刻工、石匠、織機者、雇工、染踹匠、水手	31	12.06%	31	12.06%
	Ⅳ.	市民	市民、市窮民、市飢民、鎮民、里民、邑人			18	7%
D.商工業主	Ⅰ.	商人	商人、市販、舗戸、舗行	11	4.28%	11	4.28%
	Ⅱ.	産業主	坊主、窯主、機戸、坯戸、爐戸、灶戸	6	2.33%	6	2.33%
E.その他	Ⅰ.	家族	族人	1	0.39%	5	1.95%
	Ⅱ.	軍人	兵丁、旗兵、	7	2.72%	13	5.06%

	軍戸、軍余、営兵、衛軍				
	Ⅲ．奴僕　奴僕、豪奴	12	4.67%	7	2.72%
	Ⅳ．官員　知県、知州、指揮	15	5.84%		
	Ⅴ．宗室　宗室	2	0.78%	1	0.39%
	Ⅵ．豪強　土豪、勢豪、富戸	3	1.17%		
	Ⅶ．婦女　兵丁婦女、男婦、丐婦			11	1.56%
	Ⅷ．貧民層　待雇窮民、貧民			7	2.72%
	Ⅸ．その他　沙民、盗匪、革埠、革兵、少数民族、塩梟	6	2.33%	2	0.78%
総　　計		257	100%	257	100%

表３　明末清初の都市における集合行動の主導者と参加者の身分分類

類型／王朝名と割合	主導者				参加者			
	明	割合	清	割合	明	割合	清	割合
無頼流民層	4	5%	42	23%	17	20%	34	20%
紳士層	40	52%	54	30%	27	33%	26	15%
平民層	5	6%	49	27%	21	25%	45	26%
商工業主	6	8%	11	6%	7	8%	10	6%
その他	22	29%	24	13%	11	13%	59	33%
総　数	77	100%	180	100%	83	100%	174	100%

表４　明清期の都市における集合行動の主導者と参加者の割合の変化

明代は紳士層が多く（三三％）、以下、平民層（二五％）、無頼流民層（二〇％）と続き、清代は平民層（二六％）、無頼流民層（二〇％）、紳士層（一五％）と続く。

ここで注目されるのは以下の点である。一つめは、明代の紳士層が主導者と参加者に占める割合が、清代に比べて高いということである。これは明代の紳士層が清代のそれに比べて、都市の集合行動に対する積極性と主体性が強かったことの反映である。そして清代の紳士層が都市の集合行動に参加する積極性を低下させたことは、清朝政府の紳士層に対する打撃が紳士層

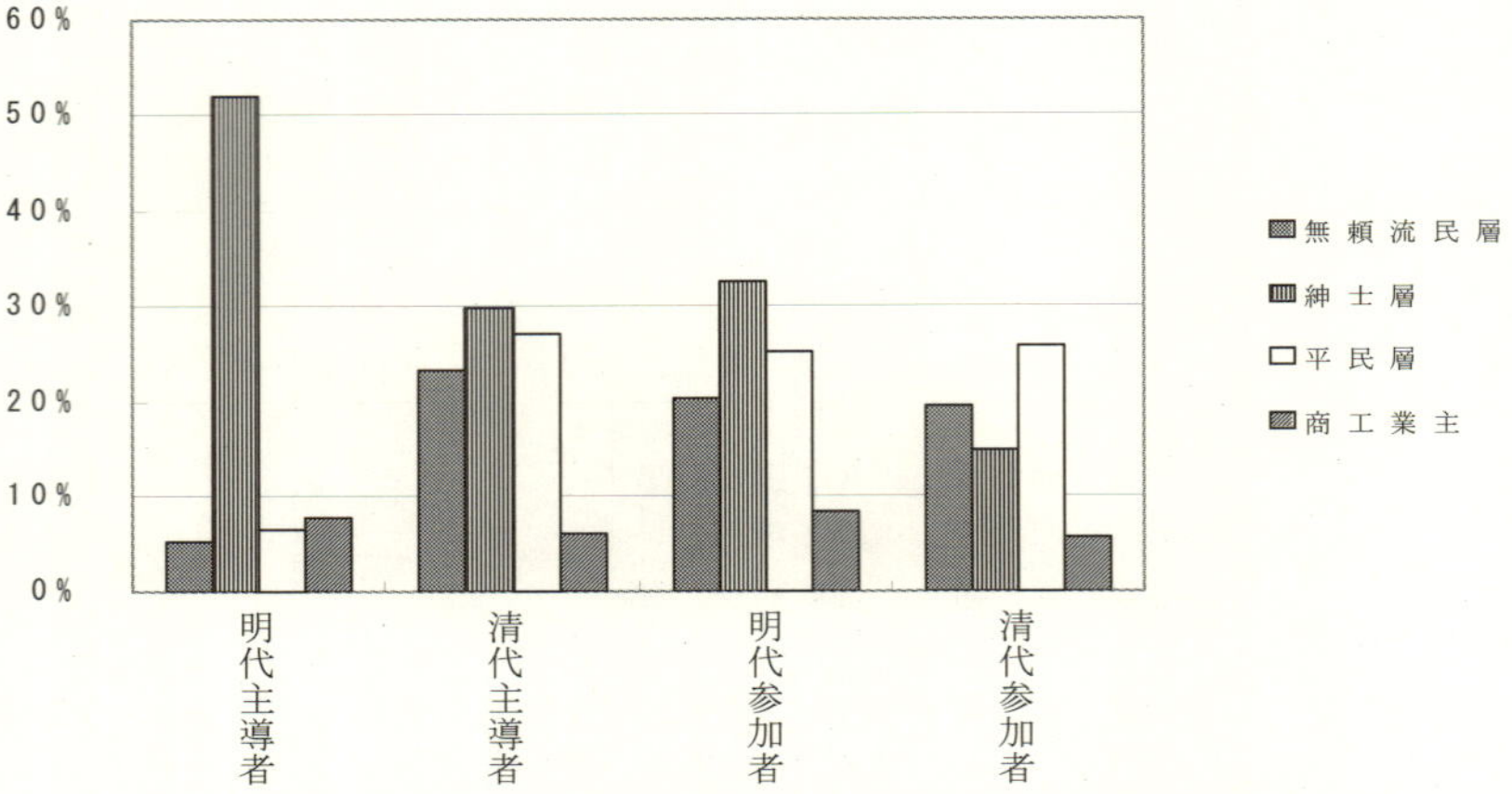

図2　明清期の都市における集合行動の主導者と参加者の割合の変化

の力量を減退させたことも関係していた。二つめは、清代において平民層の主導者の割合が明代に比べて高く、参加者については明清両期とも割合がほぼ同じであったということである。三つめは、商工業主の占める割合が明清のいずれにおいても一〇%に及んでいないことであり、これは彼らがやや保守的であったことを示している。このほか注目すべきは、「その他」の割合が決して低くなかったことである。明代の主導者の二九%、清代の参加者の三三%を占めており、集合行動の構成員が相当に複雑であったことを示している。この数量化された資料により、各類型に属する人々が集団抗議行動に参加した原因と動機について、より進んだ分析ができるようになる。(33)

四　集合動員のモデル

チャールズ・ティリーは、西欧の集合行動事件を研究して「動員モデル」(mobilization model)を打ち立て、集合行動はいくつかの要素が一つ一つ組み合わさって形成されることを強調した。彼はイタリア、フランス、ドイツの三ヵ国を比較し、群衆運動の形成過程のモデルを次頁の図のように考えた。(34)

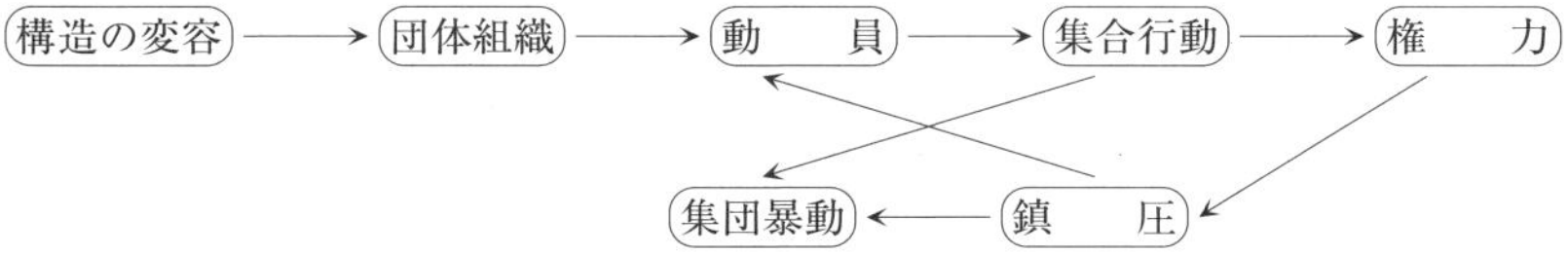

この図は、集団暴動は多くの要素が連続することにより形成されたのであり、単一の要素では最終的な結果を決定しえないことを示している。明清の都市における様々なタイプの集団抗議事件には個々の形成要因があったが、事件の形成過程には基本的に共通する要素があった。グループの形成や動員の方式、人々が集まる場所、抗争の儀式、集合行動、集団の心理状態、集団暴動と政府の処理策などである。都市民変はまさにこれらの諸要素によって一つ一つ形が整えられ、一種の集合行動のモデルとなったのであった。

明清期の都市民変の集合行動モデルについては、およそ次のような結論を導くことができる。明代後期以降、都市の社会構造は、都市化と社会的分業の必要性が高まるにつれて徐々に多元化の方向へ向かった。都市社会には複雑な階層分化が現れ、これに伴い新たな都市の社団組織も生まれた。明清の都市における多くの集合行動には、こうした社団組織が相当に重要な影響力をもっていたことが見出される。導火線となる原因が現れると、主導者は大勢の人を動員する準備をした。動員の道具、やり方には、銅鑼を鳴らし太鼓を叩く、掲帖、伝単、歌謡、戯曲、新聞などがあった。そして人々は、都市の内部や近辺の公共的な場所（寺院、市、学校の孔子廟、城門附近など）に集合した。

続けて、一連の特別な儀式が行われ、これを利用してより多くの人々の注目を集めたと考えられる。儀式は抗議行動に合法性を提供した。この後、群衆は集団行動を開始し抗争に向かった。抗争の方式には以下のようなものがあった。官衙で大声で騒ぎ官吏を辱め罵る、官衙へ行き請願をする、石を積み重ねて県門をふさぐ、官府の行動を阻止する、交通妨害、ストライキ、試験のボイコットや阻止、通りで鳴り物を使ってわめき立てたり大声で騒ぐ、機器を燃やしてストライキをするなどである。抗争の過程では、集団の規範が生みだされたり、群衆間に共通した心理が形成されたと考えられる。この時の政府の態度と挙動も抗争のあり方に重要な影響を与えた。政府が撫諭の姿勢を採ろうと抑圧的な態度を採ろうと、より大きな反発を惹き起こし、より大規模な集団暴動が形成される可能性があったからである。激しい集団暴動のやり方には、煉瓦や瓦を投げて役所の公用物をこわす、役所の轎を投げ捨てる、店で強奪をし人を殴る、城門や屋敷に火を放つ、武器をもって殴り合いをするなどがあった(35)。

五　抗争の儀式と民間信仰

一九七〇年代以降、小林一美と森正夫は民衆反乱研究の方法論の問題について再検討を始めた。彼らは、宗教、心理、文化などの要素を含む民衆の内部意識の形態について検討すべきであると主張した(36)。確かにそれ以前の明清の都市民変に関する研究では、事件と民間信仰、祭祀儀式との関連性が見過ごされていた。例えば、事件の際に多数の人が集まる場所は常に民間信仰の廟宇であった。また、集団抗議あるいは暴動において行われる儀式も、民間信仰の廟会祭祀活動で行う儀式にかなり似ていた。民衆はなぜ廟宇に集まることを選んだのか。なぜ民間信仰の廟会祭祀は、人々の集団抗議や暴動の儀式になりえたのか。信仰と儀式は民衆にとってどのような意味をもったのか。また、民間信仰、祭祀儀式、集団抗議の三者の間に、いったいどのような微妙な関係があったのか。これらの現象には、一般民衆の観念世界と集団的意識が反映されており、大いに検討する価値がある。

地方志からは、明末清初において、民間信仰の廟会祭祀の種類が増えて活動が活発になり、空間的には普遍化が進んだことがうかがえる。これらの活動は、伝統的な農業の年中行事から祭日への転換の延長にあるだけでなく、官側がつくりあげた教化的な価値によって操れるものでもなかった。実のところ、廟会祭祀は特有の精神的意義と意識形態を発展させた。とりわけヨーロッパの謝肉祭に似た官側権威の転覆や暴力の因子を含んでおり、廟会祭祀において人々が集団で官側権威に反抗するのを醸成する役割さえ果たした。明清の都市民衆による集団抗議事件には、民衆が廟会祭祀の儀式を集団抗議の儀式に転化させた例がしばしば見られる。この転化も民衆の選択を経た結果であった。とりわけ司法神の性格を具えた城隍神と東嶽神に関わる儀式と二つの神は、都市民衆の集団的抗議行為に最も頻繁に利用された。

民衆による城隍神信仰の利用には、明代中期以降の城隍神信仰の変化が関わっていた。濱島敦俊は、明清期の商品経済の発展が城隍信仰に与えた影響を指摘している(37)。筆者もまた、明清期の城隍神は儀式、神格、廟宇での機能という三つの面で変化し、いずれも一般民衆の観念に深い影響を与え、民衆がしばしば城隍神信仰を集団抗争の象徴に選ぶに至ったことを指摘した。明清の都市民衆の集団抗議事件が発生した際、抗議の原因と対象はそれぞれ異なっていたが、主導者と参加者は、公衆に関わる事柄のために不平を訴える声をあげたのであった。城隍廟は明代中期以降、民衆が協議を行うために最も頻繁に集まる場所となった。また城隍廟は往々にして城内最大の公的な廟宇であった。このため民衆は、大勢の人が集まって協議し行動をおこす場所として城隍廟を選んだ。城隍神の姿は、明代中期以降、現世の地方官に対抗し、さらに彼らを懲らしめるだけの権利をもつ「冥界の司法審判官」の姿へと次第に変わっていった。また、明代中期以降、本来官側が行う城隍祭祀の儀式が民間において世俗化され、告陰状、装冥判、三巡会といった儀式が出てきた。これにより城隍神は、人格化された姿と世俗化された儀式とがあわさって、明清期の一般庶民（さらには下層の士人）の観念に影響を与えた。彼らは、城隍神はまさに現世の官側の人間や郷紳に対抗する最も優れた象徴であると考えた。そのため集団抗議行動が行われる際、民衆は常に、神に向けて訴え出る、「擡神」、模擬裁判といった城隍廟の儀式を利用して、社会の不公平な現象に対する抗議を強めつつ、自らの様々な抗争行動を合法化しようとした(38)。

六　官府の対応策

チャールズ・ティリーが上述の動員モデルをうち立てた際に強調したのは、集団暴動が、集合行動と鎮圧という二つの要素が作用して形成されるということであった。つまり、政府の政策も集団暴動の程度と規模に影響を及ぼしうるということである(39)。もし政府の処理が適切でなく軍隊を派遣して攻撃をすることになれば、集合行動はしばしば暴動に変化した。デモの参加者が暴徒に変わるのはその一例である。専制政府は鎮圧策を採ることで暴動を抑えることもできた。政府はただ「平和」の維持のために鎮圧策を採っていったのではなかった。十七世紀から十九世紀の暴動の発展過程において、政府が人々の反抗型暴動（抗税、反徴兵、抗糧といった暴動）を鎮圧しコントロールすることができたために、国家の統治力と公権力が徐々に確固たるものになっていった(40)。反動型暴動の衰退は、まさに政府の権力形成の結果を示しており、反抗型から「前撮型」の暴動への変化は、まさに国家政府の勝利を反映しているのである(41)。

近年、日本の明清史学界では、清朝初期の国家統治と地方勢力の問題について新たな研究が行われ、様々な立場から多様な観点が提起された。清朝初期の専制支配はすでに地方にまで浸透していたのか、それとも地方勢力が依然として存在していたのか(42)。筆者にはこれを論断する資格も能力もない。ここではマクロな観点から、明清両王朝の官府による集合行動処理政策について分析したい。一般に官府は二つの方法をとった。ひとつは「撫」、つまり慈しみ諭

等級	A	B	C	D	E	総数
明代	29	8	3	11	32	83
割合	35%	10%	4%	13%	39%	100%
清代	119	17	3	14	52	205
割合	58%	8%	1%	7%	25%	100%
総数	148	25	6	25	84	288

表5　明末―清中葉、城鎮群衆の集合行動に対する政府の処理策の分類

す政策であり、もうひとつは「剿」、つまり鎮圧政策である。この二つの政策の変化は、官側の地方統治力の強弱を示しているといえる。**表5**は、筆者が集めた明末清初の城鎮における四五八件の集合行動のうち、政府の処理策が比較的明確に記載された二八八件の事例について作成した分類統計表である。政府がとる「剿」から「撫」の姿勢を五つのレベルに分けたものであり、A級に近づくほど政府が集合行動に対し強圧的な政策を採ることを示し、E級に近づくほど政府は柔軟で慰撫する政策を採ることを示している。[43] 明清両王朝を比較すると、明代の官僚は慰撫することを主張する政策の割合がやや高く、D級とE級の合計は五二%で、A級とB級を合計した四五%よりも高い。清代は大きく異なる。A級の割合が総数の半分以上の五八%を占め、「剿」の方式が多く採られたことが見てとれる。

大勢の人を集めた集団的抗争を処罰する法律についても、明清両王朝の間で大きな違いが見られた。明代では最も重くても「充軍」(流刑として辺境の兵営で苦役につかせる)あるいは「発口外為民」(辺境へ送る)に処せられるにとどまり、生員の場合は資格剥奪となった。清代になると、これらの行為の首謀者は死刑に処せられる可能性があり、明代に比べ厳格になった。また従犯者も「絞首刑監候」に処せられる可能性があった。

具体例に即して検討してみると、明代の一部の地方官僚は、集合行動に対して比較的穏やかな処理策を採った。つまり慰撫し諭告する策を採ることによって、集合行動の蔓延を食い止めるというものであった。清代になると、政府は都市の集合行動に対する政策について、明代の「撫」を中心とする処理方法を改めて、「剿」の方式を採用した。この転換にはいくつかの原因が考えられる。一つは、清朝は異民族が中原を支配した王朝であった

ため、多数の被統治者である漢族に対し高圧的政策によって統治し、政権を堅固にせねばならなかったからである。二つめは、清代の都市における集合行動事件は、官僚層の政治的衝突とは関連がなく（たとえあったとしても満洲族と漢族の官吏の衝突にまで波及する事例は、康熙五十〈一七一一〉年の江南科場案に関わる張伯行と噶礼の事件をはじめ少数にすぎなかった）、明末万暦期や天啓期の反鉱税使と反閹党といった状況がなかったため、集合行動が地方官の同情を得られなかったからである。三つめは、清朝初期の都市における民衆の集合行動の性質は、明代のそれと大きく違っていたからである。清代に発生した事件の多くは一部の人が関わっただけであり、明代のように参加者が多様ではなかった。しかも参加人数の規模も明代には及ばず、救済米に関わるものを除いて、大規模な都市の民衆がみな関与する集合行動は非常に少なかった。このため清代においては、都市民衆の集合行動に対し厳密なコントロールと積極的な鎮圧策を採ることができたのである。

概して清代の官吏は、明代のそれに比べて「剿」の政策を採用する傾向にあったが、清代の史料は明代のものに比べてより詳細であるため、清代の史料からは、民衆運動の処理をめぐり官吏間で複雑な相互関係があったことを見出すことができる。つまり、城鎮の集合行動事件を処理するにあたって、鎮圧策を採るか撫諭策を採るかは地方官により常に違いがあった。地方官の地位が高くなるほど、集合行動に対し非同情的になる傾向があり、末端の知府や知県は、民衆の集合行動による訴えや要求に比較的同情的であったようである。このほか、地方の学務を管理する学臣と地方行政官が城鎮の集合行動事件を処理する際も、意見の違いや衝突があった。数は少ないが、清代に満洲族の官僚と漢族の官僚との間で、事件の処理をめぐる態度に違いがあった事例も見られる。

政府は民衆による集合行動事件を処理する際、しばしば板ばさみに直面した。鎮圧策を採ろうと撫諭策を採ろうと、事件を暴力化させる可能性があったからである。そのため、いかに処理するかは非常に大きな政治的テクニックであった。官側が武力による鎮圧策を採ると、常により大きな民衆の反発を引きおこし、より激しい集団暴動がおきる可能性があり、一度そうした状況になると収拾することができなくなる。一方、官側がひたすら穏やかな処理策を採ると、鎮圧の好機を失うだけでなく、官府は臆病で弱いという感覚や、官府は自分たちに寛容であるという印象を民衆に与え、結果としてより大規模な集団暴動が起きる可能性が出てくるのである。

明末は公権力が弱かったため、撫諭策を採ることは社会を安定させる助けとなった。清朝初期は公権力が強く、また次第に清朝に対する一体感も形成されてきたため、鎮圧策は当時においては効率が良かっただけでなく、国家の一体感をつくる上で有効であった。ただこうした政策の継続は、清末に至ると清朝にとって不利なものとなり、王朝の滅亡さえ導くことになったのである。(44)

七　伝統の継続と影響

明清期の都市民変の集合行動モデルは、のちの歴史の発展、とりわけ清末になり都市で大波が逆巻くように発生した群衆運動にも重要な影響をもった。類型的には、伝統的なタイプの民変（罷市、罷工、賃上げ要求、抗糧と抗捐、食糧暴動、地方官への反抗、罷考、罷課、兵変、紳商への反抗など）のほか、清末には新政への反対（戸口調査への反対、巡警局や学堂の創設への反対など）、新式企業への反対、外国に抵抗する教案、外国品ボイコットといった集合行動事件があった。

伝統的なタイプの民変であれ新しいタイプの民変であれ、抗争の手段や人の集め方など集合行動のモデルの観点から見た場合、いずれも明清期の都市における民変の行動モデルの特徴が多く見られる。例えば、大衆向け情報伝達手段としてすでに新聞が発行された時期において、伝統的な掲帖、伝単、銅鑼や太鼓といったものは、依然として人を集めるための重要な道具であった。集会への動員においては、明清期の廟宇や会館公所が大きな役割を果たした。二十世紀初頭のボイコット運動にも同じような例が見出される。身分と職業についても、手工業労働者や運輸労働者のように、明清の都市における集合行動参加者と似た例を見出すことができる。二十世紀初頭に清朝がボイコット運動を処理する際、なおも伝統的な「剿」の政策をとる傾向にあった。清朝はボイコット運動を革命党の人物による煽動と見なして極力鎮圧し、激しい運動を展開した留学生を逮捕し、演説などの活動を禁止した。この間、地方官吏の中に異なる態度をとる動きがあった。例えば、直隷総督兼北洋大臣の袁世凱は、ボイコット運動に当初から反対の態度をとったが、両広総督岑春煊は反米ボイコット運動に対し肯定的かつ積極的な態度をとった。

ただ、清末の都市の集合行動事件には、確かに多くの新たな発展があり、また新たな要素が加わった。特に二十世紀初期のボイコット運動には、従来にはなかった「近代的」特徴が見られた。中国近現代史研究者から見て、二十世紀初頭の数回にわたる大規模なボイコット運動は、多くの面で時代を画する意義があった(45)。二十世紀初頭のボイコット運動を、明清期の都市の集合行動と比較した際にみられる最も顕著な特徴は、「地域的」なものから「全国的」なものへ転換したことである。省、市場、地域をまたいで動員された民衆が集団的抗争に参加し、さらに海外の華僑さえも直接的、間接的に参加した。このように運動が全国的なものになった要因として、近代的な情報伝達手段（新聞と電報）が果たした役割を挙げないわけにはいかないであろう。ボイコット運動が明清期の規模を超えた背景には、組織の力量も重要な役割を演じた。上海の総商会や広東商人の自治会のような近代において出現した新式の社団組織は、メンバーの数や組織の規模の面で、以前の商幇や会館公所を大きく上回っていた。また、鏡学社や拒約社のような階層や職業の枠を越えた社団組織もあった。こうしたことが、動員力において明清期を超えることができた要因で

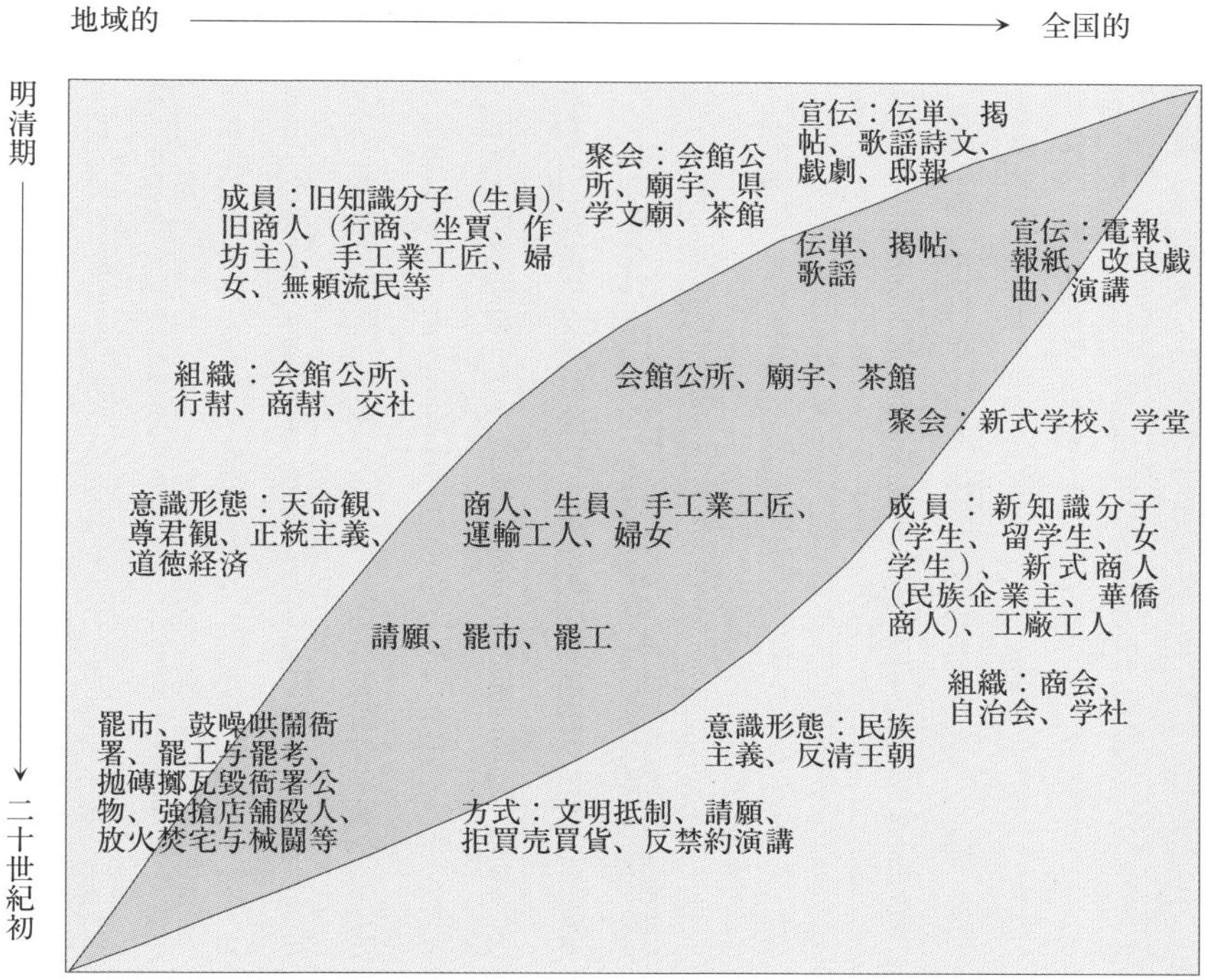

あった。

さらに二十世紀初期におけるボイコットの参加者には、多くの「新顔」が見出される。こうした新顔の登場は、近代の都市社会構造の変化を反映している。華僑商人や民族企業家が運動に参加する、海外の華僑が集団的にボイコットに協力するといったことは前例のないことであった。最も重要であるのは、運動に参加する知識人層の身分が、明清期の生員から西洋式学校で学んだ学生へと転換したことである。一八九九年から一九一三年にかけてのストライキとボイコット運動において、工業労働者のストライキが、次第に伝統的な手工業職人のストライキにとってかわり、ストライキの主流となった。

二十世紀初期の大環境によって形成された差異のほか、明清期の集団的抗議行動と清末のボイコット運動との間に見られる最も重要な違いは意識の形態である。明清期の帝政のもとで、民衆と士大夫の思想は伝統的な天命観や皇帝を敬う思想から離れることはできなかった。官府に対する多くの集団的抗議には、まだ政権打倒の考えはなかった。反米ボイコットの時期になると民族主義が次第に勢いを増し、さらに清朝が鎮圧策を採ったため、人々の清朝に対する一体感は失われていった。これにより民族意識の覚醒が起きると同時に、革命派の反清朝の考えが刺激された。二十世紀初期のボイコット運動において、民族意識の覚醒から反清思想へ向かう兆しが出てきたことは、清朝による鎮圧政策の刺激の影響を相当に受けていた（前頁の図を参照）。

実のところ都市民変の研究は、まだ多くの展開の余地を残している。とりわけ十九世紀の都市民変について、これまで研究者は十分な関心を寄せてこなかった。おそらく十九世紀の大型の反乱が歴史研究者の大きな注目を集めたために、相対的に規模が小さく頻繁に発生した集合行動に研究者の注意が向かなかったためであろう。最近、中国系の研究者である孔誥烽が、乾隆から清末の請願運動を検討した専著を公刊した。また筆者の同僚である韓承賢も嘉慶期の生員による罷考事件について研究に着手し、嘉慶期の官府の処理の姿勢と乾隆期のそれとの違いについて検討を行っている。[46] 今後、新たな研究の出現が期待される。

註

（1）こうした主張の例として、劉重日・左雲鵬「明代東林党争的社会背景及其与市民運動的関係」南京大学歴史系中国古代史教研室編『中国資本主義萌芽問題討論集続編』北京、生活・読書・新知三聯書店、一九六〇年、所収、尚鉞「中国資本主義生産因素的萌芽及其増長」『歴史研究』一九五五年三期、斉功民「明末市民的反封建闘争」『文史哲』一九五七年二期。

（2）劉炎「明末城市経済発展下的初期市民運動」『歴史研究』一九五五年六期。

（3）東林党メンバーの社会背景に対する中国大陸の研究者の解釈については、林麗月「東林運動与晩明経済」淡江大学中文系主編『晩明思潮与社会変動』台北、弘化文化事業股份有限公司、一九八七年、所収、傅衣凌「明代後期江南城鎮下層士民的反封建闘争」同『明代江南市民経済試探』上海、上海人民出版社、一九五七年、所収、を参照。前掲、劉重日・左雲鵬論文も同様な見方をしている。

（4）李華「試論清代前期的市民闘争」『文史哲』一九五七年一〇期、洪煥椿「明清蘇州地区資本主義萌芽的初歩考察」南京大学歴史系明清史研究室編『明清資本主義萌芽研究論文集』上海、上海人民出版社、一九八一年、所収、呉大琨「評〈明清之際中国市民運動的特徴及其発展〉」前掲『中国資本主義萌芽問題討論集続編』所収。

（5）横山英「中国における商工業労働者の発展と役割」『歴史学研究』一六〇号、一九六三年、田中正俊「民変・抗租奴変」『世界の歴史11』筑摩書房、一九六一年。佐伯有一氏は、当時の機織屋（機戸）が、大商人が支配する「織房」と小規模な機戸とに分化し、両者の「税監」に対する抵抗のやり方と態度には違いがあったと考えた（佐伯有一「一六〇一年「織傭之変」をめぐる諸問題――その一」『東京大学東洋文化研究所紀要』四五冊、一九六八年）。佐久間重男は、景徳鎮の労働者の暴動について研究を行い、民窯の発展に伴い景徳鎮に外地から多くの労働者が集まったこと、嘉靖十九年に発生した暴動事件は基本的に雇主と労働者階級間の対立であり、そこには「同郷」と「異郷」という地域観念の対立も含まれていたと指摘した（佐久間重男「明末景徳鎮の民窯の発展と民変」鈴木俊教授還暦記念会『鈴木俊教授還暦記念東洋史論叢』一九六四年、所収）。

（6）田中、前掲論文、宮崎市定「明代蘇松地方の士大夫と民衆――明代史素描の試み」『史林』三七巻三期、一九五四年（後に同『アジア史研究　第四』東洋史研究会、一九六四年に再録）、佐伯、前掲論文。

（7）市民運動と農民運動の違いを主張した例として、「市民運動が獲得したのは商工業の自由な発展であり、農民が行ったのはただ比較的安定した小農生活を維持し、封建地主に反抗することであった。市民運動には組織と紀律があり、なおかつ決して途中で妥協しなかった」というものがある（汪槐齢「明万暦年間的市民運動」『歴史教学』一九五九年六期）。また「市民は農民に比べまとまりやすく、市民が農民運動に関与することで、抗争はより近代市民的性質を持ちえたであろう」という指摘もある（傅衣凌「明代蘇州織工、江西陶工反封建闘争史料類輯」『厦門大学学報』一九五四年一期。後に同『明清社会経済史論文集』北京、北京人民出版社、一九八二年に再録）。

（8）劉炎、前掲論文。

（9）劉志琴「試論万暦民変」『明清史国際学術討論会論文集』天津、天津人民出版社、一九八二年、所収。王天有は、万暦、天啓期の民変事件において、士大夫が民変を指導する主体であったという説に反対を唱えた。王は、実際のところ多くの市民闘争の指導者の姓名が残されておらず、また様々な度合いで市民に対して同情、支持をした一部の官吏が、後に宦官に誣告されて処罰されたため、記録に残された人物が指導者であったと誤認されていると考えた（王天有「万暦天啓時期的市民闘争和東林党議」『北京大学学報』一九八四年二期）。

（10）林麗月、前掲論文。

（11）林仁川「明代漳州海上貿易的発展与海商反対税監高寀的闘争」『厦門大学学報』一九八二年三期、奈良修一「明末福建省の高寀に対する民変について」明代史研究会・明代史論叢編集委員会編『山根幸夫教授退休記念明代史論叢（上巻）』汲古書院、一九九〇年、所収。このほか和田正広も、高寀が福建でオランダとの私貿易を行うため、民衆の財を強引に奪おうとしたことが、最終的に民変を引き起こしたと指摘している（和田正広「福建税監高寀の海外私貿易」川勝守編『東アジアにおける生産と流通の歴史社会学的研究』中国書店、一九九三年、所収）。

（12）田口宏二朗「畿輔での「鉱・税」——安文璧『順天題稿』をめぐって」岩井茂樹編『中国近世社会の秩序形成』京都大学人文科学研究所、二〇〇四年、所収。

（13）Tsing Yuan, "Urban Riots and Disturbances," in J. Spence & J. Wills ed., *From Ming to Ch'ing: Conquest, Region, and Continuity in Seventeenth-Century China* (New Haven and London: Yale Univ. Press, 1979), pp. 279-320.

（14）岸本美緒「明末清初の地方社会と「世論」——松江府を中心とする素描」『歴史学研究』五七三号、一九八七年。

（15）例えば森正夫は、万暦二十九年の蘇州織工の民変に関する新史料を発見し、暴動を発起した「団行」の指導者に王秩という人物がいたことを明らかにした（森正夫「十七世紀初頭の「織傭の変」をめぐる二、三の資料について」『名古屋大学文学部研究論集』八〇号、一九八一年）。岡野昌子は、万暦二十二年の臨清民変を検討し、都市の民変に関わった遊民は、主に運河徭役の負担が重すぎたために土地を離れた農民であり、一部は朝鮮の役から帰還した兵であると指摘した（岡野昌子「明末臨清民変考」小野和子編『明清時代の政治と社会』京都大学人文科学研究所、一九八三年、所収）。

(16) 森正夫「一六四五年太倉州沙渓鎮における烏龍会の反乱について」明清史論叢刊行会編『中山八郎教授頌寿記念明清史論叢』燎原書店、一九七七年、所収。

(17) 上田信「明末清初・江南の都市の「無頼」をめぐる社会関係――打行と脚夫」『史学雑誌』九〇編一一号、一九八一年、川勝守「明末清初の訟師について――旧中国社会における無頼知識人の一形態」『九州大学東洋史論集』九号、一九八一年、川勝守「明末清初における打行と訪行――旧中国社会における無頼の諸史料」『史淵』一一九号、一九八一年、和田正広「明代窩訪の出現過程」『東洋学報』六二巻一・二号、一九八〇年。

(18) 中谷剛「清代都市騒擾の形態と論理――乾隆八年の福建」『明清時代の法と社会』編集委員会『和田博徳教授古稀記念 明清時代の法と社会』汲古書院、一九九三年、所収、呉金成「明末湖広的社会変化及承天府民変」『第五届明史国際学術討論会暨第三届中国明史学会論文集』合肥、黄山書社、一九九三年、所収。

(19) 栗林宣夫「万暦十年の杭州民変について」木村正雄先生退官記念事業会『木村正雄先生退官記念東洋史論集』木村正雄先生退官記念事業会東洋史論集編集委員会、一九七六年、所収、夫馬進「明末の都市改革と杭州民変」『東方学報（京都）』四九冊、一九七七年、Richard Von Glahn, "Municipal Reform and Urban Social Conflict in Late Ming Jiangnan," *Journal of Asian Studies* 50:2 (May 1991), pp. 280-307.

(20) 傅衣凌「明万暦二十二年福州的搶米風潮――明末社会変革与動乱雑考之二」『南開大学学報（哲学社会科学）』一九八二年五期。

(21) 中谷剛「万暦二十二年福州府の食糧暴動について――都市下層民の心性」前掲『山根幸夫教授退休記念明代史論叢（上巻）』所収。

(22) 堀地明「明末城市の搶米と平糶改革――広州を中心として」『社会経済史学』五七巻五号、一九九一年、同「清代前期食糧暴動の行動論理」『史林』七七巻二号、一九九四年。

(23) 夫馬進「明末反地方官士変」『東方学報（京都）』五二冊、一九八〇年。

(24) 夫馬進「「明末反地方官士変」補論――北京図書館所蔵の若干の明清史料を紹介し、士変と地方公議に論及する」『富山大学人文学部紀要』四号、一九八〇年、同「明末民変と生員――江南の都市における世論形成と生員の役割」名古屋大学文学部東洋史学研究室編『地域社会の視点――地域社会とリーダー』名古屋大学文学部東洋史学研究室、一九八二年、所収。例えば、順治十八年の蘇州の「哭廟案」は、江南の地方官に反発する士変の伝統を反映するものであり、また清朝による税糧徴収強化のための郷紳鎮圧策が存在したことを示すものであった（寺田隆信「蘇州の哭廟案について」星博士退官記念中国史論集編集委員会編『星博士退官記念中国史論集』星斌夫先生退官記念事業会、一九七八年、所収）。

（25）岸本美緒『明清交替と江南社会――十七世紀中国の秩序問題』東京大学出版会、一九九九年、一〇一一六、一八七頁。

（26）岸本、前掲書、一〇一―一四一頁。

（27）太田出「清中期江南デルタ市鎮をめぐる犯罪と治安――緑営の汛防制度の展開を中心として」『法制史研究』五〇、二〇〇〇年、同「「自新所」の誕生――清中期江南デルタの拘禁施設と地域秩序」『史学雑誌』一一一編四号、二〇〇二年、同「犯罪と治安からみた近世中国」『歴史学研究』八二一号、二〇〇六年。

（28）彼はフランスの地域研究を起点に全国的な比較を行い、さらにヨーロッパの他の国々との比較を進めた。また彼の分析の方向は、相違性を強調するものから共通点を強調するものへと変化していった。チャールズ・ティリーの一冊目の単著 *The Vendée*（Cambridge, Mass.: Harvard University Press, 1964）は、フランス地域史研究の専門書である。その後の彼の比較に関する代表的な研究として、Charles Tilly, Louise Tilly & Richard Tilly, ed. *The Rebellious Century, 1830-1930*（Cambridge, Mass.: Harvard University Press, 1975）. がある。ティリーは本書において、国際間の比較研究を、フランス、ドイツ、イタリアの三カ国について行ったほか、イギリスとの比較研究も行っている。それについては次の著作を参照。*From Mobilization to Revolution*（Reading, MA: Addison Wesley, 1978）, pp. 274-306; Charles Tilly and A. Schweitzer, "How London and Its Conflicts Changed Shape, 1758-1834," *Historical Studies*, 5（1982）, pp.67-77; Charles Tilly, "How (And, to Some Extent, Why) to Study British Contention," *As Sociology Meets History*（New York: Academic Press, 1981）, pp.145-178.

（29）「競争型」（competitive）は、「社団」や「社群」が相互に対立、競争する行為を指す。例として、学生団体間の殴り合い、郷村間の戦い、市民と軍隊の衝突、天主教徒と異教徒間の対立、職人の同業組合の対立などがある。規模は比較的小さいが、革命や反乱に結びつきうるものである。「反動型」（reactive）は、大衆が、自らの資源や権益に対する不公平な搾取、侵犯、挑戦に反抗することを指す。例として、ヨーロッパで土地の不法占拠により生じた食糧暴動、徴税への抵抗、機器の破壊、徴兵制への反発などがある。「前撮型」（proactive）は、大衆が、従来執行あるいは達成されなかった権益を要求することを指す。例として、労働者が雇主に賃金増加を要求するストライキ、労働環境改善を要求することが挙げられる。デモや軍事革命も「前撮型」の集合行動に含まれる。

（30）Charles Tilly, *From Mobilization to Revolution* (Reading MA: Addison Wesley, 1978), pp. 148-149.

（31）Charles Tilly, *The Rebellious Century, 1830-1930* (Cambridge, Mass.: Harvard University Press, 1975), pp. 253-254.

（32）明代中期以降、多くの史料で「紳衿」と「紳士」の文字が見られることは、当時の人々が通常、紳と士を同様な階層の者と見なしていたことを示すものである（呉金成「再論明、清的紳士層研究」『民国以来国史研究的回顧与展望』台北、国立台湾大学、一九八九年、所収）。

（33）巫仁恕「前現代的抵制運動――明清城市群衆的集体抗議」黄賢強編『文明抗争――近代中国与海外華人論集』香港、香港教育図書公司、二〇〇五年、所収。

（34）Charles Tilly, Louise Tilly and Richard Tilly, *The Rebellious Century, 1830-1930* (Cambridge, Mass.: Harvard University Press, 1975).

（35）巫仁恕「明清城市民変的集体行動模式及其影響」郝延平・魏秀梅主編『近世中国之伝統与蛻変――劉広京院士七十五歳祝寿論文集』台北、中央研究院近代史研究所、一九九八年、所収。

（36）小林一美「抗租、抗糧闘争の彼方――下層生活者の想いと政治的、宗教的自立の途」『思想』五八四号、一九七三年、森正夫「民衆反乱史研究の現状と課題――小林一美の所論によせて」野沢豊・田中正俊編集代表『講座中国近現代史1　中国革命の起点』東京大学出版会、一九七八年、所収（于志嘉の翻訳文が『食貨月刊』一五巻一一・一二期、一九八六年にある）。

（37）濱島敦俊『総管信仰――近世江南農村社会と民間信仰』研文出版、二〇〇一年、第四、五章。

（38）巫仁恕「節慶、信仰与抗争――明清城隍信仰与城市群衆的集体抗議行為」『中央研究院近代史研究所集刊』三四期、二〇〇〇年。類似の例については以下を参照。巫仁恕「明清江南東嶽神信仰与城市群衆的集体抗議——以蘇州民変為討論中心」李孝悌編『中国的城市生活』台北、聯経、二〇〇五年、所収、巫仁恕「民間信仰与集体抗争——万暦承天府民変与岳飛信仰」『江海学刊』二〇〇五年一期。

(39) Charles Tilly, *The Rebellious Century, 1830-1930*, pp. 244-245. ティリーの簡潔な紹介として、Lynn Hunt, "Charles Tilly's Collective Action," in Theda Skocpol, ed., *Vision and Method in Historical Sociology* (Cambridge: Cambridge University Press, 1984), pp. 244-275. を参照。

(40) ティリーは、政府による食糧暴動の制御を例に挙げている。Charles Tilly, "Food Supply and Public Order in Modern Europe," in Charles Tilly ed., *The Formation of National States in Western Europe* (Princeton, N. J.: Princeton University Press, 1975), pp. 380-455. を参照。

(41) ティリーは、政府による反徴兵、抗税事件の制御を例に国家形成（state making）の過程を説明している。Charles Tilly, *The Rebellious Century, 1830-1930*, pp. 259-261. を参照。

(42) 岸本、前掲書、山本英史『清代中国の地域支配』慶應義塾大学出版会、二〇〇七年、を参照。山本書については、荒武達朗の書評（『法制史研究』五八、二〇〇八年）を参照。

(43) Aは直接的な鎮圧、逮捕政策である。Bはまず「撫諭」の方式を採り、実際には兵を派遣して鎮圧する。Cは「剿」と「撫」を兼用する政策である。Dは鎮圧策を用いようとするが、形成が不利になると「撫諭」政策に変える。Eは直接的に「撫諭」の政策を採ることである。

(44) 巫仁恕、前掲「明清城市民変的集体行動模式及其影響」、及び前掲「前現代的抵制運動——明清城市群衆的集体抗議」。

(45) 特に反米運動により現れた華僑の愛国意識と民族主義の目覚めを、新たな大衆集合抗議運動の勃興を示すものと捉える研究者がいる。金希教「抵制美貨運動時期中国民衆的〝近代性〟」『歴史研究』一九九七年四期、朱英「深入探討抵美貨的新思路」『歴史研究』一九九八年一期、Guanhua Wang（王冠華）, *In Search of Justice: the 1905-1906 Chinese Anti-American Boycott* (Cambridge, Mass.: Harvard University Asia Center, 2001), pp. 160-177. を参照。

（46）　Ho-fung Hung, *Protest with Chinese Characteristics: Demonstrations, Riots, and Petitions under the Early Modern Confucianist State, 1740-1839* (forthcoming); Seunghyun Han, *After the Age of Prosperity: the State and Suzhou Society in Early Nineteenth Century China* (forthcoming), chapter2, 3.

清初の江南における文武の権力関係

ピエール・エティエンヌ・ヴィル
梅川純代・大道寺慶子　訳

はじめに

満洲人の中国征服は多くの面で激変をもたらした出来事であった。それは単なる政権交替ではなかった。言い換えるなら、それは新しい王室への引き継ぎでもなければ、行政を担うべき新たな政治指導者たちを中国の名の下に受け入れることでもなかった。また前王朝の制度を完全に変更させることでもなければ、まったく新しい制度を創り出すことでもなかった。さらにこの変化は、多大な暴力と破壊を伴った軍事征服の結果によるものでもなかった。より根源的なことを言えば、明朝が崩壊した後の二、三年において、一般民衆とエリート層両方からなる大多数の人々の生活が劇的に変化したことである。

この変化の事例については枚挙に暇がない。新政権が非漢族によって樹立されたことに直接由来するのだが、もっとも基本的には漢族男子の身体的外見そのものが国内の至る所で一年も経たないうちに変化したことである。それは満洲人が強引に辮髪を漢族に取り入れたこと、やや遅れて満洲服の着用も漢族に強要したことによる。(1)しかし、それ以上に消費習慣、社会階層、行政、政府と地方社会の関係等に変化があったことについて多くの証言がある。(2)

社会のもっと狭い分野に目を向けよう。とりわけ長江下流の豊かな都市における士大夫にとって洗練された華やかなライフスタイルを自由に楽しむことが次第に難しくなっていった。そのライフスタイルは少なくとも一六世紀半ば以降の経済発展と商業化に伴って培われたものであったが、とりわけ明代後期の超エリート層の間で流行した厳格な個人主義と、体制に追従することをよしとしない彼らの美学は、満洲人の征服によって完全にその価値を失ってしまった。まったく同じことが政治上のスタイルについても言える。エリート間に存在した極端な党派主義や比較的許されていた表現の自由、権力へのオープンな競争――これらをかなり誇張して擬似的な民主主義だったと論じる研究者もいるが(3)――も失われてしまった。加えて、郷紳の中でもとりわけ江南の郷紳たちが享受していた物質的な特権がなくなったことについても述べなくてはならない。江南には一六六一年に起こった財政面での弾圧事件として有名な奏銷案がある。それは財政面での新しい弾圧に再び直面せざるを得なかった何千もの富裕な納税者にとっては大災害を経験するようなものだった。全般的に言い表わせば政治的エリートと王朝との関係そのものが変化したのである。清朝の皇帝権力は明朝の歴代皇帝の場合と比べて、より独裁的・支配的であり、批判に対して厳しかった。

こうした点はすべてもちろん周知のことである。しかし、その状況は中国の地域ごとにきわめて多様であった点を強調しておきたい。筆者が本稿で言及する地域は江南に限られる。なぜならば江南は王朝交替の変化による影響が、間違いなく最も顕著に見られた地域の一つだったからである。事実ここでは上海県を中心とした松江府という江南のかなり限定された地域を主に扱い、特に軍と文人官僚・地方士大夫との関係に焦点を当てる。

一　地域とテキスト

なぜこの地域を特に取り上げるのか。これは主に史料上の理由による。筆者は目下「個人による地域からの証言」に関心がある。それは特に官僚や国家の視点から書かれた一般的な史料の対極をなすものである。筆者は明末清初に書かれた驚くほど豊富で活気に満ちた個人による証言に魅せられてきた。広く知られているように、これらの証言にはあらゆる種類のテキストが含まれる。例えば、ある特定地域の出来事を綴った編年史、ランダムな筆記、自伝、日記、その他である。刊行されたものもあるが、多くは稿本のまま残された。これらのほとんどは野史の範疇に入る。つまり公に編纂された史書のもつ公的・政治的なしがらみからかなり自由であり、在地社会で記された歴史、いわば草の根的な歴史とも言えるものである。

実際には、こうした著作は清朝の治世においてすべて地下に潜らざるを得なかった。刊本として流通したものは、その自由な論調と反満に偏った視点のため検閲を受けた。他方、稿本のものは所有者の家で用心深く保存された。これら著作の一部は清末に日の目を見たが、多くは二十世紀になってから再発見されて出版された。現在ではさらに多くの著作が図書館に収められ「善本」として保存されている。

偶然だが、これらの明末清初に残された個人による証言の大部分は江南に住む者たちの手によるものであった。筆者が本稿でこうしたテキストを選ぶことになったのは以上の経緯による。数は少ないが、その内容は他に比類のない豊かさがあり、多くの情報をそこから読み取ることができる。ここではまずその主たるテキストについて述べよう。

明清交替期における江南東部に関する史料の中で、筆者の最も気に入っているものは姚廷遴の自撰年譜である『歴年記』だと断言できる。姚廷遴は一六二八年に上海で生まれた。彼はそれを四十歳の時の一六六八年に書き始め、以来七十歳まで書き続けた（享年は不明）。若い時は非常に裕福であった。これは、高官として巨大な富をなした大叔父の姚永済のためだった。だが、その財産も清朝の征服によって完全に消滅した。そして姚永済が一六五九年に死んだ後、一家は確実に一般庶民の状態にまで落ちぶれてしまった。姚家はもはや「望族」ではなく、単なる「平民」に過ぎなくなったのである。『歴年記』は刊行を目的としたものでは決してない。三種類の異なる稿本が現存する。その一つの上海博物館に所蔵されているものが一九八二年に出版されて初めて、容易に手に入るようになった(4)。先に述べたような混乱した時代の証言として、姚廷遴の自撰年譜は極めて詳細な記述に満ちている。そこには稀少な情報が満載されており、とりわけ体制に順応する姿勢が全くない。姚廷遴は儒生のように語ることもしなかった。彼はかなり高度な教育を受けていたが、儒生ではなかった。姚廷遴の文章は時に現実的であり、時にユーモアを示し、少々単調なところもあるが、小説のように読むことができる箇所もある。

同時代・同地域に関するもう一つの証言は多少趣を異にする曾羽王の『乙酉筆記』である（乙酉とは、清が江南に侵攻した一六四五年のことだが、このテキストはもっと後の長い年月をカバーしている）。曾羽王は姚廷遴に二十年先立って生まれ、姚廷遴とは明らかにタイプが異なっていた。曾羽王は、華亭に籍を置く確たる生員であり、非常に裕福とまではいかないにしても、れっきとした所謂「下級紳士」の家系に属していた。つまり、士大夫だが郷紳ではなかったということである。『乙酉筆記』は厳密に言えば自伝ではない。どちらかといえば無秩序に羅列した手記を集めたものである。清朝の征服とその後の状態に重点を置きつつ、著者の若年から六十歳に至るまでの年月を綴った自叙伝的記事であり、それは具体的な証言でもある。曾羽王の儒生（曾羽王はいつも「諸生」または「子衿」と呼んだ）としてのこだわりと見解は本稿にとって非常に興味深い。言い換えれば、それは明末の江南社会において少なからぬ役割を果たした人々の声であり、清初にかなり苦労した（少なくともそう主張している）人々の声だからである。後でまた述べるが、清初に江南が軍に支配されていたことに対する曾羽王の所論は印象的である。なぜならば、彼の一家は上海県の南の青村という、沿岸の城壁に囲まれた街に住んでおり、「所」という第二駐屯地の所在地にあったからである。曾羽王が『乙酉筆記』の刊行を意識していたかどうかはわからない。いずれにせよ、結果として、このテキストは稿本のまま、一九八二年まで出版されることはなかった。[5]

この二書は他に比べても際立って価値が高いと思う。それは著者のきわめて個人的な声が聞こえるからである。これらの著者は、〝自分たち〟に起こった事柄に焦点を当てていると同時に、彼らを取り巻く社会についても非常に鋭いものの見方を示しており、変わりゆく物事のあり様を正しく認識していた。しかし、この二書だけが江南における明清交替期における「見聞」というカテゴリーに属する直接の証言というわけではない。さらにこの時期における二つの年代記を紹介しておこう。ともに非常に印象的であり、実際読んでいて面白いものである。それらはともに『痛史』に収められ、一九一一年に初めて出版された。[6] 第一は『研堂見聞雑記』である。著者は蘇州府に属する太倉州の市井に住む王家禎だと言われる。第二は『啓禎記聞録』である。著者は不明だが蘇州そのものから見た出来事を記述している。同じく『痛史』に収録され、天啓・崇禎という明末の年号の題名に反して一六五三年までの出来事をカバーしている。最後に、重要な証言が多々あるなかでも、葉夢珠の『閲世編』について言及しておきたい。これは上記のテキストとは形態が異なり、松江府に特化した証言である。構成としては地方志的と言えなくもないが、明清交替期に起きた事件と、それに伴う変化に焦点を当てており、特に個人による証言の部分に価値がある。『閲世編』は一九三五年に初めて出版された。

もちろん、これらのテキストは誰にも知られていなかったわけではない。江南における明清交替を論ずる際に、これらのテキストを引用した研究者はこれまでにも一人ならずいた。実際、特に日本の研究者たちに多く使われてきた。宮崎市定の蘇州・松江における士大夫と民衆についての有名な論文をはじめ(7)、最近では森正夫、夫馬進など、他にも多くいる。だが、なかでも筆者は岸本美緒の研究に言及せねばなるまい。岸本はこれらの史料を使って、明清交替期の江南社会についての優れた論考をいくつも公にしている(8)。とりわけ『歴年記』に関するその初めての権威ある研究は、『歴年記』が閲覧可能になってから間もない一九八六年に発表された(9)。本稿も、岸本の研究に負う部分が大きい。まったくもって筆者が『歴年記』の存在を知ったのも、そして長きにわたってこのテキストに興味を持つようになったのも、岸本の研究がきっかけとなっているのである(10)。

したがって、本稿には岸本の研究の他に何かまだ加えるものがあるのかと思われるかもしれない。実際のところ、このテーマにおける筆者自身の研究は岸本（そして他の研究者たち）の繰り返しになる部分もある。筆者の研究は彼らのものほど系統だったものではないと断っておかねばならない。しかし『歴年記』が史料として豊富な内容をもつため、常に何か加えるところはあるはずである。そして、より大切なのは、まったく同じ事象であっても物事を改めて見直し、違った視点から考え、新たな詳細に光を当てることは常に価値のあることだという点である。つまり、完全に新しいとはいえないまでも違った描写によって生み出される視点を提供したいと思うのである。

二　軍と地方社会

こうした考えに基づいた上で筆者がここに取り上げるテーマは軍と文人官僚・地域士大夫との勢力関係である。なぜこの面を特に扱うのか。満洲人による征服自体は、もちろん戦争であった。そして江南における戦いは破壊を伴うものだった。征服は一六四五年末までに基本的に終わったと考えられるが、その後の二十〜三十年、少なくとも一六八〇年頃まで清朝は様々な理由から、この江南地域における軍事的脅威を感じ続けておりその結果、警戒態勢を取り続けた。

その脅威ははじめ地方レベルのものであった。すべての証言から確かな点は、江南の住民の大多数が闘争・征服による動乱と破壊の後、秩序の回復したことに安堵していたということである。そして、満洲人がいかに「蛮族」であり、彼らに対していかに嫌悪感があったにせよ、住民は迅速に新政権の「順民」になったことである。しかしながら、新しい主は総体的な存在として万人に受け入れられたわけでは決してなかった。江南においては未遂に終わったものも含めて数多くの地方反乱が勃発した。松江に限って見れば、蘇松提督であった呉勝兆が一六四七年に謀反を起こしている。他の多くの提督と同じく呉勝兆の前身は明朝の将軍であった。地元の郷紳や湖賊、そして浙江沿岸から離れた舟山列島を基盤とする反清朝分子らと手を組み、松江府城で兵を起こしたが、完全な失敗に終わった。[11] 少し時代が下って一六六六年には、これもまた失敗に終わったが残明勢力による反乱が起こっている。この地域に僧侶として隠れ潜んでいた明の王族の子の名を騙った地元の賊によるものと言われている。多くの処刑者を出す結果となり、人々を震撼させた。[12] より広い範囲に目を向ければ、特に湖周辺など特定の地域は、ひっきりなしに盗賊行為に脅かされていた。沿岸の「海寇」の脅威は常であったし、実際に襲来の記録も少なくない。例えば一六五三年の蘇州・松江地域全体[13]、または一六六八年の曾羽王が住んでいた駐屯地である青村における賊の襲来に対しては、鎮圧のため大々的かつ莫大な費用をかけた遠征を送る必要が生じた[14]。

実際のところ、この時期の特に征服から二十年間については、無法状態と反満の扇動行為との境界ははっきり区別できない。なかでも海賊行為は厦門を基盤とする残明勢力と分けて考えることはできない。南方においては、その後何年にもわたって厦門の勢力が清朝にとって大きな脅威であり続けた。もっと近いところでは、舟山列島・崇明島が長年の間反清海上勢力の基地として知られていた。清朝は実際のところ、人々がいつ何時変節したり明の忠臣と運命をともにしたりするかわからないという危機感にとりつかれていた。この限りにおいて、自分の敵を滅ぼす最上の手段は「南方に通じている（通南事）」としてその相手を告発することであった。「通南事」は叛逆と同等とみなされた[15]。周知のことであるが、江南における残明勢力の脅威は、一六五九年、長江沿岸における鄭成功（後に国姓爺として知られる）の攻撃に頂点を極める。この事件については後に詳しく述べる。この場合、脅威は江南地域の外にあった。何年後かに起きた三藩の乱についても同じことがいえる。後者は江南における軍の動員率を著しく高める結果となった。

これらの武力抗争のなかでも比較的重要なものに関しては、すでに研究し尽くされた感がある。しかし、筆者の関心は少々違うところにある。筆者が知りたいのは、このように常に軍事警戒態勢にあったことが〝地方社会〟にどのような影響を与えたのかという点である。もっと特定するなら〝地方政府〟にどのような影響を与えたのかという点である。要するに、四十年にも満たないこの期間、軍人は江南の市鎮に横行する侵入者的な存在であったということである。戦略的要地であったにもかかわらず、江南地域における平和は久しく回復されることがなかった。したがって、この地域における新政権の安定と存続は、軍人の態勢、とりわけ忠誠心にほぼ完全に左右されると清朝が考えていたことは疑いない。その結果、各部隊の司令官たちは好き勝手に振る舞い、欲しいと要求した物は何でも手に入れる権利があると考えるようになった。こうした傾向の結果として、軍人は文人官僚の行政当局に対して高圧的であると同時に、地元の住民には冷酷であった。その影響として、文人官僚や地方士大夫の権力は事実上、軍人の権力に従属することになった。この状況は、少なくとも文人官僚と地方士大夫の目には、あるべき秩序を完全に覆すものと映った。

さらに筆者の関心は、この状況が地方レベルでどのように受け止められ、体験されたかという点にある。そしてこの点において、前述の個人による証言は非常に興味深い。結局のところ、これらのテキストが魅力的なのは、その著者たちが軍の支配の影響を日常的に受けて苦労せざるを得なかった者としての視点からこの状況をありのままに記述しているからである。軍の影響については非常に詳細に記されている。著者たちは官僚ではなかったし、政策にも戦略にも何の影響力もなかった。彼らは士大夫であり、姚廷遴の場合は民間の知識人にすぎなかった。彼らは清朝の政策によって地元にもたらされた出来事と、それが地域社会や地方政府に及ぼした影響を記したのである。

三　清軍の江南占拠

本稿が対象とするほとんどの期間、総力をあげての軍の動員は頻繁に行われていた。まず、こうした状況がもたらした経済的・物質的な影響から見ていくことにしよう。よく知られているように、軍費は清朝の歳費のかなりの部分を占めていた。征服後の二十〜三十年間は、経済的基盤が未熟で収支が不安定であったにもかかわらず、全体の八割か、もしくはそれ以上に及んだ。軍費がかくも高かった理由の一つに、清朝が初めから断固として決めていた方針が挙げられる。それは、軍の忠誠心と効果を確実にするためには食費と俸給を惜しまないこと、そしてこの目的のためには必要な資金を〝王朝自身〟の通常の国庫から捻出すべきであるということだった。言い換えれば、明朝では軍は自給自足を前提としており、それと民衆に課した付加税を組み合わせていた。このやり方は明朝の末期において悲惨な結果に終わったので、何としても避けなくてはいけなかったからである。(16)

しかしながら、清朝が原則としてその基金を、明末に大いに不評をかった三餉のような方法で集めようとはしなかったとしても、現実はさほど単純なものではありえなかった。軍が地方文人官僚たちにかけさせた力役と出費の事例としては、順治年間と康熙初期における江南の防備に、とりわけ目を見張るものがある。すぐに気づくことだが、これは唯一の例ではない。(17)とすると、我々の証人は一体何を語ってくれるのだろうか。

もっとも直近でこのテーマにつながっているのが、姚廷遴の証言であるのは間違いない。この十何年かの間、彼は上海県の衙門で胥吏として働いていた。姚廷遴は一六五七年に胥吏となった。最初は招供房と呼ばれる司法関係部局で働いており、その頃は問題なかった。しかし二年後に彼は兵房に異動になり、これがきわめて辛い経験となった。岸本によってすでに指摘されていることだが、『歴年記』に見受けられる数々の情報の中でも興味深いものの一つに、この時期の胥吏の責任は後の状況に比べてずっと重かったという点が挙げられる。少なくともこれは兵房と工房に属していた胥吏には当てはまる。姚廷遴は一六六三年末に工房に配属されたが、工房の方がさらにひどかったと記している。なぜならば姚廷遴たちは地方レベルで軍からの要求の矢面に立たされていたからである。彼らは単に書類業務と知県からの命令を実行するだけではなかった。事実上、半ば軍の請負人のように行動しなくてはならなかった。直接に軍の指導者たちとやりあい、その要求を満足させる対処法を見つけなくてはならなかった。これは経済的にも個人的にも多くのリスクを伴うものであった。なかでも危険だったのは、しばしば上司や将軍から個人的に胥吏としての仕事ぶりを査定されることであった。自分の職務を満足にこなせなかった者にとっては笞打の刑や時には処刑の恐れがあった(18)。

実を言えば、姚廷遴が上海県の兵房に入ったタイミングは格別悪かったのである。それは一六五九年の七月で、前述のように鄭成功が長江沿岸を襲い、南京が二十日間ほど包囲されるまでに至ったわずか二カ月後のことだった。清朝の防御を混乱に陥れた後、結果的に鄭成功が速やかに厦門に退却し、基地を移すことを余儀なくされたのは確かである。しかし、清朝にとってこれはきわめて警戒すべき火種となった。同時に江南の防備に不安があることを示すことにもなった(19)。鄭成功の軍はなお深刻な脅威であった。彼が一六六二年に台湾に基地を移してからは、その脅威はさらに増した。結果として、江南に駐屯していた軍隊は、長年にわたって警戒態勢を取らねばならなかった。遷界令により海岸が誰にも属さない場所となってからも、その監視は続いた。この状態は上海をはじめとする各地の文人官僚による行政当局にとって、軍隊から無数の、そして常に緊急のあらゆる種類の物資、交通手段、防備工事、兵舎などの要求を満たさなくてはならないことに他ならなかった(20)。

もちろん、これらの財源は地元住民から調達せざるをえなかった。そして前述のように、ほとんどの場合これらの要求に応じたのは姚廷遴たちであった。例えば兵房に移ってまもなく、蘇淞地方を基盤とする提督は馬を運ぶ五十艙の船を入手するように姚廷遴に命じた。状況は困難を極めた。姚廷遴が依頼した船の持ち主は逃亡をはかったし、さらに風は逆向きだった。にもかかわらず、もし船が一艙でもなくなれば打ち首にすると提督に脅された。幸運にも姚廷遴は最終的に調達を間に合わせることができた。しかし最後の最後ではまた搬送の間、船で使う馬の敷き藁を用意するように命じられ、再び運河沿いの民家からそれを徴収するより他はなかったのである(21)。これは一例にすぎない。テキストの後半には、蘇州の満洲城から沿岸に位置する上海の川沙鎮まで千頭の馬を船で毎月運んだという記述がある。それは馬を「海辺で放牧する」ためであった。これに伴って軍から受けた胥吏たちの労苦は想像にあまりある。胥吏たちはそれを運営し、地元住民から船や飼料を徴用する任務を負わされた(22)。

幸いなことに、この時点ではすでに姚廷遴は兵房に勤務していなかった。しかし彼はほどなく刑房から工房への異動を強いられた。異動を受諾するまで知県は彼を牢に入れたのでこれは文字通り強制であった。そして工房で勤務した五、六年の間、他の多くの事柄に加えて軍の徴用に相当関わらねばならなかった。前述のように、姚たちは軍の請負人のように働くことを強要された。つまり軍から府県の行政当局に提示された要求に応じるために、彼らは地元から物資、労力、資金を調達し、それらを期限どおりに届ける手段を探さねばならなかったのである。さらに軍の司令官たちがそれらに満足しなかった場合はいつも殴打の脅威に直接さらされていた。そのためたいてい彼らは事をうまく進めるため賄賂やその他のつけ届け（規例）を自分たちで負担せねばならなかった。言い換えれば、まさしく請負人と同様に彼らは自分たちの職務においていくばくかの利を得るにしても、それと同時に損を被るリスクをも有していたのである。

こうした状況は数多くの例に見ることができ、うちいくつかは非常に衝撃的なものである。一六六四年、姚廷遴は杉炭購入の資金（杉炭価）を蘇州に運ぶことになっていた。当局が本物の木炭だけを求めたため、姚は郷里に戻り、木造家屋を三軒買い、それを燃やして千ポンド分（およそ四五四キログラム）の木炭にして蘇州に運ばなければならなかった。この時は、軍の主脳が十万ポンド分ほどの火薬を作る必要があり、それに加えて、さらに十五万ポンドほどを江西にも送らねばならなかったのである。このため、彼らは蘇州の火薬局に木炭を早急に運ぶよう、省政府に重圧をかけていた。省内すべての県から徴用が行われた。松江府内三県の配送を司る官吏たち（差提経承）は、任務を遂行できず杖三十板の刑を被ったが、姚廷遴だけはその刑を免れた。なぜならば、彼は少なくとも期日内に木炭を届けることができたからである。[23]

実際のところ、こうしたことは軍だけの問題ではなかった。むしろ地方官僚とその下役たちがこの時期に相手しなければならなかった権力機構は軍の他に省の上層部であったというべきであろう。省の最高ポストに就いていたのはすべて漢族の旗人か満洲人であった。言い換えるなら、彼らは軍と同じく伝統的な江南士大夫によるネットワーク外の人間であった。それゆえ江南士大夫の興味や利益にまったく無関心であった。この時期、とりわけ総督と巡撫は軍の重要な構成員の枠を出ていなかったことを付け加えねばならない。また前述したように、江南の主要都市に宿営する大将軍と提督の命令は絶対的に優先された。事実上、彼らが国庫資源の支出を決定したのである。

例えば一六六一年、北京から到着した刑部尚書・兵部尚書らからなる一群と大将軍（江南には同時に複数の大将軍がいたため、特定することができない）、総督、そして提督が沿岸地域の巡検旅行を行った。彼らは大軍を随行しており、地方官僚と住民たちに果てしない費用負担と迷惑をかけていった。[24]少なくとも姚廷遴はこの件に関係していなかった。しかし一六六四年、彼は「安緝大人」なる人物（誰であるか正確には不明）による上海近郊の沿岸地域の視察の世話をさせられた。そして彼は「たった一人で、供応と宿所の世話を同時にせねばならず、そのわずらわしさと難しさは並のものではなかった」と述べている。実際、姚は一五〇両ほどを自腹で払うはめになった。[25]同年後半、江蘇巡撫が松江の視察に来た。彼が南匯鎮を訪れるにあたり、姚がその手配を担当した。姚はこの時のことを詳しく記している。巡撫の随行員を収容するためにいくつもの私邸を徴用し調度品を整えねばならなかったこと、軍隊の演習地を準備せねばならなかったこと、様々な衙門から料理人を動員せねばならなかったこと、また膨大な量の食糧を調達せねばならなかったことなどである。様々な役人に賄賂を要求されたことは言うまでもない。[26]

一六六五年、姚は様々な仕事に加えて鎮江大将軍が行う沿岸警備のための視察の準備に加わらねばならなかった。

こうした将軍たちが江南の主要都市に駐屯することは断れるはずもなかった。彼らが視察中に見聞するものに満足してもらう方が望ましかった。この場合、長江下流の府県は、橋、道路、水路標識などを修繕するように命じられた。将軍から事前に派遣された特使たちに従っていた姚たちは地方の総甲たちをなんとかなだめすかし、期限内に仕事を終わらせたため、未完成の埋め合わせとして地方官僚たちに賄賂を求められずに済んだ。(27)

こうした特に辛い二年を経て姚は胥吏の職を必死に辞めようとしたが、それが許されるまでにはまだ少し時間を要した。一六六六年、江蘇の南境の視察のために何人かの満洲人の官僚が首都から派遣されてきた。姚は彼らが滞在する場所を準備することになった。彼らは、二人の筆帖式を伴った三人の喇叭章京（おそらくは連隊指令官）であった。それゆえ「満洲大人」として記されているが、取り立てての高官ではなかった。だが、この五人のためにそれ相当の施設を大至急用意しなければならなかった。かくして彼らが訪問している間、彼らは宮廷からの特使という地位にふさわしい施設が与えられたのである。二軒の隣接した邸宅が徴用され、十五日間であらゆるものが完全に一変した。作業が完成したのは満洲人たちが到着する二日前であった。この作業のため昼夜を問わず忙しく働く数百名もの作業員と職人を姚が監督した。地方行政当局は訪問者たちが宿所に不満を抱かないように極度に神経をとがらせていたと見られる。それは松江府知府が上海に滞在し、日中に二度、そして夜中にも一度と、毎日視察したほどであった。(28)

地方行政当局が旅行の間世話せねばならなかった高官は軍の指令官に限ったわけではなかった。しかし、少なくともここで我々の興味を引く地域では、清初においては軍の中枢が省の権力構造の最高位を占めていたこと、また彼らが自身の重要性をしきりに誇示したがっていたことは明らかである。一例を挙げれば、姚廷遴は軍の派手さと傲慢さについて、ある点で衝撃的な記述を残している。それは姚が蘇州の提督府の門の側を通りがかった時のことで、このように記述している。「提督衙門の敷地内に進むと、各営の将官たちが到着しているのが見えた。人は贅沢な金襴を着、馬は飾り立てた鞍をつけて、衙門の入り口に群がり、ふんぞり返って歩きまわっていた。私は省の将官たちの壮麗ぶりを聞いたことはあったが、今日その話に嘘がなかったことを知った」。

しかしながら、巡検旅行には華やかな行列をしてまわる勇壮な将官や将軍たちだけがいたわけではない。清初の江南主要都市には重々しい守備隊が置かれていた。彼らはきわめてでしゃばりで、多くの損害を与えるものだった。将軍や将官は自分のために最高の宿舎を徴用し、部隊は城内に駐屯した。それは後代のような郊外ではなかった。こうして一六六〇年の秋、上海県は崇明島から来た水師の滞在を引き受けねばならなくなった。水師の大将軍は、城内最大の邸宅の一つに本部を設置し、そこには二名の都司、四名の千総、八名の把総、一万人ほどの使用人たちがいた（信じられないほどの数であることは確かである）。城内の主だった邸宅（大宅）はすべて官舎と宿営に徴用され、十家に一家は一人の兵士に宿と食事を提供することなどを割り当てられた。毎朝明け方になるとあちこちの本営からのけたたましいラッパや太鼓の音で起こされた。兵士たちの振る舞いは特に極悪非道であった。彼らは借金を踏み倒し、その存在は上海の女たちに大いに害を与えることになった。要するに、街は軍に占拠されており、それは住民にとっても計り知れない痛みを伴うものであった。軍に属さない文人官僚たちは住民を守るには非力だったのである。(29)

蘇州の状況はさらにひどかった。少なくとも姚廷遴による限り、蘇州の東北部は広範囲にわたって地域住民がおらず、そこは本来の住民を追い出して旗人と馬しかいない「満洲城」に変えられたという(30)（蘇州の満洲城から上海県の沿岸へ毎月船で馬を輸送していたことについては先に触れた）。一六六〇年代の初め、蘇州の大将軍は祖大寿という人物であった。彼はその残忍さと腐敗ぶりによって、地域住民から特に嫌われていた。事実、彼は支配者のように振舞っていた。蘇州の地元民中の「無法者」は祖大寿の手下になった。それは「投旗」と呼ばれる身売りであり、その庇護の下で敵対する者をやっつけた。大将軍の幕府へ送られる手紙によって、特定人物を何十人もの兵士を用いて捕らえ、鎖につなぎ、ついには破産するまで釈放しないほど貪欲ぶりは、彼が罷免されて北京に呼び戻される時の様子にも露骨に示されている。巡撫の反対にもかかわらず、祖大寿は「数百艘の大きな船と千艘の小さな船」を徴用して自身の財産を運び、何百里にもわたって連なる護衛とともに北に戻っていった。(32)

軍の占拠に苦しめられた地方のもう一つの典型例は、規模としてはいくぶん小さい太倉州沙渓鎮の場合である。それは江南における明清交替の年代記として最も興味深いものの一つである『研堂見聞雑記』の著者の郷里である。一六五〇年代の何時だかはっきりしないある日、「閩寇（福建の悪漢――厦門に拠点を置く明朝の忠臣を指しているのは明らかである）」の脅威から街を守るという名目で、沙渓に部隊が駐屯することとなった。最初の将官たちには、いく分かの自制心があった。しかし、袁誠なる人物がやってくると、太倉州知州の協力の下、その地域の寺院からすべての僧を追放して部隊が駐屯する空間を設け、さらに町中の家々や八つの邸宅を自身と彼の将官のために徴用した。さらにそれを免れようとした地主たちからは何千両もの賄賂を引き出し、あらゆる種類の調度品を民間から調達した。その結果、住民からの大規模な抗議が引き起こった。(33) 他にもこうした例はたくさんあり、これはその最も悪どいものではなかったのかもしれない。再び沙渓鎮の例を『研堂見聞雑記』から見てみよう。鄭成功による南京包囲を解くため、崇明島から派遣されてきた部隊が沙渓鎮を通過することは、住民たちからあらゆる食糧や財産を組織的に略奪する口実になった。彼らが通り過ぎた後、沙渓には何一つ残っていなかったのである。

こうしたことは一部の兵士による略奪であったわけではない。むしろ軍による徴用のパターンであったといえよう。ほとんどの場合、地方文人官僚は軍の要求を断ることも抑えることもできないほど非力であり、せいぜいできることといえば、その要求に従い彼らの略奪行為について証言を残すくらいだったのである。それは単に徴用と強奪に限ったことではなかった。軍の圧力は定期的な税役の徴収強化をも意味した。それは三藩の乱においてきわめて明確である。

三藩の名前で知られる反抗勢力は実際には江南にまで及ばなかった。しかし、江南にもただちに警戒態勢がしかれ、そのための動員もすぐさま行われた。たとえば呉三桂が清朝に反旗を翻したという情報が一六七四年二月に上海県にもたらされるやいなや、知県は町の防御について詳細に視察するよう命じ、外出を制限、そして、とくに納税者たちへの圧力を徹底して増加した。これは明らかに、上層部からの命令であったろう。「毎日一度の漕糧点検があり、それは火のように急であった」と、『歴年記』は述べている。同年の後半、三藩のもう一人の将軍である耿精忠が呉三桂に続いて反乱したことが判明するや、財政が動かされる度合いはまた一段とアップした。この時上海県の知県は一六七二年からの税糧の滞納を点検し「星火のような速さ」で取り立てた。そして、浙江東部の城市が耿精忠によって攻撃されたという情報の後は、「江南各府県において、兵糧調査はさらに急になった」という。(34)

四　軍人の地方士大夫・文人官僚に対する優位

江南の様々な都市に駐屯していた部隊、特にその司令官などによる多くの徴用や破壊の状況について、また彼らに対して軍に属さない文人官僚が無力であったことについてはすでに述べた。これに関するもう一つの例として青村の場合を記しておこう。この町は『乙酉筆記』の著者である曾羽生家一族が住んでいた所である。実際、青村は明初から守備隊が駐屯し、城壁に囲まれており、十四世紀後半、朱元璋が沿岸に設けた防御要塞の一部でもあった。軍人は地域社会においては重要な構成要員であった。そして青村における唯一の行政的存在は、清代では常に游撃衙門と呼ばれた軍衙門であった。しかし『乙酉筆記』の記載の中から、青村は多くの著名な郷紳一族の住む場所でもあったことが伺える。そのうちの数家はひじょうに裕福で、特に生員や貢生と呼ばれる儒生が多かった。事実『乙酉筆記』の中では士大夫と軍との関係に多くが費やされており、曾羽王たちにとってその問題がひじょうに重要であったことは明らかである。軍人は士大夫に対して尊敬の念がまったくなく、時には明らかに彼らの自尊心を傷つけることを楽しんでいた。士大夫たちがそのような軍人に突如対峙することになった点で、清の征服とその余波はかなり無慈悲な変化となったのであろう。

明代では青村の地方士大夫が自分たちを本来軍人より上であると見なし（また、社会からもそう見なされ）、そのように扱われることを期待していたのに対し、清がこの地方を占領したことで事態は一変した。青村の生員たちは地域を守る指揮官たちに敬意を払い続けた。それは彼らだけがそこでの行政権力であったためである。しかし、賢明で、かつおそらくは文化的であろう将官たちから配慮されるか、少なくとも丁重に扱われるかの確信はなにもなかった。時には衙門に入るや鎖につながれて打ち付けるぞと脅され、罪人のように扱われることもあった。そのような部下や護衛たちの乱暴や無礼な態度に耐え、ただの無骨な人間でしかない将官たちの前でひざまずき、まるで彼らが高官であるかのようにうやうやしく挨拶せねばならない場合もあった。『乙酉筆記』は、こうした出来事についての様々な逸話と描写に満ちている。例えば清初から代々後を引き継いで青村にやってきた将官たちのすべての名前を記録している。そのうち幾人かは良く、何人かはまあまあで、幾人かはひどい者だった。しかしいずれにせよ、地方士大夫たちは名刺を出して自己紹介しに行き、事がうまく運ぶように望むしかなかった。(35) 彼は他所のことについても語っている。例えば、李成棟が松江の郷紳士大夫たちを召集したところを目撃したと記している。李成棟は前明の官僚で、一六四五年に満洲人のために江南東部を占領し恐れられた人物であった。この召集は李が大虐殺と破壊を伴って街を占拠し終わった後のことだった。李は召きに応じるか（そして、事実上新しい王朝への服従を誓うか）、それともすべての家産が没収されるのを見るか、どちらかを選ぶよう告知した。そこで彼らはみな従順に召きに応じたのである。郷紳たちは、多少なりとも丁重に扱われたが、江南士大夫社会の事実上の基礎であった生員たちは李に軽く扱われ、横暴な兵士たちによって路上の大衆の面前で恥をかかされたのである。[36]

この話を引いている岸本美緒は、それを士大夫や文人官僚の弱体化という文脈で理解している。氏は挙人や進士の資格を持つ地方官僚たちが何ら深い学問背景を持たない満洲人もしくは旗人たちによって占められていた上役たちの一部から虐待や殴打さえも被ったことを特記している。[37] しかし、文人官僚たちもまた自身が傲慢な将官たちによって塵のように扱われることに気づいた。『乙酉筆記』には衝撃的な逸話がある。既述の恐れられていた祖大寿を含む二人の大将軍が一六六一年に視察のため青村に来た時のことである。彼らは荷を運ぶため八百名以上の人足を緊急に用立てることを求めた。大将軍たちに付き従っていた華亭県知県の厳世祺なる人物は青村の路を一人で歩き一軒一軒人足の徴用を求めざるを得なかった。また徴用された人々は丸一日何も食べさせてもらえないなど、それは酷い扱いを受けた。そのため何人かの地方士大夫が知県を説得して大将軍たちに抗議に行かせたほどであった。ここに重要な点（曾羽王にとって重要な点）を見ることができる。進士である厳世祺は、たかだか三十歳の（そして他の記述から文盲であったことがわかる）祖将軍の前にひざまずかざるをえなかったのである。厳は当然このような形で自身を馬鹿にされることに不満があったが、「当時の時勢はこのようであり、どうすることもできなかった」と曾羽王は記している。

清朝は江南の郷紳士大夫にとっての不安のパターンを確立したといえるかもしれない。その地方におけるすべての尊敬と特権が与えられるべき彼らはもはや社会の華としても生得の指導者としても振舞えなくなってしまったのである。彼らは堂々たる帽子や上掛けで自身を他から区別する権利を含め多くの特権を失った。[38] しかし、何にもまして明代に蓄積し続けてきた物質的な特権の多くを失ったのである。もちろんこれは一六六一年から一六六二年にかけて起こった奏銷案のことである。この件について論じる時間はここではなく、またこの件についてはすでに詳細な研究がある。もちろん本稿で示した研究者たちはみなこの件について多くを語っている。姚廷遴は当時郷紳一族ではなかったので、この一連の事件の間に江南の郷紳士大夫たちが甘受せねばならなかった辱めについてさほど関心を示していないようだが、曾羽王、王家禎、葉夢珠らはこの件について多くを記している。実際問題として、彼らは自身が逮捕され尋問のために北京へ送られる恐怖に面していたのである。また少なくとも葉夢珠は生員の資格を剝奪されたことを述べている。つまり彼にとってこれはまさしく個人的な出来事だったのである。

五　文人官僚・地方士大夫の権力回復

奏銷案は一六六一年の初め、順治帝の夭逝の後に摂政が設けられた初期に起こっている。数年間の苦難の時期を経て、一六六七年に康熙帝が王朝権力を引き受け、ほとんどの政策を破棄すると物事は好転し始めた。姚廷遴は奏銷案が与えた影響による変化をしきりに強調しているが、これは江南住民の気持ちを代弁したものであろう。しかし、軍による支配は一夜にして止んだわけではなかった。事実既に見てきたように、国家の資源を軍に供給して戦局を支援することは、三藩の乱にあって重要事項であり続けた。だがこの乱が終わるとともに、いや一六八三年の台湾征服より前に江南における軍と文人官僚たちの間のバランスは少しずつ変わり始めていた。特に文人官僚が再び地域社会に関与できるようになったのは、部分的には江南総督に立派な人物が続いて就任したためでもある。彼らはその清廉な人柄ゆえに広く尊敬されて、高名であり、満洲人でも漢人旗人でもなく、行政的秩序と官僚倫理、いわゆる吏治を回復することに優れていた。このうち最も有名なのが于成龍（一六一七～一六八四）であった。彼の善政は姚廷遴が最も輝かしい言葉によって称賛している。姚にとって于成龍の政治は事実「太平」の世の始まりだった。『歴年記』では、最後の年の記事において、「江南の人々は今を楽しんでいる」と記されている。

これは他の様々なことの中でも文人官僚による支配回復を意味している。これはある意味で康熙帝自身によって保証されたものである。それは康熙帝が一六八四年に初めて蘇州と南京を訪れた時のことであり、その年は于成龍が在任中に亡くなってまもなくに当る。康熙帝の蘇州訪問については『歴年記』の見せ場である。[39] これは清朝と江南の人々、特にそれまでの数十年間様々なことを耐え忍んできた士大夫たちとの間の一種の和解を象徴している。もちろん士大夫にとって物事は輝かしい明代と同じにはならなかった。しかし少なくとも一九世紀半ばまで江南の住民は警備の優先と軍の横暴による不都合をほとんど受けなくても済むことになったのである。

註

＊　本稿の原題は Military and Civil Power in early Qing Jiangnan であり、直訳すれば「清初の江南における武と文の勢力」になるが、内容は江南における文人官僚や地方士大夫に対する軍勢力の優位について論じており、表記のように訳した次第である（訳者）。

（1）　辮髪に対する民衆の反応については勿論数えきれないほどの証言が残されている。ほとんどの地域においては、権力の一部としての軍事力を何度か見せつけるだけで、全ての人々を従わせるには十分であった。しかし、一方では都市部の内外において、力ずくの抵抗に出た例もあったのである。例えば蘇州の住民は、順治二年閏六月十一日に勅令が発せられてから〝半日以内に〟辮髪になった。しかし続く数週間内には、都市部の周辺において多くの抵抗運動が起こった。また呉江の住民は知県を殺害して辮髪を拒んだが、結果として清の軍隊により呉江とその周辺の住民が大量に虐殺されるに終わった。崑山も同じ道をたどった。これらの出来事については痛史に収録されている（『啓禎記聞録』巻五）。全住民が満州服を着用するようにという命令が蘇州で受容されたのは、それからしばらく経った九月十二日のことであった（前掲書6／5a）。
（2）これらの変化については、姚廷遴の自伝（下記を参照のこと）に付記されている『記事拾遺』と題した随筆にまとめられたものが印象的である。
（3）例えば、民国期の中国知識人の中には『中國歴代政治得失』（台北、大東圖書公司、一九八八、三二一～三三頁、一四一頁）を記した銭穆がいる。また西欧の研究者としては John W. Dardess, *Blood and History in China: The Donglin Faction and its Repression, 1620-1627* (Honolulu, University of Hawai'i Press, 2002) 七頁がある。
（4）姚廷遴『歴年記』（『清代日記匯抄』上海、上海人民出版社、一九八二年）、三九～一六八頁。一九六二年に明らかに同じテキストと思われるものが内部出版された。今日では若干の違いはあるが、三種類の稿本が現存すると思われる：第一は上海図書館所蔵本、第二は上海博物館所蔵本、第三の稿本を再版したものは『上浦経歴筆記』と題して国家図書館に所蔵されている。『上浦経歴筆記』は北京図書館藏珍本年譜叢刊第七九巻（北京圖書館出版社、一九九九年）に収録されている。〔以下、特に断りのない場合、頁数は『清代日記匯抄』のものを指す。――訳者〕。
（5）これは『歴年記』と同じ『清代日記匯抄』二～三六頁に収録されている（『歴年記』と比べるとテキストは短い）。
（6）楽天居士編『痛史』商務印書館、一九一一～一九一二年。
（7）宮崎市定「明代蘇松地方の士大夫と民衆――明代史素描の試み」宮崎市定『アジア史研究』四巻、京都、同朋舎、一九五七年所収、三二一～三六〇頁（初版 一九五四年）。
（8）岸本美緒『明清交替と江南社会――一七世紀中国の秩序問題』東京、東京大学出版会、一九九九年。
（9）初めに出版されたのは一九八六年の『史学雑誌』であり、後に前掲書の第七章として再録された。
（10）拙稿 "Coming of age in Shanghai during the Ming-Qing transition: Yao Tinglin's (1628-after 1697) *Record of the Successive Years*", *Disquisitions on the Past and Present / Jingu lunheng* 今古論衡"（中央研究院・史語言研究所刊）、第四期（二〇〇〇年）、一五～三九頁を参照されたい。
（11）『歴年記』六四～六五頁（一六四八年の事項の箇所）、『研堂見聞雑記』（15a―b）、『啓禎記聞録』巻七（5b―6a）を参照。

(12) 『歴年記』九三頁と、より詳しくは『乙酉筆記』八～九頁を参照。

(13) 『启禎記聞録』巻八（11ｂ）。『歴年記』七一～七〇二頁。一六五四年の（同年の秋にも）抗争をややユーモラスに描いた記述があり、上海周辺の出来事について多くの詳細を記している。

(14) 『乙酉筆記』二六頁。

(15) 『乙酉筆記』に何回か記述が現れる。また『启禎記聞録』巻八（３ａ）には、駆け落ちした男女二人が一六五〇年の舟山列島における反乱に加わったとして、誤って反逆の罪に問われたという逸話が載せられている。

(16) 例えばYingcong Dai, "*Yingyun shengxi*: Military entrepreneurship in the high Qing period, 1700-1800", *Late Imperial China*, 26, 2 (2005).pp.1-67（ここではpp. 5-7）を参照されたい。

(17) 乾隆帝の大規模な軍事遠征（十全）においては、その資金繰りのために追加徴税することはなかったので、もっと安定した時期に行われた。それにもかかわらず、「大兵」が遠征地に赴く途中で通過した地域の住民は、賦役徴収や交通手段の手配などの要請を受け、大きな負担を被った。一七四八年の金川遠征時における、山西の例については、拙稿"The 1744 annual audits of magistrate activity and their fate", *Late Imperial China*, 18, 2 (1997), pp. 1-50（特に山西についてはp. 39）を参照。

(18) 例えば『歴年記』八八頁。江蘇巡撫は松江府を訪れ、ひそかに府県の吏役を取り調べた。結果として府県の吏役のうち二五人が重責を受けた。姚廷遴は、取り調べを受けた後、刑罰を免れた。『启禎記聞録』巻七（１ｂ）は、豫親王ドド（多鐸）の軍が一六四六年に浙江へ向かう途中、蘇州を通過した際に起こった大混乱について述べている。特に「夫役がうまく組織化されていないと兵たちが不平を言ったことで、衙門官と兵房吏は鎖につながれ、笞刑に処せられた」という。

(19) このエピソードについて『研堂見聞雑記』（31ａ―ｂ）は、崇明島に駐屯し、江南を海上からの攻撃から守るはずの軍を動員する難しさについて、そして軍が南京へ向う途中、蘇州の民間人に大きな損失を与えたことに関して、興味深い考えを述べている。

(20) もちろんこのエピソードは、ほんの一例に過ぎない。例えば一六四九年の呉淞において、舟山群島に対する遠征のための軍用水船を造る木材を要求された。各知県には自らの管区から木材と人夫を何とか工面する責任があった（『啓禎記聞録』巻八・1b）。

(21)『歴年記』七九～八〇頁。

(22)『歴年記』八八頁。

(23)『歴年記』八七～八八頁。火薬工場を担当していた役人は明末に徐光啓の弟子から爆薬をつくる西洋技術を学んだことがあったという記載は興味深い。姚廷遴は、工場のあらゆる役人や職人たちに礼品を贈ってやっと木炭が受領されたのであった。

(24)『歴年記』八四頁。

(25)『歴年記』八七頁。姚が損失を被った理由の一つは、手助けするために加わった親戚の一人に欺かれていたことである。満洲人の視察官は自身では何も求めず、何も必要としなかったが、上海に数千両を用意するよう求めた。

(26)『歴年記』八八～八九頁。

(27)『歴年記』九一～九二頁。

(28)『歴年記』九四～九五頁。また一六六頁でも、一六六七年のこととされてはいるが、おそらくは同じ出来事について語られている。

(29)『歴年記』八二～八三頁、九七頁。一六六八年に二四〇〇人の海兵が上海に滞在し、部隊に混乱を生じさせた。兵役に戻ることを拒む者もいれば、城を離れるに際して地元民へのツケを払わない者もいる、といった具合であった。

(30)『歴年記』八八頁。Mark Elliott, *The Manchu Way* (Stanford: Stanford University Press, 2001) では、「満洲城」の章（一〇五～一三二頁）で蘇州について述べていない。また、他の満州軍駐屯に関する研究でも蘇州については述べていない。姚廷遴は一六六四年の項において蘇州について述べ、蘇州の東北半分（彼は厳格に限定している）が「満兵に占拠されていたことがあり、満洲城と呼ばれていた」と記している。彼は正確な場所を示し「たくさんの邸が徴用され、本来の住民は、大概一人もそこに留まろうとはしなかった」と記している。そこには兵士と騎馬しかいなかったのである。その記載が一六五三年まで及ぶ蘇州の年代記『啓禎記聞録』は、この種のことはまったく論じていないが、一六四八年の杭州満洲城の設立が容赦のないものであったことについては、それとなくほのめかしている。（巻七・11b）。『蘇州府志』も「満州城」については言及していない。満州軍が駐屯した他の都市では、駐屯地は城壁によって都市部から隔離されていたが、蘇州のいわゆる「満州城」がそうであったと姚廷遴は述べていない。この点は、注意するべきかもしれない。満兵による蘇州駐屯については、さらなる研究が必要であろう。

(31)『研堂見聞雑記』（38a—b）。

(32)『歴年記』八八頁。

(33)『研堂見聞雑記』（30b—31a）。撰者は「海寇」から地域を守るはずの駐屯部隊の基地に、沿海から遠く離れた沙渓が選ばれたことを嘆き悲しんでいる。

(34)『歴年記』一〇七頁。

(35)『乙酉筆記』二三、二七～三〇頁。

(36)『乙酉筆記』二一～二二頁。

(37) 岸本前掲『明清交替と江南社会』二〇四～二〇五頁。以下の頁にも記載が続く。文人官僚と将官の公式的な関係性に関する規則を発展させようという背景があり、こうした虐待は、そうしたものへの反発として起こった。岸本美緒「清初の「文武想見儀注」について」『東洋史研究』第六八巻二号、二〇〇九年所収、九二～一二一頁参照。

(38) すべての著者たちが、彼らの特権性を示す豪華な外見が失われたことについて強調している。例えば、『研堂見聞雑記』（16b）を参照。この問題は『啓禎記聞録』にも繰り返し現れている。

(39) 拙稿 "Vu de Shanghai", in *Kangxi, empereur de Chine 1662-1722. La Cité Interdite à Versailles*, ヴェルサイユ宮殿国立美術館における同名の展示会（Jan.-May 2004）でのカタログ二九～四一頁を参照。

民間家族文書から見た清代台湾海峡両岸における移民のパターン

陳　支平
吉田建一郎　訳

はじめに

これまで清代における福建から台湾への移民の歴史については、移民の時期、人数、分布などに多くの関心が寄せられてきた。しかし台湾海峡両岸における「郷族」の移民のパターンに対する言及は少なかった。筆者は長年、海峡両岸の文書の収集、整理に取り組み多くの成果を得た。近年発見した清代の泉州府晉江県と台湾・嘉義県の蔡氏一族の家族文書は、海峡両岸の移民のパターン、特に農業のための開墾を目的とした移民と海峡両岸間での商業活動を目的とした移民という異なる移民のパターンについて考察する上で非常に有効である。

一　蔡氏一族の台湾への移動に見られた「農」「商」二つのパターン

中国の伝統的な農業経済と商業経済の大きな違いは、農業経済が基本的に田畑を固く守り、農民と彼らが住み慣れた土地との関係が密接であるのに対し、商業経済は「行商」という言い方があるように、異郷において仕入れ、運搬、物々交換を行い、流動性が高いということであった。中国の伝統社会における農業経済は、田畑をしっかり維持し、農民は住み慣れた土地との関係が強かった。しかし秦漢以降になると、農地制度は、諸侯が決められた範囲の封土を管理するような形式ではなく、かなり自由に土地の取引や移動が行われた。こうした農業経済の形態においては、確かに田畑を固守するという状況や、農民と彼らが生活の基盤をおく土地との密接な関係が見られたものの、農民を取り巻く生活上の圧力、政治環境の悪化、経済的利益をめぐる判断によって、元来田畑を固守してきた農民は徐々に移民をするようになった。このため中国の伝統社会では、農業経済と関わりをもった農民、そして商業経済と関わりをもった商工業者のいずれもが中国移民史の重要な構成要素となった。

清代泉州府晉江県東石郷の蔡氏一族はその好例であり、一族の中には農業経済と関わりをもつ者もいれば、商工業経済と関わりをもつ者もいた。宋代、明代以降、沿海部の住人が生計をはかるために東南アジアへ向けて移動する動きが起こるにつれて、蔡氏一族のメンバーも徐々に東南アジア各地へ進出していった。その中には定住する人たちもおり、後にいわゆる華僑・華人となった。現在、シンガポール中華総商会の会長である蔡天宝は晉江県東石郷の蔡一族の子孫である。清代、特に康熙、雍正年間（一六六二―一七三五年）以降、台湾が徐々に開発され、土地が広くて人口が少なく自然条件も比較的良好であったため、開墾により生計をはかろうとする多くの福建沿海住民が台湾へ移動した。

清代中期以降、福建沿海住民の台湾に向けた移動のうねりが起きる中、蔡氏一族のメンバーが、海洋に近いという有利な条件や長らく海での活動に従事してきたという伝統的な優位性によりながら、他集団にひけをとることなく、荒地を開墾して作物栽培を行ったり海峡間で商品の仕入れ、運搬に従事する例が絶えなかった(1)。現存する蔡氏一族の族譜によれば(2)、この一族は清代中期から台湾へ移動し荒地を開墾して定住したほか、少なからざる数のメンバーが台湾で商工業に従事した。ここでまず、東石西霞の蔡氏一族の状況を見ておこう。この一族は康熙、雍正年間以来、続々と台湾へ行き生活を営んだ。乾隆、嘉慶、道光年間になると、台湾へ移動する人の数は大幅に増加した。ここで、『族譜』の第十六世長房長支員公派下の「樹」を輩行字とするメンバーのみを挙げると、台湾への移動に関する非常に多くの記載が見られる。例えば、蔡樹蹇は「母が黄氏で台湾の中路三脚猫荘へ行き」、樹石は「梁氏を娶り台湾の中蚵仔寮へ行き」、樹桂は「母が許氏で台湾の苯港に住み」、樹准は「母が林氏で虎尾寮に住み」、樹叡は「新塭に住み」、樹布は「新塭に住み」、樹概は「林氏を娶り台湾の新塭に住み」、樹群は「母が張氏で蚵仔寮に住んだ」。樹鏗は「張氏を娶った。台湾の女性で名は金であった」。樹字は「母は鄭氏、継母は陳氏で台湾に住み」、樹端は「母は蘇氏、兄弟七人は皆台湾に住み」、樹来は「台湾に在りて黄氏の形代を娶り」、樹提は「母が趙氏で台湾に住み」、樹笑は「遠世公の長子で台湾に住み」、樹河は「遠世公の次男で台湾に住み」、樹呼は「母が蘇氏で台湾の新塭に住み」、樹廉は「遠東公の子で台湾の新塭荘に住み」、樹向は「遠漢公の長子で、王氏を娶って新塭に住み」、樹守は「遠鎮公の子で母は邱氏であり、台湾に住んだ」。樹旗は「遠美公の長子で台湾に住み」、樹智は「遠陽公の子で台湾に住み」、樹定は「遠勇公の長子で台湾に住み」、樹漢は「遠勇公の次男で台湾に住んだ」。長房二支約吾公派下の「樹」を輩行字とするメンバーも同様である。樹海は「母が陳氏で台湾に住み」、樹福は「号は樹傑で台湾に住み」、樹全は「遠祿公の子で台湾に住み」、樹河は「遠服公の次男で台湾に住み」、樹往は「遠純公の子で台湾に住み」、樹斯は「遠知公の長子で、母は陳氏、台湾の女性で名は由、号は順倹」、樹熾は「遠蒲公の長子で号は樹昌、母は呉氏、継母は陳氏、名は養で台湾の女性であり」、樹蕃は「遠暢公の長子で台湾に住んだ。母は徐氏、名は治で台湾の女性である」など、全部で約四十人が台湾へ移動した(3)。他の各支房の台湾への移動状況もほぼ同じであり、ここでの更なる引用は控えたい。

『玉井蔡氏長房三惟哲公派下家譜』には、東石の蔡氏一族の別の支房について記載がある。それによれば玉井長房三柱十一世には継郡、継招、継集の三兄弟がいた。継郡は雍正、乾隆年間に台湾で開拓を行い、子孫は台湾嘉義の南靖庄、西後寮、布袋嘴庄に居住した。継集の子孫も皆台湾へ行き布袋嘴庄に定住した。蔡氏のこの二つのグループは台湾へ移動すると大部分が農業のための開墾に従事した。父親が行くと子が続き、兄が弟を引き連れ、すぐに嘉義一帯に自分たちの村落を形成した。族譜には次のようにある。長兄の蔡継郡は「康熙三十二年六月二十九日の辰の刻生まれ、乾隆二十三年二月十九日の子の刻に逝去。享年六十六歳。台湾の南靖庄で逝去。お墓は南靖庄の前の山にある」。蔡継郡には五人の子供がいた。長男の蔡世儼は「台湾に行き南靖で暮らした。生没年は未詳」。次男の蔡世篤は「台湾に行き布袋嘴庄で暮らした」。三男の蔡世曉は本家がある晉江東石に留まり、四男の蔡世璐は「台湾に行き、まず南靖庄に住み、後に西後寮庄へ移動した」。五男の蔡世瑾は「台湾に行き布袋嘴庄に住んだ」。蔡継郡の孫の世代も同じように大部分が台湾に定住した。例えば蔡世儼の三人の息子は、長男の文茁、次男の文芽、三男の文葶のいずれも「台湾に住んだ」。蔡世篤の六人の息子は、長男の文寛、次男の文任が「台湾に住み」、三男の文綽、四男の文清、五男の文禹、六男の文旋は「台湾の布袋嘴庄に住んだ(4)」。台湾の嘉義における開墾事業が拡張するにつれ、蔡氏一族長房三柱蔡継郡派下の子孫は大部分が台湾に居留するようになった。

三男継集の系統にも同様な状況が見られた。継集には四人の子供がいた。長男の世計は「康熙五十年五月二十五日に生まれ、乾隆年間の五月十五日に台湾の南靖庄で亡くなった」。次男の世美は晋江の本家に留まり、三男の世道は「台湾へ行き布袋嘴庄に住んだ。康熙五十九年八月二十二日に生まれ、乾隆四十三年十月九日に逝去。享年五十九歳」。四男の世教は「雍正元年六月二十一日に生まれ、乾隆五十三年七月二日に逝去、享年六十六歳。台湾へ行き台湾で亡くなった」。

継集の孫の世代になると台湾へ移動する人数は更に増えた。継集の長男世計には跡継ぎがおらず、三男の子孫が跡継ぎとなって台湾に滞在し続けた。次男の世美は晋江の本家にいたが、彼の三人の息子のうち長男の文印は「乾隆十六年五月十三日の亥の刻に生まれ、乾隆五十三年六月二十二日の寅の刻に台湾の布袋嘴庄で亡くなった。享年三十八歳」。次男の文語は「乾隆二十年四月十二日の未の刻に生まれ、乾隆五十三年五月二十一日の申の刻に台湾の布袋嘴庄で逝去。享年三十四歳」。三男の文稽は晋江の本家に残った。継集の三番目の息子である世道にも三人の息子がいた。長男の文郎は「台湾で生活した。生まれは乾隆四十五年四月一日で、乾隆五十五年十二月十日に亡くなった」。次男の文居は「台湾の布袋嘴庄で生活した。乾隆二十六年二月十三日の子の刻に生まれ、道光五年七月二十四日の未の刻に亡くなった。享年六十五歳」。三男の文朝は「乾隆三十二年二月十二日未の刻生まれ。乾隆六十年七月十二日未の刻に逝去。享年二十九歳。台湾へ行った」。継集の四番目の息子である世教には息子が一人おり、名を文龍といった。文龍は「生まれは乾隆二十七年で、乾隆五十三年八月二十日に逝去。台湾で生活した」。蔡継集の曾孫の世代も大部分が台湾に定住した。以上に挙げた蔡継郡、蔡継集兄弟の子孫は、台湾へ移動して主に荒地の開墾と農業に取り組んだ。

長く商売に従事した歴史をもつ晋江東石の蔡氏一族のメンバーは、一部が台湾へ移動して荒地の開墾をはじめとする農業経済に関わりをもったほか、相当数の人たちが常に海峡両岸を行き来して商業貿易や水運業などに従事した。こうした歴史的背景のもと、蔡継郡の弟であり蔡継集の兄である蔡継招の子孫たちは、海峡両岸における商業や水運業の経営に長けていた。蔡継招本人は晋江の本家に留まったが、彼の孫の世代にあたる蔡文悦、文薦、文奏といった者たちは、沿海住民たちが続々と海を渡って台湾へ行き暮らしを立てるという趨勢の中で、次々に「奪いとるように台湾の布袋嘴庄に入り、居住するようになった」。まず魚塭（訳者注：海辺の平地に岸を築いて池をつくり、水を入れて魚を飼う場所）を経営し利益があがると、蔡家はすぐに商業への投資を始め、嘉義県樸仔脚に「筌泉郊」（商号は「振盈」「広盈」）を開設したほか、塩水港では「益成」を共同経営した。さらに「源利」という商号のもと、自ら船を揃えて大南や大北を行き来するビジネスも行った。「源利」は相次いで瑞玉、瑞珠、瑞瑛、瑞裕、瑞隆、瑞琨、瑞豊、同昌、長慶、広裕、廉成、勝発、復吉、復安、復慶、復順、復発、復益、復青、金湖発、金順利などの船を揃えた。このうち瑞裕号は、一族の女性のへそくりを集めて造られ、「査某脚盤」（訳者注：「査某」は閩南語で女性を意味する）と呼ばれた。商業や交易で利を得た後、蔡家は土地、塩田、搾油場、製粉所の購入、店舗の建築を行ったほか、源昌織布局を創設した。そして蔡家が莫大な財産を持っていることが次第に知られるようになった。咸豊十年（一八六〇年）に章情、章涼兄弟が分家のための財産分配について取り交わした文書によれば、章涼は東石一帯の農地百枚余りのほか、あわせて九石四斗二升（九十四・二畝分）の種子、四二四の坎がある十一箇所（全部で約一五、二六〇平方メートル）の塩田、建物十四棟、店二軒、塩を置く部屋二箇所、アゲマキガイ飼育場二箇所を得たほか、船は瑞琨号、復吉号、復安号の三艘と瑞瑛号、金順利号の半分を得た。章情も相応の農地、建物、家屋、塩埕（訳者注：塩を晒す海岸）のほか、復慶号、復順号、復発号と瑞瑛号の半分を得た。このほか益利号、広利号、義成号による商売の権限や台湾の耕作地、塩埕、魚塭、店舗、搾油場、そして共同経営を行っていた「厦益利」「泉広利」の多くの株式も得た。[5] 長年にわたり海峡両岸間で商業や水運による交易活動に奔走した一族のメンバーは数十人を下らなかった。こうした海峡両岸間で水運による商業的な交易やその他商品経済関連の活動に従事したメンバーは、晋江県東石郷の蔡氏一族の他の支房、支派の中にも少なからず存在した(6)。

こうした海峡両岸各地で年中商工業活動に従事した蔡氏一族のメンバーは、晋江の本家と貿易経営地との間を頻繁に往復したが、事業が拡張するにつれて、また管理上の必要性から、徐々に台湾などの新しい集落に移動、居留する者があらわれた。私たちはまずこうした移民を商業的な移民として、農業のための開墾を主目的とした移民と区別する必要がある。

二　蔡氏一族の「農」「商」二つの移民のパターンに見られる違い

周知のとおり清代は、福建とりわけ沿海部の住民による台湾への移動がピークをむかえた時期である。移民のうねりが高まるなか、台湾各地には「郷族」の新しい集住地や新しい「郷族」組織あるいは家族組織が形成された。言うまでもなく清代の福建の住民が台湾へ移動した主たる動機は、農業目的の移民であろうと商工業目的の移民であろうと、はじめは経済的要因によるものが大多数であった。しかし蔡氏一族の商人が残した家族文書について初歩的分析を行うと、商人を主な身分とした一族のメンバーと農業のための開墾を目的としたメンバーとの間には、台湾への移民の過程に相当な違いがあることにすぐに気づかされる。

福建省、とりわけその沿海地域は、宋代以来人口が多く土地が少ないことで有名であった。台湾が清王朝の版図に入ると、福建とは一衣帯水の隔たりがあるだけで、さらに開発の余地が残っていた台湾は、自ずと福建沿海住民が生計確立手段を拡張するために第一に選ぶ場所となった。こうした農業のための開墾と土地の獲得を目的とした移民たちは、当然のことながら、土地の開墾により一定の成果をあげたならば定住するという長期的な構想をもたざるをえなかった。土地は最も典型的な「不動産」であり、土地を耕作している場合、一旦土地を離れたら経済活動の主体を失うことになるからである。しかし商売を主な目的とした移民の場合は事情が異なる。商業活動は流動的であり、利を得て故郷に戻ることもできる。またそれによって商売をする機会を失うこともなかった。先に示した清代福建の泉州晉江沿海の商人はまさにそうであり、彼らは「郷族」を基盤として外部へ向けて放射状に広がりをもつ一つの商人集団であった。こうした商人の集団は、他郷への移動、定住について、農業のための土地の開墾を主要目的とした移民に比べて明らかに慎重であり行動が緩慢であった。

清代における福建泉州沿海の商人の経済活動には、政治・社会上の制度的保障が比較的欠けていた。しかしそうであるからこそ、商人たちが経営に関わる範囲や場所が制限を受ける機会がかえって少なかったのかもしれない。利益があると考えると、彼らは自分たちが望む範囲の様々な事柄の経営に取り組むことができたし、効果を十分に発揮できると考えた場所へ行って経営を行う場合もあった。このため先に引用した蔡氏一族の商人に関する資料からは、彼らが商船、塩埕、商店、質屋に加え、土地、農地、魚塭を持つことができ、さらに搾油場、紡織布局などの工場も設けることができたことがわかる。中国東南部沿海地帯、東南アジア地域、特に海峡対岸の台湾には、いずれも彼らの活動の足跡が残されている。清代中・後期になると、蔡氏一族の商人の活動は海峡両岸間の経済的往来が中心であり、台湾は蔡氏一族の商人にとって主要な足場となった。

清代中・後期、蔡氏一族の商人は経済活動の重心を福建と台湾という海峡両岸の間に置いたため、彼らは業務上の必要性から、ある者は常に海峡両岸間を奔走し、ある者は比較的長い時間、台湾の商店内に駐在して業務管理を行い、またある者は一族の本拠地の老舗を守りながら各地の商業経済活動を統一的に管理、調整した。その状況は現存する家族文書の中にしばしば見出される。代表的な例として挙げられるのが彼らの私的な往来文書である。族弟である蔡進光から族兄に宛てた手紙に以下のようなものがある。

啓者昨承山□金成号来信、叙□有寄在唐本典舗佛銀三百余元、刻下適逢急切需、擬将就台本号内支取。経預備仏銀一百元付支、余項諒後日決能復来再找。而金成本典内其實存有幾多、新即核□□□来知、此好与理会找楚、千万是囑。……茲接瑞琨来信云顕就苯繳入合興内在本、現昆承中存項無幾、乏可清還、所有銀額乃紅糖北上者多、而瑞瑛諒在邇必旋、如到時可向昆承該□之額、扣起抵還為宜。和泰屢次要邀昆承□□□、要合伙開作典店生理、未審妥否、未承吾兄尊命、不敢擅許裁奪、如何賜示。

こうした私的な往来文書の中には、彼らが相互に「在唐」すなわち晉江の本家における商売のやりとりの状況を報告するとともに、台湾の各商店における商売や資金のやりとりの状況を相互に伝え理解しあっていたことを見出すことができる。こうした状況は一族間の契約文書の中にも見出される。例えば蔡進益、蔡源利らが共同出資して開設した商店である益成号の清算に関する契約で言及されている資金、財産も、台湾と福建の本家との間で違いがあった。その契約書は次のとおりである。

立合約字蔡進益・源利・媽尖等同福利前出資本交付益父聳・尖父耽、在塩水港開張益成号生理。迨至道光□□年停止、算帳得利共作四份、源利應分二份、聳、耽各分一份。当経凭賬核算、除内地・台湾有放賬項経収免算外、所有未収内地應帰源利、台湾應帰聳叔与耽叔、均分如前。内地・台湾被欠帳目、源利与聳・耽各有互収、至此勿論。至於家器什物概交源利収抵勿論。余各収入免算。通計該算源利尚被益父侵欠佛銀□千□百□十元。茲念益尖之父聳耽兩人已故、姑聴公親求就益父手置園業四宗、計契面銀五百三十五元、繳還源利承管、抵侵之項原欠台賬二付抹光一賬。日後原主要贖自当備項向源利贖回、不干益等之事。至尖之父耽得利應額、公議就将益成号欠賬抜抵。一份帰尖自収。此係三面各願、賬項従此照約収取、均無異言生端、亦不得後悔滋事。合立約字一様三紙、各執一紙永為下代子孫存鑑。

咸豊四年二月

日仝立合約字蔡進益・源利・媽尖（下略）

海峡両岸で多岐にわたる業種を兼営するという状況下において、蔡氏一族の商人たちは必然的に福建と台湾各地を常に往来せねばならず、台湾で長期的に定住をするという計画は立てにくかった。蔡氏一族のメンバーが海峡両岸間でやりとりした手紙からは、彼らが商業経営などを行う際に、台湾と晉江の本家の間とを奔走した状況が詳しく見てとれる。例えば蔡玉麟が族弟に宛てた手紙は次のようなものである。

日前接鷲（弟）手信、知杉弟平安抵家、甚慰鄙懐。至於白米重量不詳、今特託管略言百十斤、六十包、余皆百十五斤。若是上水再枰、定失水分数量。或破漏之損失、實不得原重也。黄朝宗先生所交少数勿論可也。載資店内先為贊交、若二十比一、若従貨比之、有虧損店内代款、人情相関、難於理論、由弟自決可也。葉木興先生所委托之事、弟須当竭力為其代料是囑。弟所留存之款、本擬辦白米寄柒仔之船、彼云満載不得加添。今協勝之船欲往東石（老家）、即辦糖七包、拙額三包、合計十包、価毎斤二十四元、祈即向葉川先生如数検収是禱。三嬸付来之牛癀丸八粒、経已収入。其金若干、並前一万元均対協勝米代扣起。三嬸此款未収、拙中心抱歉、非欲養口体之資聊表寸忱耳。客寓大小倶獲平安、祈免介念。家中老幼諒必康寧為頌。草此奉啓、並候近佳。兄玉麟灯下草。(7)

この手紙では、族兄弟たちが海峡両岸で各種商売の細かな事柄を述べているほかに、「客寓大小倶獲平安、祈免介念。家中老幼諒必康寧為頌（こちら台湾で客寓の立場にある者はみな平穏無事でおりますので心配しないでください。そちらの家中の皆さんが安楽で健やかであることをお祈りします）」とわざわざお互いの平穏無事を述べていることも見てとれる。

また一族の近親者が二つの地に分かれて住んでいることもわかる。「客寓」とは一時的に台湾で商売を営む一族のメンバーを指し、「家中」とは晉江東石郷の古巣にいるメンバーを指す。

ただ、以上のような状況があった一方、蔡氏一族の商人が台湾で経営に関わった業種は、商業的なものだけにとどまらず、先述のように魚塭、塩埕あるいは農業といった経済活動にも従事していた。魚塭、塩埕、農業などの経営には比較的安定した人員管理が必要であった。そうした不動産関連の経営に、非常に高い流動性をもってのぞむことは様々な弊害を生み出すことにつながった。蔡氏の族侄が族叔である膺梁に書いた以下の手紙からは、商家的なやり方が、魚塭、塩埕、農地など不動産関連の業種の経営に適応しえなかったことを知ることができる。

> 膺梁叔父大人尊前、稟者月前得接……先後三椷、所示諸情一切遵命辦理。昌閏叔一層、侄先将叔父之前信奉閲、継昭礼叔到桟与面陳情。但約変還此。此際實是真慘、四面墻壁、叔父来台便知咱塭之事。惟望叔父速之前来、鼓撫衆佃戸修筑山岸、興復世業。不然就此廃矣。至於命査志弟所借之金額、侄如令問問、志弟不言。侄心明白、叔父高見勝人、亦必明白、不免多贅侄之遅復命者。……塭業崩壊、此慘難言、俗云同病相憐、共事相知、諒叔父必不怪侄遅復音也。……[8]

蔡氏一族の商人による嘉義の布袋嘴庄一帯における魚塭経営は、道光・咸豊期以降、大きな困難に直面した。台風をはじめとする自然的要因のほか、人員の度重なる変化と経営管理の不備が重要な要因であった。このため台湾各地の魚塭、塩埕、耕地といった不動産が絶えず増えるに伴い、蔡氏一族の商人は専門の人員を長期的に台湾に駐在させ、彼らにそれら不動産の経営を行わせざるをえなくなった。そのうちに、彼らが台湾に定住して繁栄し、新たな蔡氏一族を形成する可能性が出てきた。晉江東石郷の『蔡氏族譜』には、以下のような興味深い現象が見出される。

先に述べたように、東石蔡氏の『玉井長房三譜』の記載によれば、清代中期の雍正・乾隆年間に、蔡氏一族第十一世の蔡継郡、継招、継集の三兄弟が相次いで台湾に来て生計を立て、子孫たちが台湾嘉義県の南靖庄、西後寮、布袋嘴庄一帯に集住したことがわかる。

長男の蔡継郡と三男の蔡継集の子孫は、台湾へ移動した後、基本的に農業のための開墾に取り組んだ。そのため蔡継郡が台湾に足を踏み入れて以降、彼の子孫は早くに台湾に定住し自分たちの家族を形成した。しかし、次男の蔡継招の子孫のうち少なからざる人たちは、海峡両岸の商業活動に従事し、蔡継招の孫や曾孫の世代になると商業活動で大きな成功を遂げた。こうした海峡両岸間で商業交易に従事した一族のメンバーは、常に晉江東石の本家と台湾の商業地域にある商店との間を奔走せねばならず、人員の流動が非常に頻繁であった。彼らの中には、台湾に一時的に滞在する者も少なくなかったが、その家族あるいは家庭の重心は、相当長期にわたってやはり晉江の本家にあった。晉江東石蔡氏玉井長房派下の第十一世、すなわち清代中期の蔡継郡・蔡継招兄弟は、その子孫達が相次いで台湾へやってきて生計を立てたが、彼ら子孫たちが従事した業種には農業中心と商業中心という違いがあったために、彼らの台湾への移動のパターンにも比較的大きな違いがあった。簡潔に要点を言うならば、蔡継郡の子孫は土地の開墾に伴って早くに台湾嘉義地方の新しい住民となり、自分たちの「外地の家族」を形成した。しかし蔡継招の子孫は商業的要因により福建の本家と台湾の間とを流動し、台湾に移動し定住するまでの過程はかなり緩慢であった。ここで、この二房の第十一世から第十五世までの、農業と商売に従事した比較的典型的な子孫が、台湾に移動し定住する状況について比較をしてみよう。

（一）

十一世の蔡継郡は台湾の南靖庄に住み、五人の男子をもうけた。

十二世の蔡世儼、世篤、世璐、世瑾は皆台湾に住み、世曉は晉江の本家に住んだ。

十三世では全部で十七人の男性が台湾に住み、僅かに男性二人のみが晋江の本家に住んだ。

十四世では全部で四十四人の男性が台湾に住み、六人の男性が晋江の本家に住んだ。他の七人の男性の居住地は不明である。

十五世では全部で六十三人の男性が台湾に住み、二十一人の男性が晋江の本家に住んだ。他の二十六名の男性の居住地は不明である。

（二）

十一世の蔡継招は晋江の本家に住み、三人の男子をもうけた。

十二世の蔡世昆、世修、世為は皆晋江の本家に住んだ。

十三世では全部で六人の男性が晋江の本家に、二人の男性が台湾に住んだ。一人の男性は居住地が不明である。

十四世では全部で十二人の男性が晋江の本家に住み、七人の男性が台湾に住んだ。三人の男性の居住地は不明である。

十五世では全部で三十六人の男性が晋江の本家に住み、二十人の男性が台湾に住んだ。(9)


以上の大まかな統計によれば、この両者の違いはかなり明確であった。蔡継郡の子孫は農業のための開墾を主な生活の手段とした。そのため土地、耕作地が増加するにつれて、彼らは必然的に新しく開発した地域で長期的定住を行うようになった。この五世代の約一九〇人の成年男子のうち、一二九人が台湾に住み、居住地が不明の三十三人のほか、わずか三十人のみが依然として晋江の本家で生活した。しかし、蔡継招の子孫は海峡両岸での商業活動に従事する者が多数を占めたため、台湾へ移動しなおかつ定住するスピードはかなり遅かった。ここに挙げた五世代の約九十人の成年男子の中で、晋江の本家にとどまったのは五十八人で、台湾へ移住したのはわずかに二十九人であった。しかもこの二十九人中、四人は台湾で亡くなったが、一族のメンバーは最終的に彼らの遺骨を晋江の本家へ戻した。例えば十四世の蔡章総は「道光十四年八月二十四日の申の刻に逝去。享年五十七歳。台湾で亡くなったが遺体は故郷に送られ沙崗に埋葬した」。蔡章返は「嘉慶十一年三月十七日の酉の刻生まれ。享年二十三歳。台湾で亡くなったが遺体は故郷に送られ弟の章淡と合葬された」。蔡章淡は「嘉慶十五年二月六日の申の刻に逝去。享年二十三歳。台湾で亡くなったが遺体は故郷に送られ兄の章返と合葬された。……古くから女性の中に勇敢で気骨のある人が多く……章淡の甥は結婚後すぐに台湾へ渡ったが、数ヶ月も経たないうちに亡くなった。彼の妻である潘氏はちょうど二十歳だったが、貞節を尽くした」。十五世の蔡懋良は「道光二十六年四月四日丑の刻に逝去。享年三十三歳。台湾の苯港で亡くなったが遺体は八都庵の前の山に埋葬された」(10)。

以上のような、遺体を故郷に戻して埋葬する、あるいは家族が節操を守るという状況を見ると、彼らは商売を行って台湾で客死したが、彼らの現実の家庭はやはり晋江の本家にあった。このことは、商業を主な生業とする一族のメンバーは海峡両岸間を奔走し、両岸間の経済面の往来も相当に緊密であったが、彼らは一定期間、基本的に晋江の本家を根拠地としており、台湾に向けて移動し、なおかつそこに定住する傾向は比較的緩慢であったことを示している。そして台湾において商業経営を行うための土地、家屋、魚塭、果樹園といった不動産が増えるに従い、彼らは台湾で経営に従事する時間を増やさざるをえなくなり、次第に台湾に在留して新しい住人となる者も出てきた。

三　蔡氏一族の台湾への移民のパターンが示すもの

「郷族」を中心的な核として構成される蔡氏一族の商人が、海峡を越えて台湾へ行き商業などの経営に従事した最初の動機は、人口の移動ではなく経済的拡張への着目のほうが大きかったであろう。これは彼らが遠く寧波、上海、営口や東南アジア各地などへ赴いて経営に従事したことに類似している。蔡氏一族の商人は、祖籍のある泉州で多様な経済的生産手段をもち、台湾において商業をはじめとする様々な産業の経営を拡張すると、次第に台湾でも多様な経済的生産手段をもつようになった。商業や海運の経営は比較的流動的であるので、彼らは海峡両岸間において一つのまとまりをもった経済体として活動を展開した。台湾の産業、特に土地、家屋といった不動産が増えるにつれて、一族のより多くのメンバーが台湾へ行って長期的経営に従事するようになることは避けられず、次第に人口の移動と定住が見られるようになった。しかし商業経済が活発になるなかで、海峡両岸間の人口の往来と経済面の関係は依然としてかなり密接であり、双方向的な性格を帯びていた。清代後期に日本が台湾を占拠し、外的要因による海峡両岸間の移民の固定化が促された。蔡氏一族の商人の移民のパターンは、清代の海峡両岸における多様な移民のパターンの中で、疑いなく一定の典型としての重要性を備えている。

泉州晉江沿海出身の蔡氏一族の中で農業のための開墾を目的とした移民と、海峡両岸間で商業はじめ各種産業の経営に従事することを目的とした移民に見られたパターンを比較することにより、最後に次のような結論を得ることができよう。伝統的な中国の文化的観念、特に福建泉州各地の「郷族」観念が相当に濃厚な社会的雰囲気のもとで、人口の外部への移動は、新たな集住地、さらには新たな一族の組織を形成させた。しかし彼らは相当な長期間にわたって外地へ移動した移民だったのであり、依然として祖籍地の「郷族」と様々なレベルの関係を保持していた。その関係には経済的なものもあれば文化的精神的なものも含まれていた。台湾への移民について言えば、農業のための開墾を主要目的として台湾へ赴いた移民は比較的早く定住したので、祖籍地の「郷族」との関係は、経済面については比較的早くから薄かったが、文化的精神的なレベルでの関係はかなり長期にわたって維持された。もし外的環境の大きな変動がなければ、海峡両岸間で商業をはじめとする各種産業の経営に従事することを目的とした移民の、祖籍地との経済的関係は長期にわたって継続したであろう。経済面での密接な関係は、疑いなく文化的精神的なレベルでの関係を比較的長時間にわたって継続させるよう促すはずである。こうした想像を中国の伝統的な移民の歴史全体に広げてみるならば、次のようなことが言えるかもしれない。商業経済面での関係と「郷族」観念のつながりは、移民と祖籍地との関係を保持する二つの重要な紐帯である。この紐帯が長く続くほど、移民と祖籍地間の関係はより長く維持されるが、経済面とりわけ商業経済面の関係が失われると、それに伴って移民と祖籍地との間の関係も薄くなる。文化的精神的関係はさらに一定期間は維持されるが、経済的関係の基礎がない中では、それも必ずや時間の経過とともに徐々に失われていくであろう。

註

（1） 蔡氏一族及び泉州沿海地域の「郷族」が、清代に海峡両岸の商業や水上運輸に従事した具体的状況については、拙稿「清代泉州晉江沿海商人的郷族特徵」『清史研究』二〇〇八年一期、を参照。

（2） 私たちが現在目にすることのできる蔡氏一族の主な族譜として『玉井蔡氏二房長尚愛公派下重修家乘』『東石珠澤戸蔡氏族譜』『東石西霞蔡氏族譜』『玉井蔡氏長房三惟哲公派下家譜』の四種がある。これら族譜の閲覧は蔡氏一族と晉江市博物館の粘良図氏の協力を得た。感謝を申し上げたい。ここに挙げた蔡氏の族譜は、大学院生盧増夫氏等の協力を得てデジタルアーカイブ化され、厦門大学国学研究院資料庫に所蔵されている。

（3） 以上の内容は、光緒『西霞蔡氏族譜』十六世「天部」による。

（4） 本稿で引用する蔡氏一族の資料は、すべて上記四種の族譜の中にあり、ないものに関しては一つ一つ典拠を注記する。

（5） 粘良図「清代泉州東石港航運業考析——以族譜資料為中心」『海交史研究』（泉州）二〇〇五年二期、を参照。

（6）拙稿「清代泉州晉江沿海商人的郷族特徴」『清史研究』二〇〇八年一期、を参照。
（7）蔡氏一族の信書は、晉江市東石郷の蔡氏一族及び晉江市博物館の粘良図氏の提供を受け、大学院生の盧増夫、陳金亮両氏の協力を得て収集した。各氏に感謝したい。デジタルアーカイブ化されたすべての資料は厦門大学国学研究院資料庫にあり、以下典拠は注記しない。
（8）この信書をデジタルアーカイブ化したものが厦門大学国学研究院資料庫に所蔵されている。
（9）以上の数字は東石蔡氏の族譜の統計による。
（10）以上の内容は、晉江『東石玉井蔡氏長房三惟哲公派下家譜』に書かれている。

地方統治官と辺疆行政
——十九世紀前半期、中国雲南・ベトナム西北辺疆社会を中心に——

武　内　房　司

はじめに

かつて、東南アジア史家のアンソニー・リードは、植民地化が開始する以前の東南アジアを世界貿易の流れから孤立した自給自足的な世界として捉えてきた従来の研究を批判しつつ、十八世紀を「華人の世紀」ととらえ、東南アジア諸地域において錫鉱山開発や胡椒・砂糖などの農業生産を担った華人の歴史に光をあてた[1]。東南アジア海域世界の一連の華人の経済活動の流れのなかに、ベトナム北部地域において展開した銅鉱山開発などの華人の経済活動を位置づけている点は、内陸部とされる西南中国の歴史に関心を持つ者にとっても大変興味深い。従来、ともすれば海域世界と隔絶した内陸部中国として捉えられていた西南中国世界を、よりグローバルな視点から捉え直す視点を提起しているからである。たしかに、パレンバン王国のバンカ島で錫鉱山が発見され、採掘が開始したのは十八世紀はじめのことであったが、中国・雲南の箇旧錫鉱山においても十八世紀半ばには採掘が本格化し、採掘・精錬業者・商人の集う「雲廟」を中心にギルド的な管理システムが登場するまでの発展ぶりを見せていた。(2) こうした同時代性は、西南中国〜広東〜東南アジアを結ぶ連鎖の存在を想定させるものでもある。

本稿で目指したいのは、リードの指摘する華人の広域経済活動を、西南中国の地域史の視点からとらえ直してみることである。その際に注目するのは、辺疆行政を担った地方統治官の役割である。十八世紀中葉から十九世紀前半期にかけて、江西・湖北・湖南、さらには広東地域から多くの華人が、商人ないしは移住者として雲南やベトナムにわたっている。こうした人的移動の過程で、中国西南の非漢族社会やベトナムの現地社会との間に種々の軋轢や葛藤が生じるのは避けがたいことであった。こうした事態に、辺疆の地方統治を担った地方統治官はどのような認識を持ち、どのような対応をとっていったのか、さらにまた、その結果、現地社会にいかなる変容を生み出していったのだろうか。

こうした問題関心から、まず、十八世紀中葉以降、西南中国やベトナム北部への人の移動を促す契機となった鉱山開発及び商業流通について概観し、その上で、中国・ベトナム間の人の移動をコントロールすることを目的に、清朝政府によって試みられた入出境管理制度について、主として清朝の檔案資料をもとに検討を加えていくことにしたいと思う。

一　移民の時代――鉱山開発と商業流通

乾隆三十六年（一七七一）、象を献上するため雲南の普洱府に入った南掌《ルアンパバーン》国の使節に紛れ込んでいた二名の広東人の「私越」行為が発覚し、逮捕されるにいたった。この時期、なお清・ミャンマー間の戦争は完全に終結するにはいたっておらず、雲南シプソンパンナー辺疆地域はなお緊張状態にあったのである。この二人は、まず雲南省の省都に送られ、雲貴総督より直接尋問を受けた後、出身地の広東に護送された。

両者を尋問した両広総督李侍堯の上奏から、西江ルートを西に向かい広東より雲南入りした広東大埔県出身の鄒紀敏、及びベトナム北部の各地の鉱山を転々とし、ついには、雲南からルアンパバーンに入った広東龍川県人鄔子光のライフヒストリーをたどることができる。まず、この二人の広東出身者の足跡を追うことで、十八世紀後半、ベトナム北部における鉱山ブームの具体相の一端を確認していくことにしたい(3)。

乾隆二十八年三月、番銀《ようぎん》四十余両を工面して雑貨を仕入れた鄒紀敏は広西の百色、翌年十一月には雲南省広信（＝南？）府において販売に従事した。雲南省城で雑貨を購入してから帰ろうとしたが、開化府で病を得たため蓄えを失い、蒙自県の豆腐店で働いていた。

いっぽう鄔子光は、安南の鉱廠《こうざん》で謀生《せいかつ》ができると聞き、まず広西省の龍州に赴きそこで傭工として働いて旅費を蓄えた後、乾隆三十一年二月、上下凍土二州を経由して安南《ベトナム》の高楼銀廠に入り、炭焼きとして働いた。翌年の四月には裏河鉄廠でも働いたが、工銀《ちんぎん》も知れているので、規模も大きく工値《ろうちん》の比較的よい送星銀廠に向かおうと

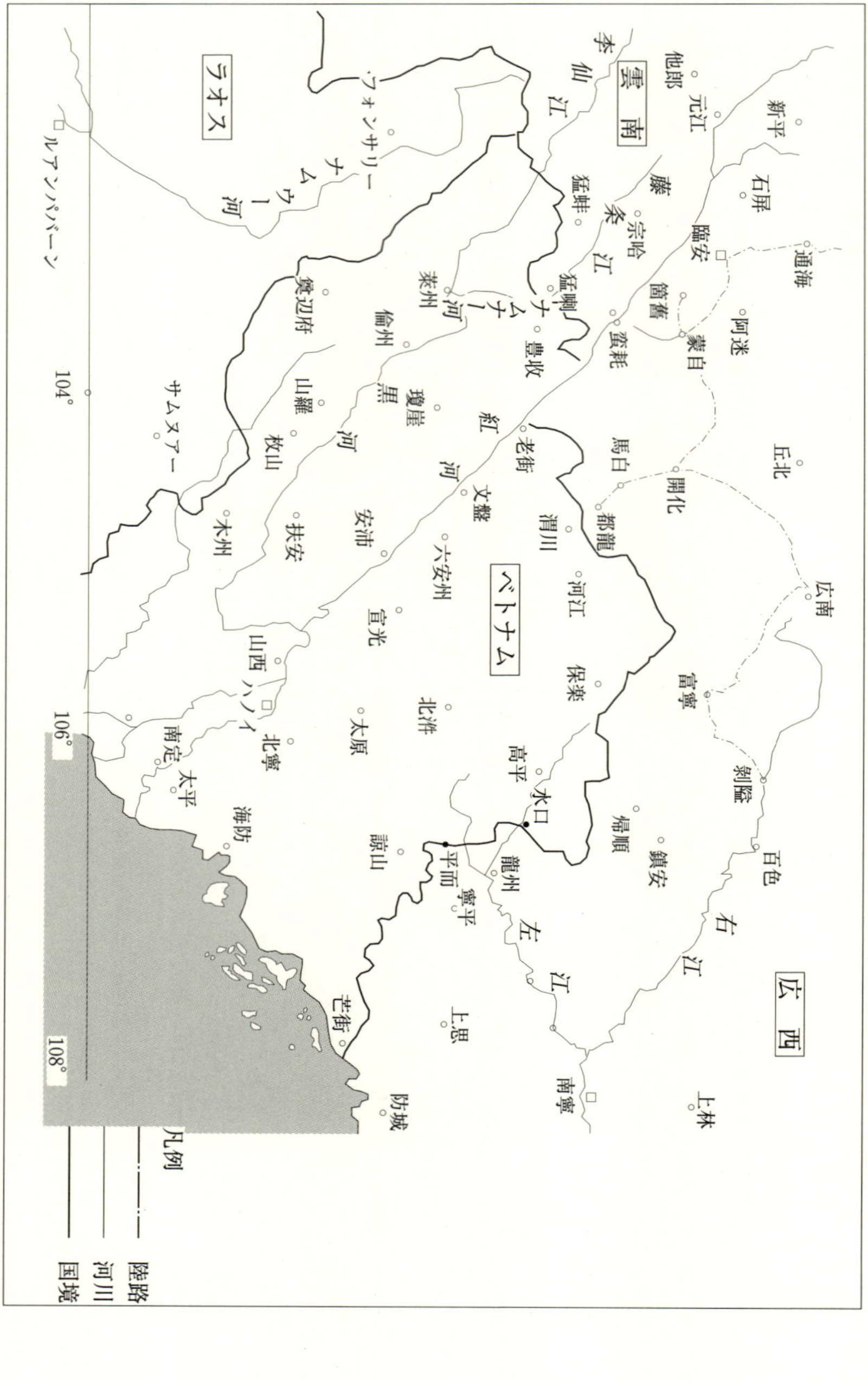
雲南
ラオス
ベトナム
広西
李仙江
藤条江
紅河
黒河
ナムウー河
ナムナー河
左江
右江
他郎
元江
新平
石屏
臨安
通海
阿迷
蒙自
箇舊
蛮耗
宗哈
猛蚌
猛喇
豊收
萊州
倫州
奠辺府
山羅
枝山
瓊崖
老街
文盤
渭川
都龍
馬白
開化
丘北
広南
河江
保楽
富寧
剥隘
百色
鎮安
帰順
水口
高平
龍州
平而
寧平
上思
南寧
上林
芒街
防城
諒山
太原
北寧
海防
太平
南定
ハノイ
山西
宣光
六安州
安沛
扶安
木州
サムヌアー
フォンサリー
ルアンパバーン
104°
106°
108°
凡例
陸路
河川
国境

ベトナム北部略地図

したところ、たまたま出会った同族の者から送星銀廠で嘈口《こうみゃく》をめぐる争いから仇殺《らんとう》が起こり、〔ベトナムの〕鎮《やく》目《にん》が兵を率いて査拿《たいほ》しようとしているとの情報を得たので、大波銀廠に向かい、そこで半年ほど挑砂《こうざんろうどう》をしたが、日食《せいかつ》がやっとであった。雲南の蒙自県では金鉱の幇工《ろうどうしゃ》として財をなせると聞き、龍州から百色・剥隘・広南・邱北・竹園一帯を経て、三十三年五月、蒙自県に着いた。蒙自で、猛頼の土寨《しょうすうみんぞくのむら》に夷翁金廠があることを聞きつけ、〔臨安府の〕猛拉（＝猛喇）経由で猛頼に赴いたが、ちょうど六月で瘴癘の盛んな時期にあたり、礦廠《こうざん》は停工《へいさ》中であった。そこで再び蒙自に戻り、冬になって猛頼に赴くことにした。蒙自で隣に住む鄒紀敏と出会い、同郷であることを知り、互いに来歴を語り合い、ともに猛頼に赴くことにした。

鄔子光は冬までは待てないとして、近くの山で桂皮がとれ、多くの蒙自の土民《じゅうみん》が採取に赴いていたのを知り、鄒紀敏とともに、同年八月二十九日、〔蒙自の〕土民たちにしたがい採取に出かけた。……得た分の桂皮二・三斤を分け与えられ、また山に入ったところ、思いがけず南掌《ルアンパバーン》の地に出た。その地の夷目《やくにん》に捉えられたが、〔南掌の〕国王は〔自分らが〕天朝の民人《じんみん》であることを知り、飲食を与え、南掌に居住させた。〔その後〕象を献上する使節に随行することとなり、雲南省に戻った。

以上の鄒紀敏・鄔子光の二人の供述から、まず以下の事実を確認することができる。

（ア）　移動経路として、龍州～百色～剥隘～広南～蒙自ルートが使用されている。雲南と広東とを結ぶ主要な交易路として西江ルートが重要な位置を占めていたことが窺える。二十世紀初においても、同ルートを利用した場合、雲南省省都まで五十二日を要したが(4)、十八世紀から十九世紀半ば頃まで内陸部雲南と広東とを結ぶ主要な交通路であり続けた。他の檔案資料においても、たとえば、乾隆四十三（一七七八）年十二月、鄒紀敏同様、南掌《ルアンパバーン》より象牙・犀角・鹿茸・獺皮・象尾・孔雀尾などの物資を持ち込もうとした広西賓州の陳文清らが捕縛されているが、[5] 陳文清もまた綿布を販売するために、西江ルートをつうじて雲南蒙自を訪れ、臨安府所属の納楼土司地区を経てラオスの猛賽に出境している。このことは、上記の商業ルートが、当時、広東〜広西〜雲南臨安へ、さらにはラオスに広がっていたことを示すものであろう。

（イ） 乾隆三十（一七八五）年前後の時期、送星銀廠をはじめベトナム北部の各地で銀鉱の採掘ブームが起こり、多くの華人労働力を惹きつけていた。送星銀廠はベトナムの太原省通化府白通州に位置する銀山である。広西の鎮安府から六日ほどの行程に位置する。乾隆三十二年当時は、数万人もの「清人《ちゅうごくじん》」が採掘に従事し、最盛時には年間二百万両もの銀が「清人」によって中国に運ばれたといわれる。[6]

（ウ） 鉱山ブームはベトナム北部のみならず、雲南南部からベトナム西北地区にまで及んでいる。鄔子光は、送星銀廠の閉鎖の情報を得るや、雲南にまで足を伸ばし、蒙自から猛拉付近にある夷翁金廠に向かった。この夷翁金廠の位置を正確に跡づけることは困難であるが、嘉慶『臨安府志』巻六、丁賦、には、建水県所属で猛梭の掌寨《どし》の管轄下にあるという慢梭金廠が紹介されている。この慢梭金廠は、康熙五十八（一七一九）年にはすでに採掘されていたという。後年、臨安府一帯では、「貧しきは廠《こうざん》に往き、飢えれば兵になる。運が悪けりゃ砂金をとる（窮走廠、餓当兵、背時倒竈淘沙金）」という諺さえ生まれた。[7] ベトナムのダー河上流からナムナー河流域にかけては金山が各地で採掘され、鄔子光の供述にあるように、多くの華人たちを惹きつけていたことは想像に難くない。

送星銀廠を離れた鄔子光が向かったのは臨安府南辺の金山であったが、日本の中国への銅輸出が減少していく中、ベトナム北部において重要な位置を占めるようになったのは銅鉱山の開発であった。なかでも、雲南開化府に隣接した都龍銅廠（ベトナム側でいう聚龍）は雍正年間に、雲南布政使李衛や雲南総督高其倬らが強引な併合政策をとったことから清・黎朝間で激しい国境紛争を引き起こし、結局、雍正帝の裁定により、黎朝側の帰属とすることが認められた地に属していた(8)。この都龍銅廠は、その後、一七三七年に本格的な採掘が開始され、ベトナム北部において最大の産出高を誇るにいたる。十八世紀ベトナムを代表する知識人の一人であった黎貴惇は、一七七一年の序を持つ『見聞小録』のなかで、この都龍銅廠について以下のような記述を残してくれている(9)。

那午廊銀銅鉱は聚龍屯の前にある。景興丁巳（一七三七）の年、鎮官に命じて開採させた。土目の黄文棋に委ね、〝貨人〟を招集し税課を徴収した。弟の黄文桐が継いで屯長となった。……山の上に寿仏寺・関聖廟がある。……銅鉱山では一年につねに四十五万斤を精錬することができる。百斤でも価は僅かに九両にすぎず、牛馬を使って河陽津に運ぶ。……保泰年間（一七二〇～一七二八）には半加銅鉱もまた盛んとなった。〝賃《ママ》（＝貨）〟はほとんど万人に達した。

四十五万斤はほぼ二八〇トン程度に相当し、かなりの部分が中国に輸出されていたと見られる。リードはこれらのベトナム北部における銅鉱山を、同時代のアジア地域で最大の銅生産を誇った鉱山の一つ、とみなしている(10)。黎貴惇のいう〝貨人〟とは中国とりわけ湖広出身の鉱山労働者を指しているようである。前掲『見聞小録』のなかに次のような記事が見える(11)。

〝貨常〟と呼ばれる者がいる。皆な湖広人で、金銀銅鉄の気を知り、各地で仲間を作り、庸店《てんぽ》を開き、鏨甑煮鑛《せいれん》を行い、一年をつうじて勤勉である。服装は北国《ちゅうごく》のようで、家族を連れてくることはない。住まいは清潔で、しばしば〔故郷と〕往来し、獲得した銀貨を持ち帰る。聚龍銅廠に居住する者は約三、四千人である。また潮州というグループの鉱徒がおり、また〔鉱山の〕開発に優れている。ただ性格が貪欲で、争いや仇討ちを好む。太原が最も多く、宣光にはいいない。

このように、黎貴惇の理解に従えば、ベトナム北部に進出した華人系鉱山労働者には〝貨 Hóa〟ないし〝貨常 Hóa Tường〟と呼ばれる湖広出身者と、潮州人を主体とする広東系とが存在し、前者は都龍銅鉱を中心とした宣光地区に、後者は送星銀廠を中心とした太原地区の開発に従事していた。とりわけ湖広出身者は、ベトナムにおいて優れた鉱山技術を持つ人材として意識されていたようである。那午に湖広出身者のための会館ともいえる寿仏寺が設立されていることが象徴しているように、都龍銅山の開発は湖広出身者によって担われていたのである。

こうした鉱山開発に付随し地域間交易も活性化したが、その主要な貿易品目は棉花であった。『見聞小録』の記事によれば、ベトナム北部においては各地で棉花が栽培され、雲南から商人が買い付けに訪れていた。黎貴惇はこう記している。(12)

〔ベトナムで〕〝造(Tạo)〟と呼ばれる人びとがいる。皆な〔雲南の〕広南・開化等の府と富川の土地の者で、つねに毎年八月から十月にかけて資本を募り、銀を持参して聚龍各村にやってきては木綿の粒《たね》を購い、〔綿花を〕栽培したっぷり貯えた後、臘月になると内地《ちゅうごく》に帰る。やってくる者は五十人ないしは百人にのぼる。

雲南における衣料の需要を見越して雲南商人が資本を投入してベトナムの都龍銅山付近で棉花を栽培し、それを雲南に搬出していたことが読み取れる。雲南南部地域とベトナム北部辺疆地帯は経済的に一体化の度を高めつつあったのである。

十八世紀後半、鉱山開発ブームは、雲南東南に位置する臨安府からベトナム西北のタイ族居住地域にも及んでいた。臨安府においてはベトナムと隣接し、タイ系民族の居住する元江(=紅河)以西の地域を「江外」と呼んだが、この「江外」地区にも、鉱山開発にともない、新たな漢族居住区が出現していた。黎貴惇は、先の『見聞小録』巻六、封域、において、以下のように述べている。(13)

広陵州は、土音で芒羅といい、内地（清朝を指す―引用者）の金子河の右、昭晉州の上に位置する。芒秋から往くこと二日、文盤より往くこと六日、京《ハノイ》より往くこと二十六日にして〔到達する〕。この州は〔清朝の〕建水県によって私占され、すでに九十三年になり、毎年税銀六鎰六両を納める。州内には〝客人〟がおり、三庯に分かれて居住している。湖広庯、広西庯、開化庯という。紅銅⿰土某《こうざん》、金沙⿰土某があり、北客《ちゅうごくじん》が現在開発中である。

広陵州以西には綏阜州がある。現地では芒斉《ムオンテ》と呼ぶ。黄岩州は現地で芒鑁と呼び、嵩陵州は扶滂、謙州は芒星、醴泉州は芒稟、合肥州は呈眉と呼び、皆な内地のものとなってしまったが、いずれの時からかは不明である。衣服言語は北《ちゅうごく》の習俗が混じっている。

黎朝側のいう〝広陵州〟とは、〝芒羅《ムオンラー》〟という現地の呼称を持つことから、現在、中国の紅河タイ族自治州金平県に属する猛喇を指していると見て間違いない。注目されるのは、下線部が示すように、十八世紀後半、湖広・広西・開化出身者の〝庯《がいく》〟が形成されるほどに、移民が増大していた事実である。しかもこうした移民たちは〝紅銅⿰土某〟、金沙⿰土某、すなわち銅鉱山・金山の開発を目的として集結してきたのであった。

華人の臨安府「江外」地域への進出は、ラオスなどの東南アジア大陸部における経済活動を促進した。黎貴惇は、ムオンラー、すなわち猛喇からラオスに至る商業ルートが存在していたことを指摘し、次のように述べている。

昭晉・広陵二州に挟まれたところに道があり、牢籠・盆蛮諸国に通じている。北客《ちゅうごくじん》もまた多数往来し、象牙・犀角・鹿茸、桂皮などの各物を商っている。(14)

最初に紹介した鄔子光らが臨安府の蒙自から猛喇等のタイ族地区を経てラオスに至ったのもまた、「北客」がしばしば利用したルートであり、決してたまたま迷い込んだものではなかったことがうかがえよう。

臨安府南部からベトナム西北部にかけて、一八六〇年代に黒旗軍が登場する以前に、鉱山業に支えられつつ、多くの漢人の居住する商業鎮が成立していたことについては、猛頼（ベトナム側の莱州）の首長であり、清仏戦争後、対仏協力者に変身を遂げたデオヴァンチが次のように証言している。

黒旗軍の登場前、マー河（ナムナー河?）や黒河にそって、実質的な商業鎮が存在していた。Ta-Kiane、Ta-Hiang、Muong Het にはそれぞれ百戸を越える中国人の家屋が存在していた。マー河と黒河の合流地点は二百戸を数え、文炎でも同様であった。Ta-bou と Itong には、鉱山が採掘されていた。デオヴァンチによると、順州だけでも二万戸、莱州では五万戸を数えたという。Muong Ane と枚山では鉱山が採掘されたが、枚山の場合、多くのアヘンを消費する中国人労働者が四千名も従事していた。(15)

莱州だけで五万人を数えたなどという数字にかなりの誇張があることを割り引いて理解する必要があるにしても、十九世紀前半期に雲南東南部からベトナム北部地域にかけて「実質的な商業鎮」が各地に存在していたことは認められるのでなかろうか。

じっさい、一八七七年、清朝と国境を接する紅河上流の老街《ラオカイ》を訪れたフランス駐ハノイ領事のケルガラデックは、ラオカイの広東人コミュニティについて次のような報告を行っている。(16)

ラオカイは中国で〝古い町〟を意味する名であるが、通常、安南人は保勝《バオタン》と呼んでいる。……ここは約三百戸からなる大きな街である。そこでは商業交易活動が営まれ、あらゆるものに関税が課せられるものの、頗る繁栄しているように見える。安南の他のすべての町において見られるのと同じように、すべての家の屋根は藁葺きである。数戸及び首領の住居を囲む城郭のみが煉瓦づくりで瓦ぶきである。住民の大部分は広東人と広西人であり、広東語を話す。しかしナムシー河の対岸には通じない。雲南人は北京語とほとんど変わらない言葉を話すからだ。ラオカイに最初に広東人のコロニーが出来たのは今から五十年前のことだという。それ以来、ここはこの河川の主要な交易センターとして発展し続けてきた。

ケルガラデックがラオカイを訪問する五十年前といえば、一八二〇年代頃であろう。劉永福がラオカイを黒旗軍の拠点としたのは広西の天地会系諸反乱が鎮圧され、ベトナムに活動の舞台を求めざるを得なくなった一八六九年のことであった(17)。このケルガラデックの見聞が事実を反映しているとすれば、それ以前に、広東人コミュニティがすでにラオカイ地域に成立していたことを意味するだろう。ラオカイは、紅河をつうじて河川交通の要衝でもあるとともに、シプソンチャウタイと呼ばれるベトナム西北のタイ族居住地区を経てラオスにつうずる山の道の起点でもあった。十八世紀後半から十九世紀前半期にかけての鉱山開発ブーム、さらにはそれにともなう商業交易の活性化は、雲南臨安府の「江外」地区、さらにはベトナム西北部のシプソンチャウタイ地域につうずる交易拠点であるラオカイに商業鎮を成立させるに至ったのである。

二　地方統治官と地域変動

（1）　入出境コントロール

冒頭に紹介した鄒紀敏・鄔子光の移動事例は、上記の雲南南部・ベトナム北部の鉱山開発や地域間交易の展開を考慮するならば、必ずしも例外的な現象とみなすことはできないように思われる。十八世紀中葉以降、雲南は他地域から多くの移民や商人を受け入れていたからである。清代雲南への移民情況については、ジェームズ・リーの巨視的な分析がある。リーは、一七〇〇年から一八五〇年までの一五〇年間に三百万もの移民が西南中国（雲南・貴州）に移住したと見積もっている。江西・湖南出身者が最初に移住し、その後四川からの移民が多数を占めたが、広東・福建

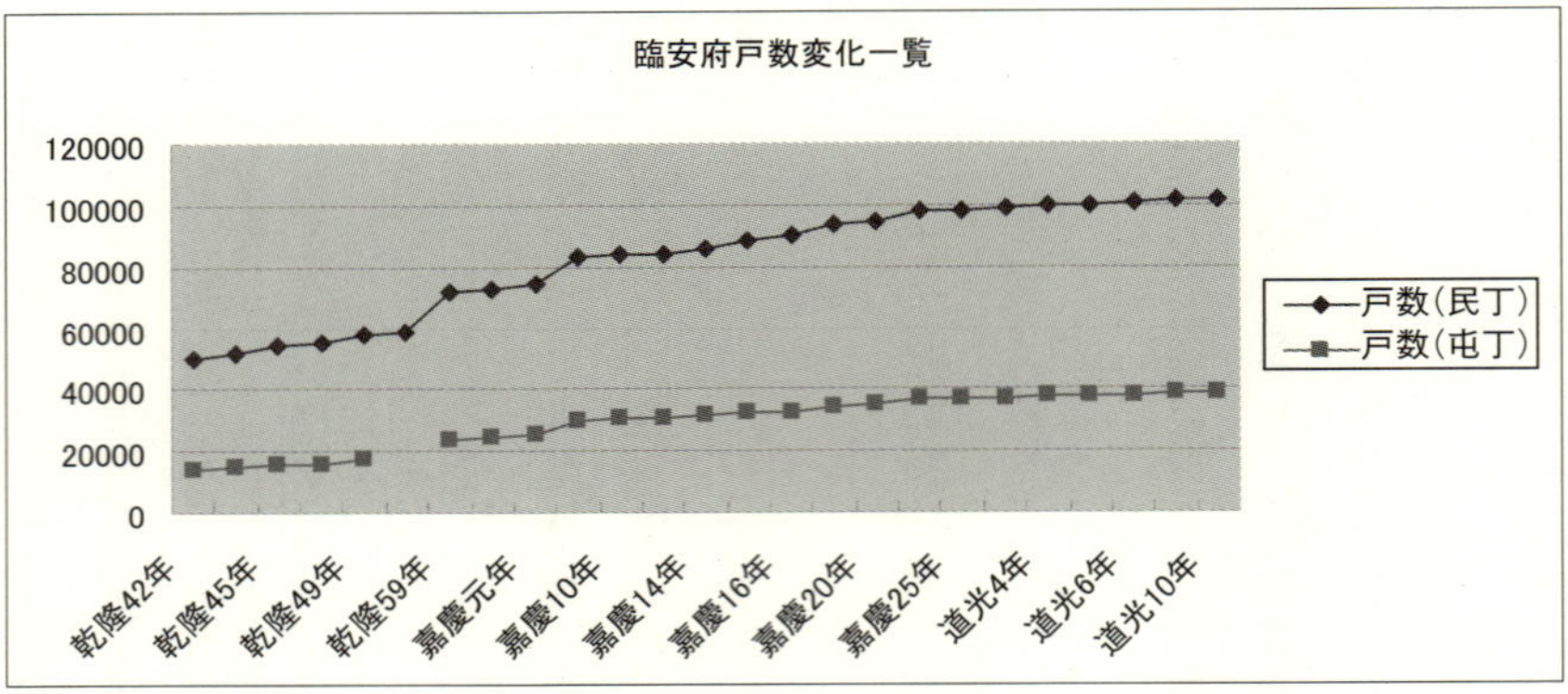

【表１】道光『雲南通志稿』巻55、食貨志、より作成

系の移民はハノイ～昆明間鉄道が敷設されて以降のことだとしている[18]。しかし、すでに述べてきたように、広東・広西出身者を中心に雲南において積極的に交易活動が展開していた。こうした交易を支えたのが蒙自～広州を結ぶ西江ルートであった。

一八九五年にフランスのリヨン商工会議所が派遣した西南中国経済調査団の報告によれば、西江の西端に位置し、陸路で雲南の蒙自に向かう起点となる百色の税関においては、雲南向け物資輸送のために、一万五千から二万頭の馬が管理されていたという[19]。こうした輸送システムがいつから登場したかは不明であるが、ベトナム北部の都龍銅山や臨安府を中心とする雲南東南部地域の鉱山開発と深く関わっていたことは想像に難くない。

道光『雲南通志稿』巻五十五、食貨志、は、詳細に戸数及び丁数に関する記載を残した地方志として異色な存在である[20]。【表１】は、道光『雲南通志稿』巻五十五、食貨志、の戸数記載をもとに、乾隆四十二年（一七七七）より道光十年（一八三〇）までの人口動態を表にまとめたものである。乾隆四十二年以降、民丁と屯丁とが別個に統計にとられている。

この表から、一七七七年から一八二〇年前後の時期に、臨安府の民戸の数は倍増していることがうかがえる。臨安府における人口増加は、「江外」と呼ばれる少数民族地区やベトナムの境界地帯に位置するシプソンチャウタイ地域に漢人移民の波が及んだであろうことを推測させる。

こうした広東系ないし湖広系移民の増大は雲南南部・ベトナム北部地区において様々な治安問題を引き起こすようになることは避けられないことであった。中越間の国境コントロールについては、越境する鉱山労働者の管理問題としてたびたび提起された。すでに先学の指摘するように、清朝側では、広西の南寧・太平・鎮安三府よりベトナムに入るルートについては、従来、平而・水口の二関と由村隘を貿易ルートとして開放していた。乾隆四十年（一七七五）に起こった送星銀廠における一大械闘事件を契機として、鉱山労働者や商人の越境を禁止する方針がとられたが、乾隆五十七年（一七九二）にいたり、二関一隘をつうじた交易体制は復活した。(21)

鈴木中正の紹介する「内地安南通商事宜十六条」（乾隆五十七年制定）によれば、広西側の龍州通判及び寧明州通判をつうじて、通商ルートが以下のように厳格に定められていた。

①龍　州―（水路一五〇里）→平而関―（水路三六〇里）→高平鎮牧場庯
②龍　州―（水路一五〇里）→水口関―（水路四〇〇里）→高平鎮牧場庯
③寧明州―（陸路一〇〇里）→由村隘―（陸路七十五里）→諒山鎮馬驢庯

ベトナム入りする商人は、龍州通判ないし寧明州通判の発給する腰牌を所持すること、ベトナムでの滞在は通算して半年以内に限定する、などの細則が定められた。

これに対し、雲南・ベトナム境域における入出境コントロールもまた、嘉慶年間以降、本格化した。雲南省臨安・開化の二府に関口が設立されたことがその契機となる。たとえば、嘉慶二十五年『欽定兵部処分則例』巻十二、関口、には、

一、雲南臨安・開化二府所属上司均通外境、於要隘処所設立関口、専派員弁駐紮巡察者、如有疎漏一名者、守口

官罰俸一年。

とあり、要隘に関口を設け、入出境を管理するよう定めたことが記されている。

まず、開化府の場合を見てみよう。開化は、もともと「夷猓《イぞく》」が居住し、康熙六年になってようやく改土帰流政策が適用され、流官による直接統治へと移行した「土司地方」に属していた[22]。開化府に関口として馬白関が設置されたのは都龍地区の領有をめぐる一連の紛争の後に清朝と安南間で境界が画定された雍正八年（一七三〇）のことであった[23]。先に触れたように雲南開化府とベトナム渭川州との境界に位置する聚龍銅山より産出される銅の輸出ルートとしての重要性が増すにつれて、乾隆四十四年（一七七九）頃には毎年二千両の税収がもたらされたという[24]。

しかし、こうした銅山開発の進展は、開化が辺疆問題に巻き込まれていくことをも意味した。乾隆四十四年九月、雲貴総督李侍堯は、「安南」から開化府馬白関を経由し帰国しようとして捉えられた「内地民人」五十五名及び眷属を尋問し、次のように報告した[25]。

劉景高ら各犯の供述によると、私どもは江楚等の省の出身で、……安南都龍銅廠が豊旺《さかん》なのを知り、乾隆二十七・二十八及び三十五・三十六・三十七・三十八年と続けて賭呪河より出口《しゅっこく》し、ひそかに都龍廠の地域に出かけ、貿易を開き、小販《あきない》で生計をたてたり、雇われて傭工となり、砂丁《こうざんろうどうしゃ》となって採掘に従事して暮らしたりしてきました。中には、家族づれの者・単身で赴く者がおりました。湖南出身の秦国廉は甥の秦輔拴をつれて廠《どうざん》に赴き生活してきました。乾隆三十年、自ら現地の夷民阮里貴の姉阮氏を妻に娶り、子女をもうけました。……昨年冬、安南国で廠務を管理する土目の黄文桐が税課を納めず、〔安南国の官吏に〕抵抗しました。ついで国王の兵を発して剿捕するとの書簡を送り、また本年五月にまた、国王が内地に民人の出入を禁ずるよう申請したと聞き、関口が封鎖されるのを恐れ、各々眷属を引き連れ、賭呪河より逃れ戻ったのです。

すでに紹介したように、ベトナム側の記録である『見聞小録』によれば、黄文桐とは、鎮官の委託を受け、華人労働者を集めて銅山を開発した聚龍屯屯長の弟である。黎貴惇は、癸巳の年、すなわち乾隆三十八年（一七七三）に、はじめて黄文桐の管理する「銅某《どうざん》を差勘《ちょうさ》」したとしている。この時期、採掘で賑わう聚龍銅廠に集う華人たちに対する課税収入等の分配をめぐり、鄭氏政権と土官黄氏との間で対立が深まっていた。事実、安南国王の側では、乾隆四十四年六月の段階で、「匪犯黄文桐」が「衆を聚め〔秩序を〕擾累《みだ》」したことから、現在掃討中であり、内地に「竄入」した場合は、逮捕の上送還するよう求めていた(26)。

雲貴総督李侍堯は、黄文桐に協力し「匪」＝反安南の立場に立つ行動は看取できないものの、内地民人が「外夷」地区に「私越」して逗留・貿易・鉱山採掘に従事したのは不法であるとし、烏魯木斉等の地へ送り兵丁の奴とする処分を下した。しかし、乾隆四十六年（一七八一）に入ると、署雲南巡撫劉秉恬は、内地民人の安南に通ずる一路はもともとその出入を禁ずるべきではないとして、腰牌の発給を条件として、通行を容認すべきだと上奏し、乾隆帝の承認を得た(27)。

開化府所属のもう一つの交易拠点としてラオカイの対岸に位置する河口汛の存在が挙げられる。嘉慶二十一年六月、雲貴総督伯麟が発した上奏によれば、河口汛において「内地民人」の「出口通商貿易」が認められたのは乾隆六（一七四一）年のことであった(28)。しかし、乾隆期には河口汛にかかわる管理案件は報告されておらず、河口汛が通商拠点として重要性を増してくるのは先に触れたラオカイと同様、十九世紀に入って以降のことと見られる。

雲南臨安府の場合、「江外」に広がり、ラオスやベトナムのシプソンチャウタイ地域につうずる境域にいくつかの汛卡が設けられたが、広西辺界の二関一隘に比べ、入出境コントロールははるかに緩やかなものにとどまっていたようである。たとえば、那黄渡は、猛喇からベトナム側にわたる要衝の地にある汛卡であったが、乾隆五十年、雲貴総督富綱の上奏により廃されている。(29) 那黄渡・金子河ともに、ナムナー河の上流に位置する。

しかし、十八世紀末頃には臨安府においても出境する「内地民人」に対する厳格な管理が強く意識されるようになった。「内地民人」の非漢族地区への移住とそれによる摩擦が顕在化したためである。

乾隆五十九年（一七九四）、ベトナムと国境を接する臨安府に知府として着任した江濬源は「条陳稽査所属夷地事宜」の中で次のように述べている。(30)

一、内地民人は本来夷境に勝手に入れてはならない存在である。凡そ往来して貿易を行う者、家族を連れて住み込もうとする者、及び遊棍《ぶらい》で事件を引き起こしそうな者については、よろしく隘卡《せきしょ》を設け、厳しく盤詰《とりしらべ》を行うべきである。査《しらべ》ますに臨安土司・掌寨は版図に帰属し、長い歴史を持っている。客商は次々とやってくるのが常で、もともと彼らの「謀生《せいかつ》」の手段を禁ずることはできないが、最近家族を引き連れてやってくる輩がしだいに多くなっている。〔その結果〕夷寨の地域は徐々に生活が厳しくなり、くわえて漢奸がぐるになって〔夷民を〕虐げ、主客が逆転するありさまだ。……どうか、指示を下され、各土司・掌寨に命じて管轄する主要な隘口にそれぞれ誠実な目練《へいし》五名を派遣し、官は循環印簿二冊を給与し、つねに隘口において検査するようにされたい。凡そ夷営《ひかんぞくのむら》に入り貿易を行う者は、すべて籍貫と姓名、同行者の数、販売する貨物名、ロバに積む荷物の数、運び先、販売年月日、通過する関隘名をすべてはっきりと記入し、遺漏があってはならない。

江濬源は、増大する華人の移民人口をコントロールする必要を繰り返し提言しているが、注目されるのは、土司・掌寨という臨安府が抱えていた非漢族首長をつうじてそれを実現しようとはかった点である。広西辺界や雲南開化府の関口で繰り返し提起された地方官が発給するところの「腰牌」による管理でなく、土司・掌寨を管理の主体として位置づけている点に着目したい。

こうした提言が登場したのは、通常の「腰牌」発給による移民管理が必ずしも期待した効果をあげなかったためでもあった。たとえば、「腰牌」ないしは「牌票」が偽造されることは免れがたかった。以下に具体例を示す。

乾隆三十七年（一七七二）、生理《しょうばい》に失敗した四川栄県出身の黄龍雲は臨安府蒙自県にて広東翁源県人の王以観らと会い、多くの広東人が「安南」で貿易に成功しているとの話を聞き、「牌票」の偽造を決意する。篆刻の心得のあった黄龍雲は、通常の「路引《つうこうしょう》」では効果が薄いとし、雲南按察使の印を押した「緝犯仮牌」、すなわち犯罪人逮捕を目的とした特別通行証を偽造し、自分や王以観らをその差役と偽ったのである。黄龍雲らは同年三月、ベトナムの莱州付近に位置する猛占に入り、そこの「夷寨」の首長を欺き、銀三両をだまし取った。さらに打占地方に入ったところで安南頭人によって捉えられることとなった(31)。この事件が発覚したのは、効果を期待して雲南按察使の印を押した「緝《そう》犯《さ》仮牌《てちょう》」まで偽造したためであったが、通常の「腰牌」程度であれば、そうした偽造は極めて容易であったろう。

さらに管理効果を低減させたのは関口ないしは隘口の管理者自身が賄賂を受け、発給に手心を加える事態であろう。たとえば、嘉慶二十一年、雲南開化府河口汛と隣接する「越南国」水尾州においてタイ系首長の黄金珠が副州目の李文政を殺害する事件が発生した。これに対して阮朝ベトナムの興化鎮目は、黄金珠を取り調べた結果、内地商民が関わっていたこと、河口汛弁趙秉忠が賄賂受け凶行を黙認したことを雲南側に通告した。この通告を受け、雲貴総督伯麟は、調査の上次のように事件の経緯を上奏している(32)。

> 縁るに葉四の籍貫は広東であるが、〔開化府〕文山県に居住し、沈海等とともに越南水尾州地方にいききし貿易を行っていた。葉四は水尾州の正州目であった黄金珠とはもとから知り合いであった。黄金珠は副州目の李文政と税の徴収をめぐって争い、秘かに配下の夷人をあつめ、かつ葉四に頼んで人を集め、李文政を殺害しうっぷんをはらそうとした。薛奉章の供述によると、薛は水尾州で長年商業に携わり、平素から高利貸しで夷衆を盤剝《さくしゅ》し、

その結果、夷衆は恨みに思っていた。かつて〔夷衆は〕おのおの黄金殊に杉木の代価を求めたが支払わなかったことから争いとなり、また、黄金殊の幕友と闘殴《けんか》となり仲違いしていました。葉四は薛奉章の佃戸です。それで外夷（＝阮朝ベトナム）は葉四を指名して通告してきたのです。

伯麟は、河口汛弁趙秉忠を何度も尋問した結果、賄賂を受領した事実はないとしたが、民人が国境を越え事件を引き起こすのを防ぎえなかった責任を問い、罷免の上、薛奉章とともに辺遠の地に充軍《るざい》とする処分を提起した。しかし、阮朝ベトナム側の見方はこれとは異なっている。『大南寔録』の記載によれば、清人薛鳳《ママ》章が河口汛守趙秉忠にはかり、賄賂を受けた趙秉忠が仲間を集め、李文政を殺害し財物を奪った、とする。阮朝ベトナムの興化鎮目は事件発覚後、清の両広総督に書簡を送り趙秉忠の逮捕を求めたが、趙秉忠は総督の私人であることから処罰を受けなかった、としている。[33] 興化鎮目はまず両広総督に通報したが、効果がなく、改めて趙秉忠とは利害を共有することのない雲貴総督に咨文を送ったものと思われる。

入出境の効果的コントロールを目指そうとすれば、当該地域の有力者に管理を委託するというのは一つの方法である。じっさい、乾隆四十年、送星銀廠において大規模な械闘事件が発生し、「二関一隘」の封禁が徹底される以前、たとえば、乾隆九（一七四四）年段階の広西の寧明州においては、商人たちが会館を設立して客長を選出し、客長が客人《ぎょうしょうにん》の姓名・籍貫・貨物・行き先などを注記した冊《ノート》を州に提出し、印票を発給してもらうシステムが機能していた。[34] 臨安知府江濬源が提起した対応もまた、「江外」地区の有力者として土司・掌寨を見いだし、彼らに実質的な入出境コントロールを管理させようとするものであったといえよう。

（2）タイ系「土司」社会の変貌

寨名	帰属年月	掌寨	納入額(両)	備　考	阮朝側呼称	タイ語呼称
猛喇	順治十五年	刀起鳳	100		広陵州（芒羅）	Muong La
猛丁	康熙三十三年	張政	50		謙州（芒星）	Muong Tinh
猛梭	順治九年	刀金率	50		昭晉州	Muong Xo
猛賴	雍正四年	刀正奇	50	猛丁より分立	萊州	Muong Lai
猛蚌	雍正四年	刀正文	40	猛丁より分立	醴泉州（芒稟）	Muong Bam
猛疊	乾隆十八年	李文第	30		綏阜州（芒斉）	Muong Te
五畝	順治十五年	陶振順	100			
五邦	順治十五年	刀宗仁				
者米	康熙二十一年	王光輝	80			
猛弄	雍正十三年	白安	44			
馬龍	乾隆二十年	陶順	25			
宗哈瓦遮	万暦四十二年	馬豹				
斗巖	雍正五年	李朝				
阿土	雍正十年	陶嵩				
水塘	雍正十二年	陶成				

【表2】　建水県「十五猛」

出典：『続修建水県志』巻2、『見聞小録』巻6「封域」、Lê Quý Dôn (1977)、より作成。

臨安府知府の見解を超え、雲南・貴州全体を管轄する雲貴総督の立場から土司・掌寨の役割に改めて注目する契機となったのは、嘉慶二十二年（一八一七）、臨安府で起こったハニ族高羅衣の反乱であった。「窩泥《ハニ》王」を自称したこの高羅衣反乱について簡単に紹介しておくことにしたい。高羅衣は、臨安府「江外宗哈大寨窩泥《ハニ》夷種」に属していた。[35]**【表2】**にあるように、宗哈は、ハニやタイなど非漢民族の居住するいわゆる建水県十五猛《ムオン》の一つに数えられる。嘉慶二十二年一月、宗哈寨を管轄する建水県納楼土司普承恩の報告を受け、「夷民」高羅衣が「夷衆」を率いて挙兵したことを知った清朝は、ただちに鎮圧に乗り出し、[36]三月には平定した。鎮圧後逮捕された反乱軍の「軍師」章喜の供述から、この反乱の背景を知ることが出来る。[37]

私は四十五歳で、原籍は蒙自県です。昔より江外に居住していました。……私はかつて高羅衣の家で彼の子供の直借に念書《べんきょう》を教えていました。本年正月、高羅衣がいうには、江西・湖広などの地域の漢人が我々の夷地で貿易《しょうばい》を行うが、その利益のあげ方は頗る苛酷なものだ。甥の借沙が観音山で古い刀を掘り出したので、天が与えた宝だといえるし、漢人を駆逐することを名目として夷人を扇動すれば、さらに人びとを集め蜂起するのは容易だ、とのことだった。高羅衣はまず二〜三百人を集め、窩泥王を自称した。

章喜は、非漢族有力者のもとで漢文を教授する下層知識人であった。反乱においても「伝単《ビラ》」の執筆を任されていた。非漢族地域に入り込み、文書作成や漢文教育に従事したこうした漢族出身の下層知識人は、「字識」と呼ばれた。

注目されるのは、鎮圧後、反乱の再発防止に向けて清朝政府がとった対応である。雲貴総督伯麟は嘉慶二十二年七月十三日に行った上奏のなかで次のように提案している。

臨安の江外の諸猛《ムオン》地方の田畝《とち》は、明代においては沐氏の勲荘であったが、康熙年間に〔民間に〕売却され付近の建水県が〔税を〕徴収することとなった。こうして掌寨を設置し銭糧を徴収し〔建水〕県に納入することとした。猛喇・猛蚌・猛梭・猛賴・者米・茨桶・水塘・猛弄・猛丁・斗厳・阿土・五邦・五畝の十三の掌寨は代々世襲されたが、県より図記《しょうめいしょ》を発給され〔各寨を〕管理した。……又宗哈の掌寨は所管地方がひろいので、正掌寨のほかに、べつに二人の副掌寨を設置し、代々馬・普・白の三姓が承襲していた。

これらの掌寨は以前より土司の支配に置かれることはなく、縦横四百余里の地に、所管の村寨は三百余寨をくだらない。群蛮《しょうすうみんぞく》が雑居し、戸口《じんこう》も繁多である。なかでも勧争息訟《ちょうてい》、奸匪の稽査《とりしまり》、銭糧の催收はどれも重要である。従来県が〔掌寨の相続を〕管理し、〔県から〕布政使司に申告することになっていた。しかし、随時交替する場合や自ら選出する場合は申請が行われることはない。このため督撫衙門は詳細を査察しようがないのである。

今後は、詳細に点検を行い、相続・選出にかかわりなく、臨安府が調査・召喚し、宗図冊を作成させた上で布政使・道員らに報告し、その批准を得た後、布政使衙門より〝執照《しょうめいしょ》・鈐記《いんかん》〟を発給する。また、布政使から督撫衙門にも文書をまわして査察に備えさせ、土司・土舍を府に帰属させる規定に基づいて審査を行う。

各掌寨が納入すべき銭糧もまた土司・土舍の規定に基づいて府に納めさせ、〔手続の〕慎重さを示す。殺人・強盗などの案件については、従来通り各県で処理し、混乱が生じることのないようにする。これらの掌寨についていえば、名目は銀両の徴収を管理しているにすぎないが、まことに地方に大いなる責任がある。彼らを正しく統御できれば、険阻な地を頼みとしている彼らも心を改め、皆な我々の命に服すであろう。

ただこれらの掌寨たちのなかには金頂を載せる者もあれば、頂戴のない者もおりばらばらである。かつてどういう理由で頂戴を与えたかはすでに調べるべき資料がない。もし章程を定めなければかつて頂戴を受けた掌寨は指定された銜品がなくなりしだいに勝手に主張するようになるばかりか、頂戴を受けた掌寨と夷衆との間に差がなくなり、彼らへの統制力が不足することになるだろう。宗哈の掌寨普朝富は、今回賊を殺した功により六品の頂戴藍翎を給する。猛喇・猛蚌・猛梭・猛頼・者米・茨桶・水塘・猛弄・猛丁・斗巖・阿土・五邦・五畝・馬龍等の十四掌寨、並びに宗哈の副催二名には、今回土練を徴募し、随時賊の取締に尽力したので、一律に土外委頂戴を給する。(36)

伯麟の報告によれば、「江外」掌寨の起源は康熙年間、清朝が諸猛《ムオン》の地を臨安府に編入した頃にまで遡る。伯麟はこの掌寨に、「土外委」の頂戴《かんしょく》を授与し、彼らに徴税・治安維持・訴訟処理等にわたる広範な権限を認めたのである。高羅衣反乱を惹起する遠因ともなった非漢族地域への漢族商人の入出境を管理する業務もその一つであった。伯麟はこの上奏の冒頭で次のように提案している。

臨安辺外については、従来通商を許してきた。以後、凡そ漢民で貨物を携帯し夷地に赴き貿易を行う者に対しては、雲南省の開化府より越南に赴き通商を行う際の規定に照らし、その籍貫・姓名・年齢、所持貨物の売却先を報告させ、往復日数を計算した上で簿冊を作り、逐一登記させるべきです。各卡から腰牌を発給し、〔帰還後〕回収させることとし、もし期限を過ぎても戻さない場合は、地方官は姓名・年齢を調査し、ただちに臨安府に報告し、土司・掌寨に逗留している漢人を逮捕し臨安府に送還させ、例に照らして治罪《しょばつ》すべきです。(37)

すなわち、開化府の馬白関や河口汛の入出境管理をモデルとして、「江外」への漢族商人・流入を抑制しようとする発想である。同じく伯麟らによって提案され、嘉慶二十三年十二月に制定された「善後各款十二条」においても、上記の政策は反映された。

まず、土司・掌寨に対し、「以後、所管の土司・掌寨に命じて各村寨の伙頭《リーダー》や招壩《そんちょう》とともに、内地の編査保甲の法にならい、「戸口清冊」を作成することを義務づけた。そのうえで、貨物を携帯し夷地に赴き交易を行う場合、貨物の名称・販売先・帰還日程などを明記した簿冊の作成と「腰牌」の発給が必要とされた。嘉慶帝もまたこの条項に「此一条最要」と硃批を入れ、重視の姿勢を見せていた。(38)

こうした戸口冊・入出境簿冊の作成や腰牌の発給といった手段がもたらした実質的な効果を知る手がかりはないが、こうした手続そのものの有効性というよりは、「江外」掌寨といった非漢族首長層が行政の委託を受け地方統治に参画し始めたことに大きな意味があるといえよう。少なくとも上記の一連の措置により、「土外委」という官に準ずる地位、治安維持に必要な一定程度の武装、徴税・治安維持等の権限を獲得していったのである。

結びにかえて

近年の回想においても、建水「十五猛」のうち最もかつて強勢を誇った猛喇《ムオンラー》掌寨（タイ系）の場合、その最盛期は刀秉銓の時代、すなわち一八七〇年前後のことであったと指摘されている。刀秉銓は「世襲猛拉土司掌寨印」を授けられ、清朝官員の衣服を与えられていた。猛喇掌寨の管轄のもと、王布田・銅廠などの商業鎮や鉱山に多くの漢族移民たちが集まり、王布田には湖広廟・両粤会館・四川会館などが設立されたという[39]。漢族商人や鉱山労働者などを領域経済のなかに取り組むことでムオンの繁栄を生み出していたのである。こうした掌寨の擡頭が、彼らをつうじて辺疆管理の実効性を高めようとする地方統治官の一連の政策のなかで生まれたと解釈することは十分可能であろう。

清朝側が「十五猛」に帰属すると見なしていた諸猛のうち、猛喇・猛蚌・猛梭・猛頼・猛弄・猛丁の六猛は、タイ系首長の統治するムオンであり、清朝と黎朝・阮朝期のベトナムとの間で起こったその帰属をめぐる領土紛争の係争地となったところでもあった。しかし、これらのムオンは必ずしも両大国の単なる交渉の具とされることに甘んじていたわけではなかった。彼らは、情況に応じて清朝・ベトナム・ルアンパバーンと服属関係を取り結び、したたかにそれぞれの政治権力より庇護を獲得しようとしたのである[40]。こうした柔軟な外交戦略は、漢文やタイ文字を駆使した彼らの文書作成能力と無縁ではなかった。

【写真1】は、フランス国立文書館海外館に所蔵されている「十五猛」の一つ猛蚌が一八九四年頃に発した白タイ文字文書の一例である[41]。文書に付されたフランス語訳に基づいて訳出すると以下のとおりである。

> われわれ猛蚌《ムオンブム》の村々の首長たちは、フランスの首長たちに向けて〔文書を〕起草した。猛蚌の地域は三代ないし四代にわたって猛頼（ベトナム側の萊州）に定期的に税を納めてきた。それ以前、猛蚌はルアンパバーンに朝貢のための税を支払ってきた。
>
> いかなる時も中国に対しては朝貢も、課税も支払ってはいない。

猛頼とルアンパバーンへの貢納は認めるが、中国への帰属を否定した内容となっている。すでにこの時点で、対仏協

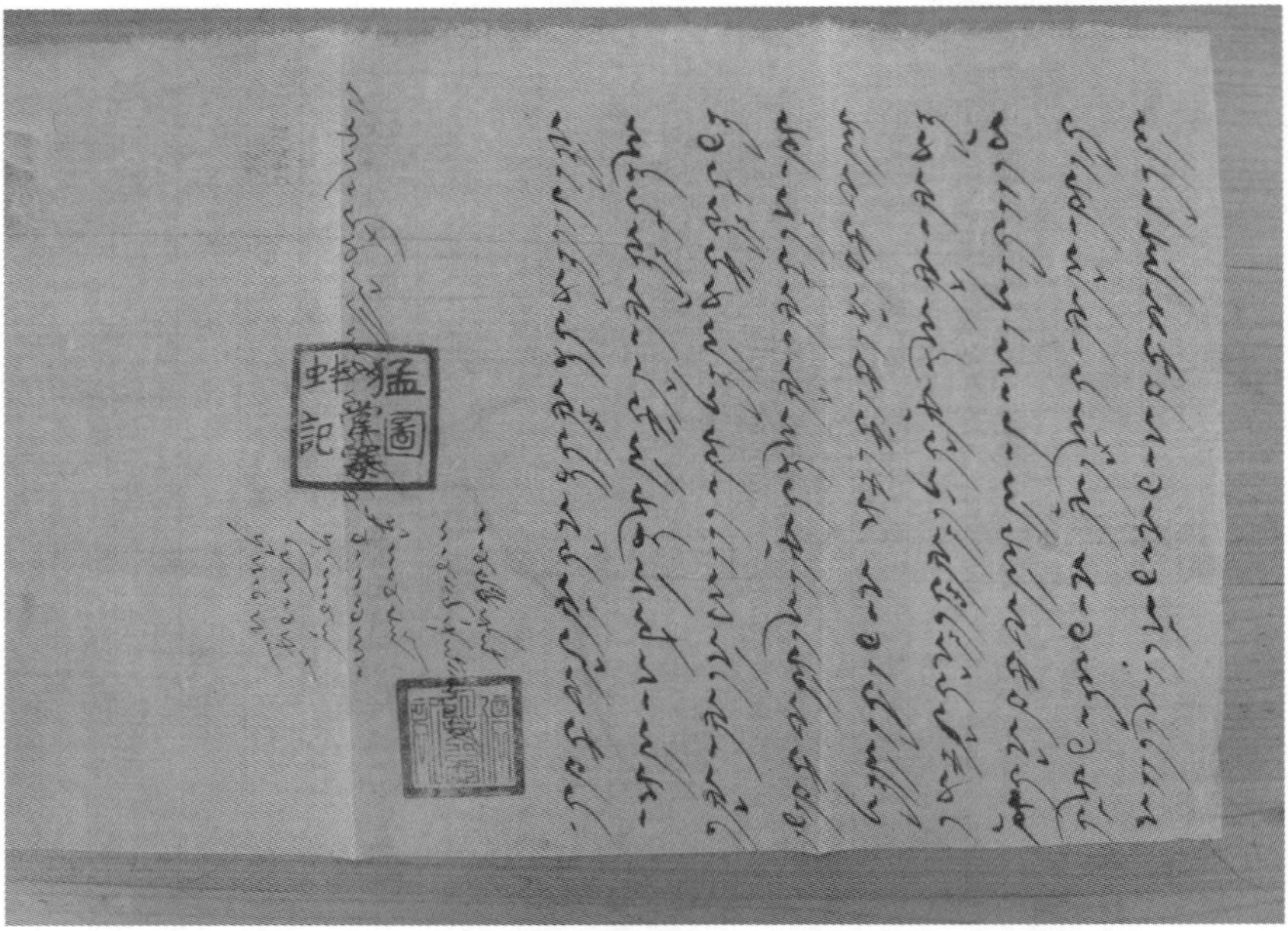

【写真】白タイ文書（タイ文字は横書き）

調の道を歩んでいた猛頼（萊州）首長デオヴァンチの意向が強く働いていたものと見られる。しかし、興味深いことに、文書への信頼性を高めるためであろう、「猛蚌掌寨図記」の印が押してあるのが見て取れる。こうした「掌寨図記」は、実質的に、これまで紹介してきた臨安府知府江濬源や雲貴総督伯麟らが掌寨に種々の行政実務を担わせようとした一連の諸政策の延長上に広く利用されるようになったのだと考えられよう。

清仏戦争期に黒旗軍に加わり、ついには対仏協力者に変貌を遂げ、ベトナム西北地域で管道《クワンダオ》として大きな権限を保持するに至ったライチャウの刁《デオ》氏もまた、「十五猛」の一つ猛頼の首長であり、猛喇とは姻戚関係にあった。清仏戦争から初期フランス植民地統治期にかけてのデオ氏の擡頭もまた、これまで論じてきた一連の華人の広域経済活動とそのなかで生じた地域変動、そうした状況に対応するために地方統治官の追い求めた〝実効性〟を重視する一連の諸政策を背景としていたのである。

註

〔凡例〕

以下の略号を用いる。

北京：北京第一歴史檔案館

台北：台北故宮博物院

ANOM：Archives Nationales d'Outre-Mer, Aix-en-Provence.

（1）Reid, Anthony, 'Chinese Trade and Southeast Asian Economic Expansion in the Later Eighteenth and Early Nineteenth Centuries: An Overview', Nora Cook & Li Tana ed., *Water Frontier: Commerce and the Chinese in the Lower Mekong Region, 1750-1880*, Rowman & Littlefield, Lanham, 2004.「華人の世紀」と近世ベトナム北部との関係を論じた研究として、蓮田隆志「「華人の世紀」と近世北部ベトナム――一七七八年の越境事件を素材として」『アジア民衆史研究』一〇集、二〇〇五年、がある。

（2）前掲リード論文のほかに、十八世紀の東南アジア華人社会と鉱山開発との関係については、菅谷成子「島嶼部『華僑社会』の成立」『岩波講座東南アジア史（四）――東南アジア近世国家群の展開』岩波書店、二〇〇一年、を参照。また、雲南・箇旧の錫鉱山開発については、拙稿「近代雲南錫業の展開とインドシナ」『東洋文化研究』五号、二〇〇三年、を参照。

（3）乾隆三十六年十二月七日両広総督李侍堯奏（北京・硃批・外交類4／303／4）：「……臣随督同按察使阿楊阿等詳細査審、緣鄒紀敏籍隷大埔、鄔子光籍隷龍川各県居住、素不相識。鄒紀敏先於乾隆二十八年三月措備番銀四十余両、置買雑貨赴広西百色一帯售売。二十九年十一月内至広信府地方売完貨物、欲赴雲南省城販貨帰里、行至開化府地方因病耽延薬食所需資本用尽、流落各処傭工。三十一年十月内、前至蒙自県為開豆腐店之羅亜仏雇覔幇工。鄔子光因在家貧苦、聞安南礦廠可以謀生、於乾隆二十九年七月内帯盤費銀三両、偕同族人鄔亜長前往比至広西龍州地方。鄔子光盤費用尽不能前往進、暫留龍州受雇傭工。迨乾隆三十一年二月、積有工銀、随由龍州至上下凍土州偸越出口、先至安南高楼銀廠焼炭。三十二年四月復至裏河鉄廠、因両処工銀有限、聞人伝説送星廠礦大工値較厚、即於六月初五日起身前往行至中途、適遇鄔亜長回家、詢問行踪。鄔亜長以送星廠争奪嘈口仇殺、現有鎮目帯兵査拿、囑勿前往。鄔子光随赴大波銀廠挑砂半載、僅敷日食、訪知雲南蒙自県有金礦幇工之人俱可発財、即回龍州、経由百色・剝隘・広南・邱北・竹園一帯、於三十三年五月抵蒙自県。査問該処土民知猛頼土寨地方有夷翁金廠、当従蒙自起身由猛拉而至猛頼時値六月、瘴癘方盛、礦廠停工。鄔子光復回蒙自擬俟冬間再往猛頼。時鄒紀敏先在羅亜仏店舗幇工、与鄔子光寓処隣近。彼此会遇、道及同郷、各訴来歴、商允同赴猛頼。嗣鄔子光因往猛頼礦廠、須俟冬間、難於久待、聞近辺山上産出桂皮、該処土民多有前往採取、起意同行、当邀鄒紀敏帯口糧於八月二十九日随同土民出辺尋採。因桂樹希少、計行旬日之久、砍伐所得分有桂皮二三斤、仍復沿山深入、不期悞至南掌地界、致被夷目盤獲。該国王知為天朝民人給与飲食留住南掌、乗貢象之便帯回滇省。」

（4）大江卓『雲南紀行』稿本（国会図書館憲政資料室「大江卓文書」所収）。

（5）乾隆四十四年二月十七日李侍堯奏（台北・軍機檔023266）。

（6）和田博徳「清代のベトナム・ビルマ銀」『史学』三十三巻三・四号、

（7）金平苗族・瑤族・傣族自治県地方志編纂委員会辦公室編『民国時期金平地情資料匯編』雲南民族出版社、二〇〇四年、一七四頁（出典は、陶鴻燾「雲南屏辺西区岔河金廠調査報告」『雲南日報』一九三七年九月十日～十六日連載記事による）。

（8）鈴木中正「黎朝後期の清との関係（一六八二～一八〇四年）」（山本達郎編『ベトナム中国関係史――曲氏の擡頭から清仏戦争まで』山川出版社、一九七五年、四一〇～四一七頁）。

（9）原文は以下の通り。「那午廊銀銅鉱在聚龍屯之前。景興丁巳、命鎮官開採、委土目黄文棋招集貸人徴収税課。弟黄文桐継為屯長。……山之上有寿仏寺・関聖廟。其下為官廠、為庸舎・市肆。……銅鉱一年煮錬常得四十五万斤、一百斤価纔九両、以牛馬運出河陽津。……

保泰間、半加銅鉱亦旺、賃《ママ》作殆万人。官発毎百斤価止十二貫、僅税銅八百斤・銀四鎰、又為太軽。査黄文桐家人阮文対言、硔砂煮四次始成銅。毎銅十斤又煮二次始得銀七八分。銅万斤可得銀八笏以三四十万斤計。土目所得銀蓋不少。」

なお、黎貴惇『見聞小録』には、ベトナム語訳がある（Lê Quý Đôn, *Kiến Văn Tiều Lục*, Le Quý Đôn Toàn Tập, tập II, NXB Khoa Học Xã Hội, Hà Nội, 1977.）

（10） Reid, Anthony, op.cit., p.24.

（11） 原文は以下の通り。「一曰貸常、皆湖広人、識金銀銅鉄気、到処結夥伴、開庯店、鑿甑煮鑛、終歳勤服、袍衫剃髪、如北国、無携家小、居処整潔、辰常往返、所得銀貨回。其居聚龍銅廠、約三四千人、太〈原〉・諒〈山〉・興〈化〉皆有之。又有潮州一種礦徒、亦善開作、而性貪悍、好争奪仇殺、太原最多、宣光無之。」

（12） 前掲『見聞小録』巻六、封域。原文は以下のとおり。「一曰造、皆広南・開化等府与富川土人、常以歳八九十月、合夥賚銀、来聚龍各村買木棉粒、治作満貯、待臘即回内地。其来者或五六十人、或百餘人。無本者、亦辰劫行旅、飲水不択、衣服不洗。……」

（13） 原文は以下のとおり。「問之土人言如置一隘在此処付昭晉州土官収其税、例歳可得二百緡。……〈中略〉広陵州、土音芒羅、在内地金子河之右、昭晉州之上、自芒秋往二日、自文盤往六日、自京往二十六日程。伊州為建水県私占、已至今九十三年、歳税銀六鎰六両。州内有客人、分為三庯居住、曰湖広庯、広西庯、開化庯。有紅銅堞、有金沙堞。北客方当開作、広陵州而上有綏阜州、土呼芒斉、黄岩州土呼芒鏤、嵩陵州土呼扶滂、謙州土呼芒星、醴泉州土呼芒稟、合肥州土呼呈眉、並淪入内地、不知自何年代。衣服言語雑北俗。」

（14） 黎貴惇前掲書、原文は以下の通り「夾昭晉・広陵二州有一条路、通牢籠・盆蛮諸国。北客亦多往来、商販象牙・犀角、鹿茸・桂皮各物。」

（15） Lefevre-Pontalis, *Mission Pavie Indo-Chine 1879-1895: Geographie et voyages V. Voyages dans le Haut Laos et sur les frontieres de Chine et de Birmanie*, Ernest Leroux, 1902, Paris, 1902, p.56

（16） Kergaradec, de, Rapport sur la reconnaissance du fleuve du Tonkin, à M. le Contre Amiral Baron Duperre Gouverneur et Commandant en Chef en Cochinchine, 10 milles en aval de Laokay, le 12 janvier 1877, ANOM, FM/Indochine AF/C10 (139).

(17)『大南寔録』正編第四紀、巻四十一、二十七a、嗣徳二十二年十月の条。

(18) Lee, J, The Legacy of Immigration in Southwestern China, 1250-1850, *Annales de demographie historique*, 1982, pp.279-304.

(19) Lyon, Chambre de commerce de, *La mission lyonnaise d'éxploration commerciale en Chine——1895-1897——*, A.Rey et Cie, Lyon, 1898, 2eme parti, p.198.

(20) この地方志の編纂者阮元が、少数民族地区への漢族移民を厳格にコントロールしようと試みていたことが、こうした具体的な戸数把握に繋がったのではないだろうか。道光期の少数民族地区への移民制限論については、拙稿「清代「封禁」論再考——西南中国の視点から」『白山史学』四二号、二〇〇六年、を参照。

(21) 鈴木中正前掲論文、四三〇〜四三七頁、孫宏年『清代中越宗藩関係研究』黒竜江教育出版社、二〇〇六年、一六八〜一七二頁、蓮田前掲論文、を参照。

(22)『清高宗実録』巻四〇七、乾隆十七年正月の条。

(23) 乾隆四十六年十一月二十日硃批、署雲南巡撫劉秉恬奏（北京・軍機処録副奏摺、蕭徳浩・黄錚主編『中越辺界歴史資料選編』社会科学出版社、上冊、一九九三年、三五六頁、より再引）。

(24)『清高宗実録』巻一一〇六、乾隆四十五年正月の条。

(25) 乾隆四十四年九月十三日雲貴総督李侍堯奏（台北・軍機檔025089）：「臣親提覆鞫、縁劉景高等各犯籍隷江楚等省、……探知安南都龍銅廠豊旺、乾隆二十七八及三十五六七八等年陸続由賭呪河出口、潜往都龍廠地、或開張貿易、或小販営生並有受雇傭工及充当砂丁開礶挖鉱以資口食。其中有帯同家口者、亦有単身在彼者。内惟籍隷楚南之秦国廉一犯携帯胞姪秦輔拴往廠生理。先於三十年間自娶該処夷民阮里貴之姉阮氏為妻、生有子女。……上年冬間、因該国管理廠務之土目黄文桐欠課不交、差拿抗拒。旋伝有国王発兵剿捕之信、本年五月内、又聞該国王咨請内地査禁民人出入。該犯等恐致封関、遂各紛々携眷逃回由賭呪河竄入。」

(26)『清高宗実録』巻一〇八六、乾隆四十四年七月己酉の条、及び同年六月二十四日署両広総督李質穎奏『宮中檔乾隆朝奏摺』第四八輯、二四六〜二四七頁、を参照。

(27)　前掲乾隆四十六年十一月二十日硃批署雲南巡撫劉秉恬奏。

(28)　嘉慶二十一年六月二十七日雲貴総督伯麟・雲南巡撫陳若霖奏（台北・故宮・軍機檔四八三七八）：「窃照雲南開化府之河口汛与越南国之水尾州接壌、僅隔一河、自乾隆六年例准内地民人出口通商貿易」。

(29)　『清高宗実録』巻一二三六、乾隆五十年八月丙戌の条。「兵部議覆、雲貴総督富綱等奏称、滇省臨安府東南一帯。路通安南。南掌、等国。前経督臣李侍堯。議設那黄渡、金子河、曲嘴橋等卡。均在藤条江岸、且外有黒江。離城窵遠。地広兵単。難資防守。査有礼社江一処。為由府至藤条江必経之路。形勢扼要。請將那黄渡等卡換班兵停撥。另於礼社江上游之斗母閣地方。」

(30)　「一、内地民人、本不得擅入夷境。凡往来営貿并仍前携眷覓住以及遊棍潜入生端者、宜設立隘卡、厳行盤詰也。査臨安土司・掌寨内隷版図、歴有年所。客商絡繹習以為常、原難杜其謀生之路、而近日携帯家口之輩、次第繁多。夷寨地方漸已艱窘、加以漢奸投入朋比戕虐、転成反客為主之形。……窃照各土司・掌寨均有扼要隘口。向因内地赴彼貿易、毎多挈族而行、日久相沿、疎於盤詰、遂致遊蕩匪棍混入為非、応請頒示責成各土司掌寨、於管轄扼要諸隘口、各另派妥實目練五名、官給循環印簿二本、常川在口稽査。凡入夷営貿易諸人、悉令報明籍貫姓名、同行幾人、販何貨物、計若干駄、担往何処、販売於某月日、経過某関隘出入、一体分晰登填、不得稍有遺漏」

(31)　乾隆三十八年十一月初一日雲貴総督彰宝等奏（『宮中檔乾隆朝奏摺』第三十三輯、二三六～二三七頁）：「縁龍雲本名黄龍雲、係四川栄県人、向在滇省臨安元江地方生理、虧本流落、乾隆三十七年十月在蒙自県会遇広東翁源県人劉明成・王以観同寓間談、龍雲冒称雲南臬司差役、訪査公事、節次向王以観借銀無還。因王以観曾云粤人多有在安南貿易獲利、但無票不能出境、倩令代謀牌票之語。龍雲粗知文義兼能篆字、遂起意偽造臬司仮印差票、向王以観等商量造票以便出境賺銀還銭。……三月初間至安南猛占地方、曾向夷寨頭人索得銀三両、又令夷人在該処南馬河備船過度。……三月初九日龍雲等分路至打占地方、即被安南頭人盤獲解送。鎮守夷官究問、該犯等堅称、奉票拿人、那有仮冒、只要解回天朝就得明白等語。」

(32)　嘉慶二十一年六月二十七日伯麟・陳若霖奏（台北・軍機檔048378）：「臣等督同司道親提研鞫、縁葉四籍隷広東寄居文山県属、与沈海等均在越南水尾州地方往来貿易。葉四与水尾州正州目黄金珠素相熟識、黄金珠因与副州目李文政争収税務結仇、暗糾所属夷人、並託葉四代為糾人殺害李文政洩忿、……拠薛奉章供該犯在水尾州商販多年、平日原有重利盤剝夷衆之事。夷衆因此結怨、従前各向黄金珠索討杉木価銀無債争詈、並与黄金珠幕友闘殴有嫌。葉四又係該犯佃戸、是以外夷将該犯首先列名指稟。」

(33)『大南寔録正編第一紀』巻五十二、六b、嘉隆十五年二月。原文は以下のとおり。「興化水尾州該州黄金珠、与副州李文政有隙、因清人薛鳳章謀於河口汛守趙秉忠、秉忠受其賄糾衆来殺文政、而掠其財。事発鎮臣移書于清両広総督責捕秉忠。秉忠者総督私人也。故為之隠不送治。」

(34) 乾隆九年九月初六日硃批、両広総督馬爾泰奏(北京・軍機処録副奏摺、前掲蕭徳浩・黄錚主編『中越辺界歴史資料選編』上冊、三七四~三七五頁)。

(35) 嘉慶二十二年四月五日雲貴総督伯麟等奏(北京・硃批・民族事務類1765/3)。

(36) 嘉慶二十二年二月六日雲貴総督伯麟等奏(台北、軍機檔050711)。

(37) 嘉慶二十二年三月二十一日雲貴総督伯麟奏、「章喜供単」(台北、軍機檔051186):「章喜供年四十五歳、原籍蒙自県人、向在江外居住。……小的向在高羅衣家教他児子直借念書。本年正月高羅衣対小的説、江西湖広等処漢人在我們夷地貿易取利甚属刻苦。他姪子借沙在観音山掘地曾得一把旧刀可以仮天賜宝貝、借駆逐漢人為名、哄動夷人、更易聚衆起事。高羅衣先聚了二三百人、自称窩泥王。」

(38) 嘉慶二十二年七月十三日雲貴総督伯麟・雲南巡撫李堯棟奏(北京・硃批・民族事務類・1765/5)「一、掌寨応一併改帰知府管理並請賞給頂戴以昭慎重而資弾圧也。查臨安江外諸猛地方田畝、前明為沐氏勲荘、康熙年間変価帰附近之建水県経徴、始分設掌寨催収銭糧交県完納。内猛喇・猛蚌・猛梭・猛頼・者米・茨桶・水塘・猛弄・猛丁・斗厳・阿土・五邦・五畝十三掌寨係世代承襲、由県発給図記管理。

……又宗哈掌寨所管地方遼濶、正掌寨之外、另設副催二人歴係馬普白三姓承襲。此等掌寨向来均不隷土司統摂。該処縦横四百余里、通計各処所管地方不下三百余寨、群蛮雑処、戸口繁多。挙凡鬩争息訟以及稽查奸匪・催収銭糧均関緊要。従前由県管理。其応行承襲者詳司立案。其随時更換自行選派者並不申報上司。故督撫衙門無従稽核辦理本末周密。今酌議嗣後凡僉点詳細、無論襲替選充、俱帰臨安府査伝験看取具宗図冊結詳報院司巡道俟奉批准充後即申請藩司発結執照鈐記、仍由司詳明督撫衙門立案備核査、照土司・土舎帰府章程一体飭令考覈稽査。其各掌寨応納銭糧亦照土司・土舎之例一律帰府徴収以昭慎重。其命盗等案仍由各該県経理毋庸另議免致紛更。至此等掌寨名為経管催収銀両実有地方責任。果能撫馭有方則憑恃険阻者罔不革面洗心翕伏聴命。惟該掌寨等内向有戴用金頂者、亦有無頂戴者、殊不画一。其従前因何給以頂戴歴久相沿、無案可稽。若不酌定章程則向有頂戴之掌寨既無指定銜品、恐啓私冒之漸而向頂戴之掌寨即与夷衆無殊、尤不足以資弾圧。査問宗哈掌寨普朝富此次殺賊立功已蒙恩旨掌給六品頂戴藍翎。其猛喇・猛蚌・猛梭・猛頼・者米・茨桶・水塘・猛弄・猛丁・斗巖・阿土・五邦・五畝・馬龍等十四掌寨並宗哈副催二名、此次均能雇募土練、随同堵緝捜捕為奮勇出力、仰懇聖恩一律賞給土外委頂戴、其向来承襲之掌寨准其子孫襲替以示鼓励而懾夷情更得収分理之効矣。」

(39) 原文は以下の通り。「至臨安辺外向来例准通商。嗣後凡漢民携帯貨物前赴夷地貿易者応照滇省由開化府出口赴越南通商之例、令其報明籍貫・姓名・年歳、並所帯貨物往何処售売、計算往回日期設立簿冊逐一登註。由各卡編給腰牌令其転回繳銷。倘逾期不回即由該地方官査明姓名・年歳立即詳報臨安府、飭令土司掌寨将逗留之漢人拿獲解府照例治罪。」

(40) 嘉慶二十三年十二月九日伯麟・李堯棟奏（北京・硃批・民族事務類1770／3）

(41) 刀家勝等供稿、陸国華整理「猛拉土司及管轄領域記実」『紅河州文史資料選輯』第四輯、中国人民政治協商会議雲南省紅河哈尼族彝族自治州委員会文史資料委員会、一九八五年、一四五〜一四六頁。

(42) トンチャイは、雲南南部・ベトナム西北地域のタイ系ムオンが周辺諸国家と重層的に服属関係を取り結んでいる政治空間を、「重なり合う周縁」と捉えている。トンチャイ・ウィニッチャックン（石井米雄訳）『地図がつくったタイ――国民国家誕生の歴史』明石書店、二〇〇三年、一八一〜一八九頁。なお、猛頼（ベトナム側では莱州）とルアンパバーン、ベトナム、清朝との関係については、拙稿「デオヴァンチとその周辺――シプソンチャウタイ・タイ族領主層と清仏戦争」塚田誠之編『民族の移動と文化の動態――中国周縁地域の歴史と現在』風響社、二〇〇三年、所収、を参照。

(43) ANOM, GGI/31726, Rapport 76, annexe 5.

社会規範としてのベトナム『国朝刑律』の可能性

――書誌学的考察より――

八尾隆生

はじめに

地方統治官は多くの責務を負わされているが、赴任地での秩序維持もその一つである。黎朝期ベトナム（一四二八―一五二七年、一五三三―一七八九年）の場合も同様で、中央に御史台、大理寺、六科といった秩序維持・検察の専任機関があるほか、地方においても最大行政区画である承宣には三司の一つとして清刑憲察使司（憲司）が存在したが、それ以下の府県では専任の官は存在せず、府県官が「行政の一環」として裁判、調停業務を初審者として行った。(1)

黎朝後期の法律文や書式集を集めた『詞訟律例』（ベトナム漢喃《ハンノム》研究院蔵、図書番号：A一九八二）には、県の衙門に備え付けられるものとして、（民招集用の）鼓一面、「天下版図」一冊、「国朝条律」一冊、印信一果等が挙げられている。この衙門に備えられた「条律」や、黎朝後期の様々な文書に見える「条律」は、現存する『国朝刑律』或いはその前身であると一般には考えられている。同書に関しては二十世紀初頭にR・ドゥルスタル R. Deloustal が仏語訳を発表して以降、百年以上の研究史があり、仏語訳の他に英語訳、それに現代ベトナム語訳（四種）がある他、詳細な書誌学的研究も行われている。(2) しかし種々ある版本や、『黎朝刑律』の名を冠した写本の校合作業はなされていない。

筆者は二〇〇一年度よりはじまった文部科学省科学研究費（特定領域研究）『東アジア出版文化の研究』調整班B「出版物の研究」に参加して以来、ベトナム黎朝期地方文書研究のかたわら、自らに課した課題として『国朝刑律』の校合作業を単独で継続してきた。本章ではその作業を通して判明した同書の来歴に関する自説を紹介し、通説の一部に訂正を迫るとともに、「規範」として同書が機能した程度や可能性を考察してみたい。(3)

一　原史料と研究史

こくちょうけいりつ―国朝刑律―Quoc trieu hinh luat

ベトナムのレー（黎）朝の基本法典。版本は数種あるがすべて民版で、官版は現存しない。後代の写本には『黎朝刑律』の名が冠せられている。六巻十三章（名例章、衛禁章、違制章、軍政章、戸婚章、田産章（附：始増田産章、増補香火令、増補参酌校定香火)、姦通章、盗賊章、闘訟章、詐偽章、雑律章、捕亡章、断獄章)の七二二条(写本によって異同あり)からなる。本書成立の正確な年代は不明だが、レー・タイントン(黎聖宗)期の「洪徳律」がそのもとで、一七六七年に印行されたとされる『国朝条律』とほぼ同じ内容と考えられる。本律は唐律を基に明律を加えたものだが、五刑に損害賠償や身分降罷を併課する量刑方法、贖罪制度、女性の財産権や離婚請求権等の保証、祖先祭祀のための香火田に関する規定等、ベトナム固有の社会慣習が強く反映されている。ベトナムで原文が復刻出版された他、現代ベトナム語、フランス語、英語による翻訳本がある。→ベトナム、レー(黎)朝、法制、土地制度、レー・タイントン(黎聖宗)、フランス極東学院、東洋文庫、山本達郎

右は筆者が新版『東南アジアを知る事典』平凡社、二〇〇九年に寄稿した『国朝刑律』の項目である(一部修訂)。同刑律の研究史に関しては既に山本達郎[4]、片倉穣[5]、E・ガスパルドン E. Gaspardone[6]、チャン・ヴァン・ザップ Trần Văn Giáp[7]、それにNNH英語訳などがまとめを行っており、上述の説明もそれを大いに参考としているが、それらは一九九〇年代以降から始まるベトナム本国での原史料公開以前のものであり、かつベトナム本国でも新たな書誌学的研究がないため、再整理が必要となっている。

(1) 原史料

ベトナムにおける書籍の近代的な収集作業は、フランス植民地期にハノイに置かれた極東学院が中心になって行われ、ベトナム漢文史料(いわゆる「安南本」[8])にはA……の番号が付されている[9]。第一次インドシナ戦争の終結後、極東学院はパリに移転し、その蔵書は北ベトナム政府に委ねられたが、その際、フランスは多くの書籍のマイクロフィルムを作成している。ベトナム本国でもその後史料収集は続き、以降収集の書籍にはVHv等、別の番号が付されて

いる。[10] 現在、所在の知られている『国朝刑律』の版本及び写本は以下の通りである。

〈版本〉

・A一九九五本：現漢喃研究院蔵。東洋文庫に山本達郎将来の極東学院マイクロ本（図書番号：X—二—六八）がある。

・A三四一本：現漢喃研究院蔵。冒頭に「獄具之図」など三枚の図あり。やはり東洋文庫に極東学院マイクロ本（図書番号：X—二—六八。A一九九五本と同帙）がある。もともと破損部分が多い上、極東学院からベトナムに移管された後に更に破損が進んだらしく、原本とマイクロ本と比較すると、欠けている部分がある。

・A二七五四本：現漢喃研究院蔵。マイクロは撮られなかった模様。少なくとも極東学院にはなく、東洋文庫にも所蔵されていない。

・A二七五五本：現漢喃研究院蔵。東洋文庫に極東学院マイクロ本（図書番号：X—二—九〇）がある。これは書名に『国朝勘訟條例』とあるが、同書は四八葉までで、それに『国朝刑律』の四九葉以降が合綴された不完全なものである。先行研究では言及された例がない。

・GA本（山本による仮のタイトル）：ガスパルドン旧蔵本。慶應義塾大学が入手し、現在整理中で筆者未見。

・GB本（山本による仮のタイトル）：同右。

結論から言って、山本が指摘したように、[11] これらの版はすべて半葉あたり一〇行×一八文字で、同系統の底本から再刻されたと考えられる。すべて序文などが最初から欠けており、文字も統一を欠いたり、一部判読不能な漢字とも呼べない文字も多く見られ、刑書という実用的性格から作られた民間版と考えられる。[12]

〈写本〉

次に写本だが、ＶＨｖ一九九〇本を除き、すべて書名に『黎朝刑律』とあり、黎朝期の避諱が多く無視されていること、逆に阮朝期の避諱がまま見られることなどから、阮朝成立以降に抄写されたものと考えられる。これらは山本旧蔵書（原本）以外、東洋文庫にマイクロ本は所蔵されていない。

・Ａ三四一本：現漢喃研究院蔵。最も整った写本である。

・Ａ二六六九本：現漢喃研究院蔵。これもよく整った写本である。系統としてはＡ三四一本に近く、Ａ三四一本からの再写本かもしれない。

・ＶＨｔ三一本：現漢喃研究院蔵。一九三一年（保大六年）に印本Ａ三四〇本から抄出したと明記し、実際、Ａ三四〇本にある「獄具之図」なども採録されているが、他の写本と同様、第二一九条が脱落し（後述）、全七二一条となっている。

・ＶＨｖ一九九〇本：現漢喃研究院蔵。唯一書名に『国朝刑律記』とあり、版本の第二一九条を含む。ただ最も粗雑な写本で、多くの条文を意図不明ながら書き落とし、原注も多く無視されている。保存状態も悪い。

・ＮＱＴ本：訳者の序文によると、戦前啓定朝の刑部尚書官が、宮廷書庫の書から筆写し、サイゴン在住のある文人に与えたもの。訳者グエン・クェト・タン Nguyễn Quyết Thắng は、当時の極東学院院長Ｃ・メトル C. Maître がフエで一九〇八年に発見し、ＲＤ仏語訳の底本となり、現在Ａ二六六九本となったものから再写したものだと想定する。その根拠は不明だがやはり版本の第二一九条を欠いており、いずれかの写本から再写されたものであることは確かである。

・山本達郎旧蔵写本：現在東洋文庫蔵。本人が一九三六年にハノイに赴いた際、人を雇って抄写させたもの。原写本の来歴が明示されていないが、避諱や誤写の状態から、A二六六九本が原本と考えられる。日本では片倉などみなこれを用いているが、抄写した者の不注意なのか、残念ながら誤字、脱字が非常に多い。

（2）　書誌学的研究史

前述の版本や写本と、仏語訳、英語訳、越語訳の底本の関係は先行研究者の見解をまとめると表一のごとくとなる。前節で述べた如く、ベトナムの書物に関する近代的書誌学研究はフランス極東学院による史料収集、翻訳作業と並行して始まった。漢喃本に関する最初のまとまった研究は一九〇四年のL・カディエール L. Cadière とP・ペリオ P. Pelliot によるものであるが、[13] わずか一七五種の書に言及するのみで、『国（黎）朝刑律』に関する記述もない。ただ多くの書の項目に「極東学院のために副本が作成された」とあることから、フエの王宮蔵書の調査時に、特に重要と思われる書は副本が作られ、極東学院に納められるという作業が仏語訳作業とほぼ同時期に進行していたことが知られる。これらの書には後、A……の図書番号が付されたのであろう。

松本[14]によれば、旧阮朝王宮にも『黎朝刑律』が存在したはずであるが、移管された先のベトナム国家第一公文書館には残っていない。では現在漢喃研究院にあるA三四一本とA二六六九本がその王宮本であろうか。

R・ドゥルスタル R. Deloustal は、当初阮朝期の類書である潘輝注撰『歴朝憲章類誌』（以下『類誌』、本章では東洋文庫蔵本を使用）巻三十四—三十七　刑律誌に、『国朝刑律』の抜粋と思われる部分が存在するのによって訳術を開始したが、上記の如く、フエの王宮から写本『黎朝刑律』が発見され、それを底本とすることにした。しかし彼の翻訳論文の注記や後世の研究者の推定からも、彼が依拠した写本の確定はできていない（そもそも図書番号さえ当時はまだ付されていない可能性あり）。その写本をその後どうしたのかも記録が見あたらない。現在A記号のある写本が多分それではないかというのが通説となっているが、憶測の域を出ない。

筆者は同書の校合作業により、Ａ三四一本とＡ二六六九本とが近い系統にあること[15]、しかしＡ三四一本が黎朝期の避諱を間々残す一方で阮朝期の避諱をしばしば怠っていること、版本に多い数字の大字（壹、貳、参など）が概ね用いられていること、かたやＡ二六六九本は黎朝期の避諱をほとんど行わず、逆に阮朝期の避諱を行っていること、数字は小字（一、二、三など）を用いていることから、Ａ三四一本の方が古く、Ａ二六六九本がそれをもとに再写された可能性が高いと考えている。ただしそれでもこの両書がドゥルスタル訳の底本であるか確定はできない。逆に註（15）で指摘した本文注の脱落部分がしばしば仏語訳では訳出されていることから、両書が定本でない可能性も考えられるが、ドゥルスタルの手元には『類誌』刑律誌があり、注記無しにそれで脱落部分を補った可能性、すなわち漢喃研究院蔵写本が定本である可能性も否定できないのである。

その後、版本『国朝刑律』が発見されたことから、山本が版本考察にあたって写本の重要性を論じているものの、写本『黎朝刑律』に関してはＮＱＴ訳の底本など新たな写本の発見などもあるが、書誌学的研究に大きな進捗は見られない[16]。

次に版本『国朝刑律』に関してまず論点整理を行っておこう。『類誌』巻四十二　文籍誌には「国朝条律[17]六巻。景興三十年（一七六九）删定印行される。大約国初洪徳原律に依る」とあるが、山本はガスパルドンに基づき、各版本表紙に「景興二十八年」とあることから、一七六七年に同書が公刊されたと考えており[18]、年号に若干のずれはあるものの、これが現存の『国朝刑律』の直接のもとであると考えられている。ただ、同書は一七六七年に始めて刊行されたわけではなく、山本は版本の系統検討を行った結果、ＧＡ本にガスパルドン自身のものらしいメモ書き「Ａ二七五四本に同じ」とあることから、Ａ二七五四本と同一の版木によるもの（つまり景興二十八年刊）と見なし、ＧＢ本と比

表一 『国朝刑律』版本や写本と、仏語訳、英語訳、越語訳の底本の関係

<table>
<tr><th colspan="3"></th><th colspan="5">版本</th></tr>
<tr><th colspan="2"></th><th>発表年</th><th>A. 341本</th><th>A. 1995本</th><th>A.2754本</th><th>GA 本</th><th>GB 本</th></tr>
<tr><td rowspan="6">訳書</td><td>RD 仏語訳</td><td>1908—1922</td><td colspan="5">言及なし</td></tr>
<tr><td>VVM 越語訳</td><td>1956</td><td>マイクロを底本に</td><td>校勘に利用したとする</td><td rowspan="2">未見と明記</td><td colspan="2" rowspan="5">言及なし</td></tr>
<tr><td>NNH 英語訳</td><td>1987</td><td>A. 1995と同じとし、マイクロを底本に</td><td>A. 341と同じとし、マイクロを底本に</td></tr>
<tr><td>VSH 越語訳</td><td>1991</td><td>原本を底本に、全文のコピーを掲載</td><td colspan="2">校勘に利用したとする</td></tr>
<tr><td>NQT 越語訳</td><td>1997</td><td colspan="3">利用せずとする</td></tr>
<tr><td>NNN 越語訳</td><td>2006</td><td>原本を底本に</td><td>A. 341欠損部分の補充に利用</td><td>A. 341欠損部分の補充に利用</td></tr>
<tr><td rowspan="7">研究及び紹介など</td><td>Cadière & Pelliot</td><td>1904</td><td colspan="5">言及なし</td></tr>
<tr><td>松本</td><td>1934</td><td colspan="2">存在を明記</td><td colspan="3">言及なし</td></tr>
<tr><td>Gaspardone</td><td>1935</td><td colspan="3" rowspan="2">存在を明記</td><td>存在を明記</td><td>言及なし</td></tr>
<tr><td>Trần Văn Giáp</td><td>1970</td><td colspan="2">言及なし</td></tr>
<tr><td>山本</td><td>1984</td><td>言及なし</td><td colspan="2">存在を明記</td><td>Gaspardone 自身の書き込みと思われる「A. 2754本に同じ」の文言を表紙上に確認、別本を合綴</td><td>存在を明記</td></tr>
<tr><td>片倉</td><td>1987</td><td colspan="2">マイクロを研究の底本とする</td><td colspan="3" rowspan="2">言及なし</td></tr>
<tr><td>後藤</td><td>1999</td><td>マイクロあり。A. 1995と同板とする</td><td>マイクロあり。A. 341と同板とする</td></tr>
</table>

		発表年	写本 A. 340本	A. 2669本	VHt. 31本	VHv. 1995本	山本写本	NQT 写本
	RD 仏語訳	1908—1922	底本？	底本？	言及なし			
	VVM 越語訳	1956	言及なし	存在を明記				
	NNH 英語訳	1987	校勘に利用したとする	言及なし				
	VSH 越語訳	1991	校勘に利用したとする			言及なし		
	NQT 越語訳	1997	言及なし					原本を底本とする
	NNN 越語訳	2006	言及なし		存在を明記	言及なし		
	Cadière & Pelliot	1904	言及なし					
	松本	1934	存在を明記		言及なし			
	Gaspardone	1935	言及なし					
	Trần Văn Giáp	1970			言及なし			
	山本	1984	存在を明記		言及なし		抄写する	言及なし
	片倉	1987			存在を明記	言及なし	参照用として借用	
	後藤	1999	言及なし					

註：Cadière & Pelliot＝註（13）引用論文、松本＝註（9）引用論文、Gaspardone＝註（6）引用論文、Trần Văn Giáp＝註（7）引用書、山本＝註（9）引用論文、片倉＝註（5）引用書、後藤＝註（8）引用書

較した結果、GB本がより古いこと、つまり同書が景興二十八年に刊行される以前から版を重ねてきたことを指摘している。

一方、GA・GB本の存在しないベトナム本国にあっては、唯一書頭に「獄具之図」などを残すA三四一本が最古本・善本と見なされているが[19]、書誌学的に見てその根拠は薄い。筆者の校合作業によれば、漢喃研究院蔵の三本の相互の関連性は見つかりにくく、すべて基をたどれば一つの版にたどり着くのであろうが、A二七五四本が最も文字がしっかり刻んであること（特に原注の部分）、A一九九五本とA三四一本はかなり親縁性が高い（誤刻の部分が同じなど）が、判読不能の文字刻みも多いことなどが知られるのみである。あと付言するならば、総ての版本には黎朝後半の各帝やその生母などの避諱字が見られることから、新しい避諱文字が公布される度に補刻がなされていたことは明かである[20]。現存の版本で知られることは実はこれくらいのことなのである。

二　通説への疑問

（1）　通説による編纂の流れ

前節では現行の『国朝刑律』の書誌学的研究の貧弱さを紹介したが、同書にはさらに大きな問題が残されている。上引の『類誌』によると、同書は十五世紀後半の聖宗の「洪徳原律」に大約よったとされる。以降、それが通説となり、ベトナム本国の訳本などには「洪徳律」の副題が付されているものすらある（NQT本など）。そして「黎聖宗（在位：一四六〇―九七年）の「洪徳（一四七〇―九七年）律」とほぼ同じもの」との拡大解釈がまかり通り、それを前提とした論文が多数出されているのが現状である[21]。

確かに第一節冒頭で引用した筆者の解題にもある通り、この刑律の性格や由来に関しては、唐律をもととしながらも、明律の影響も多分に受けていること、中国律には見られないベトナム独自のものも多く見られること、洪徳期以前どころか黎朝以前のものと思われる条文が存在することなどは、既に多くの指摘がある。

中でもＮＮＨ英語訳及びその公刊前に出されたグエン・ゴック・フイ Nguyễn Ngọc Huy の考証論文[22]は、翻訳だけでなく詳細かつ体系的な校注作業を行っており、条ごとに唐律、明律、清律、清律のほぼコピーに近い『皇越律例』[23]、それに洪徳期に出された条文を集めた『天南餘暇集』（以下『餘暇集』）条律、黎朝を簒奪した莫朝期にやはり聖宗期の条文を中心に編纂された『洪徳善政書』などと比較照合し、一覧表化している。[24]そして唐律にはない独自の条文が四一二条、明律にはない独自の条文が三七七条（重複を含む）存在し、それらのうちで四四条が『餘暇集』条律　にほぼ同文があることから、それらを聖宗期に加わったものと指摘している。[25]

日本では山本、片倉らが多くの論考を発表しているが、同書に聖宗期より遡る条文があること、洪徳期以前から『国朝刑律』と呼ばれる法律書が黎朝の初期から存在したこと（後掲『餘暇集』条律文参照）を指摘している。[26]

各先行研究者の見解を整理するため、まず『国朝刑律』の編目を掲げる。（全十三章七二二条、ただし写本は条文の数え方や章名が異なる）

第一巻　名例章四十九条、衛禁章四十七条
第二巻　違制章四十四条、軍政章四十三条
第三巻　戸婚章五十八条、田産章三十二条、始増田産章一十四条、増補香火令四条
　　　　増補参酌校定香火九条、姦通章一十条
第四巻　盗賊章五十四条、闘訟章五十条

図一　『国朝刑律』編纂の流れ（通説）

	黎朝以前の律や唐・明律
	↓
15世紀初	『国朝刑律』の成立
	↓
仁宗期	田産章に一部増補
	↓
聖宗洪徳期	洪徳律（洪徳版『国朝刑律』）の成立
	↓
莫朝期（16世紀中盤）	香火令を増補
	↓
1767年	再刻を重ねた版本『国朝刑律』の刪定
	↓
19世紀以降	阮朝下で写本『黎朝刑律』が作成

第五巻　詐偽章三十八条、雑律章九十二条
第六巻　捕亡章一十三条、断獄章六十五条

このうち、第三巻に「始増田産章一十四条」（内容は田産の相続や売買に関する規定や罰則）とあるのは『大越史記全書』（以下『全書』）本紀巻十一　仁宗大和七年（一四四九）十一月―末の条に「新たに律に田産章十四条を増やした。初め太祖は均田を欲し、故に田産章を略《おさ》めた。ここに至りてこれを増やした[27]」とあるのに該当すると考えるのが妥当であろう。

その続きに「増補香火令四条」があるが、この四条には各条の頭に付される「諸」を欠き、一条を除き末注にそれぞれ発布年が光順三年（一四六二）、洪順三年（一五一一）、光紹二年（一五一七）と記されており、後から加えられたことは明かである。一方、『洪徳善政書』莫大正十一年（一五四〇）三月十四日条には「前朝の条令を査考するに」と始まって上述の四条とほぼ同文が引用されており、同書の越訳本序文[28]ではこの四条が一五四〇年以降、おそらく莫朝統治下で『国朝刑律』に加わったと推定している。更にそれに続く「増補参酌校定香火九条」も条頭に付される「諸」が欠けており、時代は不明だが「増補香火令四条」より以降に加えられたと考えられる。

「大約国初の洪徳原律に依る」という『類誌』の文章理解には、若干後から加わったものが存在すること、洪徳以前から『国朝刑律』と呼ばれる書がすでに存在することなど、一定の譲歩を必要とするのである。ただし、所謂「洪徳（原）律」が洪徳年間増補版『国朝刑律』と考えれば「大約」矛盾はなくなることになる。それらの見解をまとめて図示すると、図一の様になる。

2　「洪徳原律」存在への疑問

洪徳以前に遡ることが明かな条文は、光順年間（一四六〇―六九年）末に開始された一連の官制改革により、改廃された官職名や行政単位名の表記の残存によって知ることができる。例えば行遣、審刑院、省院、路（官）、安撫使、社官などである。

行遣その他については『類誌』巻一十四　官職誌　官名沿革之別　行遣の条に、

行遣の職は李朝より始まる。専ら中官を以てこれとしていた。入内行遣同中書門下平章事の如きである。思うにまた相職に次するものである。陳の初めは、李の旧制によった。（中略）聖宗（在位：一二五七―七八年）が杜国佐を用いてより、その後文学の士が相継いで登用された。（割註略）行遣の職は、遂に儒紳の要途となった。黎朝が初め興ると、陳の旧制によって、大行遣・五道行遣を分置し、軍民籍簿詞訟事を分掌させた。倶に文班の首にあって、宰相に亜ぐものであった。聖宗が官制を修定するにおよんで革去された。これより遂に用いられなくなった……。(29)

とあり、黎朝初期には宰相につぐ重職であった行遣職が、陳朝中期まで宦官に独占されており、陳朝後期の官僚層の勃興に伴い、以後科挙系官僚がこの職に任じられるようになったこと、聖宗期に廃されたことが知られる。

黎朝初期の文官職は宰相につぐ大行遣がおり、その他に二部（吏部、礼部）(30)、三省（中書、門下、黄門）、審刑院、翰林院等があった。一方、地方は東、西、南、北、海西の五道に分たれ、その下に路、次いで府、県、州があった。そしてそれに対応する文職として、各道の長官として各道行遣が、副官として参知、同知各道軍民簿籍及知詞訟事が置かれ、路には安撫使[31]、県には転運使[32]、州には宣慰使、鎮撫使等が置かれた。

「行遣」が登場する条文二条（第二三三条、六二六条）には行遣が内官であることを伺わせるものはないこと、両条とも「大臣、行遣等」と、『全書』同様の連記表記があることから、それらの条文は行遣が大臣につぐ地位にあった黎朝初期、早くとも陳朝後期のものと判断される。

その隷下の路は聖宗の官制改革期まで存在したベトナムの最大行政単位であるが、これも諸条文では路県社官などと熟して用いられることが多く、黎朝初期の条文と解して問題はなかろう。他方、官制改革以降、最大の行政区画となる「承宣」及びその都承憲三司の長である都総兵使、承政使、憲察使は『国朝刑律』に一切現れない。社官は光順七年（一四六六）に「社長」に改められているが、条文に社長は一条しか見えず、他はすべて社官とある[33]。

裁判業務を行う審刑院の名も年代記などでは陳朝期から見える。黎朝初期には上述の如く刑部はいまだ設置されず、審刑院をはじめ左刑、右刑、詳刑、司刑の五刑院が置かれていたが、年代記に頻出するのは審刑院である。『国朝刑律』にも審刑院のみが見える[34]。『全書』によれば、宜民のクーデタで一度六部を置くことが決まった後、聖宗が改めてまず「都省堂」を「欽刑院」に改め、それを更に刑部に改めたとある。『類誌』では職掌のはっきりしないこの省堂の名も二度『国朝刑律』に登場する[35]。その際審刑院は廃止となり、残りの四刑院に欽刑院を加えた五院が刑部の五司に改組・吸収された。しかし刑部の名も『国朝刑律』には現れない。

上記の種々の指摘は筆者の新たな発見でも何でもない。しかし問題なのは、多くの先学が『類誌』の「洪徳原律に依る」という大して根拠のない叙述に依拠し、現行『国朝刑律』に、聖宗光順年間末からの官制改革の結果が何故反映されていないのか、つまり改革に伴う上述のごとき種々の変更を条文に何故盛り込んでいないのかということに疑念を開陳されていないことである。明律の影響が非常に強い(36)『洪徳善政書』などに収録されている諸条文との関係が不明なままであるのも大いに問題である。

現行『国朝刑律』は実は洪徳期以前に成立したものではないか、というのが筆者の見解であるが、それに対立する見解がある。前述したようにフイが聖宗期に少なくとも四十四条が『国朝刑律』に付け加わった可能性を指摘しているのがそれである。その根拠は、『餘暇集』条律　に、聖宗期に公布された「条律」に現行『国朝刑律』と相似の条文が多くあり、かつそれらが中国の唐律、明律にみられないことであるが(37)、仔細にそれらの「聖宗期に出された」条律をみると、その見解ににわかには賛成できない。具体的に条文を示してみよう(38)。

一本、光順九年七月初五日、権兵科給事中汧仁寿謹奏、為正風俗事。臣等謹按『国朝刑律』、「諸喪中而釈服従吉、若忘哀作楽、即楽而聴、及預吉席者、罪至貶杖」、「諸郷中喪葬者、郷里必相賙恤。哀主随其豊倹、供給。即以鄙俚旧俗、索酒餅魚肉大盤、杖八十」。（中略）爲此陳奏。合厳禁中都村巷。敢有違者及坊郷長、一体治罪、以立風俗。臣等所見如此、未知可否。謹具奏聞。

本月日、権司礼監右監丞呉士栄、奉勅旨、是。

（＝は光順改革後の新設の職名、行政単位名）

とある。喪礼の際に奢侈な風俗が民間に広まっている事態をうけて、光順九年（官制改革のまっただ中）に新設の六科の一つ兵科の権給事中汧仁寿が出した上奏文であるが、内容は「『国朝刑律』の条文を調べると「喪中にも関わらず常服を着て……云々」。また「喪主に対して過大な接待を要求する輩に対しては厳罰を……云々」の条文があり、それに従って風俗の紊乱を正さんことを」というもので、裁可されたとある。よってここに引用された条文は光順九年

以前の版の『国朝刑律』に既に採録されていたことになる。ところが、同じく一方で、『餘暇集』条律　洪徳五年には

洪徳五年

一、郷中有喪葬、隣里必相賙恤。喪主随家豊倹、供給。以隣里旧俗、索餅酒魚肉大盤於喪葬之家者、杖八十。

とある条文が出されている。前者（光順九年条の……部分）を比較すれば明らかな如く、若干の文字の改変があるとはいえ同文と言っても過言ではない。つまり光順九年以前に存在した『国朝刑律』中の同じ条文が洪徳五年にもう一度出されていることになり、『餘暇集』条律　に掲載されている条文が洪徳五年が初出のもので、その後『国朝刑律』に加えられたとは断言できないのである。

もう一つ例を挙げてみよう。

『国朝刑律』三六七條（巻三　田産章第二十六条）には

諸所在官物〔係花果田土潭塘等物〕、而路県社官、不用心督視整理、致有損者、県社官、以貶論。路官、以罰論。

償依時價外、凶荒者、別論。

とある一方で、『餘暇集』条律　洪徳九年「官田土、県社官不能督視整理」の条では、

一、在官田土系有生花潭池等物、而県社官、不能用心督視整理、有致損者、其県官、以貶論。若年凶者、勿論。

とある。これも酷似した文章であるが、傍線部を見れば、前者が既に存在しない「路」官と記してあるのを、後者が現行の制度に合わせて訂正したことは明かである。『餘暇集』のこの条文から現行『国朝刑律』第三六七条が作られたと逆に考えるのは、もし現行の『国朝刑律』が洪徳期のものだとすれば大いに矛盾であろう。わざわざ廃止になった官名を『国朝刑律』で復活させたことになるからである。

図二　『国朝刑律』編纂の流れ（八尾）

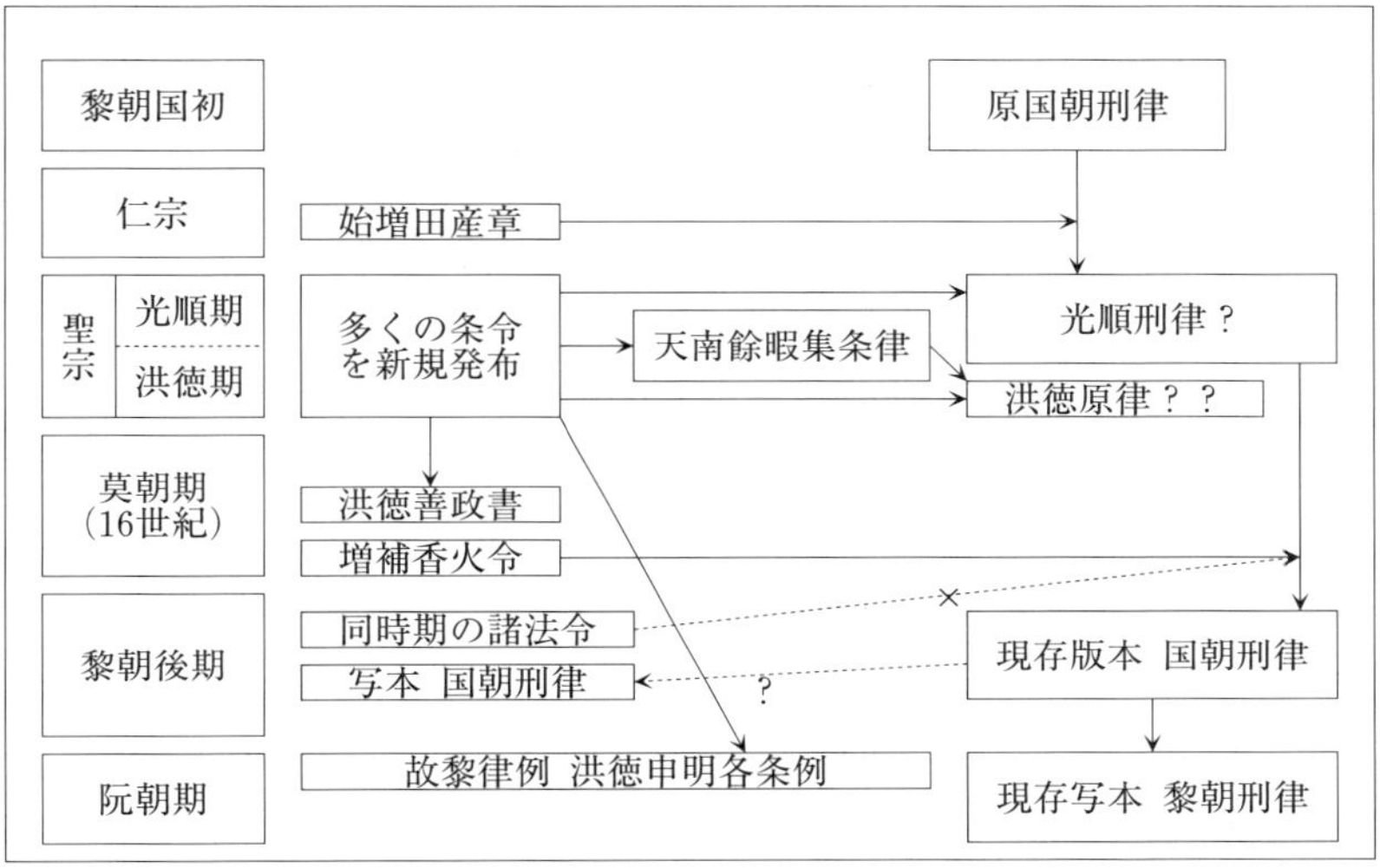

結論として言えることは、現行『国朝刑律』の原律は洪徳期のそれではない、というよりおそらく洪徳期に新たな『国朝刑律』は編集されなかった可能性が高いことである。洪徳期には『国朝刑律』が存在する一方で多くの条令が逐次的に公布されている。それらを後世にまとめたとされる『洪徳善政書』や『故黎律例』洪徳申明各条例　などによると、前述の如くより明律の影響の強いことが既に指摘されている(39)。結局こうした条令を、唐律が基となっている『国朝刑律』に整合性をもってまとめきることができなかったと考えるのが自然であろう。よって仮に光順期に仁宗期の「始増田産章一十四条」を加えた光順版『国朝刑律』があったとしたら、それに後世莫朝の時代に前述の数条が付け加わったのが現行の『国朝刑律』のもとと考えられる(40)。

次に問題になってくるのが、黎朝後期に条文追加があったか否かということである。先に洪徳期に条文の追加はほぼ可能性が無いと論じたが、黎朝後期にも実は多くの条令が出され、それらを後世にまとめた『国朝詔令善政(41)』なども存在する。よって黎朝後期の条文が全く挿入されなかったとは断言できない。

実際フイも三百条以上の独自条文の内、時代が特定できたものは半分以下にとどまる。しかし山本が指摘するように、現存の版本の冒頭の目録には前述「増補香火令四条」及び「増補参酌校定香火九条」は掲げられていない。そしてそれ以外の条文数は章ごとに累計すると七〇九条となり、現行のものと一致する。[42] 後から条文が加えられたならば、目録の条文数を書き換える際に「増補香火令四条」なども目録に挿入するであろう。そう考えるとやはり莫朝期前にそれ以外の全文が揃っていたとするのが自然である。[43] 以上を図にまとめると、図二の如くとなる。

おわりに
——規範のひとつとしての『国朝刑律』の可能性——

以上で考証は終え、ここからは多く憶測を交えた議論になる。最大の疑問はこの古色蒼然とした『国朝刑律』、しかも民版がなぜ現存するのかということである。光順期末の官制改革で黎朝の中央—地方の国家機構は一新されたがそれも長続きはせず、聖宗の死後わずか三十年で黎朝は断絶し、鄭氏を中心とする武臣によって復興を成し遂げるが、政治の実権は王府を開いた鄭氏の手に移った。よって多くの条文が意味をもたぬものになったはずである。例えば衛禁章などの皇城に関する記載は、権力の中枢が宮廷にあることを前提にした記述で、肝心の鄭王府の警護体制には全く用を足さない。国際貿易港として李朝時代から名の見える「雲屯」に関する条文（第六一五、六一六条（巻五　雑律章））も早くて陳朝期、遅くとも黎朝初期のものだが、黎朝後期にはすでに雲屯の重要性は低下し、例えば朱印船時代の貿易港は鄭氏政権下ではフンイエンのフォーヒエンや中部海岸のゲアンが重要なものとなっている。[44]
鄭氏がこの刑律にこだわる理由として「聖宗の遺制」に立ち帰ることが自らの権威の高揚につながると考えていた

ことが考えられる。[45]中南部に拠る阮氏との戦いが一段落した後、十七世紀末から文治優先の時代が一時期訪れるが、その際、現在漢喃研究院に残る『黎朝官制』『官制典例』などが編纂されるが、そのほとんどは聖宗期の官制改革後の諸制度を記述し、それに実情に合わせて加筆修正を行っているものである。

上田新也の研究[46]にあるように、鄭氏政権はその力こそ黎聖宗期にはるかに劣るものの、軍事と財政の掌握にはその独自機構（非例官署、その最たるものが六番）をもつことにより、一定の成功を収めている。もちろんそうした独自機構に関する条文は刑律には一切無い。そんな条文を入れれば、国法たる刑律自体が権力の二重性を露呈することになりかねないからである。

そして結果として黎朝政権の府県官が行うことが、専ら初級裁判などの秩序維持業務に限られたことも、かえってこうした古い刑律が残った原因の一つと考えられる。十年程前、筆者はナムディン省旧百穀社で半世紀にわたって続いた訴訟の分析を行い、勝つためなら血縁であれ地縁であれ何でも利用する、中国と変わらない村民の姿を描き、争いの過程で法や官の裁きも決定的ではないが重要な意味をもつことを指摘した。[47]法を知る、また手に入れて利用するということが裁判を有利に導くことも当然認識されていた。それが現存の民版『国朝刑律』が残った理由であろう。ではなぜ四百年にもわたって翻刻が民間で繰り返されてきたか。それは他の刑書に版本がない孤本であるという極めて消極的な理由に基づくのではないか。民にとっては聖宗期の「栄光の所産」であることなどどうでもよかったはずである。現在では『洪徳善政書』にしろ『国朝詔令善政』にしろ、研究用に金属活字本が存在する。しかし黎朝後期にはまだそのようなものはなく、そもそも刑書としてまとめられてすらいなかったのである。

では現実の裁きとの乖離はどうしたのであろうか。重大刑事事件であれば、そもそも民が法知識を蓄えたところで何の意味も無かろう。一方、裁判の九割以上が土地や動産、地位をめぐる民事案件であれば、明律の影響と唐律の影響のどちらが強いかなども大して問題にはならない。既に小農社会に入りつつあった黎朝初期の、四〇〇年前のもので十分事足りるのである。[48] もちろん量刑その他乖離が全く無かったわけではない。『国朝勘訟条例』に合綴された『国朝刑律』断簡には、誰が書き込んだが不明であるが、墨書で多くの条文の量刑部分に修正を施しているのがみられる。当時出された法令との違いを書き留めたのであろう。

本章は『国朝刑律』校合本作成作業の過程から生まれた様々な疑問や、先学の間で未解決の問題に関してささやかな提言を行った。明制を範とし多くの改革を行った聖宗期の洪徳原律をもととみなされてきた現存の『国朝刑律』がどうして唐律の影響をより強い形を残しているのか、多くの先学が感じてきた疑問も、現行の書が洪徳期のものを基としていないと考えれば氷解する。またそれが現在まで残ってきたのも、聖宗期の制度が崩壊し、たまたま同書が早くに版行され、主に民事用に重宝され、版を重ねてきたと考えれば納得がいくであろう。版本に多く見られる漢字とも思われない奇天烈な文字も、漢字をろくに読めない刻工が版を重ねて崩れた文字を基に、強引に刻んだものであろう。民版ゆえ、それがまかり通ったのである。

ただ、この書に関してはなおも疑問が多々残る。例えば何故現行の写本『黎朝刑律』はVHv一九九五本を除き、判で押したように一様に一条（第二一九条）を欠いているのであろうか。漢喃研究院に残る諸写本が、一条欠いた共通の写本に基づいて抄写されたためそうなったと考えるのが妥当であろうが、事実かどうかは別として「印本に基づいて抄写した」とある写本VHt三一本までが同条を欠いているのはいかなる原因によるのであろうか。該条文を見る限り、特に抄写を忌避すべき内容ではないし、版本の印刷状況が悪いわけでもない。この条を欠く版本ももちろん存在しない。

二つめは黎朝期の写本が一本（ＶＨｖ一九九〇本）しか存在しないことである。確かにベトナムに現存する歴史原文書の大半は阮朝期のものであるが、その中には黎朝期の再写本が多く存在する。黎朝後期に民間で版本がどの程度普及していたかは全く不明であるが、必要部分だけ抄録したような文書が少しくらい残っていても不思議では無かろう(49)。英語圏の研究者は、この刑律が、黎朝末期からさかんに編纂される村落共同体の掟である「郷約」や、族の掟である「族例」に大きな影響を与えたと考えているが(50)、そうした民間の規範文書と本書の条文の具体的な比較対照作業が必要であろう。

註

（1）滋賀秀三、『清代中国の法と裁判』創文社、一九八四年、第四章参照。もちろん府県での審理の前に、ムラや族の中で問題の解決をはかる努力がなされたことはベトナムも中国同様である。

（2）仏語訳（原文無）：Deloustal, Raymond, "La justice dans l'ancien annam", *Bulletin de l' École française d'extrême-orient* (以下 *BEFEO*), toms 8-13, 19, 22, 1908-1913, 1919, 1922. 以下、ＲＤ仏語訳と略称。英語訳（原文無）：Nguyễn Ngọc Huy & Tạ Văn Tài, *The Lê Code -Law in Traditional Vietnam-*, 3 vols., Athens, Ohio and London: Ohio University Press, 1987. 以下、ＮＮＨ英語訳と略称。ベトナム語訳一（原文有）：Vũ Văn Mẫu, Lưỡng Thần, Cao Nãi Quang, Nguyễn Sĩ Giác, *Quốc triều Hình luật*, Sài Gòn: Việt Nam Đại học viện, Trường Luật khoa Đại học, 1956. 以下、ＶＶＭ越語訳と略称。ベトナム語訳二（原文有）：Viện Sử học, *Quốc triều Hình luật*, Hà Nội: Nhà xuất bản Pháp lý, 1991. 以下、ＶＳＨ越語訳と略称。ベトナム語訳三（原文有）：Nguyễn Quyết Thắng, *Lê triều Hình luật*, Hà Nội: Nhà xuất bản Văn hóa, 1997. 以下、ＮＱＴ越語訳と略称。ベトナム語訳四（原文無）：Nguyễn Ngọc Nhuận & Nguyễn Tá Nhí, "Quốc triều Hình luật", In: Nguyễn Ngọc Nhuận (ed.), *Một số Vấn đề Điển chế và Pháp luật Việt Nam*, vol. I, Từ thế kỷ XV đến XVIII, Hà Nội: Nhà xuất bản Khoa học Xã Hội, 2006. 以下、ＮＮＮ越語訳と略称。

（3）校合作業自体は慶應義塾大学で現在整理中のE・ガスパルドン旧蔵書（後述）を残すのみとなっている。

（4）山本、「国朝刑律の版本と写本」『東南アジア――歴史と文化――』一三号、一九八四年。御本人の没後、その蔵書は東洋文庫に寄贈され、閲覧可能となっている。

（5）片倉、『ベトナム前近代法の基礎的研究――『国朝刑律』とその周辺――』風間書房、一九八七年、第二編第一章。

（6）Gaspardone, "Bibliographie annamite", *BEFEO* tom 34, 1935, pp.44-45. ただし同論文には『国朝条律』とあり、ヴ・ヴァン・マウが所蔵書名に対して質問状を出したところ、自らの蔵書名は『国朝刑律』であると訂正している（VVN越語訳、pp. viii-ix）。

（7）Trần Văn Giáp, *Tìm hiểu Kho sách Hán Nôm -Nguồn Tư liệu Văn học Sử học Việt Nam-*, vol. I, (1st ed., Hà Nội: Thư viện Quốc gia, 1970, 2nd ed., Hà Nội: Nhà xuất bản Văn hóa, 1984), pp. 247-50.).

（8）最近では「越南本」と日本では呼ぶ向きもあるが（後藤均平、「国立国会図書館所蔵越南本一覧」『アジア資料通報』三三巻三号、一九九五年、同（編）、『東洋文庫蔵越南本書目』東洋文庫、一九九九年など）、あまり定着していない。ベトナム本国ではベトナム版漢籍も含めて漢喃本と呼ぶのが普通であり、本章でもそれに従う。

（9）当時の極東学院の収集史料の内容は、松本信広、「河内仏国極東学院所蔵安南本書目」『史学』一三巻四号、一九三四年、山本、「河内仏国極東学院所蔵字喃本及び安南版漢籍書目並びに追記」『史学』一六巻四号、一九三八年、同、「河内仏国極東学院所蔵安南本追加目録」『東洋学報』三六巻二号、一九五三年、及び同蔵書を引き継いだ漢喃研究院の蔵書を調査した川本邦衛、「越南社会科学書院所蔵漢喃本目録」『慶應義塾大学言語文化研究所紀要』二号、一九七一年などで知ることができる。また既に目録も刊行されている（Thư viện Khoa học Xã hội (ed.), *Thư mục Hán Nôm*, 11 vols, Hà Nội, 1969-72（油印本、未公刊）、Viện Nghiên cứu Hán Nôm & École française d'Extrême-Orient (eds.), *Di sản Hán Nôm Việt Nam -Thư mục Đề yếu*, 3 vols, Hà Nội: Nhà xuất bản Khoa học Xã hội, 1993）。

（10）ただし、極東学院が収集したものの、未整理のまま残されたものには新番号が付されていることも多い模様である。漢喃史料整理の概略に関しては拙稿「もう一つのヴェトナム近現代史――ヴェトナム前近代史史料の歩んだ道――」『歴史と地理世界史の研究』一九六号、二〇〇三年を参照。
（11）山本註（4）引用論文七〇―七三頁。
（12）日本人研究者による蔵書調査（松本信広、「越南王室所蔵安南本書目」『史学』一四巻一号、一九三五年、同、「越南王室所蔵安南本書目並びに追記」『史学』一四巻二号、一九三五年、岩井大慧、「永田安吉氏蒐集安南本目録」『史学』一四巻二号、一九三五年、山本、「パリ国民図書館所蔵安南本目録」『東洋学報』三六巻一号、一九五三年、同、「パリアジア協会所蔵安南本書目」『東洋文化研究所紀要』五号、一九五四年、藤原利一郎、「パリ国立図書館新収安南本目録」『史窓』三二号、一九七四年、和田正彦、「松本信廣博士将来の安南本について――慶應義塾図書館・松本文庫所蔵安南本解題――（上）（中）（下）」『史学』六二巻一・二号、三号、六三巻一・二号、一九九二―九三年など）によれば、他の公的機関に同刑律が所蔵されている形跡はない。
（13）Cadière, L. & Pelliot, P., "Premère étude sur les sources annamites de l'histoire d'annam", *BEFEO* tom 4.
（14）松本註（12）引用論文によれば完本一部と破本一部が存在したはず（版本『国朝刑律』は存在せず）であるが、二〇〇六年度の調査で第一国家公文書館には存在しないことを筆者は確認している。一九四五年の八月革命以降、フエの王宮からサイゴン政権下の書庫、そしてハノイへ移されるいずれかの時期に散逸したか、極東学院に移管されたと考えられる。
（15）例えば本文に添えられている注の脱落部分が多く同じであることなどによる。
（16）ＶＨｖ一九九〇本に関しては今まで研究の対象になっていないが、写本で唯一第二一九条を含むことから、版本から直接抄写したものであることは確実である。多くの条文が脱落し、注もほとんど無視されていることなどから、学術目的で作成されたものではなく、民間で用いられたものと考えられる。また阮朝期の避諱を用いず、書名にも『国朝刑律記』とあることから、黎朝期の写本の可能性もあるが、残念なことに漢喃研究院の蔵書となった経緯は不明である。
（17）山本私蔵書には「国朝刑律」とある（山本註（4）引用論文、六九頁）。
（18）ＧＡ本には法律文書の雛形を収録した『百家公案』が合綴されているが、その表紙裏には「歳、乙酉年（一七六五）に在り。春節吉日に重刊する」とある（山本前掲論文、六九―七〇頁）。

(19) Nguyễn Ngọc Nhuận & Nguyễn Tá Nhí, op.cit, pp. 32-34. など。

(20) 山本は現行『国朝刑律』に多くの文字が傾斜したり字間に不統一があることなどから、まず木活字版が先にあり、それをもとに製版（版木版）ができたと推定している（山本前掲論文、七〇―七三頁）。そう考えれば確かに避諱字の入れ替えなども容易であっただろう。

(21) 近年のものでは Lê Thị Sơn (ed.), *Quốc triều Hình Luật -Lịch sử Hình thành Nội dung và Giá trị-*, Hà Nội: Nhà xuất bản Khoa học Xã Hội, 2004. など。

(22) Nguyễn Ngọc Huy, "Le code des Lê《Quốc triều Hình Luật》ou《Lois pénales de la dynastie nationale》", *BEFEO* tom 67, 1980.

(23) 阮朝初代嘉隆帝が嘉隆十三年（一八一四）に頒行。『国朝刑律』以来の基本法であり、序文に「洪徳律と清律とを参酌して編纂した」と述べているが、実際はその連続性は薄く、清律をほぼ踏襲したものである。

(24) NNH英語訳 Book 3, Appendix A, pp. 3-25。同一覧表は、唐律、明律、清律、『皇越律例』と『国朝刑律』の各条の親縁関係を調べ、唐律の場合はA=copy、B=similar、C=influencial とした上で、更に＋－を付してその程度の差を示している。明律は、唐律の影響を受けた条文の場合は『国朝刑律』との親縁関係を小文字の abc＋－で示し、明律独自の条文の場合は唐律同様大文字の ABC＋－で『国朝刑律』との関係を表示してある。清律、『皇越律例』は直接の関係が薄いため、関連条文の番号が示されている。よってそのどれにもあてはまらないのが『国朝刑律』独自の条文ということになる。

(25) Nguyễn Ngọc Huy, op.cit, pp. 205-07。同論文の指摘によれば、聖宗期に増補された条文はとくに特定の章に偏ってはいない。

(26) 片倉前掲書、一一二頁。

(27) （原文）新増律田産章十四条。初太祖欲均田、故略田産章、至是増之。

(28) Nguyễn Sĩ Giác & Vũ Văn Mẫu (trans.), *Hồng Đức Thiện chính thư*, Sài Gòn: Đại học viện Saigon, Trường Luật khoa Đại học, 1959, pp. xvi-xviii。同書には活字による原文が付いているが誤植が多い。原本（漢喃研究院蔵A三三〇本）と『国

朝刑律』の問題の四条を比較すると、『国朝刑律』四条は、光順三年（一四六二）、洪順三年（一五一一）、記年無し、光紹二年（一五一七）とあるが、『洪徳善政書』の方は、記年無し、洪徳三年（一四七二）、洪徳十四年（一四八三）、光紹二年（一五一七）とあり、年号に食い違いが生じているが、文章はほぼ同一のものである。

(29)（原文）行遣之職、始於李朝。専中官為之。加（如の誤り―筆者）入内行遣同中書門下平章事。蓋亦相職之次。陳初、因李舊制。（中略）自聖宗用杜国佐、其後文学之士、相継登用。（割註略）行遣之職、遂為儒紳要途。黎朝初興、仍陳旧制、分置大遣遣・五道行遣、分掌軍民籍簿詞訟事。倶在文班之首、亜於宰相。迨聖宗修定官制、革去。自此遂不用云。

(30)『類誌』は二部のみを挙げているが、藤原が指摘するように、その他に「戸部郎中」の名が『全書』巻十　順天元年三月一十八日の条に見える（藤原、「聖宗の官制改革の背景」『小野勝年博士頌寿記念　東方学論集』、一九八二年、後『東南アジア史の研究』法蔵館、一九八六年、四八六―四八七頁）。

(31)第六一五条（巻五　雑律章第六十三条）だけに安撫司の名が見られる。代わって「路官」の方は多く見られる。

(32)転運使の名は『国朝刑律』にはみられない。「県官」とあるのみである。

(33)唯一「社長」とあるのは第四四七条（巻四　盗賊章第三十七条）であるが、条文の内容に拠る限り、社官の職掌と変わりはなく、何故この条のみ社長とあるのかは不明である。

(34)『国朝刑律』巻六　断獄章中の四条に審刑院の名が見られる。

(35)鞠獄及び訴訟を扱う訟院内の建物として第七〇九、七一一条に見られる。

(36)例えば量刑を記載する際、『国朝刑律』では徒刑の場合、年限を明記しないが、『洪徳善政書』には明律同様にそれを明記している例が多い。

(37)光順期のものが二十一条、洪徳期のものが二十三条であるが、洪徳期の一条は「相似している」とは言い難い。

(38)本書では原文引用の際は訓読もしくは現代語訳を本文に掲げることを原則としているが、原文比較のため、あえて原文をそのまま引用する。

(39)『故黎律例』（漢喃研究院蔵：A六一三本、東洋文庫蔵マイクロ本：X―二―八五）の著者及び成立年代に関しては不明であるが、「故黎」とあることからおそらく阮朝期に編纂されたものらしい。その中に「洪徳申明各条例」という項があり、三十八条の条文が収録されている。片倉は特に第二十四条以下が、徒刑に年限を付すなど、明らかに明律を踏襲した規定の集まりであることを指摘している（片倉、「『故黎律例』の洪徳申明各条例について」『ベトナム黎法の研究』昭和六十二年度科学研究費補助金（一般研究（C））研究成果報告書、金沢大学教養部、一九八八年、三六—三七頁）。

(40) もちろん光順版『国朝刑律』が存在せず、莫朝期に「始増田産章」と「増補香火四条」その他がまとめて原刑律に加えられた可能性も皆無ではない。

(41) 十七世紀から十八世紀に出された律例を収録したもの、全七巻。漢喃研究院に写本が存在する（図書番号：A二五七）。旧サイゴン政権下で金属活字本（越語訳付き）が出版された（Nguyễn Sĩ Giác & Vũ Văn Mẫu (trans.), *Lê triều Chiếu lịnh Thiện chính*, Sài Gòn: Đại học viện Saigon, Trường Luật khoa Đại học, 1961）。

(42) 山本前掲論文、七三—七五頁。

(43) 唯一、「増補参酌校定香火九条」の部分は莫朝以降、黎朝後期に加えられた可能性が残る。

(44) 岩生成一、『新版・朱印船貿易史の研究』吉川弘文館、一九八五年、一四九—一五一頁など。

(45) J・ウイットモア J. K. Whitmore が鄭氏と莫氏の「正統性」に関し、前者が「王統」を主張したのに対し、後者が「聖宗期の繁栄の継承」を主張したとするのは卓見であるが（Whitmore, J. K., 1995, "Chung-hsing and Cheng-T'ung in Texts of and on Sixteenth-Century Viet Nam", In: Taylor, Keith. W. & Whitmore, J. K. (eds.), *Essays into Vietnamese Pasts*, Ithaca, New York: Cornell University）、鄭氏が聖宗を無視したわけではない。莫氏をほぼ壊滅に追い込んだ後、鄭氏もやはり範とする治世として聖宗期を重視しているのである。

(46) 上田、「一七世紀ベトナム黎鄭政権における国家機構と非例官署」『南方文化』三三号、二〇〇六年、同、「ベトナム黎鄭政権における鄭王府の財政機構——一八世紀の六番を中心に——」『東南アジア研究』四六巻一号、二〇〇八年。

(47) 拙稿「黎末北部ヴェトナム村落社会の一断面——ナムディン省旧百穀社の事例——」『南方文化』二五号、一九九八年。

(48) ベトナム社会の時代性については拙著『黎初ヴェトナムの政治と社会』広島大学出版会、二〇〇九年　の結語や桃木至朗

『中世大越国家の成立と変容――地域世界の中の李陳時代ベトナム史――』（学位申請論文、於広島大学、二〇〇九年）を参照。

(49) 実際、黎朝開国功臣子孫の家譜には『藍山実録』に基づく自らの先祖の序列や賜与された田土などの記録が多く残されている（拙著前掲書序章参照）。

(50) 例えばＮＮＨ英語訳 Book 1, pp. 84-85など。

ベトナム黎鄭政権の地方統治
――十七〜十八世紀鉢場社の事例――

上田新也

はじめに

ベトナム北部の紅河デルタは一般的に村落結合の希薄な東南アジアにあって、例外的に地縁と血縁が複合した強い村落結合が観察される地域であり、村落社会のおける「伝統的」な思考形式や行動パターンの理解を巡り、経済学者であるスコットやポプキンによる論争の対象となされた地域でもある(1)。ベトナム史研究においてもこの紅河デルタ村落群の歴史的形成過程の解明が課題とされ、進められたのが十五世紀以降のベトナム平野部において最も普遍的な末端行政単位である「社」についての研究であり、[2] 桜井由躬雄の公田制研究により十七〜十八世紀が自律性の高い紅河デルタ村落群の基礎が形成される村落史上の一画期とされるに至る。[3]

桜井はまず、十七〜十八世紀の紅河デルタでは耕地開発が限界に達した結果、生産条件の悪い土地にまで開発が及んだために農業生産が不安定化し、大量の流民を発生させていたこと、また遺棄田土の兼併による村落内（村落間）の階層分化が進んでいたことを指摘している。一方、黎鄭政権の地方統治について桜井の記述は曖昧であり、中央権力は「中間権力」による収奪を抑止するため、村落に一定の自律を容認することによって対抗させ、この結果、貧民層を切り捨てつつ村落の結束強化が進んだとする。しかし桜井の「中間権力」概念は曖昧であり、地方統治における国家と村落の関係を検討するに際しては問題をはらんでいる。[4]

このように桜井が「中間権力」という抽象的な概念を持ち出さざるを得なかったのは、黎鄭政権の国家機構の複雑さに起因している。十七〜十八世紀の紅河デルタを支配した黎鄭政権は十五世紀に成立した黎朝が一旦滅亡した後、地方軍閥により復興されたものであるが、形式上は黎朝皇帝が推戴されてはいるものの、政治的実権は鄭氏一族により掌握されている。このような権力構造は国家機構にも反映されており、黎鄭政権では前代より継承された黎朝系組織と鄭氏により作られた鄭王府系組織が中央から地方に至るまで併存している。このため黎鄭政権の地方統治の実態を把握するためには、まずその担い手を問題とするところから始めなくてはならない。そこで本稿では筆者がこれまでに行ってきた黎鄭政権の官僚機構の研究を踏まえつつ、[5] 京師（昇龍、現ハノイ）近郊に位置する窯業集落である鉢場社を例として、黎鄭政権の地方統治の実態を検討する。

本論に入るに先立ち、鉢場社について概略を述べておく。現在、ベトナムの首都ハノイの中心部から南東へ一〇㎞ほどの紅河東岸に伝統的窯業集落として著名なバッチャン社（xã Bát Tràng、漢字に直すと鉢場社）が位置している

【地図１】　現在のバッチャン社周辺域

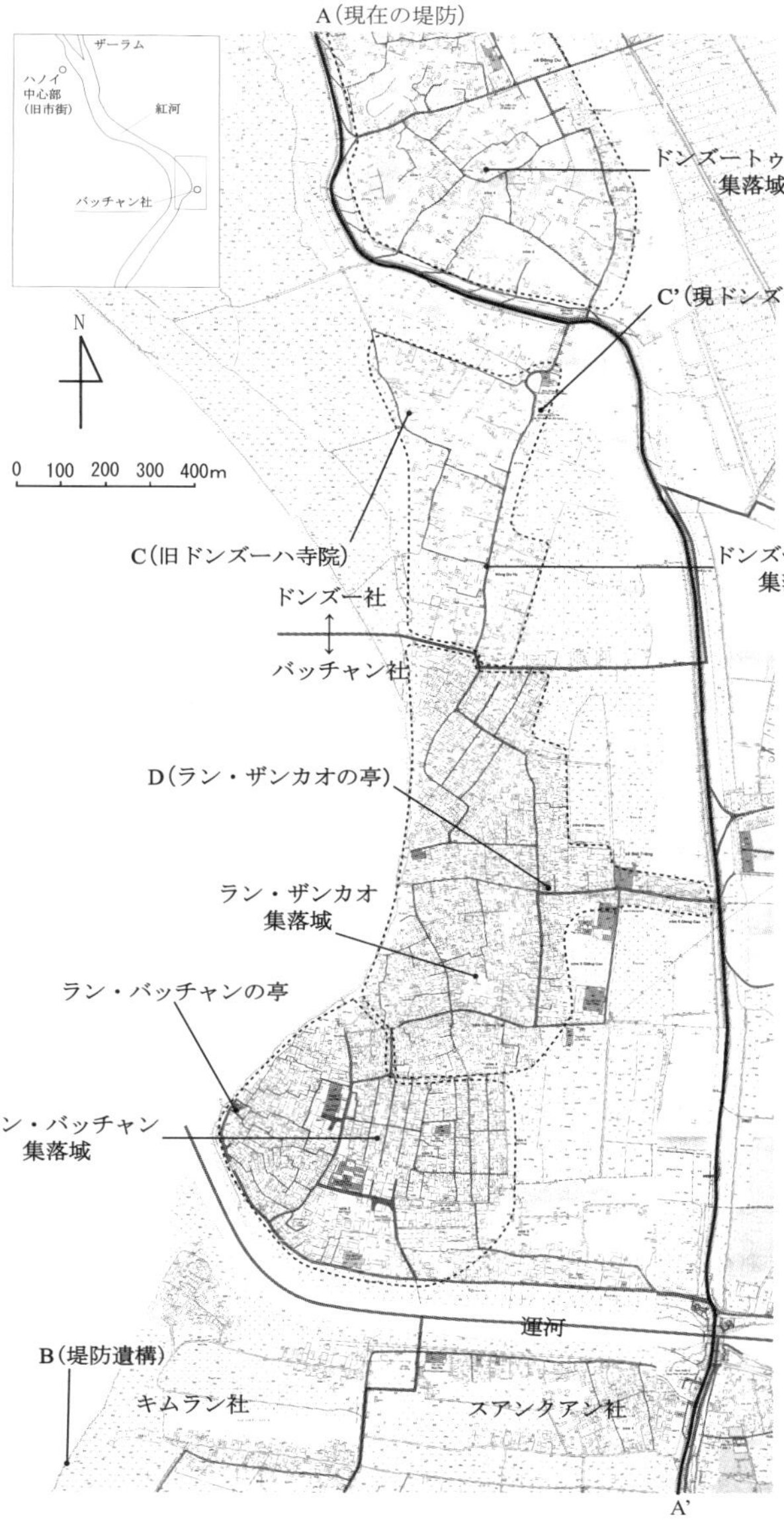

Trun tam Tu lieu Do dac va Ban do, 1/2000地図を元に作成

【地図1】[6]。さらにバッチャン社はバッチャン（làng Bát Tràng）とザンカオ（làng Giang Cao）という二つのラン（làng）に分かれている。現在のベトナムでは最小の行政単位は「社（xã）」であり、ランは厳密には行政上の単位ではないが、祭礼などの伝統的行事は多くがラン単位で行われ、バッチャン社の場合、それぞれのランがその中核的施設であるディン（Đình、亭）を持っている。後述するように現在ザンカオと呼ばれる区域は嘗て「東皐社」として鉢場社とは別個の社であったと考えられる。[7] バッチャン社の北にはドンズー社（xã Đông Dư、東畬社）のドンズーハ村（thôn Đông Dư Hạ、東畬下村）と境界を接し、南には二十世紀中に建設された運河（Sông Bắc Hưng Hải）を隔ててスアンクアン社（xã Xuân Quan、春関社）及びキムラン社（xã Kim Lan、金蘭社）が位置している。現在の紅河東岸の堤防は**地図1**のA—A′に示す位置にあり、堤防上は舗装道路となっている。

一　裁判史料を通じて見る黎鄭政権期の紅河デルタ社会

本稿では京師近郊の窯業集落である鉢場社を例として黎鄭政権の地方統治を検討することを目的とするが、主に十七～十八世紀の碑文拓本を収録した Tổng tập Thác bản Văn khắc Hán Nôm（『漢喃刻文拓本全集』、以下『拓本集』[8]）を見ると、訴訟に関する記述を伴う碑文が散見し、当時の紅河デルタ社会が相当な訴訟社会であったことを窺わせる。それらの中には判決文、公文書を石に刻み後世への証拠として残されたものもある。鉢場社もその一例であり、『拓本集』所収の碑文拓本 N.3525-3528には鉢場社が隣接する東皐社との間の土地紛争に対し十七世紀後半に下された判決などが碑文に刻まれている。[9] 碑文の形態は拓本から判断する限り、高さ約一メートル、横幅約四十五センチの直方体の四面碑文であり、各面に嘉林県の判決（一六五四年）、順安府の判決（一六五五年）、京北承政使の判決（一六五六年）、御史台の判決（一六五九年）、奉差官の判決（一六八〇年）、鄭王の令諭（一六八一年）が刻まれている。建碑年は刻まれていないが、黎朝の避諱が見られることから一六八一年～一七八九年と推測されるが、内容は鉢場社に下された判決文をそのまま忠実に石に刻んだものと考えられ、史料としての信用性は高いと判断できる。黎鄭政権の判決文については未だ日本において紹介された例が少ないため、以下にまず原文および現代語による試訳を示す。

①嘉林県の判決（一六五四年、N.3527）

【原文】

嘉林[10]県衙門等官、為理断刺人訟事。於本年拾月貳拾捌日、拠属内鉢場社官員社村長武秉軸・阮瑾・武令誉・阮有臨・阮擢・黎有倫・阮瓘・范千歳・阮文通等有告。状謂、被別総東皐社、恃其該県[11]貯養奸人持尖鎗、当日中押到鉢場社界碣[12]、刺人不法事。拠此、仍勾[13]東皐社。其東皐社阮時克・陳文偕・梁森・阮知詩・阮文鑑・鄧金生・陶文包・陶文命・阮有象・陶益・阮如隣・阮文玳上下等有状交勘[14]、等詞。再勾証人本総金蘭・春蘭・東畲等社、幷調抄口、略験各幅、共就衙門勘問。再往此処、拘集本総等社、共就詞下、査被跡人所在・被処堤下等、調得此参詳。其訟係是堤路者所以防水通行、廟神者所以捍災禦患。其鉢場社祠廟在上堤路処、已経年久、有駆瘟事、近於直理。其東皐社先下手刺人重跡、已有本総略験為憑、渉於非理。応断鉢場社為直伴。東皐社果是曲伴、当償此跡依如律内。若違強断者、即経呈上官糾挙。茲断。

盛徳貳年拾貳月貳拾参日、該吏阮文欽

県〈花字花押〉

【試訳】

嘉林県の官、傷害事件について判決を下す。本年十月二十八日、本県内鉢場社の官員、社村長の武秉軸・阮瑾・武令誉・阮有臨・阮擢・黎有倫・阮瓘・范千歳・阮文通などの告発に基づく。訴状によれば、別総の東皐社により、該県が悪人を養い武器を所持しているのを恃みにして、日中鉢場社の界碣を押し倒そうとし、負傷させるなどの不法を行われた、とのこと。これを受け、東皐社より事情聴取を行った。東皐社の阮時克・陳文偕・梁森・阮知詩・阮文鑑・鄧金生・陶文包・陶文命・阮有象・陶益・阮如隣・阮文玳などは書状により反論した、とのこと。また証人として本総の金蘭社・春蘭社・東畬社からも事情聴取を行い、証言を取り、関連文書を検証し、みな役所の取り調べに赴いた。また再びこの地に赴き、本総の社を集合させ、皆で訴状の現場に赴き、被害者の所在、被害現場である堤防の下を調べた。調査の結果これらの詳細を得た。この訴訟については、そもそも堤防は水防、通行の要であり、廟神は天災を防ぐ要である。鉢場社の祀廟は堤路上にあって既に長い年月を経ており、疫病を駆逐してきた事は、真実であるように思われる。東皐社が先んじて傷害という重罪を犯したことは、既に本総での検証が調書となっており、道義に反する。判決を下すに鉢場社を勝訴とする。東皐社を敗訴とし、被害を律の規定に基づき賠償すべきである。判決に違反すれば、上官に報告し検挙する。ここに判決を下す。

盛徳二年（一六五四）十二月二十三日、該吏阮文欽

②順安府の判決（一六五五年、N.3527）

【原文】

順安府衙門等官、為理断相争洲土(15)訟事。

盛徳参年肆月拾捌日。拠属内嘉林県東皐社阮時克・陳文偕・梁森・阮知詩・阮文鑑・鄧金生・陶文命・阮徳沢・阮有

象全社等告。状謂、被本県別総鉢場社、妄告在県官衙門、其県官衙門偏断、等詞。始勾来・査問、其鉢場社武秉軸・阮瑾・黎進徳・范千歳・武令誉・阮有臨・阮擢・黎有倫・裴富・王廷籌・陳文科・阮瓘等、再有状。交謂、被東皐社在内田、意欲争土、各持器械、押到廟祠刺人。被跡已有告在本県衙門、査実勘断、等因。拠此状詞、仍詳詰問両伴訟。其原告東皐社備言、原有外堤例有納税。然例税、民常控納。其被告鉢場社又備言、原本社地分在沿江、上自東畬、下至金蘭。其市渡例額界碣、已有須知簿内。且承鎮守官沿江地分[16]、亦有店次。又乞行踏勘、仍親行就相争此処、拘集両伴訟各社指引、踏査此彊彼界。又勾査傍近東畬金蘭各社証人、究問曲直、及調東畬旧跡理断交約各憑。又拠各社証人所称、並就此処夾界、縄立標表、壇下歃誓[17]。又査東畬約内有東畬簿、東皐・鉢場等社定立界碣、見南辺西辺夾大河、近鉢場社。仍此与鉢場社理断約内、合同如出一轍。其北与東皐社、並不自近、渉於顛倒。又差吏与両伴証人、並就戸科衙門抄写須知簿[18]、見鉢場社内外堤柒百五拾篙、及有市渡。為此鄰状詞、幷供抄各幅収留案内、審得参詳。其訟係鉢場社在外堤沿江、有浮沙帯挹[19]接連地分。又有東畬証人歃血盟誓而供称、与譬如木有根枝。若東皐社居在内田、又無証人称、与譬如寄木無根托。以鉢場余地私壇耕種、自起妄争、奚啻寄木陵枝面。又顛倒理断、違内約交、則其曲直不待弁而自明。令将前項相争洲土潭陶、合断還直伴、依如旧跡約交及須知簿。洲則耕居、潭則攻魚、各勤生業、以為永遠之基。若曲伴東皐社応保有旧彊田内、不得越分強争。違者、聴呈来得憑、挙奏懲治。茲理断。

盛徳参年筳月貳拾貳日、対同籤吏阮世科

【現代語訳】

順安府の官、洲土の係争について判決を下す。

盛徳三年（一六五五）四月十八日。管轄内の嘉林県東皐社の阮時克・陳文偕・梁森・阮知詩・阮文鑑・鄧金生・陶文命・阮徳沢・阮有象などの告発に基づく。訴状によれば、本県別総の鉢場社に、不当に県へ訴えられ、県官に一方的な判決を下された、とのこと。そこで事情聴取のために出頭させ、事情を問うに、鉢場社の武秉軸・阮瑾・黎進徳・范千歳・武令誉・阮有臨・阮擢・黎有倫・裴富・王廷籌・陳文科・阮瓃らが、再び書状を提出した。反訴状によれば、堤防内を耕作する東皐社により、土地を奪おうとし、各々武器を持って、祀廟に押しかけて負傷させられた。被害については既に県官に告発し、調査の上で判決を下されている、とのこと。これらの書状に基づき両当事者を取り調べるに、原告の東皐社が主張するには、「そもそも外堤例（堤防外の土地に対する納税規定）があるからこそ納税するのである。納税額それ自体を規則としてしまっては人々が納税を控えてしまうであろう。」また被告の鉢場社が主張するには、「そもそも本社は、上は東畬から、下は金蘭の間の沿江の地分にある。その（領域内の）市渡の課税額や界碣については、既に須知簿に記載されている。また鎮守の管轄する沿江の地分を受け継ぎ、居住している。また実地検分を乞われ、自ら係争地に赴き、両社の人々を集合させ、境界など指差させて確認しつつ、あちこちの境界を踏査した。また付近の東畬社・金蘭社の証人から事情聴取を行って是非を問い正し、東畬の旧跡にある判決や交約（近隣村落との取り決め）といった書類を調査した。また各社の証人の証言に基づき、皆であちこちに赴き、測量して目印を立て、血盟した。また東畬の約定内を調べるに東畬の地簿が有り、それによれば東皐社と鉢場社が界碣を立てた位置は、南辺と西辺に大河があり、鉢場社と接している。そこでこれを鉢場社の判決や約定と照らし合わせると、全く同一である。その界碣の北側は東皐社と接しておらず、（東皐社の主張は）誤りである。また派遣した官吏と両社の証人が、共に戸科に赴きが須知簿を写し取るに、鉢場社には内外の堤防七五〇篙及び市渡が有る。それゆえ書状を記し、また各証言を報告に収録し、調べて詳細を得た。この訴えにおいては、鉢場社は堤防外の沿江地分にあり、土砂の堆積地と帯状の集落が続いている。また東畬の証人が血盟した上で供述して称えるには、（鉢場社を）地に根のはった木に例えた。一方、東皐社の地分は堤防内に居住して耕作しており、証人が称えることはなく、根のない寄木に例えた。たとえ鉢場社の土地を勝手に耕作し、不当に争いを起こそうとも、寄木が根を張ることが出来ようわけがない。また判決を覆し、村落同士の取り決めに違反するに至っては、是非は論じるまでもなく明らかである。係争の洲土と潭陶（陶器の材料を採取する池）は全て勝訴側（鉢場社）に返還し、旧跡の約定及び須知簿の記載の通りとする。洲土に耕居し、潭池では魚を捕り、各々生業に勤め、以て永遠の基となすべし。敗訴した東皐社は以前の境界内の田土を保有し、それを越えて不当に争いを起こしてはならない。違反者には、許可を得た上で、懲罰を上奏することを認める。茲に判決を下す。

盛徳三年（一六五五）九月二十二日、対同提吏阮世科

③承政使の判決（一六五六年、N.3525）

【原文】

京北処承司衙門等官、為理断洲土浮沙水孕[20]訟事

盛徳四年三月。拠見、属内嘉林県東皐社官員社村長阮時克・陳文偕・梁森・阮知詩・阮文鑑・鄧金生・陶文包・陶文命・阮有象・陶益・阮如鄰・阮文玳全社上下等有状告、等詞。仍勾鉢場社官員社村長武秉軸・阮瑾并黎進徳・武令誉・阮有臨・阮擢・黎有倫・憑《ママ》（馮）徳容・裴富・王廷籌・陳文科・阮瓘全社上下等、有状交、等詞。照査両伴案内、仍分差往前項県二社相争洲土処、拘集傍近金蘭東畬等社所供、等言。有左廣官親行踏勘、見旧跡堤脚至大河、則有洲土高培広闊。上則東畬有神仏寺、下則鉢場有神廟祠、其形已著。且有傍近等社証人供言、鉢場社原有沿江店次、防禦姦非、倘有客被盗劫、累累受償。其東皐社同田在内[21]、不有沿江地分。供言抄口収留案裏拠、本司左廣官呈堂。得此参詳。其訟係鉢場社原有市渡例額、又有廟祠堤路地分沿江、已経県府二衙門所断。若東皐社在内有界、不待其辞之畢。其為

直為曲、分然両途、李牛之是非決矣。其洲土浮沙水孕及辺江未満流水処、応断還直伴鉢場社、依如旧跡、以復祖宗土地、以遺子孫基業。其東皐社在内田、不得強争過界。違者糾挙、案律奉行、懲其頑訟。茲断。

盛徳肆年五月貳拾壹日、対同阮廷諍

承司〈花字〉

【現代語訳】

京北処承政使司の官、洲土・浮沙・水孕の訴訟に判決を下す。

盛徳四年（一六五六）三月。報告を見るに、管轄内の嘉林県東皐社の官員・社村長の阮時克・陳文偕・梁森・阮知詩・阮文鑑・鄧金生・陶文包・陶文命・阮有象・陶益・阮如鄰・阮文玳などが書状により告発した、とのこと。よって鉢場社の官員・社村長の武秉軸・阮瑾幷黎進徳・武令誉・阮有臨・阮擢・黎有倫・馮徳容・裴富・王廷籌・陳文科・阮瓘などから事情聴取するに、反訴状を提出した、とのこと。双方の書状を検分し、嘉林県の二社が争う洲土に官吏を派遣し、付近の金蘭社・東畬社を集めて証言を取った、とのこと。左廈官が自ら実地検分し、旧跡・堤脚を検分して大河に至った。洲土は高く堆積して広々としており、上には東畬の神仏寺があり、下には鉢場の神廟祠があり、その形状は明瞭である。また付近の社の証人が証言するには、鉢場社にはもともと沿江に居住しており、犯罪を取り締まり、もし客が盗難に遇えば、きちんと賠償を受けている。東皐社の農地は堤防内にあり、沿江の地分は持っていない。証言を報告の裏に収録して証拠となし、本司の左廈官が提出し、以上の詳細を得た。この訴訟では鉢場社にはもともと市渡の税額があり、また廟祠や堤路付近の沿江地分については既に県と府の判決を得ている。また東皐社が堤防内にあることは、述べるまでもなく明らかである。その是非をはっきりと分かち、牛李の党争の如き果てしない論争に決着を付けようではないか。洲土の土砂堆積地、沼沢、および河岸の未だ流水が満ちていない部分は、勝訴側の鉢場社のものとし、以前の如く祖宗の土地を回復し、子孫の基業を遺すべし。東皐社は堤防内を耕作し、不当に争って境界を越えてはならない。違反者は検挙し、律に従い処置し、その頑訟を懲らしめる。ここに判決を下す。

盛徳四年（一六五六）五月二十一日、対同阮廷諍

承司〈花字〉

④御史台の判決（一六五九年、N.3528）

※上辺に「副都御史豊祿子呉、批」「僉都御史東河子武〈花押〉」とある。

【原文】

順安府嘉林県鉢場社官員社村長武秉軸・阮瑾・黎進徳・武令誉・阮有臨・阮擢・黎有倫・馮徳容・裴富・王廷籌・陳文科・阮瓘・阮得名巨小等、申状鳴交勘。為被別総内同田頑民詭計、侵争洲土、已訟随次、経県府承司等衙門。各三理断同、幷憲司所啓。而彼社妄啓強鳴、奉府堂。旧官再批、付依等衙門所断、未及還民収留案、而彼社猶狃旧習、妄啓強鳴、雷同頑慢事等詞。甚於不法焉。此備因来、申鳴交勘。乞望恩、勾調文案各幅審理、施行懲不法、塞強争、蘇民望。

永寿貳年玖月初肆日、申状交勘。鉢場社社長阮得名記。

付。係嘉林県鉢場社与東皐社相争洲土、這訟已経県府承憲二司等衙門官勘断、但彼東皐社強争、以致訟在本衙門。茲已勾差査勘。仍拠見、本総接近東畬則供謂、久有洲土、上自土塊下至鉢場、其本処神祠見鉢場社奉事。春蘭則供謂、其外洲土、上自東畬下至鉢場。金蘭又供謂、原祠廟辺江、見鉢場社奉事、等祠《ママ》(詞)。其等社、並已歃血盟誓、事畢。得此公同併勘、仍査東皐社在本総内同田、幷有神祠在内堤路。其鉢場社在本総外沿江地分、再有神祠在外沿江堤路。

這訟已有県府承司等官馮断、等因。仍使鉢場社並就本洲土盟誓、事畢。其前項洲土浮沙水孕、応断還鉢場社地分、以明界限息争端。其東皐社本在内同田、総宜守在内地分如原前。有違者、許申来得憑、謹啓糾挙懲治。茲付。

【現代語訳】

（鉢場社の交勘状）

順安府嘉林県鉢場社の官員・社村長の武秉軸・阮瑾・黎進徳・武令誉・阮有臨・阮擢・黎有倫・馮徳容・裴富・王廷籌・陳文科・阮瓏・阮得名など、かさねて書状により反訴する。別総内農地の頑民の奸計により洲土を侵され、既に訴訟は順序に従い、県・府・承政使司などの役所を経過している。判決は三つとも同じであり、憲察使司の上奏も同様の判断である。しかるに東皐社は不当に上奏、告発を繰り返し、鄭王府に訴え出た。前任官の意見によれば、今までの判決は未だに紛争を解決するには及ばず、東皐社は依然として旧習に固執して、不当な上奏・告発を繰り返して、頑固な主張に付和雷同している、とのこと。不法なことこの上ない。ここに今までの経緯を書き記し、重ねて交勘致します。願わくは事情聴取、調査の各書類を吟味の上、法に照らして不法を懲らしめ、強引に争いを引き起こすことを止めさせ、人々の希望を蘇らせて頂きたい。

永寿二年（一六五九）九月四日、書状により重ねて交勘致します。鉢場社社長阮得名記す。

（御史台の付文）

付す。嘉林県の鉢場社と東皐社の洲土を巡る紛争については、既に県・府・承政使司・憲察使司の判断を経ているが、東皐社が強引に争い、本官衙にまで訴え出た。（これを受けて）既に事情聴取、現場検証は終了した。それらによれば、本総の（係争地と）境界を接する東畬社が証言するには、洲土は久しく有り、上は土塊より下は鉢場に至っている。係争地の神祠は鉢場社によって奉事されている。春蘭社が証言するには、堤防外の洲土は、上は東畬より下は鉢場に至っている。金蘭社が証言するには、もともと祠廟は河川の近くに位置し、鉢場社によって奉事されている、とのこと。これらの社は証言の上、血盟して終了した。これらの証言を得て協力して検分するに、調べると東皐社は本総内の農地にあり、堤防の内側に神祠がある。鉢場社は本総外の沿江地分にあり、神祠も沿江の堤路の外にある[22]。この訴訟は既に県・府・承司の判決がある、とのこと。よって鉢場社に本洲土に赴かせて血盟して終了した。件の洲土・土砂堆積地・沼沢は、鉢場社の地分に返還し、以て境界を明かにし、紛争を終わらせる。東皐社は内側において農地を耕作し、以前のごとく内側の地分を守らなくてはならない。違反者は、許可を得た上で鄭王府に糾弾・懲罰を上奏することを許す。ここに付す。

⑤奉差覆勘による判決（1680年、N.3526）

【原文】

奉差覆勘右鋭奇該奇官都督僉事錦郡公呉登仕・陪侍東閣校書春沢男阮進朝・東閣校書阮廷滾等謹啓聞[23]。

　計

一、奉付勘一啓。嘉林県東皐社鄭千春・阮文可等鳴謂、被本県鉢場社妄争洲土地分、已経県府承司至御史等衙門、抑断未明、等詞。奉此、仍勾鉢場社陳徳禖・阮登進等有状。交謂、被別総東皐社居在内同、無有沿江地分、妄争訟与本社。已経県府承司至御史等衙門、並参断同、而彼社再妄啓姦告、等詞。仍公同併勘、査見這訟。起争自甲午年、已経府官及承司至御史衙門、並断還鉢場社洲土。自此至茲、計得貳拾五陸年余、再見東皐社違断、強争洲土。推究其始、則於御史官勘断之後、東皐社何不鳴告□、至茲年而始告乎迹。彼所行畢竟貪婪、無厭使之然耳。且査東皐社供謂、原本社地分内田外洲、自前祖父継耕、以来逓年、投納生糸税例。仍査見平例簿[24]、東皐社全年税贓古銭貳拾参貫柒陌五拾捌文、内有准納生絲貳拾捌鎰、以此併之。則生糸税已准入税贓之内非是。有桑洲土、始有生絲税例。執此両端而論、則彼貪婪之心、益無厭明矣。得此奉論、以為係相争洲土、府官及承司、至御史等衙門、並断還鉢場社、已経久貳拾五陸年余。這訟応休論。若東皐社強断起争、不計積年経久理、応論刖論罰依如供内。但訟已断休、応減古銭五拾貫。其刖応休論。至如鉢場社所損勾銭共古銭肆貫貳陌参拾文、応収在東皐社、付還彼社領取、以息争端。他如両伴混相闘殴、這節未経随次。恭乞付随次勘行。茲謹啓聞。

永治五年七月二十日

【現代語訳】

奉差覆勘右鋭奇該奇官都督僉事錦郡公の呉登仕、陪侍東閣校書春沢男の阮進朝、東閣校書の阮廷滾等、謹んで上奏致します。

計

一、審査一件を奉ります。嘉林県東皐社の鄭千春・阮文可などが提訴して言うには、本県の鉢場社に洲土地分を不当に争われ、既に県・府・承司を経て御史台に至り、判決を得るも未だに明らかでない、とのこと。これを受け、鉢場社の陳徳禩・阮登進を事情聴取するに書状を提出した。反訴して言うには、別総の東皐社は堤防内に位置し、沿江の地分を持たないにもかかわらず、不当に本社を訴えている。既に県・府・承司を経て御史台に至り、判決は三つとも同じであるのに、東皐社は再び不当な上奏、告発を繰り返している、とのこと。よって共同して検分し、この訴訟を調査した。紛争が甲午年（一六五四）に起きてより、既に府官及び承司を経て御史台に至り、全ての判断は鉢場社への洲土返還を命じている。これより今に至ること二十五、六年余り、再び東皐社は判決に違反して洲土を争っている。そのきっかけを推察するに、御史台の判決後、東皐社は何ら再提訴せず、今年になって始めて告発した。東皐社の所行は貪欲で、費用を厭うということがまるでない。また東皐社を調べるに証言して言うには、もともと東皐社の地分は堤防内の田土と堤防外の洲土であり、祖父の代より継耕しており、以来毎年、生糸税を納めている、とのことである。よって平例簿を調べるに、東皐社は毎年の税として古銭二三貫七五八文を納め、その内には生糸二十八鎰による代納が含まれており、これにより税額を補完している。つまり（古銭を生糸で代納しているだけで）生糸税が税額の内に含まれているとするのは誤りである。桑洲土があって、始めて生糸税がある。ここで曖昧な結論を出せば、彼らの貪婪の心はますます増長するであろう、（とのこと）。これを得て論ずるに、思うに洲土の紛争は、府官より承政使司に及び、さらに御史台にまで至り、並びに鉢場社への返還を命じ、既に二十五、六年余りもの久しきに至っている。この訴訟は休廷とするべきである。東皐社が依然として争いを止めず、積年経久の理を考えないことは、まさに刖刑ならびに罰金刑を論ずるべきであることは既述のとおりである。しかしこの訴訟は休廷とするので、特に罰金古銭五十貫に減じ、刖刑については論じない。鉢場社が蒙った勾銭合わせて古銭四貫二三〇文は東皐社が納めるべきであり、彼の社からの領取として、以て紛争を終わりとする。その他に双方の乱闘については、いまだ手続きを経ておらず、順序に従って裁判に付すことを乞う。ここに謹んで上奏致します。

永治五年（一六八〇）七月二十日

⑥鄭王府の令諭（一六八一年、N.3526）

【原文】

辛酉年七月十六日、僉太監屯義伯・同知監事瀛泰伯、鉢場社有啓聞、恭乞令諭息訟端。奉判寛泰伯伝、付府僚官論。(26)
寄待令、攷許啓。断已下封子幷令諭、鎮守官立界、息争端。茲奉付鉢場社、領取啓聞、断下封子。茲付。

大元帥掌国政尚師太父徳功仁威明聖西王令諭[27]、奉差京北処鎮守官後威奇該官署衛事晃郡公陶光特・督同官乂安道監察御史阮忠亮等。茲専委元帥典国政定南王[28]、統攝官僚、裁決機務。従嘉林県鉢場社所啓聞謂、原訟与本県東皐社洲土地分事、由已経御史承司及府県等衙門、並断還鉢場社。至覆勘官査見旧断、以為経久、謹啓聞休覆、恭乞差官立界、等因。応往前項県社、就相争処、拘集両伴認引、仍照御史衙門断内、分立界碣、以明地分、息争端。若奉行不虔、有国法。在茲令諭。

正和二年七月初二日

令諭

【現代語訳】

（令諭の添え状）

辛酉年（一六八一）七月十六日、僉太監屯義伯・同知監事瀛泰伯・鉢場社より上奏があり、令諭して訴訟を終息させることを乞うた。奉判寛泰伯が伝えて、府僚官の議論に付した。預けて令諭を待つに、結論は上奏を認めた。決定するに封子および令諭を下し、鎮守官が界碣を立て、紛争を終息させる。ここに（令諭）を奉り鉢場社に付すに、上奏を受理し、封子を下す。ここに付す。

（令諭）

大元帥掌国政尚師太父徳功仁威明聖西王（鄭柞）、奉差京北処鎮守官後威奇該官署衛事晃郡公陶光特および督同官乂安道監察御史阮忠亮に令諭す。ここに（鄭柞は）専ら元帥典国政定南王（鄭根）に委ねて、官僚を統制し、機務を裁決する。嘉林県鉢場社より上奏して述べるに、訴訟は本県東皐社の洲土地分に関して、既に御史・承政使司・府県などの衙門を経過し、全て鉢場社を勝訴させた。覆勘官に至って以前の判決を調査するに、既に長期間に渡っており、休廷して判決を確定し、官を派遣して界碣を建てることを乞うた、とのこと。前項の県の社に赴き、係争地において双方を集合させて境界を引き、御史台の判決に照らして界碣を立て、双方の地分を明らかにして紛争を終息させよ。公正に実行しなければ、国法により処罰する。ここに令諭する。

正和二年（一六八一）七月二日

令諭

まず右記の鉢場社―東皐社間の訴訟を検討するに先だって黎鄭政権の司法機構の概略を述べておく。(29) 黎鄭政権では訴訟は内容に応じて、それぞれに管轄する官衙が定められている。本案件のような土地紛争の場合、まず、社長による紛争解決が求められ、その後、県―府―承政使―憲察使―監察御史―御史台―鄭王府における公論、という順序を経る。(30) しかし社長による仲裁は基本的に社内の紛争を前提したものと思われ、鉢場社と東皐社という集落間の紛争の場合、社長による紛争解決の有効性は疑問である。両社の土地紛争が訴訟沙汰となった直接の契機は一六五四年に東皐社側が境界に置かれていた界碣に殺到し、鉢場社側に負傷者が出たことにあるが、東皐社側が前触れもなくこのような挙に出たとは考えにくい。これ以前より係争地の帰属を巡って対立があったと見るのが自然である。恐らくその段階で双方の間で紛争の解決が図られたが、不調に終わったのであろう。このように在地社会における紛争解決に失敗した場合、県官が訴訟を受理し、右記の順序に従い控訴が繰り返されることになる。

本案件の場合もほぼこれに従っており、①で負傷者を出した鉢場社が嘉林県に提訴した後、敗訴した東皐社側が②順安府、③京北承政使の順に控訴を繰り返している。これ以降行われる憲察使、監察御史、御史台といった監察系官僚による判断は、それ以前の判決の正当性を審査するものであり、④を見ても分かるように厳密には判決の形式を取ってはいないが、判決内容を審査するためには結局、事情聴取や現地調査をせざるを得ず、実質的に裁判と同様のことを行っている。また⑤は鄭王府における「公論」に相当する。黎鄭政権では黎朝皇帝を推戴する鄭王が王府を開き、実質的に権力を掌握するという二重政権であり、このため官僚機構も黎朝皇帝の臣下を差遣により鄭王府系官職に任じて鄭王府系組織を運用するという特殊な官僚機構となっている。「公論」は元来、鄭王府における審議を指すが、訴訟案件の増大に伴って、それらの審理を専門に行う差遣官僚が十七世紀後半から次第に鄭王府に常設化されている。[31]「奉差覆勘」とはこの様に鄭王府にまで至った訴訟を処理するために差遣された官僚の呼称であろう。⑤の場合、差遣官僚が結果を鄭王に上奏するという形式を取り、これを受けて⑥で鄭王より京北鎮守へ界碣の設置が命令されて判決が確定する。[32] このように黎鄭政権の司法は最終審である鄭王府に至るまで、幾たびも控訴が可能となっている。東皐社による執拗なまでの司法闘争の背景には、このような黎鄭政権の司法機構が背景にある。

さらに、やや時代が下るが『欽定越史通鑑綱目』[33] 景興七年（一七四六）三月条の細目によれば「時に官に在る者常俸無く、訟を以て祿と為す。」とあり、黎朝系組織の弱体化の結果、当時の官僚の多くが定額の俸給はなく訴訟による手数料を収入としていたことが記されている。確かに『歴朝憲章類誌』[34]（以下『類誌』）巻十八、官職誌、仕例恩恤之典、俸祿例を見ても、承政使や憲察使など処単位の官職には寓祿の定めがあるものの、知府や知県といった府以下の官僚に対する寓祿規定が見られない。さらに『黎朝名臣章疏奏啓』[35] 収録の范廷重の上奏文（一七五〇～一七五四年）によれば当時の司法機構について次のように述べられている。

第八。裁判官が妄りに訴訟受理するのを禁止すべきである。各官衙の裁判審理には詳細な規則があるものの、近来の状況を見るにつけ常態となってしまったのは、付和雷同して安易に受理し、強盗の類は鎮守に収監されるものの、憲察使が囚人を解放し、県官に提訴すべきあるのに監察御史が書状を受理するようなことを行っている。

承政使司が受理して審理するものの、一月余りも遅滞しながら、なおも調べるのは控訴されるのを防ぐためではなく、憲察使司が受理して再三に渡って事情聴取を行い、なおも調べるのは権貴が非難されるべきであるからではない。受理すべきでない訴訟を受理し、行うべきでないことを行っているからである。(36)

これによれば司法制度上、刑事事件を管轄する鎮守が収監した囚人を、不正に関する訴訟を担当する憲察使が解放し、県官が受理すべき訴訟を監察御史が受理するなど各官衙で勝手な訴訟処理がされており、また必要以上に裁判を引き延ばし、勾銭を徴収するため再三に渡り事情聴取を行うなど、当時の司法担当官が胥吏まがいの手数料稼ぎを行っていたことが窺われる。鄭王府系組織の勢力伸長により弱体化した黎朝系地方官衙にとって訴訟は重要な収入源となっており、訴訟件数の増大に拍車をかけていたと考えられる。

しかし、このような黎鄭政権期の司法機構が抱える構造的な問題は、紛争が起こった際に容易に提訴に走る理由とはなっても、紛争を起こす直接的な動機となるものではない。特に本案件ような土地紛争の場合、その背景にある社会経済的要因を考えねばならない。そもそも鉢場社は集落全体が紅河に面した堤防外の洲土に位置しており、紅河が増水する夏期においてはしばしば集落全体が水に浸かる。従って⑤の判決でも言及されているように、四半世紀に渡り高額な訴訟費用を費やすほどに魅力的な土地であったかという疑問が残る。

これについては第一に、一七世紀のこの周辺域では鉢場社の窯業と並んで、洲土に適した桑の栽培、養蚕が行われていたことを踏まえる必要がある。⑤によれば東皐社が洲土の所有権を主張する根拠として、毎年の納税の一部を生糸によって納めていることが挙げられている。そこで『類誌』巻二十九、国用誌、賦歛之法により洲土の税制を見ると、洪徳元年（一四七〇）に「桑洲税」が定められ、黎鄭政権期にも継承されており、それまで銭納であったものが、保泰三年（一七二二）には租庸調制による税制改革の一環として桑の栽培者は生糸一鎰につき銭八〇〇に換算して税の半額を物納することが定められている。このような保泰三年の洲土税制が突然に行われれば、納税者側に混乱を引き起こすのは必定である。⑤も考慮すると、これ以前より桑洲土は税額の何割かを生糸により代納することが認められていたのであろう。田税は米もしくは銭納が基本であり、生糸による納税は洲土に対する例外的な税制である。東皐社はこれを根拠として、現に生糸を納税している以上、堤防外の洲土を所有していなければ理屈に合わないと主張しているのである。この主張は、通常の納税を生糸で代納しているに過ぎないとするやや強引な解釈により退けられるが、鉢場社周辺域の洲土では盛んに養蚕が行われていたことを窺わせる。

第二に桜井の研究で指摘されているように十七〜十八世紀の紅河デルタでは堤防内で安定的な農業を営めるような土地が既にほぼ開発し尽くされ、稲作を行う上では農業条件の劣悪な土地にまで開発が及んだ時期であることを考慮しなくてはならない[37]。さらに八尾隆生によれば洪徳堤により開村された集落において、十六世紀初頭に開拓が洲土にまで及んだことによって耕地の拡大がほぼ終了することが述べられている[38]。この一事例をもって紅河デルタ全域に敷延することはできないが、地域により時間差はあっても稲作の条件に恵まれない堤防外の洲土の開発が後回しになっていたのは確かであろう。このような状況下で、黎鄭政権期には生糸の国際商品化などを契機として、桑の栽培に適した洲土の開発が進められていたように思われる[39]。以上の点を考慮しつつ、次節では鉢場社—東皐社間の係争地について十九世紀初頭の地簿を利用しつつ検討する。

二　黎鄭政権期の鉢場社と東皐社

前節での裁判史料から、少なくとも鉢場社と東皐社の間には境界として堤防が存在しており、堤防内に位置する東皐社が堤防外の土地を耕作したために紛争となっていたことが分かる。しかし【地図1】を見る限り現在のバッチャン社周辺に東皐（Đông Cao）なる地名は存在しない。しかし十九世紀初頭に編纂された阮朝の地簿には東皐社の地簿が存在している。(40) この地簿の四至記述と現在の地図を照合すると、現在のバッチャン社内にあるザンカオ（Giang Cao、江皐）と呼ばれる区域が、おおむね旧東皐社の集落域に該当すると考えられる。またザンカオでの古老からの聞き取りによれば明命十七年（一八三六）に鉢場社と東皐社が合併され、その際、東皐（Đông Cao）から江皐（Giang Cao）に改称したとのことである。同慶年間（一八八六〜一八八八）成立の『同慶地輿志』(41) に東皐社が記載されていないことからも、この証言は首肯できる。しかしこのようにザンカオが旧東皐社であるとすれば、前節の裁判史料では十七世紀後半には鉢場社と東皐社の間に堤防が存在していたことが明らかであるから、十八世紀以降に現在の位置A―A'へ堤防位置が七〇〇メートルほど東漸したことになる。両社の係争地を考えるに当たっては、まずこれを検証する必要に迫られる。そこで十九世紀初頭の鉢場社およびその周辺域の地簿を見ると、現在の堤防位置に至るまでに数次に渡り、堤防の遺棄・建設が繰り返され、その度に数百メートル位置を変えていたと推測される。

まず十七世紀後半の堤防位置を探る上で重要なのは、西村昌也によりバッチャン社の南方に位置するキムラン社の河岸において、バッチャン社の東側へと延びる堤防の遺構が発掘されている点である（【地図1】B地点）。氏はこの堤防の存在時期を十七世紀末から十九世紀の間と推定している。(42) 堤防の延伸方向を考慮すると、これが十七世紀後半に鉢場社と東皐社の境界を形成していた堤防である可能性が高い。さらに注目されるのは東皐社及び東畬社の地簿によれば、十九世紀初頭に鉢場―東皐の境界となっている公堤（官堤）の他、その東側に旧堤（残堤）、つまり堤防の残骸があったことが記されている点である。例えば東畬社の居住域である圩巡処、圩艸処はその西側に官堤があり、東側に残堤があったことが記されている。聞き取りによれば圩巡処は現在のドンズートゥオン村集落の中心域を指す地名であり、現在もこの集落の東側には堤防建設の際に土砂を採取した痕跡と思われる池が二筋、列状に分布している。現在は居住地化しているが、この池の間に十九世紀初頭の旧堤があったと思われる。また伝承によればドンズーハ村に有る寺院はかつて西へ三〇〇メートルほどの位置（【地図1】C地点）にあったが、増水時の浸水が激しいために明命二年（一八二一）に現在の位置（【地図1】C'地点）へ移ったという。従って前節③の判決によればあったはずの「東畜神仏寺」はC地点にあったと推測される。また東皐社地簿によれば同社北方に位置する潭堆と潭扁という二つの池の間に旧堤、さらに潭扁処は東側に旧堤、西側に公堤があり、東皐社でも鉢場社との境界となっている公堤とは別に、放棄された堤防が存在していたことを示している。またザンカオの古老によればザンカオの亭（【地図1】D地点）の西側を南北に延びる道路は幼少時まで堤防跡があり、生活道路として利用されていたが、道路の舗装に伴い取り壊されたとのことである。

もう一つ考慮すべきは、鉢場社周辺は【地図1】を見ると分かるように紅河が湾曲しているため、絶えず水勢にさらされ、次第に河岸が東漸する傾向にある点である。西村によればバッチャン社南方に位置するキムラン社では一九六九～一九七一年の洪水により幅二〇〇メートルに渡る地片が紅河により消失したという(43)。これはバッチャン社においても同様であり、古老によれば同じ洪水によってバッチャンの亭付近でも二〇〇～三〇〇メートルほどの地片が消滅したとのことである。また次節で述べるように、少なくとも十八世紀前半には紅河による地片消失の可能性が住民に認識されていたことが確認できる。従って十九世紀初頭に地簿が作成された段階では、河岸は現在より少なくとも二〇〇メートルは西に位置しており、訴訟が行われた十七世紀後半にはさらに西に位置していた可能性が高い。

これらを考慮しつつ、現地において古老から聞き取った古地名と地簿中の四至の記述を勘案して十九世紀初頭の東畜社・東皐社・鉢場社の状況を復元したものが【地図2】である。まず旧堤防がドンズートゥオン村集落の東側、現

【地図２】　19世紀初頭の係争地周辺域

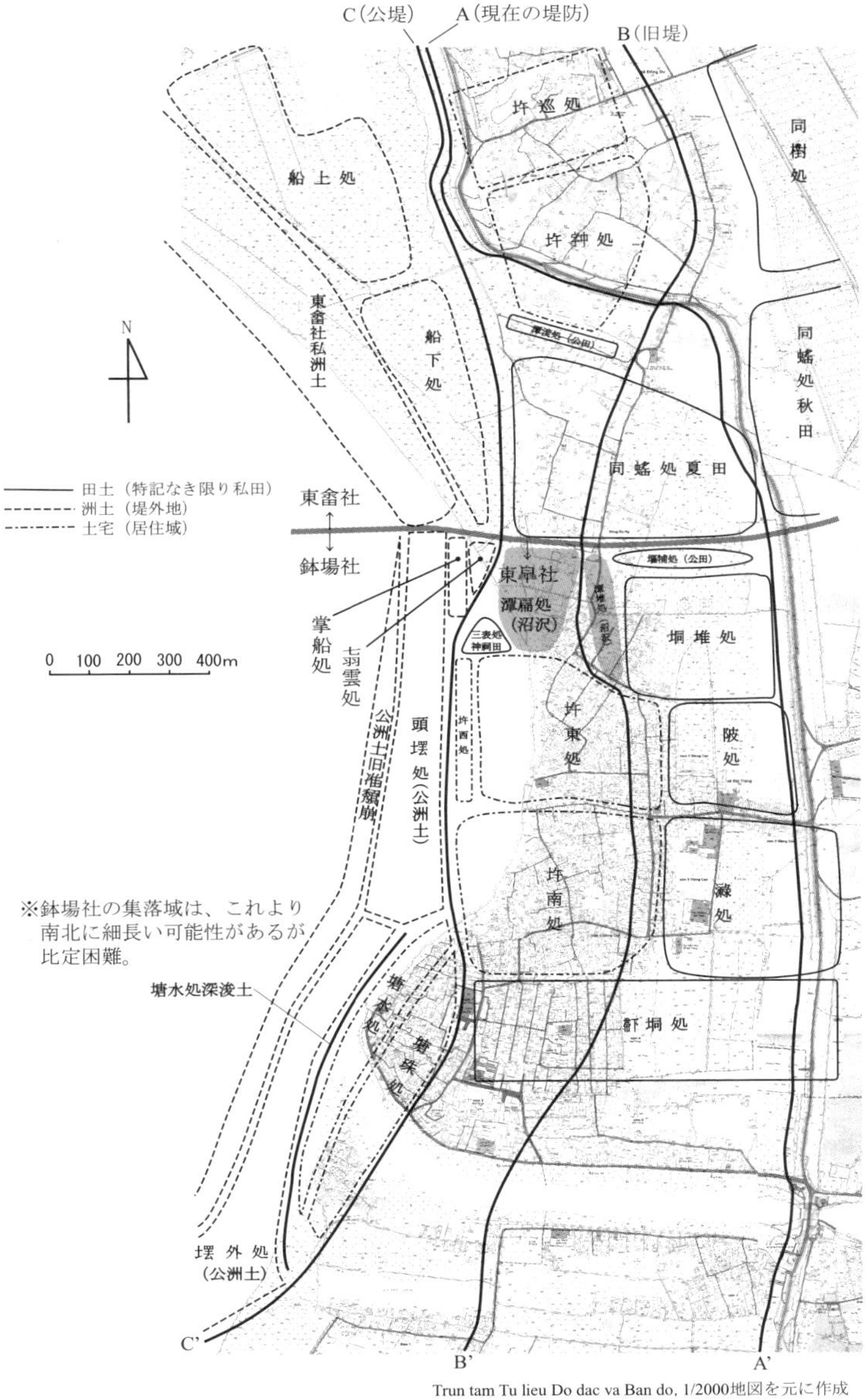

Trun tam Tu lieu Do dac va Ban do, 1/2000地図を元に作成

在のドンズーハ村の寺院、ザンカオの亭西側を通過してキムラン社とスアンクアン社の境界へと至る線（【地図2】B―B'）に存在していたと考えられる。さらにその西側にドンズートゥオン村集落の西側、ドンズーハ村の旧寺院跡、現在の紅河上、バッチャン社の陶器市場西側を通過し(44)、キムラン社の堤防遺構へと至る線（【地図2】C―C'）に公堤があったと考えられる(45)。

これらの堤防位置を見ると十九世紀初頭の公堤は東畲集落と東皐集落を堤防内に取り込んでいるのに対し、旧堤は共に堤防外としている。つまり旧堤が建設された時期には東畲社と東皐社は洲土に立地していたが、その後、新たに公堤が建設されることにより堤内地化したことを意味している。問題はこの旧堤から公堤へと堤防位置が移動した時期であるが、前節で見た鉢場社と東皐社の訴訟では、いずれの判決も鉢場社と堤外地の洲土、東皐社を堤防内に立地する村落として論じている。従って十七世紀後半の堤防位置は一九世紀初頭の公堤、すなわちC―C'と同位置であると見て良かろう。さらに注目すべきは東皐社の地簿を見ると若干ではあるが同社は㚵雲処（洲土成桑、一畝）と掌船処（洲土芋荳、二畝）という合計三畝の土地を公堤外に所有している。しかし、一方で鉢場社の地簿を見ると社の境界を東については「東　東皐に近く、本社の官堤を以て界と為す。」とあり、北についても「北　東皐社に近く、本社石碣の堤面を以て界と為す。又た東畲社の洲土に近く、畔　界と為す。」とある。この「石碣」は前節の⑥により建てられ界碣と考えられ、鉢場社側は公堤を境界として主張しているように見える。この東皐社が堤防外に所有する三畝の洲土が前節の訴訟における係争地であると見てよかろう。つまり十七世紀後半の度重なる敗訴にもかかわらず、東皐社は洲土を手放さないまま十九世紀に至ったと考えられる。東皐社の地簿には鉢場社との境界に界碣が置かれている旨は全く記載されていない。当時においても洲土は紛争の火種となっており、東皐社側はあえて不利な物証を地簿に記載しなかったと推測される。

東皐社がこのように断片的な洲土を所有する原因は、堤防の移設によるものと推測される。【地図2】を見ると分かるように旧堤は東皐社集落の東側を通過しており、これが建設された時期の東皐社集落は洲土に立地していたことになる。恐らくこの旧堤が放棄され、新堤防（つまり十九世紀の公堤）が建設される際、潭扁の西側に存在していた東皐社地分を分断する形になったのであろう。その結果、堤防外に取り残される形となった東皐社の地分が、一括して鉢場社の地分として登録されたことが紛争の発端と推測される。

この紛争の発端となった新堤防の建設時期をはっきりと特定することはできないが、前節⑤における東皐社の主張は、現に生糸により納税している以上、洲土を所有していて然るべきである、というものである。このことから当時の東皐社ではごく最近まで洲土に立脚した養蚕を行っていたと推測される。恐らく事件が起きる一六五四年よりそう遠くない時期に新堤防への移設が行われ、東皐社は堤内地化したと考えられる。そこで『全書』を見ると、徳隆二年（一六三〇）六月条と徳隆四年（一六三二）六月一日条に青池県で堤防が決壊したことが記されている。青池県は鉢場社の紅河対岸に当たる地域であり、一六三〇年代にこの付近で紅河西岸の堤防が度々決壊していたことがわかる。恐らく鉢場社近辺の堤防移設はこれに対応して対岸でも堤防を新築したものであろう。従って旧堤から公堤への移動時期は一六三〇～四〇年代と推測される。

十七世紀後半の東皐社はこのような経緯から洲土の帰属を巡り鉢場社と争うことになるが、これは当時の東皐社にとってそれだけ養蚕が貴重な現金収入源であった結果であろう。一方で、十九世紀初頭の地簿を見る限り東皐社の耕作地は近隣村落の附耕が多い。十七世紀前半に堤内地化した結果、次第に養蚕は衰退し、経済的には鉢場社の窯業に組み込まれていったと考えられる。最終的には明命年間に鉢場社と合併し、現在のバッチャン社の原形が作られるに至る。

このように黎鄭政権期の鉢場社は堤防の付け替えに伴い堤内地化した東皐社を次第に経済的に組み込みつつ発展していたように思われる。そして経済力を貯えた鉢場社では黎鄭政権期に六名もの進士を輩出している。次節ではそのうち二名の進士を輩出した鉢場阮氏の家譜を中心に、黎鄭政権期の国家機構と鉢場社の関係を考察する。

三　黎鄭政権の地方統治と鉢場阮氏

ここでは黎鄭政権期に二名の進士を輩出した鉢場阮氏の家譜を中心に、有力氏族と地方統治の関係を見る。この鉢場阮氏については『阮族家譜実録』[46]（以下『実録』）に十七～十八世紀の族人の事績が詳細に記されている。この『実録』は現在に至るまでに、幾度かの増補がなされている。最初に正和七年（一六八六）に原形となる家譜が一族の阮牓により編纂され、その後保泰九年（一七二八）に阮尚により『続編』が付加されている。この続編部分には特に十七～十八世紀の情報が豊富である。さらに阮朝期に至って族人がばらばらに所有していた家譜を、校勘しつつ一つにまとめたものが『実録』と思われる。[47]

まず『実録』の記述に基づき再現した系図が【図1】である。『実録』によれば鉢場阮氏は十里侯阮（字福智）以前より累世、鉢場社に居住していたとのことであるが、既に一六八六年に阮牓により最初の家譜が編纂された頃には、阮文敬より以前は詳細不明となっていたようである。比較的はっきりした情報が得られるのは阮印の代からであり、一五九四年、十八歳の時に乂安の譲畔社に移り、その後二十八歳で再び鉢場社に戻ってきたという。これは時期的に鄭氏と莫氏の抗争の最終段階にあたる。恐らく戦乱を避けて移住し、その後鄭氏が紅河デルタを奪取したのを見て帰還したのであろう。その後の鉢場阮氏は窯業により次第に富を蓄積していたようであり、次代の阮言は一六五四年に郷試三場となり、その後、推挙されて鉢場社の仝長となっている。この段階で鉢場社内の有力者となっていたと見て良かろう。彼については以下のような逸話が記されている。

時に郿墅社の者が鉢を購入したが、銀子五両を紛失してしまった。後日、号泣したものの、何処で落としたものか分からない。（阮言が）調べたところ真実であったので返還した。(48)

③の判決における鉢場社では客が盗難に有った場合には償いを受けているという記述は、窯業により活況を呈する鉢場社において、有力者が警察的権力を持ち、治安が維持されていたことを指すのであろう。また阮言は各種の公文書や科挙の答案を収集、筆写して蔵書としている。

このような十七世紀初頭〜中頃の準備期間を経て、鉢場阮氏は十七世紀後半から国家機構に参画するに至るが、そのあり方は黎鄭政権の国家機構と、窯業集落という鉢場社の性格とを色濃く反映している。第一に特徴的なのは阮言の三男の阮賑が宦官となっている点である。前述のように父親の阮言は鉢場社における有力者であり、阮賑が宦官となる背景として経済的困窮があったとは考えられない。第二に、長男の阮炳と三男の阮賑の支派では国際性を持った活動が見られるようになる。例えば阮炳は一六五七年に郷試三場となり、その後は北語司通事に属して、北部の国境において中国語通訳として活動した後、金洞県県丞、文江県県丞を歴任している。また三男の阮賑も中国語に堪能であり、嵐を避けて潢寧州に停泊したため捕らえられた明人の娘にベトナム語を教育し、その弟二人を養育している。さらに彼は他の三兄弟から一人ずつ養子を取っているが、嫡養子である阮倣は「日本国人署衛事義郡公」の孫である理氏著なる女性と結婚している。また彼の実父である阮炳は県丞職を歴任した後、理氏著の父親である忠祿侯の家で死去したという。

この時期の鉢場阮族の活動が突然に国際性を帯びた理由についてファン・ダイ・ゾアンはフォーヒエンにおける日

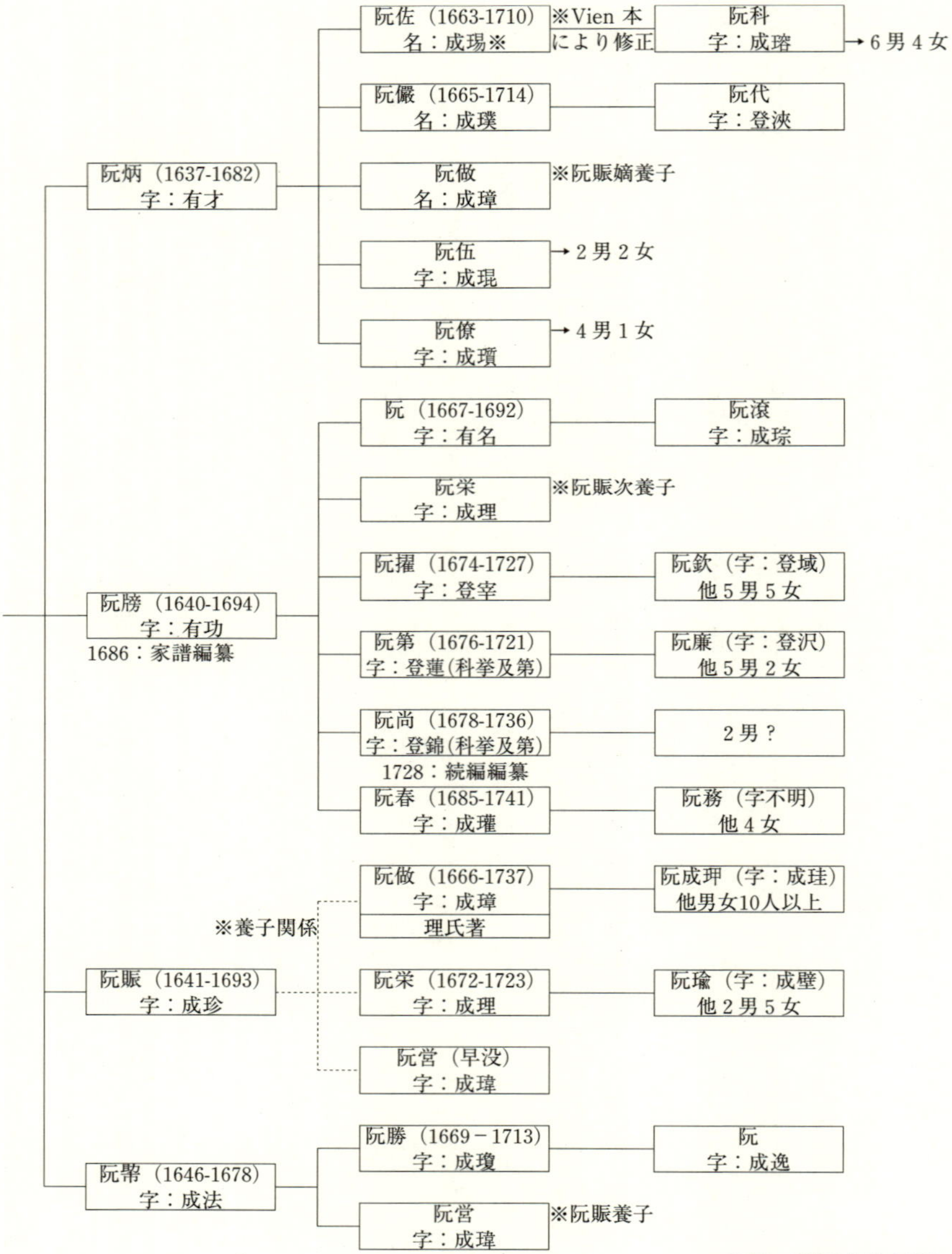
阮佐（1663-1710）
名：成瑒※
※Vien 本
により修正
阮科
字：成瑢
6 男 4 女
阮儼（1665-1714）
名：成璞
阮代
字：登浹
阮炳（1637-1682）
字：有才
阮倣
名：成璋
※阮賑嫡養子
阮伍
字：成琨
2 男 2 女
阮僚
字：成瓚
4 男 1 女
阮（1667-1692）
字：有名
阮滾
字：成琮
阮栄
字：成理
※阮賑次養子
阮擢（1674-1727）
字：登宰
阮欽（字：登域）
他 5 男 5 女
阮膀（1640-1694）
字：有功
1686：家譜編纂
阮第（1676-1721）
字：登蓮(科挙及第)
阮廉（字：登沢）
他 5 男 2 女
阮尚（1678-1736）
字：登錦(科挙及第)
1728：続編編纂
2 男 ?
阮春（1685-1741）
字：成瓘
阮務（字不明）
他 4 女
阮倣（1666-1737）
字：成璋
理氏著
阮成玾（字：成珪）
他男女10人以上
※養子関係
阮賑（1641-1693）
字：成珍
阮栄（1672-1723）
字：成理
阮瑜（字：成璧）
他 2 男 5 女
阮営（早没）
字：成瑋
阮勝（1669－1713）
字：成瓊
阮
字：成逸
阮幣（1646-1678）
字：成法
阮営
字：成瑋
※阮賑養子

出所：『阮氏家譜実録』

【図１】鉢場阮氏系図

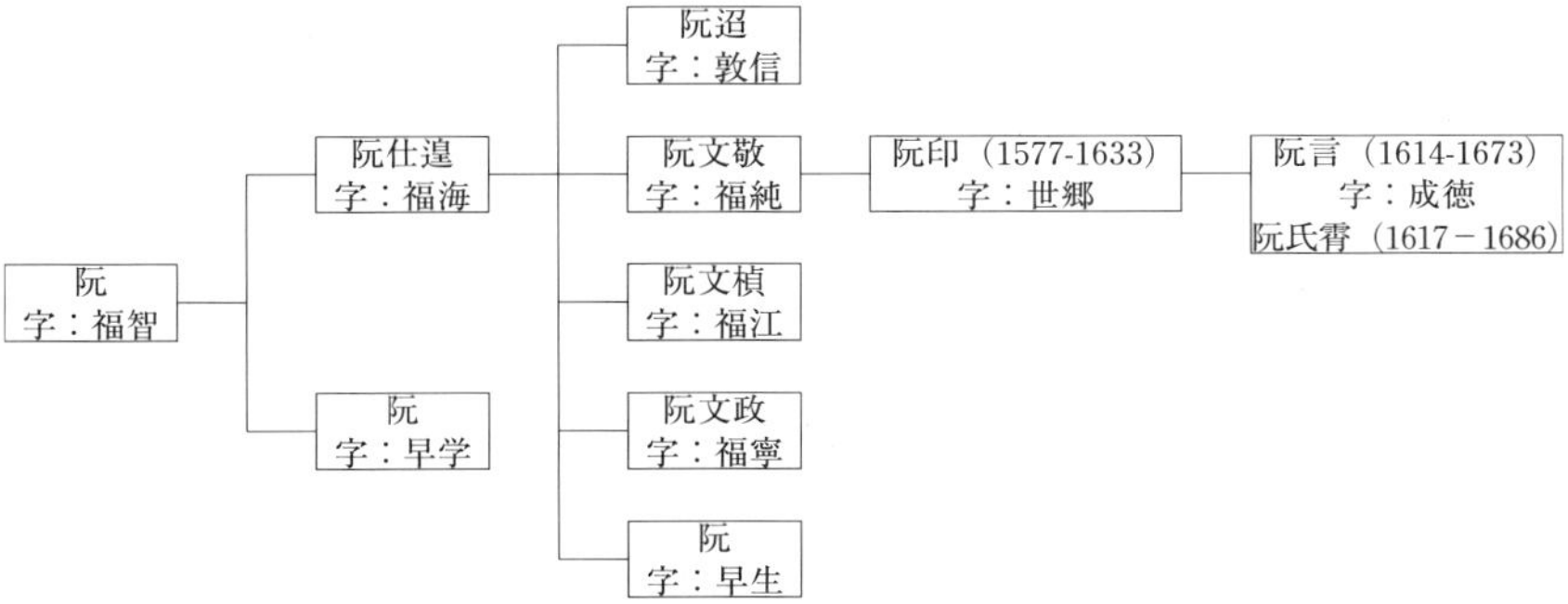
阮
字：福智
阮仕遑
字：福海
阮
字：早学
阮迢
字：敦信
阮文敬
字：福純
阮文楨
字：福江
阮文政
字：福寧
阮
字：早生
阮印（1577-1633）
字：世郷
阮言（1614-1673）
字：成徳
阮氏霄（1617－1686）

本人との交流を推定しているが、[49]筆者としては阮倣の養父である阮賑が宦官となったことに密接に関わっているように思える。『実録』によれば宦官となった経緯について、

十二歳の時、神宗朝・弘祖陽王（鄭柞）が政治を取り仕切る時代にあたり、提督驩郡公に（鄭王府に）入侍して出納を行う人物の推挙を求め、（阮賑を）任用して寵愛した。北語司知通事・承政使・林郡公の阮勢浜〈仙遊県内裔社出身。驩郡公の血縁者〉と共に生活し、北国の言語に暁通した。[50]

とあり、一六五二年に驩郡公が阮賑を推薦した結果、鄭王府で財務を担当することになった。その後、知通事であった阮勢浜と共に生活し、中国語に精通するに至ったという。阮賑を推薦したのは恐らく鉢場阮氏が窯業経営を通じて王府経理に明るかったことに起因するのであろう。このような経緯から阮賑は経理と外国語に習熟した宦官として鄭鄭王府で海外との窓口を担当していた可能性が高い。一方、理氏著の祖父である義郡公は『実録』には富裕な商人であると共に「善く巨銃を鋳る」と記されており、鄭王に火器を生産販売して巨富をなした人物のように思われる。十七世紀後半の鉢場阮氏が帯びる国際性は恐らくこの二人が接点となった結果である。また、宦官となった阮賑は他の三兄弟から一人ずつ養子を取っており、その内二人は清化出身（永福県）の武人と思われる太原鎮守胤郡公の娘を娶っている。彼らはいずれも武人あるいは財務官僚としてそれなりの地位に至っており、次世代についても同様である。また長男阮炳の支派も多くが部隊長クラスの武人となっており、この支派は三男阮賑の出世を契機に、その縁故によって武人一族としての性格を強めたと考えられる。

このように阮賑の出世により阮賑・阮炳支派が浮揚する中で、鉢場社で生業を継承した次男阮牓の一族は対照的である。阮牓は一六七〇年に郷試三場、一六七九年に慈山府儒学訓導、一六八四年に宜春県知県となり、府県レベルの地方官として一般的な官途を経るものの、間もなく致仕して鉢場社に戻り、生業である窯業を継承している。また彼

の家には儒書や医書が数百冊あったと述べられており、父親の蒐集した蔵書も彼が継承し、さらに拡充していたようである。阮牓の六人の男子の内、十八世紀前半に四男の阮擢（阮登蓮、一七〇六年登第）、五男の阮第（阮登錦、または阮錦、一七一八年登第）という二人の進士を輩出するのは、この二代に渡る蔵書蒐集の結果である。これを見る限り阮牓の支派は文人官僚として国家機構に参画しており、阮賑の支派とは一線を画している。

この一因として考えられるのが三男阮賑と鉢場社の対立である。『実録』に記された阮賑の事績を見ると、以下のような記述がある。

癸卯年（一六六三）、管兵となり鉢場社を祿社として受給した。その後、白土社もまた受給した。そのため鉢場社と併せて一つとすることを願い出て、また納税時の手数料を全て免除した。景治二年（一六六四）、徴税を行ったところ、鉢場社の豪党・不逞の輩が争いを起こした。丙午年（一六六六）、彼らは自ら歌唱（亭における儀礼）を別々にし亭を二つにし、東局甲を二つの甲とした。訴訟が御史台にまで至った結果、彼らは是非をわきまえ、居宅の庭に来てこれまでの罪を詫びてきた。（阮賑は）私情を押さえて慈悲深く、遺恨に思うことなく、厳粛に丁重な応接をした。彼らはみな感じ入って拝礼し敬服した。これより徒党の害は解消し、郷里から尊崇された。(51)

これによれば、阮賑は一六六三年に部隊長となり、それに伴い鉢場社と白土社を俸祿としている。白土社は前節の訴訟碑文では現れず、恐らく一六五九年に御史台の判決が下された後、つまり一六五九〜一六六三年の間に鉢場社が分割され、一部が白土社として独立したものと思われる。この二社を俸祿として受給した阮賑は、以前のごとく一つの社としたのであろう。これを不服とした鉢場社内部の東局甲が二つに分裂し、一方が別に亭を建設している。当時の鉢場社の「甲」の構成は不明であるが、現在のバッチャンでは「甲（giáp）」は血縁に基づく分類である。バッチャンの亭には、この甲の構成を記した額が左右の壁に掲げられ、この中に「東局甲」なる名称が見られる【図2】。こ

【図２】ラン・バッチャン亭における甲の構成

左壁		右壁		
寧場甲	阮氏	同心甲	王氏	
寧場甲	甲氏	東局甲	黎氏	
東会甲	陳氏	東局甲	范氏	
東会甲	范氏	同心甲	陳氏	
西甲	馮氏	官甲	阮氏	→鉢場阮氏
西甲	武氏	東局甲	杜氏	
宝寧甲	高氏	其善甲	阮氏	
善官甲	阮氏	東局甲	陳氏	
宝寧甲	黎武氏	同心甲	梅氏	
宝寧甲	何氏	同心甲	黎氏	
東会甲	阮氏	東局甲	帯氏	

※聞き取りでは帯氏を「Đỗ（杜）」と発音。改姓した可能性がある。

れによれば東局甲に属すのは黎・范・杜・陳・帯の諸氏であり鉢場阮氏は属していない。つまり阮牓はこの一連の紛争より東局甲より分離独立派に属していた可能性がある。この点について『実録』は詳細を記さないが、阮牓の事績において訴訟終了後、兄弟間に遺恨が残らなかったことを記している。しかし彼が合併賛成派であったならば、その旨を記し兄弟間の仲睦まじさを強調すればよく、特に遺恨が無かったことを強調する必要性はない。恐らく阮牓は分離独立派に属していたのであろう。これは当然ながら阮賑の意向と対立することになる。

このような経緯があったためか、阮牓の支派はその後も阮賑の支派とは関係が希薄である。阮牓は阮賑の養子となった阮栄を除き、全ての息子を勉学のために京師に滞在させているが、京師にあったはずの阮賑の居宅ではなく、阮牓が共に学問を学んだという阮登道の居宅に寄宿している(52)。また寄宿中に阮擢、阮第、阮尚の三兄弟は師の阮登道の命によりそれぞれ字を登宰、登蓮、登錦としている。これ以降、少なくとも阮擢と阮第の子供は字を「登～」としており、他支派で一般的な「成～」とは一線を画している。また阮炳支派の族人が所有していたと思われる鉢場阮氏の家譜(53)を見ても阮牓の支派は二人の進士を輩出しているにも関わらず、この支派については情報量に乏しく、阮朝期には関係が希薄になっていたことを窺わせる。

阮牓の支派は阮第と阮尚の登第後も、依然として鉢場社内の有力者としての地位を維持している。例えば『実録』には阮尚の次のような記事が残されている。

癸卯年（一七二三）……六月、本社の船着き場付近では水勢が激しく、地片の崩壊がますます著しいのを見て、柱を立てて石を埋め、護岸を施そうとした。(54)そこで勧文を作成して呼びかけ、資金を拠出して資福堂を建設した。さらに「翰具」を設計し、これを記して説得し、本社の人々に周知させた。しばらくして資金が集まり、木材を購入して工事に取りかかったが、工事の規模が大きいために、時勢にあわず、果たすことができなかった。(55)

これによれば、紅河による地片消失に危機感を持った阮尚は護岸工事を施すことを人々に呼びかけている。結局、資金不足で頓挫するものの、阮傍の支派は鉢場社で生業を継承した結果、科挙及第後も京師に本拠を移すことはなく、鉢場社における在地社会の維持に強い関心を持ち続けている。(56)

一方で阮賑の支派を見ると、先に見たように一六六三年に鉢場社を俸禄とした後、一六九一年には鉢場社を含む五社を俸禄とするに至っている。この間、彼は数々の部隊長職や鎮守に任用されているが、鉢場社を俸禄の一部とし続けていたように思われる。阮賑は一六九三年に死去するが、間もなく嫡養子の阮倣が一六九八年に鉢場社を俸禄としている。しかし阮賑、阮倣は共に鉢場社を生活の場とはしていない。『実録』を見る限り阮賑の主たる居宅は京師（奉天坊）であり、また下巽社報答村にも居宅を設けて阮倣を住まわせ、晩年には頻繁に行き来したという。阮倣の場合、『実録』によれば一七二九年時点の彼の居宅は、養父から継承した京師の居宅と報答村の居宅の他、妻の出身である如京社にも居宅を所有している。またこの年、妹の夫の居宅に近い文江県如麟社にも居宅を作り、請願してこの社を自らの制禄としている。次養子の阮栄については『実録』によれば、一六九四年に鉢場社に「瓦家」を新造するものの、一六九六年に「先考の旧宅に居す。」という記述が見られる。この先考が実父阮傍を指すのか、養父阮賑を指すのか微妙だが、同じく『実録』の阮尚の事績では一六九六年に阮栄が奉天坊に居住していたことを記しているので、彼は養父の死後、報答村に居住する阮倣に替わり京師の家を預かっていたのであろう。最終的に一七二三年、彼は「棣戛処」なる場所に土地を賜り、ここに居住するものの、間もなく死去する。

このように見ると、十七世紀前半に窯業により経済力を貯えた鉢場阮氏は、十七世紀後半から次第に官界に進出するようになる。その一つは宦官の輩出であり、当時の鄭王府では財務官僚としての宦官の需要が高く、窯業を通じて商取引に通じていた鉢場社の環境は有利に働いたと考えられる。その結果、鉢場阮氏は阮賑を輩出し、これを契機に阮炳と阮賑の支派は武人としてやや特権階層化し、鉢場社を祿社としながらも地縁的な繋がりは次第に薄れ、鉢場社における郷村秩序の維持に対して関心を失っているように思われる。一方、生業を継承した阮膀の支派は、引き続き窯業により経済力を貯え、十八世紀前半に科挙を通じて官界への進出を果たす。彼らは国家機構への参入後も生業を放棄しておらず、郷村内秩序の維持に影響力を持つ在地有力者として、鉢場社内で一定の地位を維持し続けたように思われる。

おわりに

本稿では十七~十八世紀の鉢場社を例に、黎鄭政権期の国家機構と村落の関係を検討した。黎鄭政権期の紅河デルタ社会の特徴の一つとして訴訟の多発、特に村落間の土地紛争の多発が挙げられる。鉢場社の場合、洲土を巡って隣接する東皐社から執拗な司法闘争を仕掛けられている。この紛争の場合、堤防位置の変更や地片の消失・生成といった洲土特有の問題が背景としてあるが、巨視的に見た場合、堤防内における人口の飽和状態を契機とした植桑・養蚕による洲土の開発という社会的背景があるように思われる。十七世紀前半の堤防の付け替えが、それまで堤外地であった東畬・東皐集落を堤防内に取り込む形で行われている点を見ると、洲土開発により新たに成立した洲土集落を堤防内に包摂し、当時、天井川化が進んでいた紅河から保護することが目的であったと思われる。

一方で東皐社が堤外地を一律的に鉢場社に帰属させようとする判決に抵抗し、十九世紀に至っても洲土を保有し続け、また鉢場社で合併に抵抗して訴訟を起こされているように、少なくとも十七世紀の中葉には「社」は単なる行政単位という枠をこえて、国家側による安直な線引きに抵抗するだけの自律的社会集団となっていたことを窺わせる。このように訴訟にまで至るケースは氷山の一角であり、当時の紅河デルタ社会では人口の稠密化と耕地開発の限界に伴い近隣集落との土地紛争が多発していたことが、村落の結束を強めた一因と考えられる。

しかし、この様に自律性を高めていた紅河デルタ村落は、外界から隔絶した小宇宙であったわけではなく、むしろ多発する紛争を有利に運ぶためには、外界、特に国家機構との繋がりが要求される。これついては黎鄭政権の人材登用についても考慮する必要があろう。黎鄭政権期の科挙登第者は平均すると十人前後であり、科挙及第の門戸は黎朝前期に比べ狭まっている。しかし鉢場阮氏の例を見ても分かるように、これは府県以下の官僚に専ら郷試レベルの士人層が充てられていたためであり、官僚機構の規模が縮小した結果ではない。さらに黎鄭政権では黎朝系組織とは別個に鄭王府系組織が構築され、宦官や郷試・書算科レベルの士人が吸収されており、むしろ前時代に比較して国家機構は肥大化し、それに伴い人材登用のチャンネルも多様化している。鉢場阮氏で宦官の輩出を契機に武人貴族化してゆく阮炳・阮賑の支派、進士を輩出して文人的在地有力者となる阮滂の支派はこのような黎鄭政権の人材登用の多様化を反映したものである。

注目すべきは黎朝前期の制度を踏襲した府県官には回避の制度が適用されているものの、十七世紀に創生した鄭王府系組織ではむしろ地縁や血縁に依拠した人材の任用が行なわれている点である。通常ならば在地社会との関係を断ち切られ、鄭王の手足となって活動すべきと思われる宦官ですら例外ではなく、自身の出身地を祿社として受給し、一族内から養子を取ることにより、その子孫を武人貴族化することに成功している。これは鄭王府系組織では官僚制的要素が後退し、組織の下方にゆく程血縁や地縁を媒介として在地有力者層に依拠していたことを窺わせ、村落の自律性の高まりと表裏をなす現象と捉えることも可能である。しかし依然として村落内における地縁と血縁の併存（あるいは対立）、これと村落の自律性強化、鄭王府系組織の成立との関係などについては課題が山積している。これらについては今後の課題としたい。

註

（1） James Scott, *The Moral Economy of the Peasant: Rebellion and Subsistence in Southeast Asia* (New Haven: Yale University Press, 1976). Samuel Popkin, *The Rational Peasant: The Political Economy of Rural Society in Vietnam* (Berkeley: University of California Press, 1979).

（2） 竹田龍児「ヴェトナムに於ける国家権力の構造――社を中心としてみたる――」（山本達郎編『東南アジアにおける権力構造の史的考察』竹内書店、一九六九年）及び Yu Insun, "The Changing Nature of the Red River Delta Villages during the Le Period", *Journal of Southeast Asian Studies*, 32-2 (2001).

（3） 桜井由躬雄『ベトナム村落の形成――村落共有田＝コンディエン制の史的展開』創文社、一九八七年。

（4） 桜井氏の「中間権力」の問題点については桃木至朗、「書評論文　桜井由躬雄著『ベトナム村落の研究――村落共有田＝コンディエン制の史的展開』」『東南アジア――歴史と文化』二〇、一九九一年、九一頁、及び拙稿「一七世紀ベトナム黎鄭政権における国家機構と非例官署」『南方文化』三三輯、二〇〇七年、二二―二三頁を参照。

（5） 前掲拙稿、及び拙稿「ベトナム黎鄭政権における鄭王府の財政機構――一八世紀の六番を中心に――」『東南アジア研究』四六巻一号、二〇〇八年。拙稿「ベトナム黎鄭政権の官僚機構――一八世紀の鄭王府と差遣――」『東洋学報』九一巻二号、二〇〇九年。拙稿「ベトナム黎鄭政権における徴税と村落」『東方学』一一九輯、二〇一〇年参照。

（6）後述するように、現在のバッチャン社と黎鄭政権期の鉢場社は、行政区分などが大きく異なる。以下、これを区別するため現在の地名についてはカタカナ表記とし古地名については漢字・字喃により表記する。

（7）古老からの聞き取りによれば明命十七年（一八三六）に鉢場社と東皐社は合併され、その際、東皐（Đông Cao）から江皐（Giang Cao）に改称したとのことである。

（8）Trịnh Khắc Mạnh, Nguyễn Văn Nguyên, Philippe Papin, (eds.), *Tổng tập Thác bản Văn khắc Hán Nôm*, vol. 1-15 (Hà Nội: Viện Nghiên cứu Hán Nôm, Viện Viễn đông Bác cổ, Viện Cao học Thực hành, 2005-2008).

（9）二〇〇八年十月～十一月に行った現地調査では、バッチャン社でこの碑文を見出すことは出来なかった。かつて碑文が有ったはずのバッチャンのディンは、現在は紅河水際に立地するが、後述するようにバッチャン社周辺域では紅河により河岸を削られている。特に一九六九年から一九七一年の洪水では大量の地片を消失しており、この際に碑文も失われた可能性が高い。

（10）紅河デルタにおける行政単位は基本的に、承宣（処）—府—県—社の順を取る。社は通常は二～五つ程度の自然村落をまとめた程度の規模。鉢場社は行政的には「京北承宣　順安府　嘉林県　鉢場社」となる。この他、社を複数まとめた単位として「総」が十七世紀中から見られるが、行政的機能は不明である。

（11）「該県」は黎鄭政権期では武人、兵士、在地有力者などによって勝手に設けられた中央政権が非公認の役所の一種である。詳細は註（4）拙稿参照。

（12）「界碣」は境界の目印として設置される石碑の呼称。

（13）「勾」とは告発を受けて官吏が現地に赴き、被告側から供述を取ることをいう。その際、被告側は「勾銭」として一種の裁判手数料を支払う。「勾」「勾銭」の規定は『黎朝会典』（漢喃研究院所蔵 A. 52）刑属、行勾事例を参照。

（14）当時の一般的な訴訟手続きでは提訴がなされた後、「勾」された被告側より反駁の書状が提出される。この被告側が反訴状を出す行為を、当時「交勘」を呼称していたようである。また「交」の一字でも同義である。

（15）「洲土」は堤防と河川の間に存在する土地全般を指す。鉢場社の場合、社全体が堤防外に立地しており、全てが法制上は

「洲土」に該当する。

(16) 鉢場社の南には嘗て金関所という屯田所が設けられているが(八尾隆生『黎初ヴェトナムの政治と社会』広島大学出版、二〇〇九年、一九三頁)、十五世紀末に洪水により移動したと推測されている(西村昌也「北部ヴェトナム紅河平原における輪中型堤防形成に関する試論」『東南アジア研究』四五巻二号、二〇〇七年、二〇一頁)。従って「鎮守官沿江地分」とは十七世紀後半に鉢場社南方に残っていたと思われる旧金関所の領域を指すと推測される。

(17) 「壇下歃誓」は血盟、つまり生贄として動物を殺し、その血を互いに啜って誓いとする行為を指す。後段の「歃血盟誓」なども同義であろう。ベトナムにおける盟誓行為の詳細については竹田龍児「越南における会盟について」『史学』四〇巻二・三合併号、一九六七年を参照。

(18) 陳荊和 編校『校合本 大越史記全書』(東京大学東洋文化研究所付属東洋学文献センター、一九八六年。以下『全書』)正和十五年(一六九四)秋九月―末条には、州県官に地界などを記した「須知簿」の編纂が命じられている。ただこの判決史料を見る限り、それ以前より「須知簿」が存在しており各社と中央に保管されていたように思われる。

(19) 「浮沙」は川の屈曲地点に土砂が堆積して出来る地形を言う(註(16)八尾前掲書、三三六頁)。「帯挹 đái ấp」は字喃。恐らく帯状に分布する細長い集落を指す。

(20) 「水孕 thủy rặng」は字喃。細長い沼沢地を指すと思われる。

(21) 「同田 đồng điền」は農地全般を意味する字喃か。

(22) 鉢場社の交勘状では東皐社が「別総」となっているが、御史台判決では東皐社が「本総内」、鉢場社が「本総外」と逆転している。これは御史台の調査がそれまでの裁判と異なり、東皐社の領域を中心に行われたためであろう。

(23) 黎鄭政権では「啓聞」や「啓」は通常、鄭王府への上奏に関して使われる。

(24) 平例簿は一六六七年時点の各村落の税額を記したもの。平例法により、平例簿に基づいて村落ごとに税額が固定され、実質的に村請け制が確立する(拙稿「ベトナム黎鄭政権における徴税と村落」『東方学』、二〇一〇年、九二―九五頁)。

(25) 「准」は物品を金銭に換算することを言う。従って「准入」は本来、銭に納入すべきものを生糸により代納していることを述べている。註（19）八尾前掲書、三四二頁参照。

（26）「府僚官」は参従、陪従などを中心に構成される鄭王府の文人官僚集団を指す（拙稿「ベトナム黎鄭政権の官僚機構――一八世紀の鄭王府と差遣――」『東洋学報』九一巻二号、二〇〇九年、九一頁）。

（27）「西王」は当時、鄭王の鄭柞。「令諭」は鄭王府から発給される文書形式の一つである。詳細は前掲拙稿、一〇九頁、及び Lê Kim Ngân, *Chế độ chính trị Việt Nam thế kỷ 17 và 18* (Sài Gòn: Phân khoa Khoa học Xã hội, Viện đại học Vạn Hạnh, 1974), pp. 160~165.

（28）「定南王」は当時、節制であった鄭根。また陶光特・阮忠亮の肩書きはいずれも黎朝系官職を保有したまま、鄭王府系組織へと差遣されていたことを示している。詳細は前掲拙稿、第一節、第二節参照。

（29）黎鄭政権の司法機構については Yu Insun, "Political Centralization and Judicial Administration in Seventeenth and Eighteenth Century Vietnam", *The Journal of Asiatic Studies*, vol. 23 no. 1（1980）でも概説されているが、実際の運用についてはほとんど言及はない。

（30）『黎朝詔令善政壹本』（漢喃研究院所蔵 A. 257）刑属、「申戒勘訟令」（盛徳元年（一六五三）五月）参照。

（31）前掲註（26）拙稿九九頁参照。

（32）本稿では便宜上、これら監察機関や鄭王府系差遣官僚により示された司法判断も「判決」として扱う。

（33）国立中央図書館（台北）影印本。

（34）東洋文庫の写本（所蔵番号 X—2—28）を使用。

（35）ホーチミン市社会科学図書館所蔵 HNV. 161。

（36）八曰、禁勘訟官之泛受。諸衙門勘訟具有成規、邇来視為故常。雷同苟受、如盗劫被監於鎮守、而憲司放囚人、原告当訟於県官、而御史査収案跡与。夫承司官之受勘、則淹留旬日、仍査非次勘応休、憲司官之受鳴、則再三勾摧、仍査非権貴応駁。是以不当受而受、不当為而為。

（37）註（3）桜井前掲書、第五章。

（38）註（16）八尾前掲書、二三六頁。
（39）このような植桑が組み合わさった農業による洲土開発の可能性は西村昌也も指摘している（前掲註（16）西村論文、二〇七—二〇八頁）。
（40）本稿ではハノイの第一国家公文書館（Trung tâm Lưu trữ Quốc gia I）所蔵の以下の地簿を参照した。Q. 2490（鉢場社地簿）、Q. 2497（東皐社地簿）、Q. 2545（東畬社地簿）、Q. 2516（金関社地簿）。全て嘉隆四年（一八〇五）の纂造である。
（41）Ngô Đức Thọ, Nguyễn Văn Nguyen, Philippe Papin, (eds.), *Đồng Khánh Địa dư chí* (Hà Nội: Nxb. Bản đồ, 2004).
（42）前掲註（16）西村論文、二〇一頁。
（43）前掲論文、一九九—二〇〇頁。
（44）陶器市場付近での公堤の詳細な位置比定は困難だが、現在の陶器市場の北側には池が存在する。これは十九世紀初頭の官堤を建設する際に土砂を採取したためにできた池の跡と推測する。**【地図1】**を見ても分かるように、堤防を建設する際には両側から土砂を採取し、中央に盛土する方法がとられ、堤防の両側に沼沢が残る場合が多い。圩東処と公堤の間には圩西処という僅か五畝の細長い居住域があったと考えられるが、これはそのようにして出来た沼沢を後年埋め立てて居住地化したものと推測される。陶器市場北側の池はこれが部分的に残されたものであろう。
（45）一方で『同慶地輿志』によればこの時期、堤防は金関社（現キムラン社）と春関社（現スアンクアン社）の境界に位置している。再び明命～嗣徳年間に紅河の流路変動があって旧堤の位置に堤防が戻り、その後、現在地に堤防が建設されたと考えられる。
（46）漢喃研究院所蔵 VHv. 1349。各族人の姓名は諱と字の他に「名」が記されている。本史料では「名」とされているものが、他史料では「諱」「字」として現れる場合も多いが、ここでは本史料の姓と諱により族人の呼称を統一する。また鉢場阮氏については既にファン・ダイ・ゾアンによる紹介がある（大西和彦訳「一六～一七世紀のあるベトナム——日本人家族について——バッチャンの『阮氏家譜』を通じて」櫻井清彦・菊池誠一編『近世日越交流史——日本町・陶磁器』柏書房、二〇〇二年）。

(47)　ベトナム学院（Viện Việt Nam học và Khoc học phát triển）にも鉢場阮氏の家譜が保管されており、前掲論文はこれを使用している。これは阮炳の支派が所有していた家譜と思われるが、『実録』に比較すると十七～十八世紀に関する情報量は少ない。このように各支派の族人がそれぞれ家譜を所持していたものが嗣徳年間以降に校勘をくわえつつ一つにまとめられたものが『実録』であろう。

(48)　時郿墅社人買鉢、遺棄銀子五両。後日号泣、不知所失。験得其実而還。

(49)　前掲註（46）ゾアン論文。

(50)　年十二際《歳?》、神宗朝弘祖陽王統政、憑提督驩郡公〈…割註略…〉薦入侍出納、惟允任使称旨。居與北語司知通事承使林郡公阮勢浜〈仙遊県内裔社人、乃驩郡公家人〉、暁通北国言語。

(51)　癸卯年、奉管兵、并奉該本社。及再奉該白土社。仍請合与本社為一、其紙外銭米並蠲。景治二年〈甲辰〉、奉侍経理、本社豪党不逞妄起争端。丙午年、彼自区分歌唱為二亭、東局甲為二甲。訟至御史、彼全理曲、廼詣家庭、首陳前咎。仍推情平恕、不念旧怨、賜欽款接。彼皆感拝敬服。自此党釁皆消、郷閭戴仰。

(52)　『実録』によれば一方で阮言の妻阮氏霄は夫の死後、京師にある阮賑の居宅で扶養されている。また阮登道は一六八三年に状元で登第し、参従にまで至る有力官僚であるが、思想的には鄭王が実権を掌握する中で、黎朝皇帝の正統性を強く意識していた人物である（前掲註（26）拙稿、一二二頁）。彼と学問的に同門であり友人であったという阮牓が中途で官を辞し、鄭王の下で勤務する弟と対立していた背景には、このような思想的背景もあったのかも知れない。

(53)　前掲註（47）参照。

(54)　具体的には、地片崩壊を防止するために紅河河岸を石で固め、その石が流されないよう木柱や木板で固定する作業かと想像されるが、詳細は不明。後段の「翰具」は、この基礎工事のための木杭と木板を組み合わせたものであろう。

(55)　癸卯年……六月、見本社河津水激、土頽滋甚、欲作翰填石、以固地勢。乃作通勧文、出銭開資福堂。及扮作翰具、録并論、以暁本社大小。俟有資財、已買木箇作第、以工程稍大、時勢未便、故事不果。

(56)　これ以外にも『実録』によれば、一七一九年に鉢場社において亭を建築する際に、阮第と阮尚はそれぞれ資金を拠出している。

〈附記〉

本稿の執筆の基礎となる調査にあたっては西村昌也氏に便宜を図って頂き、また現地においても古老の方々に快く調査に協力して頂いた。ここに記して感謝する。また本稿は平成二十二年度科学研究費補助金（特別研究員奨励費）の成果の一部である。

ベトナム阮朝の辺陲統治

――ベトナム・中国国境沿海部の一知州による稟の検討――

嶋尾　稔

はじめに

本稿の主眼は、嗣徳元年（一八四八）・二年（一八四九）に広安省海寧府萬寧州知州裴輝璠が省にたいして提出した報告書（「稟」）の分析である。(1) 知州の報告文書自体は残っておらず、省から中央への上奏文書の中に引用されたテキストを使用する。それらの文書を精査することにより、一八三〇年代に集権的官僚制国家を確立したベトナム阮朝が、国土の末端を如何に統治したかを検討する。

嗣徳初年には、清朝に倣って阮朝第二代の明命帝（一八二〇—四一）が作り上げた地方統治の体制は制度面ではまだ堅固に維持されていた。それは、末端の州県まで科挙官僚を派遣し清朝モデルに基づく文書行政を確立することでフエを中心に集権的に全土を統治しようとするものであった。(2) しかし、この時期には、阮朝国家は多方面で動揺していた。坪井善明が明快に論じているように、(3) 従来の慣行を破り先代皇帝の最年長の皇子ではない嗣徳帝が即位したために中央政府における内訌が生じていたし、グエン・テ・アインが、ウォン・リン・ケンのシンガポール貿易の研究に依拠して指摘したとおり、(4) 一八五〇年には阮朝による王室交易は既に行われていない。他方、ジャンクによるベトナムとシンガポールとの貿易は四〇年代後半から拡大している。(5) シンガポール＝香港という幹線の成立のみならず、(6) 太平天国前夜の広東・広西の動乱もあいまって、(7) 清国人のベトナムへの圧力は陸海で嵩じていた。時代のうねりの中で、阮朝国家も状況への適応を余儀なくされていた。このような新たな現実を前にした末端の地方官が如何に官僚システムを運用し諸問題に対処していたかを個別具体的に考察したい。

広安、なかでも沿海部で清国に接する萬寧州（現在のモンカイ）は、このような時代の動きをもっとも敏感に感知す

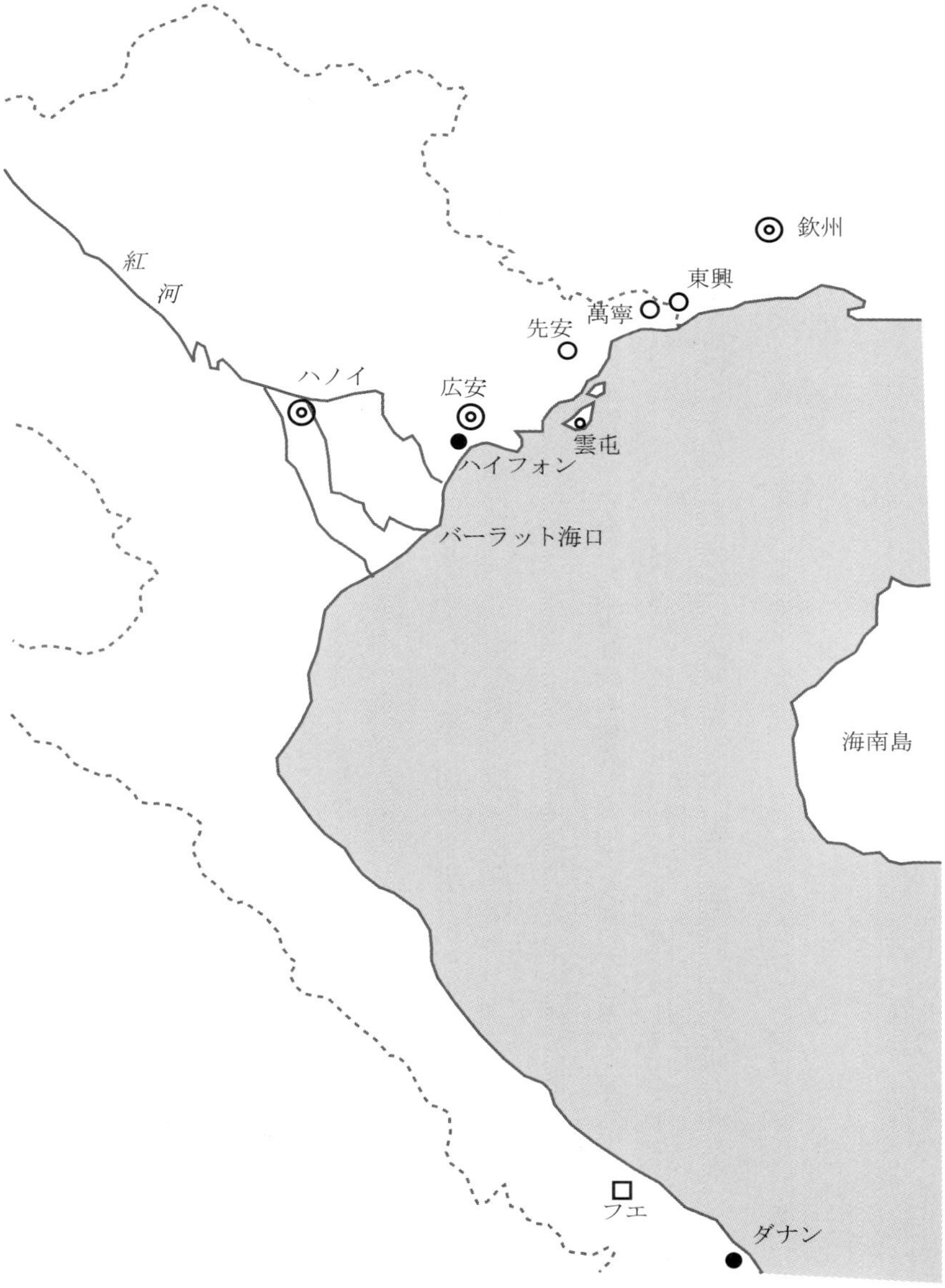
欽州
東興
萬寧
先安
紅
河
ハノイ
広安
雲屯
ハイフォン
バーラット海口
海南島
フエ
ダナン

る土地であった。ベトナム中国国境沿海部の広安には黎朝初期から、中国系商人の指定居住区が設置されていた(8)。また、十九世紀初頭まで、派遣官ではなく、世襲的統治者の支配のもとに置かれていたが(9)、明命帝は、一八三〇年代にこの土地の支配を直接統治に切り替えた。他方、一八四〇年代以降に国境の向こう側の広東・広西をゆるがし始めていた地方社会の胎動の影響を直に受けるのも隣接するこの地方であった(10)。また、陸上の統治だけでなく絶えず脅威となる国境海域の動向に対処することもこの土地の統治者の重要な役割であった(11)。明命帝の作った国家の地方統治の到達点とそのゆらぎや限界を計るのにうってつけの対象といえる。

冒頭に掲げたように、この考察の目標は、地方官による報告を分析することであるが、それらの報告の内容を適切に理解するためには、広安という場所における阮朝期の地方制度の変遷についてまず見ておく必要がある。これらの問題自体が、従来、十分に論じられていないこともあり、第二章において地方官の報告を取り扱う前に、阮朝の統治政策・制度の変遷の考察についても第一章においてかなりな紙幅を割くことになる。

第二章で検討するのは阮朝硃本と呼ばれる文書である。この文書群は、従来から中央の政治史や社会経済史の研究の史料として注目されてきたが(12)、地方統治あるいは地方社会の研究においても極めて重要なテキストであることを本稿は示すであろう。逆に言えば、このような視点で硃本文書を活用することで、阮朝の地方官と地方社会の関係を初めて具体的に論じることが可能になった。この点にこの研究の意義を主張できるのではないかと考える。

一　国境の動態と改土帰流

明命十二年・十三年（一八三一―三二）に明命帝は地方制度の大改革を断行した。清朝モデルに倣い、省―府―県・

州の三段階の地方行政制度を布き、それぞれの単位を派遣官である総督・巡撫・布政使・按察使、知府、知県・知州に統治させることにした[13]。ここで注意しておくべきことは、ベトナムのサイズの小ささであり、ベトナムの省は、概ね清国の県に相当する。ベトナム側も当然そのことに自覚的であったし[14]、後に述べるように、清国との文書の往来でも、清国の県・州とベトナムの省が平行関係とされた。このことは、中国と比べてより小さな単位まで、官吏が派遣されていたことを意味し、また地方官と在地社会の近さを示唆する。他方、在地社会には総―社という二段階の社会単位が設置され、該総・副総、里長がそれぞれを統治した。里長は在地で選出され、該総は里長の中から選出された[15]。桜井由躬雄がつとに示したとおり、十九世紀初頭までは社に複数の社長を置くことが可能であったが、明命九年（一八二八）以降は一人の里長が社を代表することになった[16]。このように郷村自治を制度的に単純化した上で、集権的官僚システムと接合したのが、明命の作り出した国家であった。この点では、嗣徳初年の国家も明命の国家の延長線上にある。

明命はこのようなシステムを版図の隅々まで押し広げようとした。世襲的統治者（土官）に変えて、知府、知県・知州（流官）を派遣する所謂改土帰流を実行しようとした。阮朝の改土帰流政策の全体像を論じる力は筆者には無いが、少なくとも北部に関して言えば、後に見るように北部山地諸省では失敗に終わり、一八六〇年代末には土官が復活する。沿海部の広安においてのみ知府・知県・知州が定着する。明命がどのような国家を目指していたかをこの土地に端的に見ることができよう。

この章では、広安の歴史地理的な諸条件について検討した上で、広安における改土帰流政策の実施とその後について考察する。

（1）広安の概観

十八～十九世紀を中心に沿海部国境の動態を概観する。

1　住民と行政単位

広安省は、ベトナムの東北端、沿海部で中国と接する省である。『同慶地輿誌』は広安の風俗について次のように述べている。

その地は山や海が広がり、田地は希少である。人々は、都合次第で生業についている。商売や林業・漁業や製塩業についているものが過半であり、農業はそれに次いでいる。各県・州の生業は同じではない。安興・堯封二県の人は大変学問を好んでいる。（中略）横蒲・先安・海寧で学問を好むものは少なく、その俗はなお鄙びてつつましい。住民は、清（中国人）、漢（ベトナム人）、蛮儂（少数民族）からなり、衣服や住居は中心地とは異なっている。

広安省の地には、黎朝期には、まず安邦承宣が設置された。嘉泰年間（一五七三―七七）には安広鎮に改名、阮朝期に入って、明命三年（一八二二）に広安鎮と改称、北部ベトナムで地方制度の大改革の行われた明命十二年（一八三一）に広安省の名に落ち着いた。黎朝初期には、一府三県・四州を擁したが、一五四〇年に清朝に一州を割譲し、三県三州となり、明命十七年（一八三六）には府を増設、紹治三年に一州を廃して、二府三県二州となる。ここでとりあげる萬寧州は、先安州とともに海寧府に帰属した。当初は、萬寧州知州が海寧府知府を兼任していたが、のち嗣徳三年に萬寧州知州が廃され、海寧府知府が萬寧州の長を兼任するようになる。上の風俗の記述で海寧とあるのは萬寧州のことである。『大南一統志』によれば、黎朝期の広安の各県・州は世襲的統治者によって支配されていた。そのうち萬寧州と先安州は、藩臣潘氏が世襲的に治めていた。[17] 阮朝に入って彼らがどのような運命をたどるかは、すぐ後に見る。

植民地化前夜に編纂された『大南一統志』によると、広安省の嘉隆十八年（一八一九）の丁数は二一〇〇余人、編纂時点（一八八〇年代）での丁数は二〇九八人である。[18] 植民地化直後（同慶年間［一八八六—八八］）に作成された『同慶地輿誌』によると、広安省五県・州の正納（田税と丁税を納める）各項の丁数の合計は、一三五四人、別納（銀税を納める）清人は、九十五人であり、別納「蛮人」は二十二人である。後に見るように、広安一帯の国境沿海地帯は、一八六〇年代後半から匪賊の跋扈により大きな被害を受ける。その結果、丁数は停滞し、植民化後には社会は疲弊し、納税者数も大きく減少したものと見られる。国境地帯の萬寧州と先安州についてこまかく見ると、萬寧州は正納三八一人、清人・明郷六十八人、先安州は正納八十一人、清人五人、「蛮人」十六人である。[19]

2 国境

つとに藤原利一郎の研究が明らかにしているように、黎朝成立時に東北国境でも明との間に紛争が生じている。その後、十六世紀後半から十七世紀前半にかけては、莫氏の勢力がしばしば、欽州を攻撃している。[20]

十八世紀の半ばには山地を含む北部ベトナム一帯で反乱が発生する。広安方面で蜂起する勢力はなかったが、影響はこの地にも及んだ。[21] このようなベトナムの動向に対して、中国側は警戒を怠らなかった。『欽州志』（道光十四年［一八三四］）巻二建置志、巻十紀事、『廉州府志』（道光十三年［一八三三］）巻二十一事紀、巻二十三藝文所引楊応琚「停辺沿種竹」、周碩勲「撤東興街戍兵議」「再陳邊疆事宜」によると、乾隆四年（一七三九）には、「安南賊匪兆暁」

がベトナム領の江坪で暴動を起こし、土目潘宏曜（ベトナム側の藩臣潘氏の係累かもしれない）が中国領の東興からこれを攻撃するという事件が起きたため、左営守備署を防城から国境の町である東興街に移し、東興街汛の兵力も増強した。乾隆八年（一七四三）には、州治に置かれていた欽州州判署を東興街に移している。さらに乾隆九年（一七四四）には、総督策楞は、東興街から竹山村までの国境線として三十里に渡って簕竹を植えさせたが、廉州知府周碩勲の提議により乾隆二十年（一七五五）には停止され、関柵に替えて、松柏汛、羅浮汛の二墩汛を設置し、兵士を配備することになった。周碩勲は、国境の状況について「竹を櫛のように林立させたり柵門を山のように屹立させたりしたところで脇の渓谷や抜け道からどこでも通行できる。思勒から東興にかけては、華夷男婦が入り混じって耕作し貿易し、にぎやかに往来し合っているのであり、どうして禁止できようか。」という指摘をしている。いったん東興に移された州判署は、江坪をコントロールするために思勒に移されている。江坪について、周碩勲は、「近年、漳・泉・恵・潮の無頼の徒が集まってきて騒いでいる」と記している。

『欽州志』巻五兵防志によると、東興街汛の千総が、埇崙汛、防城汛、那馬汛、那梭汛、思勒峝汛、松柏峝汛、羅浮峝汛、澌凛峝汛を管轄している。後述するベトナム側史料に頻出する「欽州分州」あるいは「欽州軍糧分州」という単位はこの範囲を指すものであろう。また、東興街汛は「安南萬寧州之砝街」とは一河を接しているのみであり、潮が引くと陸路で交通できると記されている。『同』巻十一古蹟志や添付の地図では、砝街は矴砝街とあり、ベトナム側の史料でいう矴砝庯のことかと思われる。現在の地名モンカイは砝街のベトナム漢字音であろう。

このような動乱ののち、景興二十五年（一七六四）には、萬寧州民の多くが流亡してしまい、その空いた空間を「客丁」（中国人）が占拠してしまうという状況となってしまったため、鄭氏政権は鎮官にベトナム人と中国人の居住区の区別を命じている。(22)

十九世紀の前半には陸上の大規模な国境侵犯は生じていない。阮朝期の陸上の国境認識については、次の事例が示唆的である。明命二十年（一八三九）四月に萬寧州で殺人事件を起こした廉州岃民が清国側に逃げ込んだ時の広安から欽州への連絡の文面には、「本轄と廉州は地理的にはつながっているが、こちら側とあちら側の境界は明確である（「此界彼疆截然有限」「疆域分明」）であるからとして、中国側で逮捕して処罰するように要請している。(23)

阮朝にとっては、むしろ海上国境が問題であった。海賊対策に関して、阮朝と清朝は、十九世紀初頭から共同防衛体制を布いていた。(24) 道光十二年（一八三二）の海賊討伐活動に関して、「華夷の海面は連続しているが、疆域は区分されている」ということが、清朝側では強調されており、賊巣が夷境にある場合は、ベトナム皇帝に連絡し、ベトナム地方官に多くの師船を発動させて兵力を集め、期日を決めて共同でせん滅するという方針が述べられている。(25) ベトナム側の記録を見ても、清朝が国境地帯で海賊を攻撃するときに深追いはせず、ベトナム側（萬寧州）に連絡をして、ベトナム側に逃げ込んだ匪賊を阮朝地方官に捕縛させるというかたちの共同作戦が取られている。(26)

3　交　易

十八世紀以前の広安の交易上の位置については、ホアン・アイン・トゥアンが明快に整理している。(27) また、十八世紀、十九世紀におけるシャム、ベトナムから中国大陸へのコメの動きについては、多くの先行研究があり、南シナ海の幹線においてのみならず、中越国境沿海において米の密貿易が行われていたことについても既に指摘がある。(28) 乾隆二十年（一七五五）に、両広総督楊応琚は、福建にならいベトナムなどから米を広東に運んできた商人を表彰する制度を提案したが、楊応琚は、同じ年に廉州に特化したよりローカルな米の問題についても提議を行い、小規模船舶によるベトナムから廉州への米の運送について詳述している。(29) 鈴木中正によれば、景興十八年（一七五七）以降北部ベトナムは米の輸出の統制を始めるが、おそらく小規模商船による密貿易を取り締まることは困難であったと思われる。

藤原の明らかにしたとおり、阮朝は明確に米の禁輸政策を打ち出し厳しい取り締まりを行ったが、密貿易を廃絶することはできなかった。[30] 阮朝は、欽州・廉州へのコメ密輸を、広安、とくに萬寧州・雲屯州の社会経済状況と関連させて認識していた。米不足の広安の住民は南定や海陽に米の供給を仰いでおり、その住民が塩や魚を南定・海陽に販売して米を購入したり、南定・海陽の民が米を運んで販売したりしていたが、広安への米の輸送・販売を口実として米を運ぶ船が洋上で密貿易者と取引をするという手口で密輸が行われているという認識が繰り返し述べられている。

阮朝初期より、広安の耕地の狭小さと潜在的な米不足が指摘されている。[31] 明命十年（一八二九）七月には、明命帝はこの問題を取り上げて、これが米の密輸問題と関わっていることを指摘し、対策を指示した。このとき、地方官の管理のもとに、広安の人口分の米を海陽の備蓄倉庫から広安の住民に販売するという構想が検討されたが、採用されなかった。ただし、北城の官吏に勅して、広安の備蓄米三万斛程度を確保するために、海陽の備蓄米を毎年移送するよう命じている。[32] 明命十七年（一八三六）三月には、米の密輸対策が再論される。地方官の厳格な管理統制のもとに正月と七月に期限を決めて海陽の備蓄倉庫の米を広安の住民に買いに行かせる構想が検討され、明命帝はいったんこの対策をよしとするが、数年前の議論を思い出したのか、すぐに撤回し、年二回の買い出しの時期が来たら、省が派遣した人員の引率のもとに、民間の市場で人口分の必要な量の米を購入するようにと変更された。[33] この規定により、萬寧州の住民が勝手に米を買いに行くことは制度的にはできなくなった。しかし、この地方の米の密輸は止まず、紹治五年（一八四五）十二月には、再び広安省を対象とした「盗買米粒條例」が出されるが、戸部は明命十七年（一八三六）の規定を再確認し、密輸に関わった者の罰則を明記して強調しただけであった。[34]

わずかの史料しかないが、萬寧州から中国側へ塩が輸出されていたことが知られる。

十八世紀の中葉には、萬寧州から広西南寧府への塩の販売が、清側で問題となっている。ベトナムには「私塩之禁」がないため、官憲に銭二十文を納めれば外国人が自ら塩田を開き販売することができるので、辺縁の民が越境して商売をしているという報告を受けて、これを禁止している。(35) 嘉隆十一年に編纂された『巡司税例』(東洋文庫、X―2―66)によると、安広鎮には、先安州と萬寧州に六か所の塩の関所が設けられていた。先安州の托灘塩場(正場)、同宗支塩場、定立支塩場、萬寧州の萬寧州塩場(正場)、河橋東支塩場、安良支塩場である。萬寧・先安から「内地」(中国側)への塩の販売は十九世紀初頭には一般的な交易であったことが知られる。嘉隆八年(一八〇九)には商船による塩の輸出は禁止されているが、陸上の小規模輸送は認められていたようである。(36)

フランスによる侵略を被ったのち、一八六二年条約では、直轄植民地となった南部三省の経済中心サイゴンが開港され、中部・北部ではダナン、バーラット、クアンイエン(広安)における商業活動が許可された。広安がここに含まれていることが注目される。その後は、一八七四年条約では、紅河の航行が認められ、ハイフォンに領事館が置かれて、ハイフォンが北部の国際港として発展する。クアンイエンは交易地としてではなく、炭鉱地としての重要性が認識されるようになる。

4　海　賊

周知のとおり、江坪に根拠を置く海賊勢力はタイソン勢力を支援して、阮福暎との戦争に参加した。(37) タイソン朝滅亡後も、一八一〇年に清朝に投降するまで、北部ベトナム方面で活動を続け、雲屯、萬寧州、山南下鎮(のち南定省)で戦闘や略奪を行っている。(38) その後、明命八年(一八二七)以降、再び中越国境の海賊の活動が盛んになる。(39) 全土で地方制度の大改革が断行され、各地でそれに対抗する熾烈な反乱が展開した一八三〇年代前半には、その動きに呼応して、中越国境の海賊の活動も激しさを増した。阮保と鐘亜発をリーダーとし、漁船を糾合して、清国の竹山・白龍尾に接する雲屯海域の撞山に根拠地を置いた海賊が明命十三年（一八三二）に猖獗を極めたが、同年十二月に阮保が捕縛され、いったん終息した。(40) 阮保らの海賊活動を鎮圧して数年後、明命十九年（一八三八）・二十年（一八三九）には、阮朝はベトナム側に進出してくる清人漁民の海賊行為への対応を迫られた。(41) このときの海安総督尊室弼の報告によれば、開尾・鰕罟二幇（あるいは坊）の漁民は、毎年四月に中国側に帰国し、九月に戻ってくる、漁民なのか海賊なのか区別がつけがたいし、行ったり来たりで統制も困難であるという状況であった。それでも、明命二十一年中には、撞山に向化里が設置され、二百人未満の清人が居住するようになっていた。萬寧州の住民百人を募り、巡海一隊・二隊を創設して、ここに駐留させている。(42) 紹治期（一八四一—四七）になると、開尾・鰕罟二幇が海賊掃討に協力したという記事が見られるので、ある程度良好な関係は維持されていたようである。(43)

竹田龍児が詳述している通り(44)、紹治年間から嗣徳初年にかけても散発的な海賊の活動は止むことなく持続していたが、史料中に組織化された活動や大規模な掃討作戦の記事はみられない。一八六一年以降、再び組織化された海賊の活動が活発化する。フランスの侵略に呼応してカトリック勢力や黎朝復興派を中心とする組織的な海賊が内地の匪賊と連携しながら、広安一帯を攻撃した。この海賊活動は六〇年代後半に終息するが、その残党は上陸して活動を続けた。他方、太平天国鎮圧後、広西で活動していた匪賊諸集団が一気にベトナム山地部へ流入してきたために国境地帯の危機的状況はさらに悪化した。そのような中、七〇年代には再び中国系の海賊の組織的な活動が始まるが、七〇年代後半になって、これらの海賊活動も終息する。(45)

（2）　阮朝期の萬寧州統治の変遷

改土帰流以前・以後の萬寧州統治の変化を検討する。

1　改土帰流以前

ここでは、『大南寔録』に見える改土帰流以前の広安の世襲的統治者の肩書きとその活動について検討し、十九世紀初頭の土着の統治者の存在形態について知りうることを提示することにしたい。

嘉隆三年（一八〇四）十二月に海賊船六十余艘が萬寧州を攻撃したが、このとき、該州潘芳客、副州潘廷忠、前知州韋光暐が掃討作戦で活躍し、潘芳客は防御使兼該州事、潘廷忠は防御同知兼副州事、韋光暐は防御僉事を授けられている。(46) 潘芳客、潘廷忠は、おそらく藩臣潘氏の一員であろう。彼らが、該州、副州などのタイトルを帯びていたことが分かる。さらに嘉隆四年（一八〇五）七月の記事には、萬寧州按守范有彬、知州潘正体が、贓罪に坐しフエに連行されたため、防御使潘芳客、書記黄樊が州事を代領したと記されている。(47) 該州、副州のうえに按守、知州が置かれ、統治の実権を握っていたようである。知州潘正体も藩臣潘氏の一員であろう。この地方における潘氏の勢力が阮朝期に入っても持続していることがうかがえる。しかし、潘氏以外が按守や知州のタイトルを得ていることからすると、潘氏の独占的世襲統治は崩れ始めていたとみられる。嘉隆五年（一八〇六）二月に萬寧州按守潘芳客が海賊を捕縛したという記事が見える。(48) さらに嘉隆七年（一八〇八）一月には、萬寧按守潘芳客は、盗賊を捕縛した功績で、宣慰使を授けられている。(49)

一八三〇年代に入って、地方制度の大改革が行われている時期にも、潘氏の活動は記録されている。明命十三年（一八三二）閏九月の広安の海賊掃討には、萬寧試差土知州潘文味、試差土吏目潘文碧が土勇を率いて戦闘に参加し、大きな成果を上げたので、それぞれ、土知州と土吏目の官職を正式に与えられた（「寔授」）。(50) 彼らも黎朝期の藩臣の潘氏の一員であろう。地方制度の大改革の過程で、試験的に土知州、土吏目のタイトルを与えられていたものと推測される。まず世襲統治者を官僚制に取り込むというのが、この時点での方針であったようである。明命十四年（一八三三）十二月、萬寧土吏目潘文碧は、配下の郷勇を率いて巡視をしているときに海賊と遭遇し、清国瓊州府海南島あたりまで追跡して海賊船一艘を撃沈、サブリーダーを討ち、多くの海賊を捕縛した。残りの船は清朝軍が捕縛した。この功により、潘文碧は従八品百戸を授けられた。さらに彼はトップリーダーの阮保を捕縛し、海賊活動を終息させた。これにより、正七品千戸を授けられている[51]。

阮保らの海賊活動が終息したのちも、広安に接する諒山方面での反乱は継続しており、広安の土着の勢力もその討伐にも動員された。「諒山土匪と広安の土司は、風馬牛の相及ばざるがごとし（まったく関係がない）」と述べられているところからすると、広安の土着勢力は山地部のタイ系民族、現在の呼称でいうところのタイー・ヌン族とは違う系統に属していたと推測される。明命十五年（一八三四）四月には、先安試差土知州潘世倣が匪賊を捕縛し、土知州を「寔授」されている[52]。彼も黎朝期の藩臣の潘氏の一員であろう。

2　広安における知県・知州の派遣

阮朝の官僚制における知県・知州の位置づけを確認した上で、広安における改土帰流を検討する。

①阮朝の知県・知州

嘉隆七年（一八〇八）に科挙制度を再開した阮朝中央は、官僚制の末端である知県・知州に科挙合格者を任用することを大原則として強調した。同年十月には、郷貢（のち挙人）を知県に任用することが定められた。このとき、北城の官僚は、北部の知県の欠員を埋めるために「文翰」を任用するよう上奏したが、嘉隆帝はこれを許さず、次のように述べている。

県令は民の師帥である。佐雑を任用するわけにはいかない。今回新たに郷貢となった者は、いまだ官吏の経験がない。彼らに民を治める経験を積ませるために彼らを選ぶのである。

さらに「朝廷用人之意」を諭して、これを恪守させ、名分を慎惜するように指示し、赴任の際は品服を賜い、兵に護衛をさせた。『大南寔録』は、「これ以降県令の選抜はますます重んじられるようになった」と記している(53)。知県を科挙官僚のキャリアの出発点として位置づけ、科挙官僚による地方統治体制の末端を整備確立することを目指したものと考えられる。嘉隆十年（一八一一）六月には初めて「府県課績章程」が制定されている。「知府、知県は、親民の職であるから、能否を別ち、黜陟（降格・昇進）を定め、勧懲を知らしめねばならない」として、三年に一度の人事評価制度が定められた(54)。

明命年間に入って、明命元年（一八二〇）一月には、広義鎮臣が該合を知県に任用したいと願い出て拒絶されている。明命帝も「親民の職は、科挙合格者を任用しなければならない。胥吏を選任してはならない」という原則を繰り返している(55)。全国で地方制度の大改革が断行されたのち、知府・知県・知州の任用についての規定（「択挙府県例」）がだされた。この時もまた明命帝は、「府県の職は、もっとも民に親しむものである。民衆が穏やかに治まるかどうかは実に彼らにかかっている。」という決まり文句を述べている。地方ごとの統治の難易度と地方官の能力が見合うように適切な任用を行うために、従来すべての知府・知県・知州を廷議で決定していたのを改め、任用方法を廷臣による選抜、地方官による推薦、吏部による候補人員の昇進の三つに区分した(56)。

知県の下には、提吏二名、通吏八名が置かれ、明命六年（一八二五）九月以降、彼らにも銭・米が俸給として支払われるようになった。該総も府・県衙に属して、知府・知県の仕事を助けたので、国家の俸給を受け取ることとなった。[57]

上田新也の研究が明らかにしたように、[58] 黎朝後期には、地方ボス層が私的に官名を称して、在地社会で勢力を誇示していた。阮朝の地方制度の改革後に至っても、このような勢力は一掃されてはいなかったようである。明命十七年（一八三六）二月、順慶道監察御史裴茂先が北部の地方社会の問題に関して、次のような上疏を行った。北圻諸轄には地方ボス（「豪強之民」）がたくさんいる。彼らは、張県、巡県、管県、記県、総豪、巡豪といったタイトルを勝手に名乗って、地元で権勢を誇っている。対立するものには訴訟を起こすが、人々は乱暴な気勢を恐れて口出しできない。遊惰な者は仕事もせず、ひとを集めて酒を飲んだり賭博にふけったりして、機会を見つけては盗みから暴力まで悪事を働いて善良な人々を苦しめている。これを受けて、明命帝は、すでに該・副総、里長を設置したのであるから、他の役職を置いて、弊害を引き起こしてはいけないとして、吏部に戒禁章程を議論させた。吏部は私的なタイトルを使うことを永遠に禁止し、違反者への罰則を規定した。[59] 後に述べるように、ちょうど改土帰流が行われているところであり、版図内の私的権力を一掃するのが明命の目標であったと思われる。

翌年明命十八年（一八三七）の六月に出された各省の総督・巡撫・布政・按察への指示では、各省に配置されている候補人員[60]に公務を担当させて、統治能力を試し、任に堪えるものは、知県・県丞の空きがでたら、すぐに任用する、「庸常」の者は吏部に戻して学習させるということになった。知県は、決して無能なものに任せられる仕事ではなかったようである。[61] 紹治元年（一八四一）十一月には、挙人・監生・尊生・廕生・秀才から選抜された七十二人を各省に知県と訓導の候補として派遣するに際して、紹治帝は「民社（地方統治者）之責」を強調し、「国家之用」に供すべく、勤勉に学習するように訓示を垂れている。紹治四年（一八四四）九月には、各省に派遣された挙人・監生・廕生に賞

金十緡を贈っている。(62)

②改土帰流とその後

各地の反乱鎮圧がひと段落した明命十六年（一八三五）には、周辺部の土着の世襲的統治者に替えて中央から官吏を派遣する改土帰流政策が施行される。同年三月に北部山地の宣光・太原・諒山・高平に属する県・州で流官の設置が開始された。土官に空きポストがある場合には流官を派遣し、土知県・土知州・土県丞がいる場合には、彼らは罷免せず、流官を増設し、土官とともに統治をおこなわせた。ただし、以後土官が欠けた場合には補充しないとされた。(63)しかし、嗣徳年間に入ると、改土帰流がうまくいっていないことを阮朝も認識するようになる。嗣徳四年（一八五一）五月には、山・興・宣総督魏克循が土官の復活を提案する。その理由として、流官は省城以外に居住していて、訴訟・徴税は、土着の総里が代行していて、有名無実であることが挙げられている。(64)結局、嗣徳二十二年（一八六九）には、沿辺土官の復活が決められる。諸土酋の子孫や所在豪目で現地住民の信服を得られるものを任用することとされた。(65)

広安の場合は、山地部とは事情が違っていた。『大南一統志』によれば、明命九年（一八二八）に横蒲県と花封県の土官が、土知県に任命されている。他の州県も同様であったのではないかと思われる。明命十六年（一八三五）八月に至って、広安でも改土帰流が実施される。おそらく明命九年以来、安興・華封・横蒲三県には土知県、先安・萬寧二州には土知州、雲屯州には土吏目が設置されていたが、北部山地の例に倣って、流官が設置されることになったのであろう。土官は温存され流官とともに統治を行うこととされた。雲屯州は丁田が少ない（二社で丁数三十四人、田土三畝）ということで、萬寧知州が兼理することになった。(66)十二月には、広安護撫黎育徳より、新たに流官が置かれた県・州の莅所の建設、吏・隷の設置が提案され認められた。併せて、教職の学舎を建てることも認められた。萬寧州の莅所は萬寧社に置かれることとなった。胥吏として、吏目一名、通吏四名、隷目一名、属隷二十五名が置かれた。通吏、属隷は二班の交代制とされ、吏目・通吏の月給は銭一緡・米一方、隷目・属隷は米一方とされた。[67]

温存された土官は一定程度の勢力を保持し続けたようである。明命十九年（一八三八）九月には、広安按察阮同科が、安興・萬寧・横蒲の土県州等員が土目であり任務に堪えない懸念があるので、罷免するように提案したが、明命帝は、土官だからと言って必ずしも劣っているとは限らない、偏見を持って見るべきではなく、実際に仕事ができないと判明した時に罷免すればよいとして、彼らの立場を擁護した。[68]

知県・知州設置後の広安統治の展開について検討しておきたい。

明命十七年（一八三六）九月には、広安省臣の上奏により、徴兵の規定が変更された。広安管轄の丁数は、二千余人、嘉隆年間には、十丁に一人を徴兵して広雄奇一隊二隊を編成したが、すでに各州・県に流官を設置したので、他の省と同様に、七丁に一人を徴兵し、増員分は府・県の隷兵とすることとされた。[69] 明命十八年（一八三七）七月には、課税台帳である丁簿と田簿の改定が命じられる。広安では、従来、黎朝期に固定された常行簿が用いられてきたが、新たに設置任用された県・州の官吏と該総・里長らに実地調査を行わせ、現実の丁数および土地面積を反映した新たな台帳を作成することになった。[70] 明命二十年（一八三九）七月には、広安丁田税額が改定され、従来一般的な税額の半額とされていたこの地方の税額を一般的な規定に合わせることが定められた。[71] 同年十月には、明命十八年（一八三七）に改定された丁田簿の問題が指摘される。すなわち、黎朝期につくられた常行簿と比べた時に、明命十八年（一八三七）の丁数がほとんど増えていないことから、税負担の軽減のための隠匿が行われたことが疑われ、調査をし直して、現実に基づいた台帳を作成するよう指示が出されている。[72] 正確な台帳が出来上がったのか否かは定かではない。

この節の冒頭で、北部山地の改土帰流が流官のサボタージュにより六〇年代末には失敗に終わったことを記したが、阮朝の山地部統治は別の要因により、さらに後退を余儀なくされた。周知の通り、広東・広西では四〇年代の動乱の中から、五〇年代に入って太平天国の一大勢力が形成され北に向かって進行する。六〇年代後半に太平天国を鎮圧して清国が中興を果たすと、広東・広西の武装勢力は今度は南に向かい東南アジアの北方に流れ込み、ベトナムの北部山地も阮朝には統制不能の状態に陥った。広安では、北部山地諸省ほどひどい状態ではなく、知府、知県、知州は維持されたが、やはり中国官憲の援助無しには、秩序の維持はできなくなった(73)。

二　地方統治の実際

一八三〇年代に急速に統一国家として発展を遂げ、勢力範囲を西方に膨張させた阮朝は、一八四〇年代には一転守勢にたたされる。一時的に併合したカンボジアは、シャムの支援により独立を回復し(74)、他方、フランス海軍がベトナム沿岸で散発的な示威行動を開始する(75)。とはいえ、明命の作り上げた集権的国家自体は、一八五八年のフランス軍による侵略開始までは、多くの困難を抱えながらも、十全の機能を保持していた。しかし、時代の変化への必要を阮朝の高官たちが感じていなかったわけではなかった。皇帝の代替わりは、そのような意見を表面する絶好の機会となったようである。嗣徳元年にいくつかの注目すべき建策がなされている。

嗣徳元年（一八四八）四月には広安署撫阮文振と戸部侍郎充内閣阮久長が相継いで建策している。このうち、阮文振の以下の二つの提案は、そのまま承認されている。一つは、王室による物資買い出しのうち、海外への官船派遣による必要不可欠ではない物資購入（「如東如西諸物項」）を停止すること、いま一つは、広安省萬寧州・先安州に居住している清人に対する税制の変更である。後者は、すでに定住している「実戸」と新来の「客戸」の両方に身税を課しているが、「客戸」はすぐに戻ってしまって帰って来ない、未納分を「実戸」に償わせるのは大変であるので、「客戸・流民」の身税を免除するようにとの提案である。(76)二番目の提案、すなわち、広安省萬寧州・先安州の「客戸・流民」への免税の提案からは、国境地帯の流動的な清人の動きに妥協した政策がとられるようになったことが明らかに窺われる。

広安の州県に流官が設置されて十数年が経過した嗣徳元年には、萬寧州は地方行政単位として実質的に機能していた。知州は日々生起する諸問題に応接し、それらについて必要に応じて上級機関へ報告をあげ、対応について提案したり指示を仰いだりしていた。全土で清人の圧力が高まるこの時期(77)に、清国と接するこの前線の統治をまかされていたのが、裴輝璠という人物である。

ここで史料として用いるの、嗣徳元年(一八四八)五月から嗣徳二年(一八四九)八月にかけて、彼が、萬寧州(現在のモンカイ)の保安・防衛問題について上奏した公文書十七件である。(78)当時の広安省には、巡撫が置かれず、嗣徳二年(一八四九)閏四月までは、布政使の阮文振が、それ以降は同じく阮科昱が、代理で巡撫関防の印を管掌していた。これらの文書は、護理広安巡撫関防・署布政使の阮文振ないしは阮科昱が、単独で、あるいは、按察使の胡仲濬と連名で発信したものである。嗣徳元年(一八四八)十月のみは、布政使が不在であったらしく、胡仲濬が護理広安巡撫関防・按察使の肩書で単独で発信している。これらの上奏文は、皇帝の朱批が書き込まれたものではない。黒色で「某月某日臣某臣某奉旨……欽此」と書き込まれている。案件を担当する六部の尚書、参知、侍郎らが旨を受けて書きこむという形式を取っている。(79)

これらの上奏文は、いずれも萬寧州知州裴輝璠の報告を起点として始まった案件について扱っている。つまり、これらの公文書にはまず萬寧州知州裴輝璠の報告(「稟」)が引用されている。この章では、清国の出先機関との関係、地方住民との関係、流動する境界地帯における秩序形成に着目して、これらのテキストを精査することにより、辺境の地方統治の実際について、個別具体的に解明する。萬寧州の行動や判断の記述分析は、概ね、この稟の中に記載された情報によるが、上奏文のその他の部分の情報を補足的に用いる場合もある。

（1）裴輝璠の略歴

嗣徳初年に萬寧州知州に任じられたのはいかなる人物なのか？　裴輝璠の略歴については、『大南寔録正編』、『大南正編列伝』などの王朝の編纂史料だけでなく、出身村に残る碑文史料、郷土史家の研究も情報源として利用できる(80)。それらの史料に基づき、如何なる人物が人生の如何なる時期に、このポストを占めたのかをまず検討しておく。

裴輝璠は南定省義興府務本県程川上総百穀社の出身である(81)。彼の生年は不明であるが、十九世紀の前半であることは間違いない。おそらく明命年間に幼少期—青年期を過ごしたものと推測される。彼の幼いころには、この村には、郷試の下位段階の合格者（生徒・秀才、一場合格者、二場合格者）は存在したが、正式の合格者（郷貢・挙人）はいなかった。彼の家は、裴輝族の一支派に属していたが、それほど裕福ではなかったようである。ただし、裴輝族自体は、村の中で勢力を伸ばしつつあったようである。嘉隆九年（一八一〇）には、祠堂を建設し、明命二十年（一八三九）には、族約三条を定めた。そのうち一条が科挙合格者への報償を定めており、彼は一族の科挙受験者支援を背景に科挙試験に挑戦していたものと見られる。

紹治元年（一八四一）に郷試に合格し、挙人となる。まず戸部行走として官僚業務の見習いを経験したのち、萬寧州知州の候補となり(82)、その後正式に知州に任命された。萬寧州知州に任じられたのが何年であるかは不明である。紹治七年（一八四七）三月には、広安巡撫陳文恂の推薦により、「治事廉平、為民信愛」という理由により、帛一束、銀二十両を報償として与えられ、「知府銜」を加えられている。(83) ただし、「仍お州事を領す」とあり、次節以降に検討する公文書の中では「加知府銜仍領萬寧州知州」の肩書きが記されている。嗣徳二年（一八四九）には匪犯の鎮圧の功績により知府に昇進、その後、戸部員外郎に異動となり中央へ戻った。嗣徳四年（一八五一）には、「回貫祭掃」を許され、このとき兄とともに一族の支派の祠堂を建てている。

中部地方北方の河静道の地方官を勤めた後、再び広安に赴任することとなり、嗣徳六年（一八五三）に広安按察使に任命されている。嗣徳十二年（一八五九）以降、中央と地方の任務を往来する。鴻臚寺卿に昇進したのち、山地部の中越国境地帯の諒山省の布政使を領して、清人匪賊を制圧している。署光祿寺卿に昇進した後、中部地方南方の平定省の布政使を領して「西洋道長」（キリスト教宣教師）を逮捕している。嗣徳十五年（一八六二）には、広安方面の匪賊が海陽城に迫ったため出兵し、軍功により広安布政護理巡撫を授与されている。翌年には、匪賊との戦闘で死亡、死後巡撫を加贈されている。

この略歴から、まず萬寧州知州が彼の官員としての出発点であったこと、そしてそれがその後の彼の官僚人生を規定したことが知られる。数年の見習い期間を経ただけの新米官吏に、萬寧州という十年前に改土帰流が行われたばかりで、土着勢力も残存し、住民も流動的な境界の統治が委ねられた。それを見事にこなした彼のその後の主要な任務は、地方（とくに辺境）の保安・軍事平定であった。なかでも最初の赴任地広安との関係は深く、三度広安の地方官に任じられ、最後は広安の匪賊との戦闘で命を落としている。

（2） 欽州分州との関係

萬寧州の重要な任務の一つは清朝側との外交文書のやり取りであった。清朝と阮朝の間で交わされた文書には、清朝皇帝から「越南国王」に発せられる勅諭、「越南国王」から清朝皇帝に進呈される表・奏、「越南国王」と清朝各省の総督・巡撫の間に交わされる咨文・照会文、阮朝各省の総督・巡撫と清朝の知府・知県の間で交わされる平行文がある。(84) このうち、清朝皇帝との往来文書は、萬寧州知州の関知するところではない。その他の文書の往来に、萬寧州知州は関与した。そして、国境の向こう側の文書の受け手・送り手は欽州分州と呼ばれる欽州の出先機関であった。さらに、上記の公文に加えて、従来注目されてこなかったが、萬寧州と欽州の出先機関（欽州分州）の間で交わされた文書がある。ここでは、外交文書の往来における出先の官衙、すなわち萬寧州と欽州分州の関係に注目する。これらの文書を広安国境の地方官が管理するようになるのは、当然、改土帰流以後のことである。ここでは、まず、欽州分州とは如何なる機関であるのかを把握し、十九世紀前半の沿海部国境をまたぐ文書の往来の状況を検討してから、萬寧州知州がいかなる文書をどのように取り扱ったのかについて具体的に考察し、萬寧州知州の独自の裁量の範囲について見ることにしたい。

1　欽州州判

清朝の地方志『欽州志』や『廉州府志』には「欽州分州」という単位は見えない。しかし、これまで見てきたとおり、阮朝側の『大南寔録』や上奏文にはこの単位名は頻出する。阮朝の上奏文の中に引用された欽州からの照会文にも一か所だけ見られる。上述の通り、欽州のベトナム近傍の思勒には欽州州判署が置かれ、軍事的には萬寧州の川向うの東興汛の千総が周辺一帯を統括していた。今回検討している阮朝側の文書には、清朝側の出先機関の責任者として、「欽州軍糧分州加三級記録三次双」あるいは「欽州分州文員双」と「欽州分州武営鐘千総」あるいは「欽州分州武員鐘」の二人の名が見られる。(85) この二人が、それぞれ、欽州州判と東興汛千総に相当するのではないかと推測される。

次の二つの事例から、州判が清朝側の国境地帯の文書の管理責任を負っていたことが窺える。道光十二年(一八三二)十二月に広東提督の率いる師船が中越国境海域で風難に遭い行方不明になった際に、ベトナムへは二重の照会がなされている。まず、欽州に緊急連絡して欽州州判に命じてベトナムの萬寧州土官に連絡して、ベトナムの海域の探索を依頼する一方、両広総督からはベトナム国王に照会している。[86] 明命二十年(一八三九)四月には萬寧州で殺人事件を犯した廉州岿民が中国側に逃げ込むという事件が起こり、このとき、海安総督の阮公著は、皇帝から両広総督に咨文を送るように要請したが、明命帝は、ささいなことであるとして、広安省から欽州を通して廉州府に移文を送らせた。ところが、欽州がこれを受理しなかったので、阮朝の礼部から両広総督に照会したところ、両広総督はすぐに廉州府知府に調査を行わせ、欽州州判の謝芝生が頑固でこれを拒否したことが判明、州判を懲罰した。そして、今後は、辺境交渉で尋常のケースは、萬寧州から欽州州判に連絡されたい、また調査が必要な場合は、広安省から州判に連絡があれば、遅滞なく処置すると回答した。[87] 広安省―萬寧州―欽州分州/欽州州判署―欽州―廉州府という文書の流れが存在していることが見て取れる。

2 嘉隆・明命期の広安における清国文書の処理

嘉隆九年(一八一〇)五月には、欽州より、高・廉・瓊・雷四府の海上に海賊勢力が逃げ込んでいるので、ベトナム側の海上を防衛するようにと北城に連絡が入ったため、萬寧州に兵船を派遣したが、このとき萬寧州と欽州の間の文書の往来のために文書の知識のある人間が必要である(「書札往来、須有文学人」)ということで、呉幸を録事幇辦軍中詞章に任じている。[88] 掃討作戦が終了すると、呉幸はフエに呼び戻され翰林院で職を得ている。この時点では、国境において文書のやり取りを担う恒常的な機関は存在していなかったようである。

地方制度の大改革が行われた明命十三年（一八三二）の九月には、商船による国境を越えた海賊討伐に関する欽州分州から広安への連絡に関して、明命帝は、萬寧州土知州に部送覆文をもとに返書を作成して欽州に回答させている。萬寧州の土知州に正規の文書行政を任せている点が注目される。先にみたように、この時点では正確には試差土知州であり、試用期間中であることを考えると、これも試験的措置であったのかもしれない。この記事にはもう一つ興味深い点がある。この件は清朝側の出先機関からの連絡ではあるとはいえ、事が辺防に関わるということで、署撫黎道広は上奏して指示を仰いだが、これについて明命帝は、以後国体に関わる重大事のみ上奏せよ、このような通常の連絡の場合、断じて相手の理不尽な請求は受け付けず、報告を上げると同時に遅滞なく迅速に処理せよとコメントしている[89]。

改土帰流直後の明命十七年（一八三六）十二月には、欽州分州は、雇い人から金をだまし取ってハノイに逃げている清国の商人を追跡するために、人員に文書を持たせてベトナムに送り、広安はこれに通行証を発給した。このことを知った明命帝は、これは欽州分州から清朝の総督・巡撫に連絡し、総督・巡撫から阮朝に連絡されるべきことであり、出先機関が勝手に越境して連絡するようなことは許されないとして、文書を送り返させるとともに、疆界に関わる問題であるのに、理に従ってこれを斥けることができず、軽々しく聞き入れた省臣黎育徳・黎経済を降格処分とした[90]。この時点では萬寧州知州は欽州分州からの文書の窓口として確立していなかったと見られる。その後、紹治期を経て裴輝璠が赴任したころには状況は大きく変わっていた。

3　欽州公文

欽州分州が欽州の公文を転送してきた場合には、「欽州正堂公文（咨文・照会）」と明記してあり、欽州分州が作成した「分州公文」とは区別されている。ここで検討している期間では、嗣徳元年（一八四八）五月十四日に広安省臣が萬寧州から受け取った公文一件と同年十月六日に広安が受け取った咨文一件、照会一件の三件がある。(91) これらの事例から萬寧州知州が、ただ右から左に公文を転送していたわけではないことが窺える。

裴輝璠は、五月七日に海匪の掃討作戦に関する欽州の公文を受け取ると、その内容を確認して、在地のリーダー二人を派遣して沿海の防備を固めている。かつ、その文面が「多著夷字、頗有欠雅」であるという理由で、公文正文を欽州分州に送り返している。その際、このような公文を軽率に受領することは体制にかかわることを恐れる（ので受け取れない）という旨の帖を欽州分州に送っている。広安省へは、その抄本を転送している（五月十四日着）。広安省臣の上奏には、以前も欽州の公文に「欠雅字面」があり上奏を行ったことが記されている。その時は、元の公文とともに、礼部が代草した萬寧州移文を欽州分州に送っている。このような前例を踏まえた萬寧州知州の対応を省臣は「想亦得体」と評価している。

同年十月に省に届いた欽州公文にも「頗る欠雅に属する」文面が含まれていたことを省臣の上奏から知ることができる。裴輝璠は、このときは、おそらく公文の重要度の高さのために（最後の節参照）、すぐに正本を欽州分州に送り返すことはせずに、省に転送している。省も抄本を残して、正本は中央に送っている。このときの省臣の記述により、「欠雅」とは国号として「安南」の文字が使われていることを指すということ、(92) 紹治六、七年（一八四六、一八四七）にも同様のことがあったことが知られる。

萬寧州知州が、欽州公文の内容・文言を確認して、どのような処置をするかを決定していることは明らかである。

問題が歴然としている場合は、上の判断を仰ぐことなく、正文を送り返している。

4　欽州分州公文

萬寧州は、難破して清国海洋で救出されたベトナム人の送還先であった。このような送還事例はこの期間に一件のみであるが、このときは難破した兵士らとともに欽州分州移文が送られてきている（嗣徳元年［一八四八］九月九日）(93)。難破した船は、定祥省所属の海運一三一号船で省からフエへ国家物資を運び、さらに工部の指示で清化からフエに銭などを運ぶ途中で遭難した。清国船に救出され、海南島の崖州府に送られ、雷州半島の遂渓県を経由して萬寧州に送られた。兵士は欽州分州の移文とともに十月一日に広安省に送られ、取調べののちフエへ送り返された。清国内での広域の移送を経ているにも関わらず、清朝のより上級の機関の公文が無いのは、おそらくルーティンの処理ということで、末端の機関に説明が委ねられたのであろう。

清国側との匪賊掃討のための共闘に関する連絡は、上記のように欽州公文で伝えられることもあったが、作戦行動中の地方軍の指揮官の指示が直接欽州分州に伝えられた場合には、欽州分州公文で連絡がなされたようである。嗣徳二年（一八四九）閏四月三日には、欽州分州加二級記録三次双が、鎮守広東高・雷・廉・羅総鎮府楊と広東分巡高・廉兵備道琦の指示を受けて、清国官兵が水陸合同で匪賊の討伐を行うので(94)ベトナム側の防備を固められたしという公文を萬寧州に送ってきた。このときも裴輝璠はすぐに、在地のリーダーに防備を固めさせ、胥吏に船四艘を指揮して海洋を哨戒するよう命じ、それから、欽州分州公文を添えて、省に報告している。省臣は、省内の防備を固める措置をとり、公文の避諱字に黄色の紙片を張り、抄本を残して、正本を礼部に送った。同年六月三日にも、匪賊の動向についての情報と匪賊掃討の共同作戦についての連絡が欽州分州から送られている(95)。

清国側の住民の阮朝への要求を欽州分州が伝えてくる場合もあった。嗣徳二年（一八四九）八月十日付の広安省の上奏文の中に、欽州軍糧分州加三級記録三次双が萬寧州に以下のような照会を行ったことが記されている[96]。清国側の羅浮峝竹山村民鄧正英から次のような訴えがあった。鄧正英は、廉州府に行って商売をして帰る途中に閏四月二十日に陳十五仔の余党澎亜福、林発興に襲撃され船を奪われた。五月六日になって、萬寧州が匪船を拿捕したとのうわさを聞き、密かに確かめに行ったところ、果たして奪われた船であった。それを萬寧州衙へ赴いて訴えたところ、捕獲した匪賊に関わる問題であるが、彼らは省に送って調査中であるので、その船が彼らに奪われたものであるというなら、書面で訴えなさい、そうすれば省に報告をするとの回答であった。彼は朴訥であったので自分で訴えることが出来なかった。これを受けて地元に確認した上で欽州分州より使者に言付けて明確に連絡するので、広安省で調査をして、船を持ち主に返すように願うという照会内容であった。この公文を萬寧州から送られた省は、大頭目の名前や船を奪われた日や船のサイズの食い違いに留意し、羅浮峝が萬寧州と隣接していることから、萬寧州が匪船を拿捕したというわさを聞きつけた清国側の住民が船を奪おうと画策したのではないかとの疑義を表明しつつ、抄本を残して中央に公文正本を送った。これを受けた中央は、反駁することなくすぐに返すようにとの指示を出している。この事例で注目されるのは、まず清国の住民が普通に越境して萬寧州衙に訴えていること、文書で訴えることのできない住民を欽州分州が手助けしていること、どんな小さい案件であれ外国との交渉に関わることとしてベトナム側では中央の裁定で処理されていること、現場の感覚と中央の機械的な裁定に微妙なずれが見られることである。

5　広安省公文

上述の通り、この時期の広安省には巡撫が置かれていなかったので、広安省公文は礼部が草稿を作って省に送り、省臣が日付などを補って完成するという形を取っていた。この期間では、嗣徳二年（一八四九）二月十五日、同年四月六日、同年八月十日に萬寧州は広安省咨文を欽州分州に届けて、受取証（「回文」「印結」）をもらって保存している。(97)最初と最後の公文は捕獲した清国匪賊とその武器を返還する際のもので、他の一つは、殺人事件の証人を広安に送るように要請したものである。

6　萬寧州からの連絡（「帖報」）

萬寧州から欽州分州への連絡は、萬寧州知州が国境地帯の匪賊の動向について胥吏や在地リーダーからの受けた報告の内容を伝達するものである。この期間では、嗣徳元年（一八四八）十二月十五日には、国境の村が清国匪賊の襲撃を受けたことを連絡している。また、嗣徳二年（一八四九）五月後半には国境付近に謝剛殿・張家墻らの集団が集結してベトナム側の村を窺っていること、同月末には、また匪賊との小競り合いとその後の情勢について伝えている。(98)

後の二つは、共同討伐の体制ができてからのものであるが、最初の連絡の時点では、まだ清国側は匪賊討伐に積極的ではなかった。このため、萬寧州知州は、省に対して、匪賊を根絶するために礼部から両広総督に咨文を送るよう要請している。広安省は、関係者がすべて欽州にいるということで、この要請を拒絶し、中央もこの判断を是認した。裴輝璠は、廉州から広西にかけて天地会系の匪賊についての十年来の動向と清朝地方官の対応に関する独自の詳細な分析を提出しており、指示待ちの姿勢ではなく国境防衛に関して明らかな主体性を示している。また、清国行政の末端を動かすには、出先の交渉だけでは駄目であり、上級からの指令が必要であるという冷静な判断を下している。

7　異例の連絡

嗣徳二年（一八四九）四月十六日には、欽州分州武営鐘千総から、山匪李仕昌・胡奇瑤が匪賊千余人を集めて略奪を行い、廉州府の官軍が大敗したので広東に援軍を要請していること、清匪陳十五仔が匪船七十艘で海域を荒らしており、清国側は捕縛に失敗したことが伝えられた(99)。外国への連絡は本来武官の役割ではないが、非常事態であったために、常例を破って警告をしてきたものと見られる。萬寧州も重大事態であるとして省に報告している。省も、武官の情報提供といえども、広安に隣接する欽州の山匪海匪の重大情報であるとして、すぐに対応し、中央にも上奏している。

（3）住民の動員

裴輝璠は、陸海の国境防備のために住民の軍事力を動員しているが、その際、彼の手足となって住民を指揮したのは、萬寧州の胥吏層と在地のリーダー層であった。まず彼らが先発して防備を固め、最終的な匪賊の討伐に当たって、裴輝璠自身が出撃して作戦行動を統括するという順序であった。ここでは、保安防衛活動において末端の地方官がどのように在地社会の力を管理組織したのかを、裴輝璠の稟に記される胥吏層と在地のリーダー層、および民夫の記述から検討する。

1　胥　吏

この期間の稟には、通吏武文紹、隷目姚桂進、試差吏目阮春好という三人の胥吏が現れる。

嗣徳元年（一八四八）十二月半ばに、裴輝璠は、萬寧州の安良社(100)から一日、砿砤庯から一日半の平旺というところに山匪六百人が集結しているという間者の報告を受けて、通吏武文紹を派遣し、在地リーダーとともに国境の防備を固めさせている(101)。

嗣徳二年（一八四九）閏四月に清国側から水陸で匪賊の討伐を行うのでベトナム側の防備を固めるように連絡があった際には、海上で隷目姚桂進が活躍している。彼は、船四艘を指揮して海洋を哨戒し、四月十七日は匪船二船と交戦、一艘を拿捕し、清人二名の身柄を拘束し、積荷を押収した。さらに五月二日にも、匪船一船と交戦、船は捕獲したが(102)、乗員は逃走した。その後、巡防を行っていた大田社里長洗益高と追跡し、六名を逮捕し武器を押収している。二回とも、交戦の後に州に報告し、捕獲した清人・武器を州に送っている(103)。

同年五月後半に謝剛殿・張家墻らの集団が陸上国境の八庄総北岩社那巴笘の脅威となると、試差吏目阮春好を派遣し、在地リーダーとともに警戒に当たらせた。匪賊の一部（六百人）が清朝側の北崙拌からベトナム側の北岩社那巴笘に移ると、彼は五月十九日には匪賊の駐屯地に接近し、匪賊および国境住民の動向を探り、二十一日は在地リーダーや地元の民夫とともに小さな攻撃を加え、二十名程度を負傷させたが、匪賊は外に出てこず、彼らも中に敢えて入らないという状態になった。その時点で知州に報告を送っている。この報告を受けて、萬寧州は、欽州分州に情勢を連絡した。それに対して共同作戦を求める返事が欽州分州から戻ると、民夫を増員し、また隷目姚桂進を派遣しこれに対応させた。六月三日は、欽州分州から再び共同での掃討作戦を行うよう連絡があると、裴輝璠自身が配下の民夫を率いて掃討に向かった。試差吏目阮春好は民夫五十人を率いて、ベトナム側に防備があるように見せかけ、隷目姚桂進は在地リーダーや土兵とともに伏兵を指揮した。裴輝璠自身は民夫を率いて匪賊の集結地に直進して匪賊をおびき出した。この伏兵戦は大成功に終わり、このときの匪賊の国境への脅威は解消した(104)。

2　在地リーダー

稟の中に出てくる「士豪」「該総」「里長」「役目」という肩書きを付された地方リーダーについて検討する。

匪賊に対する防備・掃討作戦に参加した在地リーダーの中に、具体的な役職ではなく、「士豪」という肩書きを有するものが、何人か登場する。阮朝としては、「該総」「里長」に在地社会を代表させ管理を行おうとしていたのであるが、それが貫徹していないことが窺われる。

①士　豪

嗣徳元年（一八四八）五月に、清国側の海匪掃討作戦に合わせてベトナム海域の防備を固めた際に、安海総従捌品百戸仍留該総阮廷勝と並んで、萬寧社士豪裴進達が派遣され、海汎員に連絡を取り、彼らの船を出して哨戒させるという役目を担っている。嗣徳元年十二月に山匪に対して警戒態勢を布いた時には、萬寧総該総裴進達ともう一人のリーダーが州莅と砒碓庯の防衛の任についており、また嗣徳二年（一八四九）六月の匪賊駆逐成功の後、試差該総裴進達に獲得物を省まで運ばせている。[105] これらは同一人物であろうと思われる。とすれば、裴進達は、萬寧社士豪から試差該総に昇進したものとみられる。萬寧州では、該総に任じられるのに、里長を経験する必要がなかった可能性も考えられる。

嗣徳元年（一八四八）十二月に匪賊対策として、通吏武文紹が派遣されたときに彼と協力したのが、安良社士豪劉珖玉、里長侯文羅、役目潘廷妥である。士豪の方が里長より先に名前が記されており、里長より格上であったことが推測される。士豪劉珖玉は、十二月十九日には清匪三名を捕獲して連行しその経緯について次のように説明した。十七日に安良社北望甲の黄立仝から清匪が下ってきたとの通報を受け、堂兄劉光金と黄立仝に民夫を任せて先行させ、さらに民夫を増撥して後から追いかけたところ、すでに三名を捕まえていた[106]。『大南寔録』には紹治七年（一八四七）に設けられた安良店の警備は、土豪にその防衛の任務が任されたと記されており[107]、劉珖玉はその任務についていたのかもしれない。堂兄劉光金とともに一族で独自の防衛活動を行っていたのではないかと推測される。

嗣徳二年（一八四九）五月には、八庄総北岩堡土豪梁廷謹が人に託して清国側の武装勢力に関する情報を上申している。彼は、清国側に人を送って国境に集結している武装勢力の具体的な状況を探って萬寧州に報告すると同時に、総内役目とともに総内の民夫を動員して、拠点を守り匪賊の侵入を防がんとしている[108]。

陸上国境地帯の警備は依然として土着の勢力に依存していたのかもしれない。

②該総、里長

この期間の裴輝璠の稟の中で該総のタイトルを冠しているのは、前節で触れた阮廷勝と裴進達の二名のみである。裴進達の場合に関して、萬寧州では土豪から該総に昇進する道があったことをすでに指摘した。

里長については、萬寧社里長胡廷厚、安良社里長侯文羅、大田社里長洗益高の三名の名がみえる。すでに述べたように、安良社里長侯文羅は通吏武文紹とともに陸上国境の防備に当たり、大田社里長洗益高は隷目姚桂進とともに上陸して逃亡しようとした海匪を逮捕している。

萬寧社里長胡廷厚は、嗣徳元年（一八四八）十二月十二日に同村の周文剛の家が清国匪賊五十人に襲われ、牛・牢と婿子一名を奪われたことを同月十四日に報告している。報告に先立って、胡廷厚は独自に匪賊を追跡している。この匪賊が、欽州分州河洲峝の鄭华章の一味であることをつきとめ、まず清国側の河州峝峝長に連絡している。しかも、その間に匪賊は遠く逃げ去り、見張りとして立てていた民夫が被弾して負傷したため、河州峝峝長の家に運んで治療を行い、さらに河州峝峝長からは彼らが天地会の人間であるとの情報を得ている。これらの見聞をもとに萬寧州に報告を行っている。(109)ここで注目されるのは、ベトナム側の里長が匪賊追跡に当たって、普通に越境しかつ清国側の峝長と連絡を取り合っていること、そしてベトナム側も特にそれを問題としていないことであろう。里長によるこのような近距離・小規模で短期的な追跡活動は日常的なことであったのかもしれない。

③役　目

裴輝璠の稟の中には、安良社役目潘廷妥（嗣徳元年［一八四八］十二月）、萬寧総総役黄充奉（同）、萬寧総総役韋有智（同）、萬春社役目黄充奉（嗣徳二年［一八四九］五月）、河門総総目韋有智（同）、八庄総総内役目陳通廷・周廷勝（同）という肩書と名前の組み合わせが見られる。(110)萬寧総総役黄充奉と萬春社役目黄充奉は同一人物であろう。また、総役とは総内役目の略であろう。萬寧総総役韋有智と河門総総目韋有智も同一人物であろうが、なぜ帰属する総が変わってしまったのか不明である。総目も総役と同じとみてよかろう。いずれも知州の指示により各地の警備・防衛の任についている。

嗣徳二年（一八四九）六月の匪賊との決戦に際しては、黄充奉は「萬寧総暫給副総」、韋有智は、「河門総暫給副総」が与えられている。(111)ここでも副総は、郷村自治とは関係なく、在地の有力者に与えられる名誉職のような意味合いを持つように思われる。そもそも、萬寧州においては役目という肩書自体が帰順した土着勢力に付された肩書であるのかもしれない。安良社役目潘廷妥の例がそれを示唆する。(112)安良社役目潘廷妥は、嗣徳元年（一八四八）十二月の匪賊との戦闘で安良社北望甲から匪賊を駆逐し、一人を捕虜にしただけでなく、討伐がひと段落したところで、民夫・住民の死傷者や被害・避難状況について具体的な報告をあげている。里長ではなく、彼がこの役割を担ったのは、彼が在地の世襲的有力者として、より詳細な地方の知識を持っていたからではなかろうか。

現地に通暁している在地勢力である彼らの情報と支援を取りつけることは知州にとって不可欠のことであったと思われる。

3　民　夫

これまで見てきたとおり、萬寧州の匪賊征討作戦においては、在地のマンパワーが重要な役割を果たしている。嗣徳二年（一八四九）六月の作戦行動が終了した時点での総括では、逐次動員した民夫は六百名に上るとされている。にもかかわらず、伏兵で威嚇することで敵を逃走させることに成功したため、被害はそれほど大きくはない。六月の作戦における民夫の負傷者は四名のみである。裴輝璠の稟は、彼らの姓名、出身村、負傷の程度について詳しく記述している。(113)辺境の住民の個々別々の生命について、少なくともこの時点では、十二分な関心が払われているように見える。匪賊の逃走後、民夫は解放され、生業に帰ることが許されている。

広安省および阮朝中央が萬寧州国境における匪賊征討を等閑視していたわけではもちろんない。嗣徳二年（一八四九）五月二十九日付の上奏文で、広安省が、省兵の装備を整えて待機させ、州の報告を待って派遣するとしたのに対して、皇帝は隣接する海陽省の弁兵も広安に送るように指示している。同年六月一日付の上奏文によると、海陽から派遣された前鋭奇肆隊試差率隊范泰と広安衛陸隊試差率隊阮文義の指揮する弁兵百名が船一艘で萬寧州に送られた。また、中央は、さらに海陽の弁兵三百を広安に送り、副領兵陳宝書に指揮させて萬寧州に送るようにとの指示を出した。ところが、阮文義、范泰の指揮する正規軍は、萬寧総該総裴進達の道案内で国境に向かったが、雨のせいで到着が遅れ、到着時には事は片がついたあとであった。海陽から広安への援軍派遣も中止となった。(114)

結果的には嗣徳二年（一八四八）六月の匪賊掃討作戦においては、在地の力を効果的に動員することで、萬寧州知州裴輝璠は、正規軍の助けに頼らずに国境の秩序を回復することに成功している[115]。

4 中国系住民

裴輝璠の稟の中で、中国系住民に関する記述の分量は決して多くは無い。しかし、彼らが極めて重要な役割を果たしていたことは知ることができる。

『同慶地輿誌』によると、砙𥒥庯は、清人の社会単位である。しかし、裴輝璠の稟の中では明郷庯と記されている場合もある[116]。定着清人のコミュニティは、二世、三世を含んだであろうから、現実にはその区別はつきにくくなっていたのかもしれない。この砙𥒥庯が、萬寧州知州にとっては極めて重要な存在であった。

第一には、その里長は欽州分州との文書の往来に運び役であった。それが明らかに知られる例としては、嗣徳元年（一八四八）五月に不備のある欽州公文を欽州分州に返却するために砙𥒥庯里長陳勝和を派遣した事例と嗣徳二年（一八四九）四月六日に砙𥒥庯里長江信隆を派遣して広安省公文を欽州分州に届けた事例がある[117]。また、次節で検討する訴訟事件でも重要な役割を果たす。

第二に（こちらのほうが重要かもしれないが）、萬寧州における米の供給者であった。先に述べたように、嗣徳二年（一八四九）六月の匪賊討伐には総計六百人の民夫を動員したが、米不足の広安において、その食糧を調達することは容易なことではなかった。そのため、萬寧州知州は、明郷庯の商戸から米二百方、銭五十貫を借りて、派遣軍の民夫に支給した。征討作戦が終了した後、この銭米は公的目的で使用したものであるとして、広安省は、省に備蓄してある銭米を支出して原主に返却している[118]。

砋磋庯は定着住民だけでなく、常に流動的な人々を包含していたようである。嗣徳二年（一八四九）五月には、清国の河洲・司稟二峝の金持ち約百人が匪賊を避けて逃げてきている。砋磋庯は、萬寧州州莅に連接し、土塁と苗芽（？）に周囲を守られ、民夫が防衛しているので恃みになるからであった。怪しげな人物や属客というカテゴリーの清人が逗留することもあったようである。嗣徳二年（一八四九）閏四月十九日には、砋磋庯里長江信隆から萬寧州に次のような連絡がなされている。清国の竹山埠から見慣れぬ人物が町にやってきたときに、雑症治療を業とする属客粛引鳳が、竹山渡で自分の衣服を盗んだ男であると申し出たので、役所に連れてきた。萬寧州で尋問したところ、匪賊に捕まって略奪に参加したが、匪船が竹山洋岸に停泊したときに逃げ出してきたということが判明した(119)。

属客も、萬寧州知州にとって利用価値のある存在であった。萬寧州は清匪の情勢を探るために彼らを間者（「探子」）として清国側に送ることもあった。嗣徳元年（一八四八）十二月に帰還した属客の探子は、貧しい塩商人に変装していた(120)。萬寧州から清国への塩交易が日常的であったこと、それに清人の零細行商人が関わっていたことを示唆するものであろう。

沿海部・中越国境・海賊の巣という環境や人間関係を熟知し、中国語を使える人材は、萬寧州の地方統治には不可欠であった。

（4）　国境を跨ぐ訴訟

萬寧州知州は、匪賊の脅威以外に関しても清国側からのベトナム側社会への挑戦に対応し防衛しなければならなかった。嗣徳元年（一八四八）七月末から八月にかけて、清国住民の一死体をめぐって、欽州住民と萬寧州住民の間に紛争が起こる。この事件は結局曖昧な形で処理されて終るのだが、その暫定的な「決着」を見るのは翌年十月のことになる。(121)この事件への裴輝璠の対応は、萬寧州知州と在地社会、向こう側の清国社会、阮朝中央との関係のあり方を如実に集約的に示している。

この節では、この事件に関して省から中央に送られた三件の上奏文をもとに、萬寧州知州が国境を超える厄介な訴訟事件に如何に対処したかを具体的に検討したい。

この事件が最初に広安省から中央へ上奏されたのは、嗣徳元年（一八四八）十月六日のことであり、礼部の高官が皇帝の旨を受け取った日付は十月十六日である。裴輝璠がこの事件を広安省に報告し、同時にそれに関連する欽州公文を持ってきたのが何月何日であるのかは記されていない。おそらく九月中のことであろう。裴輝璠の報告と、欽州公文の陳述は大きく異なっていた。

1　知州の報告

裴輝璠の説明では事件の経過は次の通りである。

八月一日に萬春社里長胡廷厚と黄廷智が役所に来て次のように報告し、取調べを要請した。

自分たちの居所は、八庄総、俗号灘稔処と接しているが、前月二十九日に清国のならず者（㦬子）六名が、一死体を上流から運んできて、萬春社の地分の河畔にそれを置き、民家に押し入って、三十貫を要求、金を出さなければ、死体を移して災難を及ぼすと脅した。

裴輝璠は、里役らに逮捕に向かわせるとともに、欽州分州員に事情を書状で通知した。八月七日に萬春社役目の黄充奉が、ならず者は死体を中国側の河州峝墩鳳灘に移したと報告した。八月十日に欽州分州差役の呉超が次のような書状を持ってきた。

清国那排村人陳亜三が萬春社韋吒牛に姦通を疑われて殺され、その死体は現在、河州旹墩鳳墟にある。弟の陳亜八が吒牛を連れてきて、対質（対面で質すこと）させるようにと騒ぎ立てている。

裴輝璠は、一方の言い分だけで引き渡すわけにはいかないとして、韋吒牛すなわち韋仲顕を取り調べようとしたところ、先安州に商売に出かけていた。また、弟の韋吒馬すなわち韋光明は重い労咳で取調べを受けることができない状態であった。萬春社里役の胡廷厚や黄充奉は、「彼らが善良であり、悪事をなしたことがない」と証言した。八月十一日に欽州分州差役の呉超がまたやってきて、次のように述べた。

陳亜八は、兄の死体が韋吒牛に奪われたと言っている。この件は金で解決するしかない。そうしないと彼らは欽州に訴える。

裴輝璠は、彼らが金銭を要求しているのを見て、砤碴庯役江信隆に「人命は最も重いものであり、鬼神を欺くことはできない。どうして誣言で金品を得られようか」という書面を持たせて、欽州分州に送った。戻ってきた江信隆から、「分州の主張に理はない、陳亜八は分州書房の戴栄枝と結託している」との情報を得た。裴輝璠は、戴栄枝と陳亜八が結託して、誣言で金品を得ようとしていることを欽州分州に通知した。

その後、戴栄枝と陳亜八が失敗の恨みをはらすべく、欽州に連絡してベトナムの広安省に照会文を送らせるように欽州分州に要求したと聞いた。萬寧州と清国の欽州分州は相接しているので次の情報を得た。戴栄枝は、もともと萬寧州の砤碴庯に住んでおり、数年庯長を務めていたが、革職され、欽州分州に移り書房の役についた。その後、いろいろ問題を起こしてきたが、今回は、ならず者とつるんで、死体を運んで金銭を要求したが失敗、さらに話を捏造している。

このような経緯を踏まえて、裴輝璠は、この両名を厳しく懲罰するように廉州府に照会文を送ってほしいと要請した。

2　欽州公文の説明

一方、広安省の上奏文に引用された欽州公文によれば、欽州は、道光二十八年（一八四八）八月二十五日に欽州分州から受け取った文書と死体の親族である陳亜七の供述に基づいて、この事件を次のように説明している。

まず、那排村民の陳亜八が八月八日に欽州分州の役所に来て次のように訴えた。灘稔村の韋吒牛の家で雇われていた兄の陳亜三が韋吒牛に殺害され、萬寧州の官に書状で訴えたが、受け取ってもらえなかったので、萬寧州に容疑者を引き渡すよう要求し、取り調べをしてほしいという訴えであった。陳亜八は、七月二十九日に兄が、韋吒牛とその親族の韋亜大、韋亜二、韋常帝、陶常要らによって、縛って殴り殺され、韋吒馬によって、河に捨てられたとの情報を韋吒牛の家の近隣の黄安全、黄花紅から得ており、また、河で漁をしていた楊亜三が一部始終を目撃していたこと、死体が墩鳳壜で見つかったことを突き止めている。

しかし、犯人も証人も萬寧州側に存在しており、越境して拘束するのは困難であるとして、欽州分州は萬寧州の役所に直接訴えさせた。陳亜八は、何度も訴えたが、萬寧州衙門は取り合わなかったので、欽州分州から萬寧州に照会文を送ったが、萬寧州は受け取らなかった。

さらに、八月十一日に親族の陳亜七が欽州分州の役所にやってきて、堂兄の陳亜三が韋吒牛に姦通を疑われて殺されたこと、八月九日の晩に、韋吒牛父子は、堂兄の死体を奪い去り、堂弟の陳亜八を連れ去ったことを申し立て、再び欽州分州での取り調べを求めた。そこで欽州分州から再び萬寧州に照会文を送ったが、最終的には受け取ったものの、口実を設けてなかなか受け取ろうとしなかった。それで、欽州に訴えがなされ、陳亜七が送られてきた。

欽州の官憲は、陳亜七の供述と欽州分州の文書の内容が一致しているということで、死者の親族が何度も訴えているのに、萬寧州が取り合わないのは、いい加減であると判断し、すぐに萬寧州に命令して、すみやかに審理・処置するように公文で要求している。

3　省と中央の判断　その一

この両論を受け取った省は、萬寧州の言い分も一方的だが、欽州の叙述も筋が通っていないので、虚実を明らかにする必要があるとした。しかし、この事件は「両国交界之処」で発生しており、容疑者は萬寧州側にいるが、死者の親族は「別轄」にいるので、関係者を省に呼んで取り調べるのは容易ではないとして、省の官吏一名（従省候補経蒙権藩司経歴阮輝瑜）と書吏一名を萬寧州に派遣し、萬寧知州とともに調査させることとした。灘稔処と清国河州峝墩鳳墰の地理的関係を明らかにするとともに、関係者全員（一干人証）を取調べ、また欽州陳亜八を出頭させ、双方の意見を吟味するという方針であった。

皇帝の旨も、双方の言い分は一面的であり、真贋は未詳であるので、関係者全員を取り調べよと指示している。

4　調査の結果と擬罪

嗣徳元年（一八四八）十二月十日に萬寧州知州から広安省への報告がなされ、その調査結果について広安省は、嗣徳二年（一八四九）正月十二日に上奏している。高官がそれに関する旨をうけ取った日付は二月十三日である。

調査を始めるに当たり、裴輝璠と阮輝瑜は、対質のために陳亜七、楊亜三を引渡すように欽州分州に連絡し、また州内の容疑者を拘束した。欽州分州は、陳亜七、楊亜三の引渡しに応じなかったので、関係者全員の調査は果たされなかったが、州内の人間については綿密な尋問が行われ実地見聞がなされた。彼らの証言は（彼らが真実を語っているとすればだが）、極めて具体的に辺境社会の様相を描き出しているが、ここでは重要と思われる証言の要点のみ示す。

萬寧社里長胡廷厚、役目黄充奉は、萬寧社には、（欽州公文が言及している）韋亜大、韋亜二、韋廷帯、陶廷要、黄安全、黄化江などという人物は存在したことがない、灘稔処は本社の上源で林莽であり、何年か前に、吒牛、吒馬、黄廷点、黄光李、祿氏梅らが、貧しかったので、ここに移り住んで、薪を取り、芋・豆を植えて生活しているのみである、と証言した。韋吒牛即ち韋仲顕は、家族構成について具体的に述べ、家は貧しく「農商斫柴」を業としており、「清客」を雇用したことなどかつてないこと、去年の七月十九日から、白布の行商のために先安州にでかけ、八月十二日に戻ってきて、事件について初めて知ったこと、清国漸澟郡良庯市と「往来商売交単貿易」をしており、自分の名前がそのあたりの人々には知られていること、韋亜大、韋亜二、韋廷帯、陶廷要などという親族はいないこと、弟の韋吒馬は病気で身体が衰弱しており、動くこともできなかったことを証言した。彼の妻、長男、次男、近隣の黄廷点、黄光李、祿氏梅の証言は、韋吒牛の証言と同じであった。矺硴庯里長の陳勝和は、戴栄枝について次のように述べた。彼は、清人であり、かつては雇われ仕事で生活していたが、のちに、会館瓦屋一間を借りて、薬剤を販売するようになった。二、三年して、彼が文字を知っているので会館長に選んだ。里長とともに町の運営に携わった。紹治四年（一八四四）にいたって、元知州の阮登接が彼の濫費を発見して革職したので、彼は欽州分州に帰って、書房となり、その後戻ってきたことはない。

裴輝璠と阮輝瑜が、矺硴庯役目江信隆を欽州分州に送って、陳亜八、楊亜三の引渡しのことを要求したところ、病気で退任した欽州正堂黄の代理が引き渡しを認めないとの回答であった。

以上の調査結果および陳亜八が萬寧州に来て訴えたことなどないという事実から、裴輝璠と阮輝瑜は、陳亜七の訴えは、誣告であると判断した。陳亜七は誣告例（誣告人至死罪未決者）によって、丈壱百・流三千里・加徒役三年とし、戴栄枝は、教唆詞訟律によって同罪とすべきであると擬罪したうえで、両名とも「外国人」であるので詳しい審査と処理のために仔細を上申した。かつ、容疑者の吒牛は釈放して住民の監督のもとに生活をさせることを提案した。(122)

5　省と中央の判断　その2

省臣は、萬寧州の主張を認め、陳亜七も戴栄枝も「外国之人」であるので、礼部に省から欽州への照会文を起草していただき、欽州に送って処置してもらうようにしてほしいと上奏した。

皇帝の旨は陳亜三致死の事由、陳亜八拉致の真相など十分に明らかでない、人命に係ることであり拙速に判決をくだしてはならないとして、これを厳しく批判した。欽州に陳亜七と楊亜三の引渡しを求める広安省の照会文を礼部が起草し、広安省は、それに基づいて照会文を作成して欽州に送り、すべての関係者がそろったら、また徹底的に取り調べて判断を下し上奏するよう指示した。

6　再調査と最終判断

上の指示を受けて、再調査が行われた。それは嗣徳二年（一八四九）八月二十八日に上奏され、十月二十四日に旨を受け取っている。今回は省臣自身が関係者全員を調査したが、結果は同じであった。再三の要求にも関わらず、知州交代時に引継ぎが行われなかったとして、欽州分州は陳亜八、楊亜三の引渡しには応じなかった。

これを受けての省臣は次のような判断を下した。数ヶ月が経過したが、陳亜七、楊亜三は引き渡されない。もし陳亜七の親族が殺され拉致されたのであれば、すぐに対質に応じて、親族の恨みを晴らすであろう。何度催促しても出てこないところを見ると、真相は推して知るべしである。また、原告が不在では、この裁判は成り立たず、容疑者の韋仲顕らを拘束したままにしておいても、監獄の場所ふさぎであるとして、萬寧州に命じて、日常生活に戻らせ、何かあったときに呼んで取り調べることを提案した。

中央はあくまで慎重な（懐疑的な）態度を崩さなかった。欽州分州が引き渡しに応じない以上、便宜的措置として容疑者の釈放を認めるが、広安省の判断は一方の証言にのみ基づいており、欽州側の証言がなければ、この件は「未了之事」であるとし、萬寧州員に命じて、里役を通じて、関係者を厳しく管理し、欽州が原告・承認を引き渡してきたら、再び取り調べるよう命じている。

7　萬寧州知州の主体性

この出来事を通して浮かび上がるのは、萬寧州知州が、清国社会とは区別された州内の独自の秩序を形成しようとする主体性である。境界の流動的な空間で萬寧州知州が対峙しなければならなかったのは、山匪海匪だけではなかった。萬寧州側の主張が正しいとすれば、清国側の狡猾な中国系仲介者やならず者がベトナム側の社会の安寧を脅かした（欽州分州が正しいとすれば、越境零細労働者の家族の悲痛な訴えを退けて、ベトナム側社会の悪辣な住民の平和を守るという悪代官の図となりかねないが、それでも彼が清国側の要求に対して守ろうとしているのは萬寧州住民の利益と安寧である）。この事件は、裴輝璠と萬寧州の在地社会の関係の密接さを示している（それが信頼関係であれ癒着であれ）。匪賊征討の際と同様、萬春社里長胡廷厚、萬春社役目黄充奉、砬碴庯役目江信隆、砬碴庯里長陳勝和らが、住民個々の具体的な生活に関する情報を裴輝璠に提供している（それがでっち上げであったとしても、これだけ具体的なでっち上げをよそ者の知州一人では構築できない）。

このような地方の主体性は、阮朝中央の意向に沿ったものではない。むしろ中央は外交関係への懸念やおそらくは地方への不信から、早急な判断を避けようとした。そのような中、裴輝璠は、独自の調査に基づき、信念を持って法律的な判断を下して、それを上申している。

おわりに

以上の検討により、嗣徳初年には、古来からの重要拠点とはいえ国土の最末端に位置し、十九世紀の初めまで世襲的統治者の管轄下にあった最下位行政単位である萬寧州に科挙官僚が派遣され、その辺陲の地が恒常的に機能する国内的文書行政システムに確実に包摂されていることをまず見ることができた。知州は、土豪、該総、里長、役目といった土着の有力者や自治単位の代表を通して、辺境社会とその住民、および国境の向こうの状況に関する具体的な情報を上級単位、中央政府へと提供した。中国系の住民の役割も重要であった。このシステムでは中央に情報が届くまでの時間差が問題となる。処置方法の決まりきったことについては独自に処理したのちに報告し、重要案件のみ上級や中央に指示を仰ぐこととされた。その判断を下すことも官員の第一歩を踏み出したばかりの知州の仕事であった。中央と地方の判断に齟齬が生じることもあったが、指示を待つことができない場合には、常に主体的に判断し行動することが要求された。他方、国境を跨ぐ外交問題とは言え、一刑事事件の決裁を皇帝にまで仰ぐという中央と地方の「近さ」もベトナムの統治システムの特徴とは言えよう。萬寧州知州は、国内の文書行政の担い手であるだけではなく、王朝の出先機関を代表して、清国側の出先機関を相手にして、文書による対外的コミュニケーションを巧みに処理していた。そのメッセンジャーとして中国系住民の仲介は不可欠であった。

この時期には、全土で清国・清人の圧力が高まりつつあった。萬寧州は、十八世紀以前から中国系住民の流入が常態であり、一般住民だけでなく、水陸の匪賊、ならず者、密輸船、漁船が非合法かつ日常的に越境してくる土地であった。明命期の統制が緩められた嗣徳期には、より自由な往来がなされていたと思われる。さらに折からの広西・広東における天地会系の活動の復興により、その国境は中国系匪賊の脅かすところとなった。萬寧州知州は、清国側地方官憲と連絡を取りつつ、胥吏や在地リーダーを通じて住民を効果的に動員し、かつ、中国系住民から食糧の支援を受けて、匪賊の駆逐に成功している。

国境を越えた訴訟事件を処理することも萬寧州知州の仕事であった。この場合も、在地リーダーの協力を得て、萬寧州住民の利益と安寧を守り、流動的空間の中に社会的秩序を生みだすことに腐心している。

十九世紀のちょうど真ん中の時期までは、このような辺陲統治が可能であった。しかし、六〇年代以降時代は大きく動く。一八六〇年代には、ベトナムの南部はフランスの手に落ちる。北方では、中国系軍事諸集団が大挙して国境をこえる。

周知の通り、ベトナム北部山地では、一八六〇年代末以降、清国提督馮子材がたびたび出関し、平野部に近い北寧まで軍事的に展開した。広安方面では、同じころ副将の雷秉剛に依存してようやく匪賊を鎮圧していた(123)。清国流民の問題も深刻化した。嗣徳二十七年（一八七四）二月に海寧知府に任じられた譚光聞は、清国の地方官の力を借りずには、この問題を解決できなかった。嗣徳二十八年（一八七五）八月には欽州の地方官を早く派遣するよう両広総督に要請している(124)。海賊活動が終息する一八七〇年代後半に至ってようやく、中国官憲に頼らず自力で清国流民問題に対処できるようになる。広安の清国流民を組織して四幇を設置し、丁税・田税を徴収することとされた(125)。嗣徳三十年（一八七七）には、紅河上流の保勝に根拠地を置いていた黒旗軍の劉永福が海寧の統治を希望することもあったが、阮朝はこれを拒絶した。[126] 辺陲の地における科挙官僚による地方統治が終えんしたわけではなかった。植民地化前夜には、親子二代挙人に合格している裴進先[127]が海寧知府に任用されている。彼は、中国地方官に助けを求めるようなことはなかったが、国境の匪賊を鎮圧する際に、たまたま巡回していた清国側の参将莫善喜の支援を受けている。[128] 裴輝璠が知州を努めた時代であればありえなかったことではあろう。

註

（1）東アジア海域の地方統治を総合テーマとする研究班において、ベトナムに関して個別具体的な検討を試みるために、まず阮朝期の上奏文書（いわゆる阮朝硃本（註（12）参照））を使用する構想を建て、すでに広安の地方官として功績を挙げたことが知られていた裴輝璠（二（1）参照）に焦点を当てて、史料収集を行った結果、得られたのがこれらの文書である。

（2）Alexander B. Woodside. 1988. *Vietnam and the Chinese Model; A Comparative Study of Vietnamese and Chinese Government in the First Half of the Nineteenth Century.* Cambridge and London: the Harvard University Press. Chapter 2.

（3）坪井善明『近代ヴェトナム政治社会史――阮朝嗣徳帝統治下のヴェトナム　1847―1883』東京大学出版会、一九九一年、第4章。嶋尾稔「ベトナムにおける王朝の終焉」鈴木正崇編『東アジアの近代と日本』慶應義塾大学出版会、二〇〇七年、三六八―三七四頁。

（4）Nguyễn Thế Anh. 2008. "Trade Relations between Vietnam and the Countries of the Southern Seas in the First Half of the 19th Century." Philippe Papin ed. *Parcours d'un historien du Viet Nam; Recueil des articles ecrits par Nguyễn Thế Anh. Paris:* Les Indes savants. pp.191-195.

（5）さらに本稿で検討する時期のすぐあとになると、一八四九―五〇年には疫病の大流行により未曾有の犠牲者が発生、その救済で財政も窮迫していた。嶋尾稔「阮朝――「南北一家」の形成と相克」『岩波講座　東南アジア史5』岩波書店、二〇〇一年、二八―二九頁、三六頁。

（6）Howard Dick and Peter J. Rimmer. 2003. *Cities, Transport and Communications; The Integration of Southeast Asia since 1850.* Hampshire and New York; Palgrave Macmillan. pp.9-10.

（7）菊池秀明『清代中国南部の社会変容と太平天国』汲古書院、二〇〇八年、第三部。

（8）藤原利一郎「ヴェトナム歴朝の対華僑政策」『史窗』一九九一年、五〇頁。

（9）桜井由躬雄『ベトナム村落の形成』創文社、一九八七年、一五九―一六四頁。

（10）菊池前掲書、五八頁。

（11）竹田龍児「阮朝初期の清との関係」山本達郎編『ベトナム中国関係史』山川出版社、一九七五年、五三〇頁、五三一頁。

（12）阮朝硃本については以下を参照。陳荊和「『大南寔録』と阮朝硃本について」『稲・船・祭――松本信廣先生追悼論文集』（六興出版、一九八二年）。Nguyễn Thế Anh. 2008. "Le rôle des châu bản dans les recherches sur l'histoire du Việt-Nam." Philippe Papin ed. *Parcours d'un historien du Viet Nam; Recueil des articles écrits par Nguyễn Thế Anh.* Paris; Les Indes savants. Phan Huy Le. 2000. "Imperial Archives of the Nguyễn Dynasty." National Department of Archives, Hue University. Center for Vietnamese and Intercultural Studies. *Catalogue of the Imperial Archives of the Nguyễn Dynasty* 阮朝硃本目録；*Volume II The 6th and 7th years of Minh Mạng reign*（*1825-1826*）*Tomes 11-20.* Hanoi; Thế Giới Publishers. とくにこの論考で取り上げる硃本文書については以下の拙稿を参照。嶋尾稔。「阮朝硃本と『大南寔録』」『慶應義塾大学言語文化研究所紀要』四十一、二〇一〇年。

（13）Woodside. *op.cit.* pp.141-152.

（14）一端削減した官職の増設を申請した地方官に対して、嗣徳帝は次のように述べている。「本国は、土地が広くないのに官吏は多く設けている。我が国の一府県は中国の一郷に及ばないし、一省は一県に及ばない。」『大南寔録正編』第四紀巻三十六・35ｂ―36ａ。

（15）桜井前掲書、一六九頁、三七七―三八一頁、四三八―四四一頁、蓮田隆志「阮朝期の該総の任命過程に関する覚書」平成十七―十九年度科学研究費補助金（基盤研究（Ｂ））研究成果報告書『文献・碑文資料による近世紅河下部デルタ開拓史研究

〔研究課題番号17401021〕」（研究代表者・八尾隆生）、二〇〇八年。

(16) 社の規模に応じて副里長を置くことができた。また、実際の社の中の権力・権威の配分はより複雑である。桜井前掲書、四三八頁。Trần Từ. 1984. *Cơ Cấu Tổ Chức của Làng Việt Cổ Truyền ở Bắc Bộ*. Hà Nội: Nhà Xuất Bản Khoa Học Xã Hội. pp.113-128.

(17) 『同慶地輿誌』広安省（Ngô Đức Thọ, Nguyễn Văn Nguyên, Philippe Papin eds. 2003. Đồng Khánh Địa Dư Chí. Hà Nội: Nhà Xuất Bản Thế Giới. pp445-480.）、『大南一統志』（東洋文庫蔵）巻三十、広安省、建置沿革、『大南寔録正編』第四紀巻五・25a―26b。

(18) 『大南一統志』の編纂過程については、以下を参照。八尾隆生「『大南一統志』編纂に関する一考察」『広島東洋史学報』九、二〇〇四年。

(19) 両州の（丁数ではなく）人口について、地方官は、明命十年（一八二九）年には三千人、明命十七年（一八三六）には三六〇〇人と推定している。前者の根拠は不明であるが、後者は黎朝期に固定された課税台帳である常行丁簿の丁数六百人を根拠にしたものであり、信頼に足る数字とは言えないだろう。『大南寔録正編』第二紀巻六十・29a―33a、一六七・20a―21b。

(20) 藤原利一郎「黎朝前期の明との関係」山本編前掲書、二七一―二七四頁。蕭徳浩、黄錚『中越辺界歴史資料選編』社会科学文献出版社、一九九三年、二五八―二五九頁。

(21) 鈴木中正「黎朝後期の清との関係」山本編前掲書、四一八―四二四頁。

(22) 陳荊和編『校合本　大越史記全書』一一五七頁。『大清実録』「高宗皇帝実録」巻六二九、乾隆二十六年正月条。

(23) 『大南寔録正編』第二紀巻二〇一・15a―16b。

(24) 『同』第一紀巻三十一・16a、巻四十・24a―25a、巻八十三・16a―17a、巻一一二・21b。

(25) 中国第一歴史檔案館編『道光朝上諭檔』第三十七冊（道光十二年）（広西師範大学出版社）七〇八―七〇九頁（一九四九番）。国境地帯の海賊の鎮圧活動の範囲、および、漁民の越境に関する清朝側の認識については、『同』七一二頁（一九五八

番)、七一七—七一八頁(一九七五番)、『大清実録』「高宗皇帝実録」巻七〇〇、乾隆二十八年十二月条。

(26) 『大南寔録正編』第三紀巻三十・7a、巻三十三・26ab。

(27) Hoàng Anh Tuấn. 2007. "Hải Cảng Miền Đông Bác và Hệ Thống Thương Mại Đàng Ngoài Thế Kỷ XVII (Qua Các Nguồn Tư Liệu Phương Tây). Nghiên Cứu Lịch Sử .369. Hoàng Anh Tuấn. 2008." Vị Trí của Việt Nam Trong Hệ Thống Thương Mại Biển Đông Thời Cổ Trung Đại. "Nghiên Cứu Lịch Sử. 389/390.

(28) 藤原「阮朝治下における米の密輸出問題」、同「阮朝のアヘン禁令について」。鈴木中正「黎朝後期の清との関係」山本編前掲書、四三六—四三七頁。Sarasin, Viraphol. 1977. *Tribute and Profit: Sino-Siamese Trade, 1652-1853*. Cambridge: Harvard University Press. 菊池道樹「東南アジアと中国」溝口雄三・浜下武志・平石直昭・宮島博史編『アジアから考える 2 地域システム』東京大学出版会、一九九三年。Li Tana. 2004. "The Late-Eighteenth-and Early-Nineteenth-Century Mekong Delta in the Regional Trade System.", "Ships and Shipbuilding in the Mekong Delta, c. 1750-1840." Nola Cooke & Li Tana eds. *op.cit.*

(29) 『廉州府志』巻二十三藝文所載楊応琚「海洋運米議叙」、「夷米鈔規」。

(30) 『大南寔録正編』第二紀巻二十九・12b。

(31) 『同』第二紀巻十八・24a、巻二十四・4b、巻五十八・9a—10b。

(32) 『同』第二紀巻六十・29a—33a。

(33) 『同』第二紀巻一六七・20a—21b。

(34) 『同』第三紀巻五十三・12b—13b。

(35) 『大清実録』「高宗皇帝実録」巻二一九、乾隆九年六月条。

(36) 『大南会典事例』巻四十八、戸部。その後、十九世紀中葉にはベトナム側でこの地方の塩輸出をめぐる汚職問題が発覚している。『大南寔録正編』第三紀巻四十六・8b—9b。

(37) Dian H. Murray. 1987. *Pirates of the South China Coast, 1790-1810*. Stanford: Stanford University Press. 豊岡康史「清代中

期の海賊問題と対安南政策」『史学雑誌』一一五―四、二〇〇六年。

(38) 『大南寔録』では「斉桅海匪」の名で呼ばれている。『大南寔録正編』第一紀巻六・5b―6a、7a、9a、巻七・1a、22a、巻十・3a、3b、巻十二・10b、27a、巻十三・21b、巻十五・16b―17a、巻十七・9ab、巻十八・5ab、13b、巻十二・12b、巻二十五・3a、巻二十六・3b―4a、巻二十七・7ab、巻二十八・6a、8ab、10b、19b―20a、巻三十四・13ab、巻三十五・9b―10a、13ab、巻四十・24a―25a。

(39) 『同』第二紀巻四十三・38b―39a、巻四十九・38a、巻五十八・27a―28a、巻六十・23b―24b、29a―33a。

(40) 『同』第二紀巻七十・32a―33b、巻七十八・37b―38a、巻八十・2b―3a、巻八十二・1b―2a、30b―31b、巻八十三・12b―13b、巻八十四・13b―14b、巻八十五・24b―25b、31a―32a、巻八十六・17a―18a、巻八十七・10a―11a、巻八十八・11ab。『大清実録』「宣宗皇帝実録」巻二二六、道光十二年十一月条、巻二三四、道光十三年三月条。

(41) 『大南寔録正編』第二紀巻一九五・7b―11a、巻一九六・34a―35a、巻一九七・2b―3b、巻一九八・14b―15a。

(42) 『同』第二紀巻二〇八・14a―15b、巻二〇九・9a、22b―23b、巻二一一・13b―14b、巻二一六・19a―21b。

(43) 『同』第三紀巻二十四・18b―20b、巻四十四・9a、巻五十八・17b、巻六十五・20b。

(44) 竹田前掲論文、五二五―五二九頁。

(45) 『大南寔録正編』第四紀巻二十五・30b―34b、巻二十六・35b、巻三十三・5b―6a、26ab、巻四十四・4a―5a、巻五十五・6a。

(46) 『同』第一紀巻二十五・16ab。

(47) 『同』第一紀巻二十七・2a。

(48) 『同』第一紀巻二十八・6a。

(49) 『同』第一紀巻三十四・6a。

(50) 『同』第二紀巻八十四・13b―14b。

(51) 『同』第二紀巻八十八・11ab。潘氏以外の世襲統治者の動向については、『同』第一紀巻二十八・10b、巻七十八・37b―

38ａ、巻七十九・19ｂ―20ｂ、巻八十二・30ｂ―31ｂ、巻八十三・12ｂ―13ｂ。
(52) 『同』第二紀巻一〇九・20ｂ―21ｂ。
(53) 『同』第一紀巻三十六・12ａｂ。
(54) 『同』第一紀巻四十二・20ｂ―21ａ。
(55) 『同』第二紀巻一・10ｂ。
(56) 『同』第二紀巻七十七・28ｂ―29ｂ。
(57) 『同』第二紀巻三十五・３ａｂ。
(58) 上田新也「十七世紀ベトナム黎鄭政権における国家機構と非例官署」『南方文化』三十三、二〇〇六年。
(59) 『大南寔録正編』第二紀巻一六六・26ａ―29ａ。
(60) 阮朝期の候補については、Emmanuel Poisson. 2004. *Mandarins et subalternes au nord du Viêt Nam: une bureaucratie à l'épreuve (1820-1918)*. Paris: Maisonneuve & Larose. pp.46-48.
(61) 『同』第二紀巻一八二・31ｂ―32ａ。
(62) 『同』第三紀巻十三・25ａ、巻四十二・３ａ。
(63) 『同』第二紀巻一四八・７ａ―９ａ。
(64) 『同』第四紀巻六・23ａｂ。
(65) 『同』第四紀巻四十・15ａｂ。
(66) 『同』第二紀巻一五七・19ａｂ。明命十七年五月には雲屯州は海寧府の管轄に移る（『同』第二紀巻一六九・９ｂ―10ａ）。
(67) 『同』第二紀巻一六四・15ａｂ。
(68) 『同』第二紀巻一九五・12ａｂ。
(69) 『同』第二紀巻一七三・２ｂ―３ａ。
(70) 『同』第二紀巻一八三・15ａ。

(71)『同』第二紀巻二〇四・25ａｂ。

(72)『同』第二紀巻二一八・３ａ—４ａ。

(73)「おわりに」参照。

(74)北川香子『カンボジア史再考』連合出版、二〇〇六年、一八五—一九二頁。

(75)坪井前掲書、六三—六五頁。

(76)『大南寔録正編』第四紀巻二・24ｂ—25ａ。阮久長の建策は、『同』第四紀巻二・20ａ—21ｂ。

(77)たとえば広安署撫阮文振の第一の提案も中国系住民の問題と関連がある。嗣徳元年（一八四八）の官船派遣の廃止以後は、王室の必要とする海外物資（「応需清貨・洋貨」）の買い出しは清船にもっぱら依存することになっている。『同』第四紀巻十四・40ｂ、56ｂ、巻十五・１ａ。

(78)国家第一公文書館の目録に記載された各文書の情報に基づいて、今回参照した文書を下記に列挙する。以下、これらの文書を指示する際には、下記の通し番号を用いて、文書(1)、文書(2)……というように記す。

(1)Ngày: 14 tháng 5 năm Tự Đức 1. Tờ/Tập: 89/2. Loại: Tấu. Xuất xứ: Tuần phủ Quảng Yên. Đề tài: Hải Phỉ

(2)Ngày: 3 tháng 10 năm Tự Đức 1. Tờ/Tập: 143/7. Loại: Tấu. Xuất xứ: Tuần phủ Quảng Yên Hồ Trọng Tuấn. Đề tài: Tình hình tiếp nhận quan lính đi thuyền gặp bão dạt sang nước Thanh

(3)Ngày: 6 tháng 10 năm Tự Đức 1. Tờ/Tập: 167/7. Loại: Tấu. Xuất xứ: Tuần phủ Quảng Yên Hồ Trọng Tuấn. Đề tài: Tra xét án người Thanh tống tiền

(4)Ngày: 25 tháng 12 năm Tự Đức 1. Tờ/Tập: 199/8. Loại: Tấu. Xuất xứ: Tỉnh Quảng Yên. Đề tài: Bọn phỉ nước Thanh cướp của bắt người

(5)Ngày: 12 tháng 1 năm Tự Đức 2. Tờ/Tập: 152/9. Loại: Tấu. Xuất xứ: Nguyễn Văn Trấn. Đề tài: Báo cáo về vụ án giá họa đòi hối lộ của bọn người Thanh

(6)Ngày: 25 tháng 2 năm Tự Đức 2. Tờ/Tập: 237/10. Loại: Tấu. Xuất xứ: Quảng Yên. Đề tài: Trình việc gửi công văn giao trả tội phạm cho nước Thanh

(7)Ngày: 26 tháng 4 năm Tự Đức 2. Tờ/Tập: 82/12. Loại: Tấu. Xuất xứ: Nguyễn Văn Chấn. Đề tài: Tình hình bọn phỉ nổi lên cướp pha

(8)Ngày: 3 tháng 4 nhuận năm Tự Đức 2. Tờ/Tập: 132/12. Loại: Tấu. Xuất xứ: Nguyễn Văn Chấn. Đề tài: Tìm bắt tội phạm tra xét

(9)Ngày: 15 tháng 4 nhuận năm Tự Đức 2. Tờ/Tập: 233/12. Loại: Tấu. Xuất xứ: Nguyễn Văn Chấn. Đề tài: Ngăn chặn bọn phỉ nước Thanh

(10)Ngày: 19 tháng 5 năm Tự Đức 2. Tờ/Tập: 178/16. Loại: Tấu. Xuất xứ: Hồ Trọng Tuấn. Đề tài: Tìm bắt bọn thổ phỉ nước Thanh

(11)Ngày: 20 tháng 5 năm Tự Đức 2. Tờ/Tập: 186/16. Loại: Tấu. Xuất xứ: Nguyễn Khoa Thụ, Hồ Trọng Tuấn. Đề tài: Truy bắt bọn phỉ người Thanh この文書には、知州の稟が二件含まれている。

(12)Ngày: 29 tháng 5 năm Tự Đức 2. Tờ/Tập: 256/16. Loại: Tấu. Xuất xứ: Nguyễn Khoa Thụ, Hồ Trọng Tuấn. Đề tài: Việc đề phòng bọn phỉ người Thanh

(13)Ngày: 1 tháng 6 năm Tự Đức 2. Tờ/Tập: 277/16. Loại: Tấu. Xuất xứ: Nguyễn Khoa Thụ. Đề tài: Tấu báo tình hình bọn phỉ Thanh

(14)Ngày: 20 tháng 6 năm Tự Đức 2. Tờ/Tập: 99/17. Loại: Tấu. Xuất xứ: Bố chính Quảng Yên. Đề tài: Tình hình đánh dẹp phỉ ở Quảng Yên

(15)Ngày: 10 tháng 8 năm Tự Đức 2. Tờ/Tập: 135/18. Loại: Tấu. Xuất xứ: Tỉnh Quảng Yên. Đề tài: Trả lại thuyền cho chủ bị phỉ cướp

(16)Ngày: 24 tháng 8 năm Tự Đức 2. Tờ/Tập: 209/18. Loại: Tấu. Xuất xứ: Tỉnh Quảng Yên. Đề tài: Chuyển giao phỉ nước Thanh về nước Thanh giải quyết

⒄Ngày: 28 tháng 8 năm Tự Đức 2. Tờ/Tập: 240/18. Loại: Tấu. Xuất xứ: Tỉnh Quảng Yên. Đề tài: Người Thanh mang xác người chết đến châu Vạn Ninh đổi liền

（79）嶋尾稔。「阮朝硃本と『大南寔録』」二〇七―二〇八頁。旨語を書きこんだ奏本が内閣に納められる過程については後考を俟つ。

（80）これらの文書を用いた裴輝璠の略歴の考察については下記を参照。この節の記述は、特に注記した箇所を除き、この研究に拠る。嶋尾稔。「十九世紀―二十世紀初頭北部ベトナムにおける族結合再編」吉原・鈴木・末成編『〈血縁〉の再構築：東アジアにおける父系出自と同姓結合』風響社、二〇〇〇年、二三六―二三八頁。

（81）一九九〇年代以降にこの村で総合的な地域学的調査が行われた。その一環として村方に残る歴史資料も収集された。この調査については、桜井由躬雄『歴史地域学の試み　バックコック』東京、東京大学大学院人文社会系研究科南・東南アジア歴史社会専門分野研究室、二〇〇六年。

（82）紹治六年（一八四六）六月には六部で見習いをしていた挙人・監生・廕生から廷臣が選抜して、各省に候補として派遣している。『大南寔録正編』第三紀巻五十九・12ａ。裴輝璠も、このとき萬寧州に派遣されたのかもしれない。ただ、そうなると、翌紹治七年（一八四七）には知州に正式任用、紹治八年（一八四八）知府銜授与というような出世の過程が推定されるが、やや短期間にすぎるようにも思える。なお、『大南寔録』の記述によると、紹治三年（一八四三）には別の人物が萬寧州知州を勤めている。『同』第三紀巻三十・7ａ。

（83）『同』第三紀巻六十六・22ａｂ。

（84）孫宏年『清代中越宗藩関系研究』黒竜江教育出版社、二〇〇六年、八四―九〇頁。

（85）文書⑺、⑼、⑿、⒂。

（86）中国第一歴史檔案館編『道光朝上諭檔』第三十八冊（道光十三年）（広西師範大学出版社）、二四六―二四七頁（七〇九番）。

（87）『大南寔録正編』第二紀巻二〇一・15ａ―16ｂ。

（88）『同』第一紀巻四十・24ａ―25ａ。

(89)『同』第二紀巻八十三・16a—17a。

(90)『同』第二紀巻一七六・32ab。

(91)文書(1)、(3)。

(92)阮朝は「越南国王」に冊封されており、「安南」の国号は公式には用いられていない。竹田「阮朝初期の清との関係」四九三—四九五頁。

(93)文書(2)。

(94)謝剛殿・張家墻らをリーダーとする広西省匪賊の掃討作戦であった。菊池前掲書、三一九頁。

(95)文書(9)、(14)。

(96)文書(15)。

(97)文書(6)、(8)、(16)。

(98)文書(4)、(12)、(13)。

(99)文書(7)。

(100)紹治七年(一八四七)四月には、安良社には、国境警備のための安良店が設けられている。土豪一人を選び民夫五十名とともに巡回させることとされた。『大南寔録正編』第三紀巻六十七・14b。翌五月には、清匪数十人が安良庯を襲撃している。『同』第三紀巻六十八・25b。

(101)文書(4)。

(102)これが、三(3)4で述べた羅浮岗竹山村民鄧正英に「返却」された船である。

(103)文書(9)、(11)。

(104)文書(12)、(13)、(14)。

(105)文書(1)、(4)、(14)。

(106)文書(4)。

(107) 註(100)参照。
(108) 文書⑿。
(109) 文書(4)。
(110) 文書(4)、⑿。
(111) 文書⒁。
(112) 萬寧州の土着勢力として潘廷妥の名前は『大南寔録正編』にも散見する。『大南寔録正編』第四紀巻十四・41a—42a、巻二十九・23b、巻三十二・31b。
(113) 文書⒁。
(114) 文書⑿、⒀、⒁。
(115) 『大南寔録』の記述では、この肝心のことが認識できない。この点については、嶋尾「阮朝硃本と『大南寔録』」を参照。
(116) 文書⒁。本来、明郷は、十七世紀の明清交代の際に南河（阮氏治下のベトナム中部・南部）に亡命してきた南投華人の末裔を指したが、紹治二年（一八四二）には明郷という中国系住民のカテゴリーの内容が大きく変更され、ベトナムに定着して幇に登録している清人の子供が十八歳を超えたときには幇から明郷に登録を移すこととされた。藤原「ヴェトナム歴朝の対華僑政策」五七—五八頁。なお、最近の三尾裕子によるホイアンの華人の人類学的調査によると、実際には二世華人でも明郷に登録しなかった例が見られるという。三尾裕子「中国系移民の僑居化と土着化：ベトナム・ホイアンの事例」伊藤亞人先生退職記念論文集編集委員会編『東アジアからの人類学・国家・開発・市民』風響社、二〇〇六年。
(117) 文書(1)、(8)。
(118) 文書⒁。
(119) 文書⑾、⑿。
(120) 文書(4)。
(121) この節で検討する一連の出来事については、文書(3)、(5)、⒄。

(122) 誣告については『皇越律例』巻十六刑律・18a—29b、教唆詞訟は『同』巻十六刑律・37a—39aに見える。この事件が萬寧州の主張の通りなら、死体を用いた脅迫、所謂「図頼」にあたるであろう。「図頼」については三木聰『明清福建農村社会の研究』北海道大学図書刊行会、二〇〇二年。大清律例に倣った阮朝の『皇越律例』にも図頼に関する条文は存在する(『同』巻十四刑律、人命、39a—41a)が、裴輝璠らは採用していない。ベトナムでは、前代の黎朝の『国朝刑律』には図頼に関する条文含まれていない。しかし、十八世紀段階で路傍の遺棄死体を用いた誣告がベトナムでも問題視されていたことは、『歴朝憲章類誌』巻33、刑律誌に見える。ただし、中国の「図頼」の特徴である近親者の殺害や近親者の遺体の利用ということはベトナムでは知られていない。

(123) 蕭徳浩、黄錚『中越辺界歴史資料選編』北京、社会科学文献出版社、一九九三年、三一四—三二三頁。『大清実録』「穆宗皇帝実録」巻三〇七同治十年条、『大南寔録正編』第四紀巻四十五・5ab、19b—20a、巻四十六・36ab。

(124) 『同』第四紀巻四十六・4b、巻四十八・25b—26a、巻五十・27b、巻五十四・11b。

(125) 『同』第四紀巻五十六・11b—12a、巻五十七・36ab、巻五十九・19ab、巻六十二・21ab。

(126) 『同』第四紀巻五十七・24a—28b。

(127) 裴進先は嗣徳十四年に挙人に合格しており(『国朝郷科録』巻三・69a)、父の裴恭光は嘉隆十八年の挙人である(『同』巻一・36b)。

(128) 『大南寔録正編』第四紀巻六十・41b—42b。

近世琉球の「地方官」と現地妻帯——両先島を例として——

渡辺美季

はじめに

前近代の中国では、少なくとも唐代以降、中央から各地へ派遣された地方統治官（以下、地方官）が赴任地において妻妾（正室・側室）を娶ることは公には禁じられていた。同様の原則は、中国の朝貢国であった朝鮮やベトナムでも確認できる。

ところが琉球は、王国の開始から終焉まで一貫して中国（明清）との朝貢関係を維持し、その影響を大きく受けてきたにもかかわらず、地方官の現地妻帯が公認されていた。妻帯のみならず、現地女性との間に生まれた子供を地方官自身の家系に組み込むことや、彼らを赴任地の上級階層（上位身分）に編入することもやはり法的に認められていた。この点において琉球王国は、少なくとも中国・朝鮮・ベトナムとは極めて異なる地方官制度を自国において展開していたと言うことができる。

本章は、このような琉球地方官の特徴に着目し、その地方統治の重要な現場であった両先島（宮古・八重山）を例に取って、地方官に関する規範と実態とを「現地妻帯」を切り口に考察し、あわせて周辺諸国のケースとの若干の比較を行いつつ、この方面における琉球の地域的固有性を明らかにしようと試みるものである。

一　近世琉球の地方官

琉球が王国形成を開始したのは十二世紀頃のことである。その後、一八七九年（明治十二）に「沖縄県」として日

【図一】琉球王国の領域

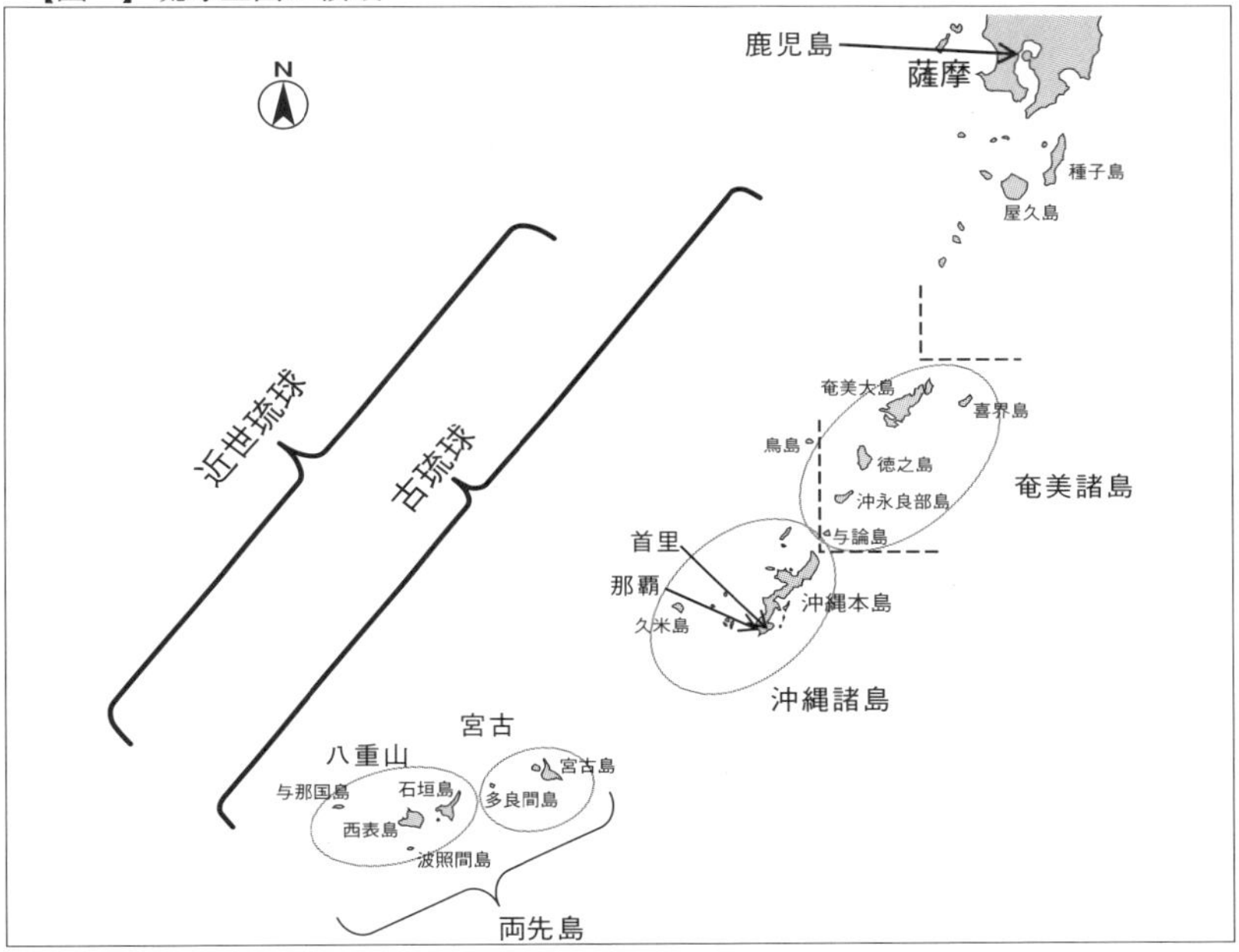

本に編入されるまで、琉球は東アジアの一王国として存続していた。その対外関係の主軸となったのは、十四世紀後半に開始された中国との君臣関係（朝貢・冊封関係）である。一方で一六〇九年、琉球は薩摩の島津氏の侵攻に敗れ、中国との関係を維持したまま日本の支配下にも置かれるようになった。すなわち一六〇九年（薩摩の侵攻）から一八七九年（王国の消滅）までの二百七十年間、琉球は中国（明清）・日本（薩摩藩および徳川幕府）――琉球では唐《とう》・大和《やまと》と呼んだ――に二重に臣従するという複雑な国際的立場にあったのである。この期間を、琉球史研究では一般に「近世」と呼び、それ以前の「古琉球《こりゆうきゆう》」と区別している【図一・琉球王国の領域】[1]。

近世の琉球が直面した最大の課題は、言うまでもなく中日二国との関係を両立しつつ、いかに安定的な国家運営を行うかということであった。この課題に対応すべく、首里王府（琉球政府）は十七世紀中葉から約一世紀をかけて自らの構造改革に力を注ぎ、新たな状況へ対応し得る国家体制の整備に励んだ。[2] 具体的には、国王を頂点とした中央集権的な体制の確立、家臣団の再編、士・農の二身分制の確立、士族の都市集住と官僚化、[3] 王府組織の構築と細分化などが次々と推進されていったのである。また特に思想の面で、中国の儒教イデオロギーと宗族の観念が積極的に導入され、このため双系から父系への系譜認識の転換、父系親族集団（士族門中）の成立、唐系格（中国式）の家譜の編纂、中国東南部の墳墓を模した亀甲墓《かめこうばか》の出現、儒教論理に彩られた漢文史書の編纂、科挙を模した官吏登用試験・科《こう》の開始、[4] 清律を母法とした琉球科律の編集など、多方面にわたる中国的思想・文化への傾斜が進んでいった。[5] 但しそれらは決して一方的な受容ではなく、王国の実情に合わせて取捨選択し、オリジナリティーを追加しつつの受容であったことに注意したい。[6] こうした改革を経て近世の琉球は、中日両国からの諸制約を受けつつも——むしろそれゆえに——、そのどちらとも異なる固有の文化や社会状況を確立し、王国としての自意識を強めていった。今日われわれが「沖縄の伝統」とよんでいるような文化・芸能・工芸・風習の殆どはこの時期において形成されたものである。[7]

さてこの近世の改革の大きな特徴の一つが、王府による家臣団（仕官層）の再編であった。それは一六八九年に王府が家臣団に対し、家譜（系譜）の編集・提出を命じたことによって本格化した【図二・琉球の家譜】。[8] その結果、従来の「国王と個人による（ともすれば一過的な）君臣関係」としてではなく、継続する「家」の束としての家臣団の組織化が進んでいったのである。また家譜の有無が身分の別として認識されるようになったため、琉球において士《サムレー》（良人《ユカッチュ》）と農（百姓）[9] の二身分制が確立することになった【図三・琉球の士と農】。なお「系図を持つ身分／持たない・持てない身分」という意味で、士は「系持《けいもち》」、農は「無系《むけい》」とも呼ばれた。

士は王府への仕官者とその予備軍であった——従って日本の武士とは異なり全て文官であった——から、原則的に都市部である町方（首里・久米・那覇・泊）[10] への居住が義務づけられていた【図四・近世琉球の行政構造】。一方、農村部

【図二】
琉球の家譜：首里の溥姓家譜［池原家］
（那覇市歴史博物館所蔵）

【図三】
琉球の士（中央の立ち姿の人物）と農（『沖縄風俗図会』東陽堂、1896年）

【図四】　近世琉球の行政構造

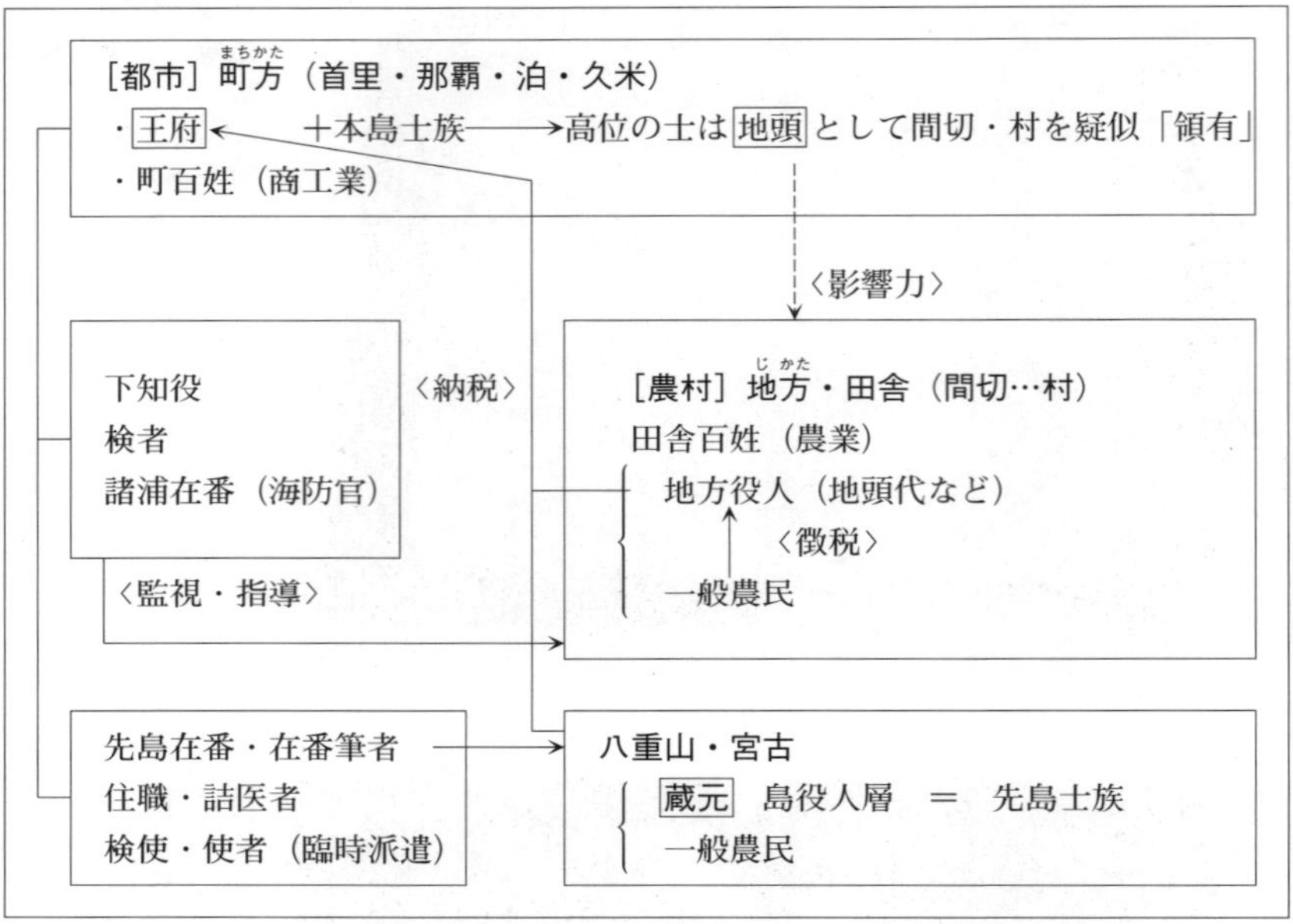

である地方《じかた》（田舎）は間切《まぎり》・村という二つの行政単位から成り、高位の士（王府の上級役人）がそれぞれの地頭に任じられて、所領から定められた「知行作得（米や物）」と「作得夫銭（労働力）」[11]を得ていた。地頭はまた地方の行政に様々な形で関与していたが、王府の「改革」の進展に伴いその権限は次第に弱められ、一八世紀初頭以降は地方行政への関与はごく形式的な部分に留められるようになった。引き換えに王府は、町方住まいの地頭に代わって現場で徴税などの実務を担う地方役人《じかたやくにん》層――農民の一部――を直接組織・任命し、地頭を介さずに地方を統治する体制を整備していった。従って近世の地頭は、地方に対してそれなりの影響力を持つものの、中央から派遣されて地域統治を担当する「地方官」とは異なる存在であったと言えよう。

　ではいわゆる「地方官」に相当するものとして、近世琉球にはどのような役職があったのだろうか。まず沖縄本島および周辺離島に関して言えば、「諸浦在番・久米島在番」および「下知役・検者」が挙げられる。

諸浦在番・久米島在番は任期三年で、計十四箇所に[12]一人ずつ派遣された海防官であり、その一義的な任務は船の往来の監視や異国船漂着への対応などであった。しかし十八世紀前半以降、とりわけ島嶼部において、在番は徐々に地方行政（島の公務）への関与を深めていった。下知役・検者は、十八世紀以降、間切の疲弊による貢租未納が問題化したため、その財政再建役として王府から諸間切に派遣された官人である。下知役は任期五年、その下役の検者は任期四年で、両者は一緒に派遣され農事の監督指導をはじめ多方面にわたって間切行政に関与した。またこれらの地方官のほかにも、臨時ないしは短期で、必要に応じて王府の諸役人が地方に派遣されていた。

一方、十六世紀初頭に至って王国の版図に組み込まれた両先島（宮古・八重山の総称）は、本島士族の地頭制の枠外に位置づけられており、本島および周辺離島とは異なる独特の統治体制が敷かれていた。両先島にはそれぞれ総合政庁に相当する蔵元《くらもと》が置かれ【図五・八重山蔵元の時報楼】、在地勢力から選任された島役人が頭三名を筆頭とする各ポストに就いて勤務していた。島役人およびその予備軍は本島の地方役人層――農民の一部――に相当する存在であったが、一七二九年にかねてから王府に要請していた家譜編集を認可され、農民とは一線を画す地位と各種の特権[13]を得ることになった。但し先島士族の「氏」は一字ではなく二字の複姓、家譜は王府の系図座ではなく蔵元が管轄するなど、本島士族との間には歴然とした差違が設定されていた[14]。

この両先島における蔵元行政を指導・監督するために、一六三〇年前後から王府が派遣するようになった

【図五】八重山蔵元の時報楼（1907年頃）

（石垣市総務部市史編集室編『八重山写真帖』石垣市、2001年）

「地方官」が先島在番である。(15)在番は当初は一員制・任期一年で、一時、三員制・任期二年と強化されたが、一六七八年（八重山）・一六七九年（宮古）以降は在番一名および在番筆者二名が二年任期で派遣される体制に落ち着いた。その多くは首里の士族であった。(16)在番の他にも王府からは住職（仏僧）一名・詰医者一名の派遣が制度的に行われ、一八五八年には任期二年の検見使者・相附も一名ずつ派遣されるようになった。また必要に応じて各種の使者も派遣された。さらに先島統治を抜本的に改善するために王府の高級官僚が行政監察官の「検使」として八回ほど派遣され、先島統治の洗い直しを行った。(17)これらの諸役も「地方官」に相当する役職であると言えよう。

二　国家規定にみる地方官の現地妻帯

（1）　琉球の場合

先述したように両先島の島役人層に家譜編集が許可され、先島士族としての法的身分が認められたのは一七二九年（雍正七・尚敬十七）のことである。この時、王府は同時に地方官である先島在番と現地妻の間に生まれた子供に関して重要な規定を設けていた。王府から八重山への布達文書である「参状」には次のようにある。(18)

一、在番が島の女性と交際してもうけた子供は、本島でも実父の家譜へ組み入れることが認められているので、その者一代に限って島役人の嫡子・次男同様に賦税・夫役は免除する。(19)

一、〔本島の〕士族の流罪人が島の女性と交際してもうけた子供も、実父の家譜へ組み入れることが認められているが、流罪人の子供という特別な理由があるので、沖縄本島の地方居住の者なみに農民同前に扱うべきである。(20)

すなわち①先島在番が現地女性との間にもうけた子供は、本島士族である在番の家譜に記載できる（本島士族へ編入できる）こと、②本島士族としての身分を持つ本人一代に限って島役人の嫡子・次男同様に納税が免除されること、③ただし本島士族の流人の子供は家譜の記載は可能だが納税は免除されないことが王府によって定められたのである。この決定は、島役人に対する家譜編集の許可と共に、同年十一月七日に王府評定所から先島を管轄する王府内の官僚・御物奉行に通達され、同月十五日付で御物奉行から両先島の在番・頭に伝達されている(21)。

ところで在番ら地方官は、妻子の同伴は許されず単身で赴任する決まりであった。このため現地で彼らの身の回りの世話を担う女性が選任されており、こうした女性達がしばしば地方官の旅妻《うやんまあ》――仮妻（現地妻）――となっていた。旅妻は、租税が免除されるなど(22)、いわば公認された存在であり、「参状」の内容から察するに、旅妻との現地子を地方官自身の家譜に記載する（＝本島士族に編入する）ことも既に慣行として定着していたと見られる。ただしこうした現地子の地元における特権（租税免除）は保障されていなかったため、先島士族（島役人層）という法的身分の誕生と、その内の島役人従事者に対する特権の認可と同時に、地方官の現地子の特権も成文化されたと考えられる。

但し王府は（先島内の）島や村に派遣された島役人が、現地で身の回りの世話を担う女（賄女《まかないおんな》・宿引女《やどびきおんな》）を抱えることは禁止していた(23)。その理由は「彼女たちは夫を持つことができず、兄弟などの世話になり、老後は困る者もいる」、「他の百姓たちが彼女たちの上納物を負担する」などである(24)。だが世話女か否かは不明であるものの、島役人の家譜には赴任地で娶ったと見られる妾（側室）やその現地子の名前が散見されるため、現地妻帯の慣行は彼らにも広がっていたと見られる。

さて先に見た一七二九年の決定は直ちに王府の法令へも反映された。翌年に王府の中枢機関である評定所から系図座に布達された規模帳には下記のようにある(25)。

一、諸島で妾（側室）を娶って生まれた子を系図に入れたいと願う士族は、現地の者の了解を得た上で、（自分の〕一門親類の証拠書を添えて、帰国後三ヶ月以内に申請すれば系図へ編入し居住地（戸籍）を登録できる。妾が妊娠中に帰国した者は、出産次第申請すべきである。二・三年を過ぎて申請しても受け付けない。
附。嗣子のない者はその後継ぎに限って〔二・三年後の〕申請を認める。(26)

この項目にはさらに次の一項が続く。
一、地方《じかた》で妾を娶って生まれた子を系図に入れたいと願う士族は、現地の者の了解を得た上で、〔自分の〕一門親類の証拠書を添えて、三十日以内に申請すれば〔系図への編入により〕居住地（戸籍）を登録できる。(27)
附。前項同断のこと。

前記二項の相関性は明記されていないが、恐らく先島に派遣された地方官の現地子の身分に対する法的整備が、本島地方《じかた》における士族（地方官や地頭）の現地子の身分確定にも敷衍されたのであろう。なお近世琉球には主に清律にのっとり、日本の刑書や琉球の事情をも加味して、一七七五年から八六年にかけて作成された『琉球科律』、およびその追加補充のために一八三一年に編集された『新集科律』があったが、その中には地方官の現地妻帯に関連する規定は見当たらない。(28)

（2） 中国・朝鮮・ベトナム・日本の場合

しかし清律そのものには、地方官の現地妻帯に関して明確な禁令が載せられていた。その戸律・婚姻・一一〇条「娶部民婦女為妻妾」には、「凡そ府・州・県の親民官、任内に部民の婦女を娶り妻・妾と為す者は杖八十」とあり、(29)地方官が赴任地で妻・妾を娶ることは禁止されている。そしてこれは唐律「監臨娶所監臨女」から明律「娶部民婦女為妻妾」に至るまで連綿と維持されてきた大原則であった。その理由は、官吏が職権を利用して女色を漁り妾を納《い》れる弊害を防止するためとされている。(30) また清代の刑案を集めた『刑案匯覧』巻八には嘉慶三年（一七九八）の「順天府通判在京買妾」の一案が収録されており、この原則がある程度の実態を伴っていたことも確認できる。

同じ原則は、李氏朝鮮でも踏襲されていた。藤田東三は『朝鮮王朝実録』太祖六年（一三九七）七月甲戌条・太宗十四年（一四一四）の記事から、地方官とその部民の女との間には婚姻が認められていなかったことを指摘している。(31) 明を宗主国と仰ぐ李朝は、王朝初期から末期に至るまで明律を国家の根本法典として使用していたので、これに基づく規範であったのであろう。実際、同実録の成宗二十四年（一四九三）九月癸巳条・十二月辛巳条では、明律「娶部民婦女為妻妾」の条に基づいて、金淑貞なる人物が全州の判官であった時に現地住民の女壻となったことを批判する議論が展開されている。

ベトナムでは、黎朝の基本法典である『国朝刑律』(32)三一六条に「諸外任官司娶部内婦女、杖七十貶三資罷職」とあり、(33)同朝洪徳期（一四七〇～一四九七年）の法令集『洪徳善政（書）』によれば「地方官がその権勢を恃んで管轄区内の婦女を強娶し、また部民が地方官の歓心を得るために婦女を妻妾として贈る等の弊害を避けるための規定」であるという。(34)山本達郎は、同規定が、唐律「監臨娶所監臨女」や明律「娶部民婦女為妻妾」を模倣したものであることを指摘している。

このように、いわゆる「中華世界」(35)――中国およびその文明を色濃く受容してきた二国――では、地方官が赴任地において妻・妾を得ることは少なくとも公的には禁止されていた。しかし近世の琉球では、清律を母法とした琉球科律が存在し、しかも科律の条文に該当事項が無い場合には清律や清における判例そのものが裁判の中で参照されていたにもかかわらず、(36)先に見たように地方官の現地妻帯が公認されており、この点に関して他の三国家とは全く異なる状況にあったことが分かる。

こうした特異性の背景を完全に解き明かすことは困難であるが、一つの大きな要因として日本の影響が考えられる。琉球と最も関わりが深かった薩摩藩の場合、在番《ざいばん》などの役職で琉球を含む各諸島に派遣される監視役の藩士には、身の回りの世話を担当する現地妻があてがわれ、この女性には免税などの特権が付与された(37)。その現地子は藩士の子孫として在地で優遇され、島役人にも数多く登用されて社会的地位の高い階層を形成した(38)。また藩士の正妻に嫡子がいない場合は、現地子を薩摩に呼び寄せることも可能であった(39)。こうした薩摩藩の「地方官」に関する慣行は琉球の場合とよく似ており、琉球は中国的思想・文化への傾斜を強める一方で、同時に日本の制度・慣行も大きく受容する形での秩序形成を行っていたことがうかがえる。このことは一六〇九年の島津氏の侵攻を契機に、琉球が薩摩藩の近世的変化をモデルとした王国作りを推進したとする先学の指摘とも矛盾しない(40)。

三　地方官の現地妻帯と在地社会

(1)　先島士族の二類型

では地方官の現地妻帯の公認、および現地妻・現地子への特権の付与という政策は、琉球の在地社会にどのような影響を及ぼしたのだろうか。

この点について真っ先に挙げるべき現象は、両先島で地方官の現地子（男児）を系祖とする先島士族の家柄が漸次成立したということであろう。先述したように先島士族とは、一七二九年に王府が両先島の島役人に対して家譜編集を許可したことにより成立した在地の上位身分である(41)。その多くは島内に出自を持つ家柄――以下「在地系」と呼ぶ――で、中でも十六世紀前半に両先島が王国の版図に組み込まれた際に王府に忠誠を誓った豪族とその子孫によって形成された家々が多数派であった[42]。この類の代表的な一門としては、八重山の長栄氏・山陽氏・嘉善氏・松茂氏・錦芳氏など、宮古の白川氏・忠導氏などが挙げられる。多くは十前後の分家を有し、島役人の最高職である頭職[43]を数多く輩出した大門閥である【表一・八重山・宮古の頭職一覧】。

一方、これら在地系の一門に対して、何らかの事情により沖縄本島の士族男性と現地女性との間に生まれた男児を系祖とする家柄――以下「本島系」と呼ぶ――も存在していた[44]。例えば八重山の梅公氏は、那覇の士族の梅氏の元祖である宗珍入道宗孫の長子・孫栄が、経緯は不明ながら[45]八重山の長栄氏の女性との間にもうけた男児・孫広（一六二〇～一六六一年）を系祖とする家柄である[46]。また宮古の向裔a氏は、首里の士族・向朝師《しょう》（浦添親方《ウェーカタ》）[47]が観察・指導役[48]として来島した際に宮古の土原《んたばる》氏の女性との間にもうけた男児・朝裔（一六〇一～一六五七年）を系祖とする家柄であった。なお本島系の家柄は、梅公氏・向裔氏のように父親の氏（姓）の一字を戴した二字姓を用い、また名乗頭字も、孫栄・孫広のように通常は父親と同じ字が使用された。

これら本島系の家柄は、先島士族の成立時には少数派であったと見られるが、近世中期以降、急速にその家数を増やしていった。王府派遣の地方官（在番・在番筆者・検者・検使・詰医者）と現地女性との間に生まれた子供を系祖とする家柄が次々と誕生したためである【表二・地方官の現地子を系祖とする本島系一覧】。例えば宮古の姚孫氏の系祖・元矩は「中山首里府姚氏知念親雲上元明の六代志慶真《しげま》筑登之《チクドゥン》親雲上《ペーチン》元義が、在番筆者として在勤している時にもうけた子」[49]であり、八重山の葛孫氏の系祖・秀継は「父・元祖王府首里葛氏北谷《ちゃたん》親方の七代嫡孫玉代勢親雲上が、康熙五十七年（一七一八）に八重山島在番であった際に秀継をもうけたのである」[50]といった具合であった。また他に、数は少ないものの、地方官としてではなく海難や流罪などによって両先島に滞在した本島士族の現地子に始まる家も成立していった。こうして近世末期には、両先島とも家数の過半を本島系が占めるようになった。例えば宮古島では、家譜やその

【表一】八重山・宮古島の頭職一覧

八重山頭職一覧表

	石垣頭職		大浜頭職		宮良頭職
正徳	長栄氏（3世信有）	1576	上官氏（大宗正廟）	万暦	毛裔氏（大宗安英）●
嘉靖	嘉善氏（2世永信）	1587	伯言氏（大宗政通）○	万暦	嘉善氏（5世永将）
嘉靖	長栄氏（4世信名）	1604	伯言氏（2世政保）○	万暦	嘉善氏（5世永弘）
1589	憲章氏（大宗英乗）	1613	長栄氏（5世信行）	1631	山陽氏（大宗長光）
1601	嘉善氏（4世永正）	1630	憲章氏（4世英森）	1647	山陽氏（2世長重）
1615	長栄氏（5世信本）	1645	松茂氏（2世富栄）	1669	山陽氏（3世長好）
1639	長栄氏（6世信門）	1663	毛裔氏（2世安師）●	1692	文林氏（4世方景）
1644	守恒氏（大宗寛長）	1671	嘉善氏（7世永善）	1701	梅公氏（2世孫春）○
1654	毛裔氏（2世安師）●	1677	守恒氏（2世寛時）	1710	山陽氏（4世長亮）
1663	長栄氏（7世信明）	1691	毛裔氏（3世安維）●	1731	伯言氏（3世政茂）○
1681	長栄氏（8世信平）	1706	梅公氏（2世孫清）○	1740	長栄氏（8世真森）
1682	嘉善氏（8世永吉）	1713	長栄氏（7世信周）	1758	麻支氏（1世真方）○
1696	嘉善氏（7世永秋）	1732	山陽氏（4世長延）	1771	嘉善氏（10世永祝）
1704	嘉善氏（8世永恒）	1749	長栄氏（8世真政）	1771	益茂氏（5世里賢）
1712	毛裔氏（3世安資）●	1762	山陽氏（5世長季）	1775	長栄氏（12世真般）
1728	山陽氏（4世長休）	1775	夏林氏（1世賢永）●	1791	錦芳氏（7世用易）
1735	嘉善氏（9世永副）	1777	山陽氏（6世長致）	1795	梅公氏（5世孫梁）○
1751	松茂氏（5世当恒）	1787	松茂氏（7世当克）	1803	山陽氏（6世長友）
1762	青栢氏（2世久宣）	1794	錦芳氏（10世用倫）	1812	夏林氏（2世賢則）●
1771	伯言氏（4世政治）○	1797	山陽氏（7世長演）	1814	山陽氏（7世長宜）
1773	長栄氏（9世真峯）	1822	錦芳氏（9世用庸）	1819	松茂氏（8世当演）
1783	梅公氏（4世孫浩）○	1829	松茂氏（8世当剛）	1831	夏林氏（3世賢栄）●
1791	李保氏（3世喜宣）●	1830	梅公氏（6世孫職）○	1836	山陽氏（8世長格）
1806	錦芳氏（8世用致）	1831	梅公氏（6世孫詮）○	1836	長栄氏（10世真著）
1811	明紹氏（2世長栄）	1836	文林氏（9世方昌）	1851	山陽氏（9世長房）
1815	長栄氏（10世真保）	1839	上官氏（9世正喜）	1854	夏林氏（3世賢保）●
1820	嘉善氏（11世永報）	1849	錦芳氏（10世用登）	1855	山陽氏（8世長丕）
1822	上官氏（9世正房）	1856	松茂氏（9世当著）	1857	錦芳氏（12世用議）
1839	上官氏（10世正栄）	1887	長興氏（8世善庸）	1872	松茂氏（10世当宗）
1848	上官氏（10世正方）	1892	憲章氏（11世英詳）		
1867	山陽氏（8世長有）				
1869	夏林氏（4世賢美）●				
1888	山陽氏（10世長演）				
1892	錦芳氏（11世用能）				

［出典］八重山歴史編修委員会編『八重山歴史』同会、一九五四年。大浜永亘『嘉善姓一門と八重山歴史』先島文化研究所、一九八八年、五二―五九頁。

●＝地方官の現地子を系祖とする本島系、○＝それ以外の本島系

宮古頭職一覧表

	平良頭職		砂川頭職		下地頭職
1588	ヒシ屋	1609	玻立氏泰政	1592	白川氏恵孝
1594	忠導氏	1613	河充氏真com	1607	新償（？）氏利親
1597	コマガクシ	1617	白川氏恵立	1620	白川氏恵立
1613	長栄氏	1620	染地氏実忠	1626	宮金氏寛方
1619	白川氏恵忠	1632	長真氏旨屋	1632	白川氏恵是
1626	白川氏恵祐	1643	河充氏真逸	1647	向裔氏朝裔○
1645	佐理氏安顕△	1647	忠導氏玄縄	1652	白川氏恵是
1647	宮金氏寛張	1659	オヤケヤ	1655	白川氏恵根
1661	忠導氏玄潮	1659	河充氏真安	1665	白川氏恵隆
1667	宮金氏寛頼	1661	河充氏真逸	1667	宮金氏寛致
1684	忠導氏	1664	宮金氏寛勝	1669	白川氏恵公
1697	宮金氏寛覇	1667	白川氏恵宜	1676	堀川氏茂覚△
1703	白川氏恵信	1685	益茂氏昌信△	1680	白川氏恵根
1713	白川氏恵治	1695	忠導氏玄信	1687	白川氏恵和
1729	向裔氏朝忠○	1703	忠導氏玄休	1694	益茂氏昌弘△
1731	白川氏恵道	1712	忠導氏玄長	1705	宮金氏寛美
1737	白川氏恵通	1725	益茂氏昌朗△	1723	忠導氏玄邑
1745	宮金氏寛富	1734	宮金氏寛致	1724	益茂氏昌繁△
1762	英俊氏恒道△	1742	忠導氏玄孫	1739	白川氏恵宗
1769	白川氏恵賢	1745	益茂氏昌雅	1776	向裔氏朝宣○
1778	伊安氏方真	1754	忠導氏玄勝	1777	英俊氏恒盛
1783	忠導氏玄佐	1778	宮金氏寛盛	1802	忠導氏玄佐
1793	忠導氏玄道	1788	玻立氏泰兼	1808	忠導氏玄起
1807	白川氏恵寛	1808	英俊氏恒長△	1819	白川氏恵教
1821	白川氏恵孝	1814	宮金氏寛長	1835	白川氏恵衡
1823	白川氏恵草	1827	英俊氏恒嘉△	1845	白川氏恵応
1832	白川氏恵宝	1831	馬続氏良包●	1851	向裔氏朝祥○
1837	白川氏恵睦	1842	白川氏恵草	1876	益茂氏昌綱△
1840	白川氏恵佐	1861	白川氏恵玄	1894	白川氏恵任
1846	白川氏恵慈	1868	馬続氏良祥●		
1852	英俊氏恒慶△	1885	白川氏恵忠		
1855	向裔氏朝相○				
1863	忠導氏玄安				
1874	土原氏春信				
1883	白川氏恵愷				
1891	馬続氏良教●				
1893	宮金氏寛信				

［出典］平良市史編さん委員会編『平良市史』第三巻資料編一、平良市役所、一九八一年。

［参考］宮古島市教育委員会文化振興課編『宮古島市史資料２・宮古の系図家譜』宮古島市教育委員会、二〇〇九年。
●＝地方官の現地子を系祖とする本島系、○＝それ以外の本島系、△＝●か○か判別できない本島系

他の史料から存在が確認できる在地系が二十四氏であるのに対し、本島系は四十二氏とその倍近くを占めている【表三・宮古士族の氏姓】。

しかし家数こそ多いものの、ごく早い段階で在地化した八重山の毛裔氏・梅公氏、宮古の向裔a氏などの数氏を除いて、本島系の多くは、本家のみか、二・三の分家があるのみであり、一族の規模は在地系と比べて遙かに小さかった。また頭職への就任率も在地系に比べて圧倒的に低い。従って本島系の家数が増えても、現地で優勢であったのは依然在地系であったと考えられる[51]。

なお本島士族の現地男児には、先島士族の一世となる者のほかに、既存の先島士族の養子となる者もいた。例えば一七三六年から一七三八年の在番筆者・富川里之子《サトヌシ》親雲上盛職（首里・毛氏）の現地子・盛行は毛孫氏（本島系）に養子入りし[52]、一八三二年から一八三四年の在番筆者・佐久川筑登之親雲上喜昌（那覇・李氏）の現地子・亀は、錦芳氏（在地系）の養子となった後、本島へ渡って実父の家督を継いでいる[53]。

（2）島の男性と本島系

さて近世中期以降に成立した本島系の家柄は概して小規模であったが、加えて基盤が脆弱なためか、早い段階で血筋が断絶するケースが多かった。例えば八重山の本島系で地方官の現地子を系祖とする家柄の内、家譜を確認することができた十六氏中六氏が、二世か三世に至る際に一旦血筋が途絶え、在地系あるいは農民からの養子によって家系を継続している【表二参照】。この血筋断絶の問題に関して、王府は一八五八年に八重山に対して次のような規定を布達している。

在番・在番筆者の子孫で後胤の無い者の後継ぎについて、八重山には一門の者がいないといって農民に相続さ

【表二】地方官の現地子を系祖とする本島系一覧

［1］八重山

No	氏(姓)	系祖	系祖の父親（地方官)、母親（現地女性)
	備考［典拠］		
1	毛裔	安英	使者［万暦年間]：大新城親方安基（首里・毛氏)、小浜島無系女
	分家５＋α。[『八重山の歴史』、毛裔氏家譜*]		
2	毛孫	盛永	使者［1650]：真壁親雲上盛有（首里・毛氏)、平得村無系女
	系祖の室は登野城村無系女、嫡子なし。二世盛常（養子）は平得村無系の子、室は伯言氏（在地系)、嫡子なし。三世盛行（養子）は、在番筆者［1736-1738］冨川里之子親雲上盛職（首里・毛氏）と平得村無系女の子、室は平得村無系女、継室は在番筆者［1744-1746］宇良親雲上慶盈（首里・曹氏）と平得村無系女の娘。[毛孫氏家譜*]		
3	李保	喜時	在番［1675-1677]：知念筑登之親雲上喜之（那覇・李氏)、在番［1657-1659］新川親雲上秀並（首里・葛氏）の娘
	系祖の室は嘉善氏（在地系)、嫡子なし。二世喜充（養子）の実父は徳容氏（在地系カ)、室は長栄氏（在地系)。[李保氏家譜＋]		
4	葉茂	兼久	在番（喜名親雲上）の同伴者［1677-1679]：与儀親雲上兼林、石垣村無系女
	[『八重山の歴史』]		
5	麻武	盛寿	桃林寺住職の附従［1691-1693]：城間子盛英（首里・麻氏)、平得村無系女
	系祖の室は毛裔氏（本島系)。[麻武氏家譜*]		
6	季順	由親	在番筆者［1697-1699]：当銘筑登之親雲上由次（首里・李氏)、平得村無系女
	系祖の室は小浜村無系女、継室は毛裔氏（本島系)。[季順氏家譜＋]		
7	雍長	興禰	在番筆者［1709-1711]：山城筑登之親雲上興昌（首里・雍氏)、平得村無系女
	系祖は嫡子無し。二世興陳（養子）の実父は毛裔氏（本島系)、室は登梯氏（在地系カ)。[雍長氏家譜＋、雍氏家譜（目取真家）＋]		
8	葛孫	秀継	在番［1718-1720]：玉代勢親雲上（首里・葛氏)、登野城村無系女
	系祖の室は長栄氏（在地系)、継室は憲章氏（在地系)。[葛孫氏家譜*]		
9	夏林	賢永	在番筆者［1722-1724]：上地里之子親雲上賢親（首里・夏氏)、大浜村無系女
	系祖の室は上官氏（在地系)。二世の室も上官氏、嫡子無し。三世（養子）の実父は上官氏。室は錦芳氏（在地系)。分家２。[夏林氏家譜*＋]		
10	孟功	康重	在番［1742-1744]：佐辺親雲上（首里・孟氏)、平得村無系女
	系祖の姉は明和の大津波で死去。系祖の室は長栄氏（在地系)。二世の室は宮良		

	村無系女。[孟功氏家譜*]		
11	麻枝	真宜	在番筆者［1756-1758］：名城筑登之親雲上直董（首里・麻氏）、新川村無系女
	[『八重山歴史』]		
12	向倫	朝義	在番［1766-1768］：津（名）嘉山親雲上朝幾（首里・向氏）、平得村無系女
	系祖の女兄弟は益茂氏に嫁ぐ。系祖は嫡子無し。二世朝建（養子）の実父は麻支氏（本島系）、その室は山陽氏（在地系）、継室は憲章氏（在地系）。[向倫氏家譜*]		
13	楊秀	昌品	在番［1772-177？］：野国親雲上昌著（首里・楊氏）、古見村無系女
	系祖の室は嘉善氏（在地系）、継室は新川村無系女。二世（二名）はともに嫡子無し→①娘の子を養子、②梅公氏から養子。[楊秀氏家譜*]		
14	向道	朝載	在番［1778-1780］：与那覇親雲上朝起（首里・向氏）平得村無系女
	系祖の室は葛孫氏（本島系）。[向道氏家譜*]		
15	倪栄	賢生	在番筆者［1792-1794］：安仁屋筑登之親雲上賢昌（那覇・倪氏）、真栄里村無系女
	系祖の室は山陽氏（在地系）。分家１。[倪栄氏家譜＋]		
16	向長	朝里	在番［1804-1806］：宜野座親雲上朝泰（首里・向氏）盛山村・本原氏の娘
	[『八重山歴史』]		
17	向餉	朝登	在番［1808-1810］：源河親雲上朝亮（首里・向氏）、平得村・真栄里家の娘
	※石垣朝英家。[『八重山歴史』、[錦芳氏家譜（12世用議）*]		
18	胡福	正保	在番筆者［1822-1824］：山城筑登之親雲上正粮（那覇・胡氏）、真栄里村・山城筑登之の娘
	※正粮の妻は八重山民謡トゥバラーマの主人公という。[『八重山歴史』]		
19	東明	政伝	在番［1835-1838］：知念里之子親雲上政行（首里・東氏）、平得村無系の娘
	系祖の姉・真鶴は長栄氏（在地系）に嫁ぐ。系祖の室は夏林氏（本島系）、継室は毛裔氏（本島系）。海難で同島に滞在した上間里之子親雲上（首里・章氏）と登野城村無系女の娘を養女とする。[東明氏家譜*]		
20	向明	朝基	在番［1838-1840］：花城親雲上朝要（首里・向氏）、石垣村・大浜筑登之親雲上の娘
	系祖の妹は憲章氏（在地系）に嫁ぐ。系祖の室は錦芳氏（在地系）。[家譜*]		
21	松封	紀常	在番筆者［1842-1844］：長嶺筑登之親雲上紀喜（泊・松氏）、大浜村・田盛屋の眞禰の娘
	[『八重山歴史』、松氏家譜（仲地家）＋]		

22	容康	義憲（樽）	在番筆者［1846-1847］：山田筑登之親雲上義順（泊・容氏）、大川村・本名屋宮城筑登之の娘
	［『八重山歴史』、松氏家譜（仲地家）＋］		
23	梁保	得禎	通事［1853-1854］：富山通事親雲上得功（久米・梁氏）、大浜村・黒島筑登之の娘
	［『八重山歴史』］		
24	向栄	朝寛	検見使者［1860-1862］：天久親雲上朝標（首里・向氏）、大浜村・黒島筑登之の娘
	［『八重山歴史』］		
25	馬	良定	検見使者［1864-1866］：翁長親雲上良暢（首里・馬氏）、宮城カナシ
	※翁長家。［『八重山歴史』］		
26	馬	良昴	検見使者［1874-1876］：仲吉里之子良平（首里・馬氏）、登川オナリ
	※仲吉家。［『八重山歴史』］		
補	【地方官としてではなく同島に滞在した本島士族の現地子を一世とする本島系の家柄】→梅公氏・伯言氏・蔡林氏・麻支氏など		

※分家の記載がないものは、分家の無い一族（門中）である。

※＊＝八重山博物館蔵影印本。＋＝那覇市歴史博物館蔵影印本。『八重山歴史』：喜舎場永珣『八重山歴史』国書刊行会、1975年。

［2］宮古

No	氏(姓)	系祖	系祖の父親（地方官）、母親（現地女性）
	備考［典拠］		
1	向裔 a	朝裔	監察・指導役［1600年前後］：浦添親方朝師（首里・向氏）、土原氏の娘
	系祖の室は土原氏。［朝裔氏家譜（『平良市史』三）］		
2	侯隆	正守	在番筆者［1695-1697］：牧志筑登之正盈（首里・侯氏）、那覇・慎氏の娘（現地娘カ）
	系祖の室は白川氏。［侯隆氏家譜（『平良市史』八）］		
3	思明	常恵	在番筆者［1716-1718］：伊佐筑登之親雲上豊忠（首里・恩氏）、東仲宗根村無系女
	系祖の妹は忠導氏に嫁ぐ。系祖は嫡子無し。二世（養子）の実父は宮金氏（在地系）。［思明氏家譜（『平良市史』八）］		
4	姚孫	元矩	在番筆者［1726-1728］：志慶真筑登之親雲上（首里・姚氏）、？
	系祖の室は白川氏（在地系）。二世元勇（※家譜では元義から数えるため三世）、早世のため嫡子無し。三世元盈（養子）の実父は忠導氏（在地系）。［姚孫氏家譜（『平良市史』三）］		
5	和種	景秀	在番筆者［1776-1778］：志堅原里之子親雲上景平（首里・和氏）、？

	［和種氏家譜（『平良市史』三）］		
6	馬続	良寛	加増詰医者［1849-1852］：粟国里之子親雲上良昇（首里・馬氏）、西里村無系女
	良昇は1844-1846年、1856-1858年にも詰医者として来島し、現地子三名（良寛とその姉妹）をもうけている。系祖の室は忠導氏（在地系）。［馬続氏家譜（『平良市史』三）］		
7	武裔	喜文	検使使者相附［1860-1862］：安田里之子親雲上嘉礼（首里・武氏）、祥雲寺住持の外従として来島した儀武筑登之親雲上（首里・江氏）の現地娘
	系祖の長男・喜教は本島に渡り本家の武姓支流を継ぐ。従って二世は三男・喜昌。［武裔氏家譜（『平良市史』三）、武氏家譜（安田家）＋］		
補	【地方官としてではなく同島に滞在した本島士族の現地子を一世とする本島系の家柄】→向裔ｂ氏・英俊氏・彭支氏ほか		

※『平良市史』三：平良市史編さん委員会編『平良市史』第三巻資料編一、平良市役所、一九八一年。『平良市史』八：平良市史編さん委員会編『平良市史』第八巻資料編六、平良市教育委員会、一九八八年。

【表三】宮古士族の氏姓

	家譜が現存する氏	家譜は未確認だが史料等で確認できる氏
在地系	白川氏・忠導氏・根馬氏・玻立氏・仲立氏・栄河氏・河充氏・真世氏・長真氏・宮金氏・南興氏・伊安氏・土原氏・浦渡氏・染地氏・造営氏・奉始氏・捧銭氏【18氏】	迎立氏・善持氏・新償氏・新立氏・新志氏・川盛氏【６氏】
本島系	向裔ａ氏・向裔ｂ氏・馬続氏・英俊氏・衡平氏・侯隆氏・蔡孫氏・思明氏・武裔氏・益茂氏・姚孫氏・和種氏【12氏】 ※下線部は地方官の現地子を系祖とする氏	東茂氏・唐功氏・明勲氏・毛勝氏・毛裔氏・毛祐氏・毛輝氏・毛任氏・毛昌氏・金裔氏・佐理氏・薛種氏・彭支氏・翁孫氏・叚孫氏・蘇孫氏・湛孫氏・任孫氏・祿孫氏・鷹羅氏・智間氏・川原氏・都栄氏・本照氏・武範氏・雍道氏・堀川氏・唐保氏・夏文氏・江貢氏【30氏】

［出典］宮古島市教育委員会文化振興課編『宮古島市史資料２・宮古の系図家譜』宮古島市教育委員会、二〇〇九年、三頁。但し筆者が若干加筆訂正した。

せたり、未成年で早世した者の後継ぎを立てたりして、極めていい加減である。今後は二十歳以上で後胤が無い者には、〔先島〕士族から後継ぎを選び、妾腹や農民から選ぶことは一切止めること。そうしなければ士族（奉公人）が多くなり、人頭税（頭懸）を納める農民が苦労する原因となり、様々な厳しい規則を定めている意味も無い。また在番の子孫は五代まで夫米を免除されているので、夫賃を課せられている〔先島の〕士族が、色々と跡目相続を願ったりして、しばしば問題になるはずだ。この上で違反する者があれば、家譜に不正に掠め入った者は除外し、〔跡目相続を〕訴え出たり、自分の企てで跡目を継いだりした者は、在番・頭から〔王府に〕御問い合わせの上で流刑とする。〔家譜に〕次書きした者や取り次いだ役人は同様に三百日の寺入り（寺に幽閉する自由刑）[54]の刑とする。[55]

これは、一八五七年に行政監察のために両先島に派遣された王府の検使・翁長《おなが》親方（向汝砺）らによってまとめられ、翌年王府から八重山の蔵元に発布された規定集「翁長親方八重山島蔵元公事帳」に収録されている規定の一つであるが、その内容から、①本島系、とりわけ免税特権の大きい在番の現地子の家系断絶の際には、農民だけでなく他の（より特権の少ない）士族も養子入りを望むこと、②同族から養子を迎え難いという理由で農民に相続させたり、未成年で死亡した者の後継ぎを立てたりと、養子縁組が「極めていい加減に行われる」ため士族が増加してしまうこと、③しかし王府は、免税特権を持つ士族の増加は地方統治の観点から望ましくないと見なし、跡目相続に対する規制を強化する対策を取ろうとしていたこと、が確認できる。なお同様の規定が宮古島にも布達されている。[56]

地方官の子孫の免税特権については、同公事帳に次のような規定が載せられている。

親方御使者（検使）の子孫は七代まで、在番の子孫は頭役の子孫同様に五代まで、在番筆者と詰医者の子孫は首《しゅ》里大屋子《りおおやこ》以下仮若文子《かりわかていくぐ》（共に島役人の役職名）の子孫同様に三代まで夫米を免除する。但し臨時に渡海する役々の

子孫は上記に準じて免除する。(57)

前述したように、先島士族が成立した一七二九年の段階において在番の現地子（および島役人の嫡子・次男）に認められていたのは本人一代限りの免税であったが、この規定からうかがえるように、免税期間はやがて長期化していった。(58)一方、同公事帳には「沖縄本島の士族で八重山に居住が許されて、その子孫が前条の役職を務めない場合は、夫米をかけること」(59)とあり、これは一七二九年段階から変わっていない。また同様の貢租負担は在地系にも義務づけられていた。こうした状況は宮古島でも全く同じであった。(60)すなわち両先島においては、地方官に由来する本島系士族には生まれながらに一定の免税資格が付与されていたが、それ以外の本島系および在地系士族が免税資格を得るためには役を勤めるという「働き」が前提条件だったのである。このことから地方官に由来する本島系とその子孫に与えられた長期の免税資格は、在地社会の中では突出した特権であったことが察せられる。従って先の公事帳の内容からもうかがえるように、「島の男性」の多くは――農民はもちろん士族でも――地方官に由来する本島系の養子後継に対する潜在的ないしは直接的な願望を有していたものと考えられる。途切れやすい本島系の養子後継という機会は、在地社会に時たま出現する好機であったと言えよう。

（3）　島の女性と地方官

次に島の女性の場合を考えたい。近世琉球の「家」は男系重視の疑似血族集団であったため、女性たちには「本島系の養子後継」への道は閉ざされていた。しかし地方官の旅妻となり得るという点で、女性はより直接的かつ能動的に「本島系」と関わることが可能な存在であった。

明確な規定は見当たらないが、家譜にうかがえる実態から、旅妻となる女性は原則的に農民（無系）であったと推断できる【表二参照】。旅妻に選ばれた女性には各種の特権が付与された。一八七三年に両先島に派遣された検使・富山親方（毛盛奎）がまとめ、一八七五年に王府から八重山に布達された「富川親方八重山島諸締帳」には次のようにある。

> 在番・詰医者・臨時の使者の八重山在勤中は、その旅妻の諸上納物が免除されている。その上、荷持夫・払除夫などの寄替夫によって木石類を所望し、旅妻の住家を造って与えているため、農民は何かと迷惑しているという。統治者としてこのような次第はいかがなものかと思うので、以後は旅妻にも、その他の農民同様に諸上納物を負担させ、夫遣いの振替による木石類の所望を許可しないことにする。[61]

この規定は旅妻の特権を禁止する内容だが、言い換えればこの規定が発布された近世の最末期まで、旅妻は免税特権や住居の保障を得ていたということになるだろう。

こうした特権に加え、旅妻は「地方官の子供を出産し得る」存在でもあった。特に男児を出産し、その子が無事に長ずれば、この男児を系祖とする先島士族の家柄が成立し、旅妻はその一員に成り得たのである。すなわち女性は出産を通じて、自らある種の「身分越え」を実現し得る存在であったと言える。[62]

だがその一方で女性には様々な限界もあった。先に挙げた「家を継ぐことができない」こともその一つだが、他にも大きな女性の限界として「島外に嫁ぐことができない」ことがある。一七八九年に王府が発布した規定集には「〔本島の男性が〕離島から妻を迎えることを一切禁止する」とある。[63] しかし両先島の事例ではないものの、王府の中・下級吏員選抜試験である「科《こう》（科試）[64]」の練習問題集に、この点に関わる次の回答案が収録されている。

> 久米島の在番が職務地へ赴任中に抱えていた女性を内密に沖縄本島へ連れ帰ってくることがあると聞く。地方（間切・島）の者は理由なく居住地から離れることは以前から国禁であるのに、それを守らないのは甚だ良くない

ことである。久米島は住民が少なく産業が十分に達せず苦労している上、とりわけ女性は綿子・紬の製作の担い手なので、〔その連れ渡りは〕法に背くだけでなく、大切な綿子・紬の製作にも支障になるかもしれないと、国王が御心配しておられる。その意を汲み、以後このようなことが無いよう厳重に守るべきである。その上で違反すれば必ず御沙汰に及ぶので少しも緩みなく守るように。このことは交替の時に不足無く伝達するように。王命によって示達する。以上。(65)

琉球の科は何らかの具体的な状況を設定してそれへの対応を問うスタイルを取ることが多いため、恐らくこの回答案に対応する設問は、「久米島在番が旅妻を本島に連れ渡ることを禁止する王府からの示達の内容を（王府の意図を正しく察して）書くように」といったものであったと考えられる。あくまでも仮想の問題・回答ではあるが、この回答案からは、当時の琉球社会に「地方官による旅妻連れ帰り問題」が想定されるような状況と、これに対して王府が労働の担い手の減少という観点から禁止の姿勢を示していたであろうことが推察できる。なお科の時事・政策問題では現実問題を反映したり、現実的に予測される問題が問われたりすることが多かったため、(66)「地方官の旅妻連れ帰り」に相当する事件が実際に発生した可能性は高いだろう。

（4）地方官の現地女児

一方で地方官の現地女児はいかなる運命を辿ったのであろうか。

彼女たちの存在は、在地系・本島系を問わず先島士族の家譜の中に散見することができる。例えば宮古の侯隆氏（本島系）六世正昆の母親は「那覇府の仲井真筑登之親雲上（一六七一～一六七三年の在番）が滞在時にもうけた娘・真嘉戸」である。(67)また八重山の上官氏（在地系）九世正房は、一八二四年から一八二六年の在番・神谷親雲上庸従（首里・殷氏）の娘・真加戸を養女としている。(68) このような家譜の記載からは、地方官の現地女児が先島士族の妻や養女となって在地社会に吸収されていたことがうかがえる。なお現地女児（または男児）が先島士族の養女（または養子）となる場合、家譜には単に「女」（または「男子」）とのみ記された。これは妾（側室）の子を記す場合と同様のスタイルであり、「長女」・「二女」などの続柄が記される正妻の子の記載方法とは異なっている。

さて現地女児の在地社会への吸収について、宮古よりも情報量が豊富な八重山の家譜からさらに詳しく見てみると、(69) いわゆる「在地系の有力門中」が地方官の現地女児を比較的多く引き受けていた様子が看取できる。管見の限りではあるが、八重山の歴代頭職九十三名の中の十六名を輩出している山陽氏の家譜群からは計七名（養女五名・室二名）の現地女児を、頭七名を輩出している錦芳氏では計六名（養女三名・室二名・継室一名）と養子一名を、同じく頭七名を輩出している松茂氏では計五名（全て養女）を数えることができる【表四・八重山における地方官の現地女児】。

特筆すべきは、これらの現地女児の夫や養父の大半は島役人への任職者であり、島役人の最高職である頭職にまで達した人物も少なくない――十四名中六名――という点である。例えば山陽氏の九世長房は、十九世紀前半にそれぞれ異なる地方官の現地女児三名を養女とした後、一八五一年に宮良頭職に就任している。また錦芳氏の十二世用議も継室と養女にそれぞれ在番の女児を迎えた後、一八五七年に宮良頭職に就任している。この「後に頭職に就く島役人が在番らの現地女児を引き受ける」現象は、地方官（特に在番・在番筆者）と島役人との間に存在した密接な職掌上の関係に加え、島役人の任職に対する地方官の影響力と無関係ではなかったと考えられる。島役人の任命については、例えば一七六七年に両先島に派遣された検使・与世山親方（向文源）がまとめ、一七六八年に王府が八重山に布達した「与世山親方八重山島規模帳」に、①頭は王府が選考・任命し、②その他の島役人は在番・頭の推挙に基づき王府が任命すると規定されており、(70) 少なくとも頭職以外の役職就任が在番の影響下にあったことが確認できる。

【表四】 八重山における地方官の現地女児

（1）山陽氏

1	5世長京（1712～1764）、1756年、登野城与人に就任
	【室】 於那比戸［父・在番筆者（1711-1713）：山里筑登之親雲上真良（首里・麻氏）］
	［山陽氏家譜（五世長京）*］［麻氏家譜（石嶺家）］
2	8世長殖（1794～1840）、1837年、南風原与人に就任
	【養女】 蒲戸［父・在番筆者［1818-1820］：潮平筑登之親雲上嘉盛（那覇・召氏）］→山陽氏（養父の弟）に嫁ぐ
	［山陽氏家譜（五世長真）*］
3	9世長房（1800～1852）、1851年、宮良頭職に就任
	【養女1】 真牛［父・在番筆者［1820-1822］：仲村渠筑登之親雲上致英（那覇・用氏）］→李順氏（本島系）に嫁ぐ、**【養女2】** 亀［父・在番［1832-1834］：湊川親雲上孟孝（首里・吉氏）］→本島の糸満子盛雅（首里・毛氏）に嫁ぐ、**【養女3】** 思亀［父・在番［1842-1844］：仲吉里之子親雲上朝惟（首里・向氏）］→16歳で死去
	［山陽氏家譜（六世長敏）*］
4	9世長秀（1811～1852）、1851年、新川目差に就任
	【養女】 真加戸［父・在番筆者［1842-1844］：長嶺筑登之親雲上紀喜（泊・松氏）］
	［山陽氏家譜（八世長祥）*］
5	10世長政（1854～1892）
	【室】 真嘉戸［父・御使者筆者［1852-1853］：森永筑登之親雲上春綱（首里・駱氏）］
	［山陽氏家譜（八世長祥）*］

（2）錦芳氏

1	7世用易（1712～1787）、1791年、宮良頭職に就任
	【室】 伊加榮志［父・在番同伴［1709-1711］：金城筑登之親雲上長張（首里・寵氏）］
	［錦芳氏家譜（六世用正）*］
2	10世用登（1798～1854）、1849年、大浜頭職に就任
	【養子】 亀［父・在番筆者［1832-1834］：佐久川筑登之親雲上喜昌（那覇・李氏）］→後に上国して実父の嗣子となる。
	［錦芳氏家譜（六世用正）*］
3	10世用修（1802～1838）
	【室】 真加戸［父・在番［1802-1804］：浜本親雲上朝章（首里・向氏）］
	［錦芳氏家譜（九世用芝）］*
4	11世用能（1841～［記載なし］）、1892年、石垣頭職に就任
	【養女】 加真戸［父・在番筆者［1876-？］：宮里里之子親雲上朝孝（首里・向氏）］

	［錦芳氏家譜（六世用正）*］
5	12世用議（1806～1872）、1857年、宮良頭職に就任
	【継室】真鶴［父・在番［1808-1810］：源河親雲上朝亮（首里・向氏）］、【養女】思戸金［父・在番［1860-1862］：浦添里之子親雲上朝睦（首里・向氏）］
	［錦芳氏家譜（十二世用議）*］
6	13世用方（1808～1859）、1857年、真謝目差に就任
	【養女】真嘉戸［父・御使者筆者［1852-1853］：森永筑登之春綱（首里・駱氏）］
	［錦芳氏家譜（九世用英）*］

（３）松茂氏

1	９世当泰［当著］（1819～［記載なし］）、1856年、大浜頭職に就任
	【養女】真牛［父・詰医者［1854-？］：玉城筑登之親雲上（無系）］
	［松茂氏家譜（八世当剛）*］
2	10世当行（1835～1909）
	【養女１】真牛［父・在番筆者［1870-1872］：又吉筑登之親雲上康明（泊・柳氏）］、【養女２】思戸［父・検使相附［1875-？］：長浜筑登之親雲上真雄（首里・麻氏）］、【養女３】真鍋［父・養子２に同じ］※なお養女１～３は同母（大浜村無系）
	［松茂氏家譜（八世当剛）*］
3	９世当恭［泰？］（1799～1847）、1837年、西表首里大屋子に就任
	【養女】真鶴［父・在番［1846-1847］：渡名喜親雲上宗珍（首里・武氏）］→山陽氏（在地系）に嫁ぐ
	［松茂氏家譜（三世当永）*］

※*＝八重山博物館蔵影印本

四　地方官の現地妻帯と沖縄本島

（1）　本島士族の系図と現地子

次に地方官の現地妻帯の公認、および現地妻・現地子への特権の付与という政策は、沖縄本島に対してどのような影響を持ったのかを考えてみたい。

二で述べたように、両先島に派遣された地方官の現地子は、実父の家譜へ記載すること——すなわち本島士族としての身分を持つこと——が認められていた。例えば、一七五八年から一七六〇年の宮古島在番筆者・田仲筑登之親雲上康剛（泊・柳氏）の家譜には、「男子武佐。宮古島下里村の居住。母は宮古島下里村の百姓男・奴志の孫娘・蒲戸。（略）享年十九歳」と記されている。[71] また一七〇九年から一七一一年の八重山島在番筆者・山城筑登之親雲上興昌（首里・雍氏）の家譜には「男子興禰。八重山島の居住。母は同島平得村の平得尓也《にや》の娘・仁嘉伊。康熙四十九年庚寅三月二十日生まれ」、「女子真牛。八重山島の居住。母は興禰と同腹。康熙五十年辛卯十月十九日生まれ」とあり、[72] 八重山の雍長氏の家譜によれば、興禰はその一世であり、真牛は毛裔氏（本島系）に嫁いでいる。一八四六年から一八四七年の同島在番筆者・山田筑登之親雲上義順（泊・容氏）の家譜にも「男子樽。道光二十七年四月十六日生まれ。母は八重山島大川村の本名屋宮城筑登の娘・真伊津」とあり、[73] 八重山の容康氏の家譜によれば樽はその一世義憲である。

このように地方官の現地子は在島のまま、そして多くは「先島士族」の身分を持ちながら、「本島士族」の身分をも有していたのである。本島士族は原則として町方（首里・久米・那覇・泊）への居住を義務づけられていたことを鑑みると、地方官の現地子は本島士族の構成原理の上では特例的な存在であったと言えよう。後述するが、王府は、父親である地方官に後継がいない場合、現地子が本島へ移住し、本島士族として父の跡目を継ぐことを許可していた。そのことが地方官の現地子に一種の「二重身分の保持」が公認されていた背景としては大きかったのかもしれない。ただし現地子という特例的な存在を一族同列に扱うことに抵抗感を持つ「本島の身内」もいたようである。一七五三年十一月に王府から八重山へ布達された「参状」に次のようにある。

在番・在番筆者が赴任地で産ませた子供は奉公人（士族）とする決まりである。そこで田名親雲上（那覇・梅氏・孫満）が在番筆者の時（一七四〇～一七四二年）に脇腹に男児（孫祥）が生まれたので、前石垣親雲上（石垣頭職）の証拠書の通りに申請し、田名の系図に入れた（本島士族として登録した）が、脇腹に産ませた子なので農民（の身分）としてほしいと嫡子の田名筑登之（孫福）から訴えがあった。脇腹との間に産まれた子を士族にしては際限が無く、道徳的にもどうかと思う。そこで在番仮屋へ〔世話のために〕備えておいた女が生んだ子は別として、それ以外の脇腹に生まれた子は、確実な証拠がある場合のみ現地に居住して系図に書き込むことを許すが、それまでは農民のままとする。もし跡継ぎが無く本島へ呼び寄せたいのであれば確実な証拠を添えて申請すれば許可されるはずである。ただし田名親雲上の男児については、御法の定まる前なので、このまま〔本島の〕士族に取り立てる。(74)

ここでは在番筆者の嫡子である孫福が、父の現地子であり異母兄弟でもある孫祥の「本島士族」としての身分の取消を王府に申請している。それが史料に記された通り、脇腹という血筋の問題にのみ起因するのか、或いは何か別の理由によるものなのか、その辺りの事情は判然としない。しかし事情はどうあれ、本島側の一族が現地子の一族参加を拒む場合があったことは確認できる。なおこの申請への王府の対応から、「在番仮屋へ〔世話のために〕備えておいた女」は現地妻の中でも「正統／特別」な存在と見なされていたこと、(75)また本島に嗣子がいない場合には脇腹云々を問わず現地子による家督相続が認められていたことがうかがえる。

皮肉なことに『梅姓家譜』（田名家）の五世孫満の項目を見てみると、正室の産んだ長女・次女・長男（孫福）に続いて、「次男孫祥、母は八重山島大浜村高浜の女・比登那志。兄の孫福に嗣子が無くその家統を継ぐ[76]」とあり、六世孫福の項にも「跡目孫祥」と記されている。すなわち現地子・孫祥の農民降格を申請した嫡男・孫福自身が嫡子に恵まれず、孫祥を嗣子として家を維持せざるを得なかったのである。なお同家譜の孫祥自身の項には「六世孫祥、（略）兄の孫福に嗣子がないため乾隆三十七年六月二十九日に王府に申請してその家統を継いだ。〔孫祥も〕嗣子がなく七世宗霖の三男宗威に家を継がせた[77]」と記されている。

（2）父親の一族と現地子

一方で、地方官の現地子を本島の親族が支援することもあった。一八二六年に、本島の四名の士族から王府に対して出された申請には次のようにある。

八重山島　源河仁屋《にや》

この者は、故・源河親雲上（首里・向氏・朝亮）が八重山島在番の際（一八〇八～一八一〇年）にもうけた子供（向餉氏一世朝登）です。頭役の嫡子は以前から上納米などは免除されており、星功[78]のない者でも役職を命ぜられることがあります。この源河仁屋も上納米などは頭役の嫡子同様に免除されていますが、極めて家計が苦しく、日々の暮らしもままならず、困惑することは避けられないので、何卒御憐愍を掛けていただき、頭役の嫡子同様に処遇し、今回若文子《わかてぃくぐ》（蔵元の下級書記官）の役職に任ずるよう、在番・頭へ命じて下さるようお願い申し上げます。これらの趣旨を宜しくお取り成し下さいますようお願い申し上げます[79]。

戌（一八二六年）九月

喜久本里之子親雲上
与那原里之子親雲上
山元里之子親雲上
源河親雲上

ここでは「困窮」を理由に在番の現地子を島役人として任用することが求められている。申請者の詳細は不明だが、その一人である源河親雲上は、家名（源河）や位階名（親雲上）の一致から、既に故人となっていた在番（源河親雲上朝亮）の身内――恐らくは後継――であると考えられる。この申請に対する王府担当官の回答は次のようなものである。

この件を〔王府内で〕披露したところ、在番人の子供は格別なので考慮して役務を申し付けるようにとの御指図があった(80)。

戌九月廿三日

嘉陽田親雲上
城間親方

つまり申請は概ね認可されたのである。この一件からは父親である地方官の死去後も、その親族が現地子との繋がりを保ち、支援などをしていたこと、また王府は「在番人の子供は格別」という観点から現地子の優遇を認めていたことが分かる。

このように父親が赴任地を離れた後も、現地子と父親一族は何らかの繋がりを維持することがあった。そのことを

【図六】東任鐸倚像

（八重山博物館蔵）＊筆者撮影。

如実に示すのが、一八三五年から一八三八年まで八重山で在番を勤めた知念里之子親雲上政行（首里・東氏）が、帰任後に現地子に肖像画【図六・東任鐸倚像】と教訓とを送った事例である。肖像画は一八三九年に本島の絵師によって制作されたもので、父親自筆の左記の画賛が記されている。

道光十五年（一八三五）、私は八重山島の在番に任命され、五月に航海して石垣港に着き、勤務にいそしんでいる際に汝の姉の真鶴が生まれた。道光十八年（一八三八）、汝の姉がやっと三歳になった時、ちょうど公務が終了したので私は帰朝した。一八三九年四月、〔沖縄本島において〕汝の母が汝を生み、汝を真山戸と名付けたことを聞いて、私は喜びのあまり数日眠れない程であった。十一月になって私は兄の跡目を継ぎ、十二月には御用意方吟味役（役職名）に選ばれた。私はもとより「貴人の容貌」などではないが、汝の姉が私の姿を覚えておらず、汝が私の顔も知らないことを深く憐れんで、画家に命じて一枚の肖像を描かせ、汝に与えることにした。汝はこれを大切に保管し、風雨や虫鼠の被害に遭わないようにして、末永く子孫に伝えるように。

道光十九年（一八三九）九月吉日、東任鐸知念里之子親雲上政行、自ら記す。時に六十一歳。(81)

また教訓は、咸豊十一年（一八六一）八月に既に親方に昇位していた東任鐸（知念親方）から、八重山島石垣目差《めざし》（島役人）となっていた息子の真山戸（知念仁屋）へ送られたもので、「その方は遠海を隔てており日々の教訓を守らなくては何か不行き届きな事態が発生するかもしれないと気がかりであったので思うところを伝えておく(82)」として孝行や倹約などを説く十箇条がしたためられている。

この教訓と先の肖像画の年代からは、父親である地方官と現地子が、父の帰任後、少なくとも二十年以上にわたって交流を維持していたことが察せられる。なお真山戸は東明氏の一世政伝となり、姉・真鶴は長栄氏（在地系）に嫁いだ。

（3）現地子の本島移住

さて先にも挙げた一七五三年の王府布達に「〔両先島の在番・在番筆者に〕跡継ぎが無く〔現地男児を〕本島へ呼び寄せたいのであれば確実な証拠を添えて申請すれば許可されるはずである」[83]とあることからもうかがえるように、地方官の現地男児は、本島に父の後継がいない場合、本島へ渡り跡目を相続することが認められていた。（1）で見た在番筆者・田名親雲上の現地子・孫祥はその一例である。他にも例えば、検使使者相附・安田里之子親雲上嘉礼（首里・武氏・在職一八六〇～一八六二年）の宮古島における現地子・喜文が、やがて本島に渡り父の跡目を継いでいる。[84]また八重山島詰医者・吉浜筑登之親雲上憲紹（首里・晏氏・在職一八二二～一八二四年）の現地子・憲従は本島で父の後を継いだ後、一八五三年にやはり詰医者として八重山に赴任している。[85]

従来、こうした現地子の本島への呼び寄せは、地方官以外の本島からの来航者にも認められており、また必ずしも跡目相続を理由とする必要はなかったようである。しかし近世末期に至ると、王府はこれを制限する政策を打ち出すようになった。一八五八年に王府から八重山に布達された「翁長親方八重山島規模帳」には次のようにある。

> 在番人の従者として下国した者ならびに馬艦《マーラン》筆者船方の者、[86]または滞在人が、その島の女性と関わり生まれた子供は、以前は申請によって本島での居住を許可していたが、年々人口が減り島中が困っているので、〔今後は〕本宅に男子が無いために嗣子とする場合を除いて、移住を申請してきても一切受け付けてはいけない。移住申請が出た際には、十分調査した上で、島役人ならびに在番・頭が添書し、少しも疎かにしないよう取り締まること。[87]

このような王府の姿勢は、王府の中・下級吏員選抜試験である「科《こう》（科試）」のために首里の三平等《みひら》学校所[88]で行われていた模試（三平等兼題）[89]の次の設問からもうかがい知ることができる。

「在番・検使から船頭・水主まで島で産まれた子供には申請によって本島への渡航・居住を許可していたが、今後は跡目相続の場合のみを許可し、その他は許可しないでいただきたい」という内容を両先島の頭が王府に訴えるための案文を、それに相応しい理由を挙げて作成せよ。(90)

この問いに対して一番の成績を収めたのは森田筑登之であった。その添削済みの回答――つまりほぼ正答――は以下のようなものである。

在番・検使から船頭・水主まで島で産まれた子供は申請によって本島への渡航・居住を許可されています。しかし両先島は年貢・貢布・貢物を人頭税によって納めるよう命ぜられており、元々人口が少ないことに加えこの頃は飢饉や疫病などの厄災が続き、人口が激減し、当分は以前の二・三名分の上納を一人で担当しなくてはならず、大変困難な状況です。このため人口を増やして税の負担分を減らさなくては、なおさら疲弊して年貢や諸上納物を納められなくなってしまうのではないかと、非常に懸念しております。そこでこうした状況を鑑みていただき、何卒以後は在番・検使から船頭・水主まで島で産まれた子供に申請次第で本島への渡航・居住を許可することに関しては、今後は跡目相続の〔必要性がある〕場合のみ認め、その他は許可しないでいただきたくお願い申し上げます。（略(91)）

この一番回答は先に見た王府布達にほぼ沿う内容であり、①王府が現地子の移住を制限する政策を打ち出したのは、納税者減少の回避が主な目的であったこと、②また科の模試にこの問いを立てることで、官吏予備軍に対して王府の意図（＝①）の周知をはかっていたことがうかがえる。

しかしこのような王府の姿勢にもかかわらず、違反者は後を絶たなかったようである。十九世紀後半の王国の裁判記録（平《ひら》等所記録）の中には(92)、本島の住民が両先島の現地子を許可無く本島に連れ渡った違反を扱う口問《くちどい》（尋問記録）

三点が含まれており、(93) その記録からは地方官ないしは本島士族による違反への関与も確認できる。

例えば「宮古島で出まれた子供を内密に〔本島に〕連れ渡った者および関与した者への口問」によれば、首里の士族である高良筑登之親雲上（陳氏）が何らかの理由で宮古島に渡り現地でもうけた息子を、一八六二年に詰医者として同島に赴任した翁長里之子親雲上が、嗣子のないまま病死した高良に代わって無許可で本島の親族の元へ連れ渡っている。翁長の犯罪は宮古島の在番・頭の訴えによって露見し、王府の裁判機関である平等所は翁長に対し「寺入り二十日に準じて贖銭百貫文を科す」(94) という判決を下した。その趣旨は次のようなものである。

翁長は故・高良の依頼により、宮古島で生まれた男子を継子申請の手続き無く本島に連れ渡り、不行き届きである。このような者は新集科律の「勝手に諸島や他領へ渡る楷船（薩琉間を往来する公用船）・馬艦《マーラン》船その他の手形のある船で船頭との内談により国内の島々へ渡る者どもの罪科」に準じ、(95) 連れ渡る者は寺入り十日、船頭ならびに頼みを受けた者は同二十日の罰にした例がある。両先島で生まれた子供を密かに連れ渡ることは禁止するようたびたび命ぜられているが近頃はそれを守らずに内密に連れ渡る者が多い。不行き届きの行為であるので「違令律」(96) をもって論じ、寺入り四十日にする。但し一八六六年十一月（国王冊封）と昨一八六八年（明治天皇元服）に御恩赦があったので二等を減じて押札(97) の通り宣告するべきであると吟味した。(98)

この判決理由からは、王国末期の琉球において本島の者が両先島でもうけた現地子を無許可で本島へ連れ渡る事件が多発していたこと、また王府が対応に苦慮し罰則を強化していたことが知られる。加えて本件は手続きを行えば渡航・移住が認められる「現地子による跡目相続」のケースであるにも関わらず地方官の末席にある詰医者が禁を犯していることから、少なくともこの時期、王府の目指す地方統治と実態とが相当に乖離していたことがうかがえる。

他にも「宮古島で生まれた子供を無申請のまま〔本島へ〕連れ渡った者の口問」では、麻疹養生医者として一八六六年から一八六八年にかけて宮古島に赴任した高江洲筑登之親雲上が、嗣子のない亡父がかつて現地でもうけた男児に実家の跡目を継がせたいという知人女性の依頼を受けて、該当の現地子を無許可のまま連れ渡ろうとしてタイミングが逢わず失敗している。[99] また「八重山島で生まれた子供を無申請のまま〔本島へ〕連れ渡った者の口問」では、詳細は不明ながらも、士族を含む計六名の男性がそれぞれ八重山で生まれた現地子を許可無く連れ渡った罪で処罰されている。こうした事例からも、翁長の事件が決して特異なものではなかったことが推測できる。

おわりに

近世の琉球は、地方官の現地妻帯を公認し、現地妻子を優遇する政策を取っていた。これはいわゆる「中華世界」の国家としては例外的な現象であったが、中国・日本と二重の君臣関係を有する状況の中で、この点に関して琉球が日本――とりわけ薩摩藩――の影響を大きく受容したためであると考えられる。

現地妻帯の公認およびそれに付随する施策は、中央集権化や地方《じかた》の統制強化を推進する王府の姿勢とも相まって、在地における地方官の「存在意義」を高めたと見られる。諸史料からは、現地妻帯にまつわる特権に、積極的に接近し活用しようとする在地社会の志向を読み取ることができる。またこれらの特権を背景に、地方官の現地子も（管見の限りではあるが）大きな軋轢を生じることなく在地社会に吸収されていった。特に男児は――時に父親との関係を維持し、その支援を受けながら――先島士族として在地社会に新しい上級階層を形成し、これによって在地の社会編成は大きく変容することとなった。一方で、男児には本島士族としての身分も保障されており、本島に移住して地方官である父親の跡目を継ぐこともあった。こうして「地方官の現地妻帯の公認」に関わる諸政策は、中央（地方官―官人層―王府）と在地との関係をより緊密に、より複雑に、より不可分なものに変えていった。

しかしそれは必ずしも王府のコントロールが在地へより浸透したことを意味するわけではない。少なくとも両先島においては近世を通じて地方官の現地子（とその子孫）より在地の豪族が優勢を保つ状況が維持され、また現地子の突出した特権は、その家柄を不法に継承して徴税を免れようとするなど、王府の統制に反する動きを在地社会に生み出すことにも繋がっていた。さらに王府の政策を実現する立場であるはずの地方官自身が、王府の意図に背いて無許可で現地子を連れ帰る事件も数次にわたって発生していた。その意味では「地方官の現地妻帯の公認」に関わる諸政策は、地方統治の強化というよりもむしろ、個人や家の希求が国家の統制を突き崩す足がかりと化してしまうという、王府にとっては実に皮肉な結果に結び付く側面もあったと言えよう。

註

（1）高良倉吉「琉球・沖縄の歴史と日本社会」朝尾直弘ほか編『日本の社会史一・列島内外の交通と国家』岩波書店、一九八七年、三六〇―三六三頁。

（2）高良倉吉「琉球王国の展開――自己改革の思念、「伝統」形成の背景」岸本美緒ほか編『岩波講座世界歴史十三・東アジア・東南アジア伝統社会の形成』一九九八年、岩波書店（以下、高良一九九八と略記する）。

（3）田名真之「自立への模索」豊見山和行編『日本の時代史十八・琉球・沖縄史の世界』吉川弘文館、二〇〇三年。

（4）但し琉球の科は中・下級官吏の登用試験であった。

（5）豊見山和行「近世琉球の外交と社会――冊封関係との関連から――」『歴史学研究』五八六、一九八八年。田名真之「琉球家譜にみる中国文化・思想の影響」同『沖縄近世史の諸相』ひるぎ社、一九九二年（以下、田名一九九二ａと略記する）。

（6）田名一九九二ａ、一四七―一四八頁。

（7）　高良一九九八、九三―九五頁。

（8）　田名真之「琉球家譜の成立とその意義」『沖縄近世史の諸相』ひるぎ社、一九九二年（以下、田名一九九二bと略記する）。同「琉球家譜の成立と門中」『歴史学研究』七四三、二〇〇〇年。

（9）　一般人民といった意味で、町方に住んで商業・工業などを含む多彩な職業に従事する「町方百姓」と、地方（田舎）に居住して農業に従事する「地方百姓」に大別できる。

（10）　より詳しくは、首里三平等（南風・西・真和志の三つの平等）・那覇四町（西・東・泉崎・若狭町の四町）・久米村・泊村を指す。全て現在の沖縄県那覇市に含まれる。

（11）　使役の代わりに規定された銭や農産物を徴収することが多かった。

（12）　諸浦在番が国頭・本部・今帰仁・久志・読谷山・勝連・喜屋武・伊江島・伊平屋島・粟国島・渡名喜島・慶良間島、久米島在番が久米島仲里・久米島具志川に派遣された。

（13）　特定の役職者とその子孫に対する貢租免除など。先島士族の特権を含む諸特徴に関しては得能壽美「近世琉球における身分制度の地方的展開――八重山を事例に――」（財団法人沖縄県文化振興会公文書管理部史料編集室編『沖縄県史』各論編四・近世、二〇〇五年、以下、得能二〇〇五と略記する）に詳しい。

（14）　始許宮古八重山役人纂修家譜及賜用覆姓。宮古八重山之人、無有家譜。歴過数世、昭穆已乱、匪知親疎、而系統派流祖宗功徳、未曾詳明。是由、令其役人各修家譜。且賜覆姓並名乗、不敢用諱名。永垂後世、以為伝家至宝。（『球陽』巻一二、尚敬王十七年、九一二号）

（15）　一六二九年に宮古在番、一六三二年に八重山在番の派遣が開始された。

（16）　八重山に限って言えば、在番は首里士七六％、那覇士一四％、泊士三％、不明七％、在番筆者は首里士五〇％、那覇士三三％、泊士一三％、不明四％で、ともに久米士は皆無であるという（高良倉吉「近世八重山派遣使者在番年譜について」『沖縄史料編集所紀要』五、一九八〇年）。

（17）　高良、同前論文、一一九―一二一頁。

(18) 石垣市総務部市史編集室編『石垣市史叢書』九（参遣状抜書・下巻）、石垣市、一九九五年、七四―七五頁。

(19) 一、在番人彼島之女ニ取合儲置候子共者、於御当地茂直父之系に組入候儀御免候間、其身一代諸役人嫡子・次男並ニ上納方幷追立夫可被差免事、

(20) 一、士流人彼島之女ニ取合、儲置候子共も直父之系ニ縋入候儀御免候得共、流人之子ニ而格別之事候間、御当地田舎居住並ニ百姓同前可被召仕事、

(21) なおこの決定は、十八世紀中葉に王府が編纂した漢文の正史『球陽』の一七二九年の項に次のように記されている。

始免宮古八重山在番生子賦税夫役。宮古八重山役人嫡子次男外、悉納賦税、服為夫役。由是、其在番生子於他島、亦有賦税夫役。今番改定、在番至于帰朝、将其所産之子、題奏載家籍者、即照彼島役人嫡男次男之例、始免貢賦丁銭。且亦中山之士、流在他島、亦生産児嬰、雖載各家譜、不免其賦税夫役。他島役人、設妾于他邑産子亦然。（『球陽』巻一二、尚敬王十七年）

(22) ただし琉球処分直前の一八七五年に首里王府から八重山に通達された『富川親方八重山島諸締帳』において、納税免除をはじめとした旅妻の諸特権は廃止されている（石垣市総務部市史編集室編『石垣市史叢書』一、石垣市役所、一九九一年、四三―四四頁）。

(23) 當山善堂「「賄女」に関する一考察」八重山人頭税廃止百年記念事業期成会記念誌部会編『人頭税廃止百年記念誌あさぱな』八重山人頭税廃止百年記念事業期成会、二〇〇三年、一四四―一四六頁。

(24) 前掲書、同前頁。

(25) 「系図座規模帳（仮題）」沖縄県立図書館史料編集室編『沖縄県史料』前近代六・首里王府仕置二、沖縄県教育委員会、一九八九年、五四頁。

(26) 一、於諸島ニ妾相求子共出生系釣入度願出候方、所之者能存知之上、一門親類証拠書を以、帰国三ヶ月限ニ申出候ハヽ、系釣置迄ニ而居住付可相記候、又懐胎内帰国之方者、生産次第可申出候、若致遅引二三年相過訟出候ハヽ、取持間敷事、

附、嗣子於無之者其跡嗣計者及言上可差免事、

(27) 一、於田舎妾相求子共致生産系釣入度願之方、所之者能存知之上、一門親類証拠書を以、卅日限申出候ハ、居住付可差免事、
附、右同断、

(28) 比嘉春潮・崎浜秀明『東洋文庫四一・沖縄の犯科帳』平凡社、一九六五年（以下、比嘉・崎浜一九六五と略記する）。崎浜秀明『沖縄の法令と判例集』本邦書籍、一九八六年。

(29) 上海大学法学院・上海市政法管理幹部学院編『大清律例』天津古籍出版社、一九九三年、二二二頁。

(30) 律令研究会編『訳註日本律令六・唐律疏議訳註篇二』東京堂出版、一九八四年、二九〇頁。

(31) 藤田東三『朝鮮婚姻考』大同印書館、一九四一年、一五〇―一五一頁。

(32) 後代の写本には『黎朝刑律』の名が冠せられている（八尾隆生『黎朝ヴェトナムの政治と社会』広島大学出版会、二〇〇九年、三七―三八頁）。同律については本書所収の八尾論文も参照されたい。

(33) 原文は『国朝刑律』（東京大学文学部図書館蔵複写本）による。但しこの写本は律一条の欠落により条文番号のずれが生じているため、ここでの条数は次の英訳本に依拠する。Huy, Nguyễn Ngọc & Tai, Tà Văn, *The Lê Code: Law in Traditional Vietnam— A Comparative Sino-Vietnamese Legal Study with Historical-Juridical Analysis and Annotations—*, Athens, Ohio: Ohio University Press, 1987.

(34) 山本達郎「安南黎朝の婚姻法」『東方学報』八、一九三八年、三八―三九頁。

(35) 茂木敏夫は前近代の東アジアに中国を中心にして自律的に成立していた伝統的な国際秩序の覆う世界を「中華世界」と呼んでいる（『変容する近代東アジアの国際秩序』山川出版社、一九九七年、二頁）。ここでは茂木の趣旨を援用しつつ、より狭く、中国・朝鮮・ベトナム・琉球を指して、便宜的に「中華世界」と呼ぶことにしたい。

(36) 比嘉・崎浜、前掲書、三五―三六頁。

(37) 高橋孝代『境界性の人類学――重層する沖永良部島民のアイデンティティ』弘文堂、二〇〇六年、一二九―一三一頁。

(38) 高橋同前書、一三一―一三五頁。

（39）同前書、同前頁。

（40）梅木哲人「近世農村の成立」琉球新報社編『新琉球史——近世編（上）——』同社、一九八九年。

（41）この内、八重山の家譜に関しては代表的かつ包括的な新城敏男の研究がある（「八重山の家譜覚書」『沖縄文化研究』第九号、一九八二年、以下、新城一九八二と略記する）。

（42）他にも何らかの功績があった徳望家を輩出した一門などが士族に認定された。（新城一九八二、二三七頁）。

（43）一六二八年以降は、八重山は宮良《みやら》・石垣・大浜、宮古は平良《ひらら》・砂川《うるか》・下地《しもぢ》の各間切に一名ずつ置かれた。

（44）「在地系」・「本島系」の分類は、島尻克美「宮古系家譜について」（沖縄県教育庁文化課編『沖縄県文化財調査報告書第九〇集・沖縄の家譜——歴史資料調査報告VI——』沖縄県教育委員会、一九八九年）による。また同書所収の崎山直「八重山系家譜について」および新城一九八二も参照した。

（45）後世の伝では、宗栄の妻が「機織之御妙手」であったために夫婦で八重山に派遣され、そこで孫広をもうけた後、母子だけが八重山に残ったという（牧野孫宜『梅公姓系図家譜小宗第三世孫格系譜』および得能二〇〇五、三〇二頁）。

（46）「梅公氏元祖記並同系図」（八重山博物館蔵影印本）。

（47）小祿殿内三世。国王・尚寧の叔父にあたる。

（48）家譜には「検使」と記されるが、検使派遣制度の成立以前の出来事であるため、この肩書きは後世に附されたものであろうと推測されている（平良市史編さん委員会編『平良市史』第八巻資料編六、平良市教育委員会、一九八八年、二九三頁）。

（49）中山首里府姚氏知念親雲上元明、六代志慶真筑登之親雲上元義、為在番筆者在勤之時、生産之子。（「姚孫氏系図家譜正統」平良市史編さん委員会編『平良市史』第三巻資料編一、平良市役所、一九八一年、四七四頁）

（50）父・元祖王府首里葛氏北谷親方七代、嫡孫玉代勢親雲上、康熙五十七年戊戌、八重山嶋在番之時、秀継生所。（「葛孫氏家譜大宗」八重山博物館蔵影印本）

（51）新城一九八二、二三七頁。

（52）「毛孫氏家譜（大宗）」（八重山博物館蔵影印本）

(53) 雖然道光三十年寅戌呈請父佐久川為嗣子登御国許。(「錦芳氏家譜(六世用正)」八重山博物館影印本)

(54) 科鞭・枷号の刑罰の閏刑(正罰の代刑)として行われ、原則的に士族に科せられた。

(55) 一、在番・同筆者子共無後胤者跡目立之儀、其島江一門無之訳を以百姓よ里相続有之候上、未成人無之内致夭亡候者之跡目茂相立、別而不締之儀候間、向後弐拾歳以上於無後胤者系持之内よ里跡目相立、脇腹百姓抔よ里一切可召留候、左様無之候得者奉公人多成行、頭懸上納之百姓労之基可相成訳を以、段々厳重之御規模被定置候詮無之筋相見得、尤在番子孫者五代之夫米御免ニ付、夫賃相懸候系持よ里者段々跡目相続之願有之、往々差支候儀有之筈候、乍此上若相背候者於有之者掠入候者者如本召除、訟本幷自身企ニ而跡目入候者者、在番・頭よ里御問合之上流刑、願書致次書候人幷取次役人者右同断三百日寺領可申付事、(石垣市総務部市史編集室編『石垣市史叢書』五、石垣市役所、一九九三年、三七頁)

(56) 「宮古島系図座公事帳抜粋」沖縄県立図書館史料編集室編『沖縄県史料』前近代七・首里王府仕置三、沖縄県教育委員会、一九九一年、三七八頁。

(57) ……親方御使者子孫者七代迄、在番子孫者頭役子孫並五代迄、同筆者・詰医者子孫者役々(※首里大屋子以下仮若文子迄)子孫並三代迄差免、尤臨時渡海之役々子孫ハ右準可差免候也、(前掲『石垣市史叢書』五、三三頁)。

(58) その経緯の詳細は不明だが、一七六八年に王府が八重山に布達した「与世山親方八重山公事帳」には、①島役人の子孫は筆算稽古をするという口実で夫米が免除されていること、②しかしこれを代数に関係なく許可しては支障があるので、以後は頭役の子孫は五代まで、首里大屋子から仮若文子までの役人の子孫は三代まで免除することが定められている(石垣市総務部市史編集室編『石垣市史叢書』二、石垣市役所、一九九二年、三一―三三頁)。

(59) 御当地之士、其島居付御免之方其子孫前条役職之内不相勤者者夫米可相懸事、(前掲『石垣市史叢書』五、三三頁)

(60) 「宮古島系図座公事帳抜粋」前掲『沖縄県史料』前近代七・首里王府仕置三、一九九一年、三七五頁。

(61) 一、在番方幷詰医者、其外臨時御使者在勤中、各旅妻諸上納物差免、且荷持夫・払除夫等寄替夫ニ而木石類致所望、旅妻住家作調相与、彼是百姓共及迷惑候由、押役与して右次第何共如何之至候間、以来、(右)旅妻共余之百姓同前、諸上納物為相弁、且寄替夫ニ而木石類致所望候儀可差留事、(前掲『石垣市史叢書』一、四三頁)

(62) 得能二〇〇五、三一一―三一四頁。
(63) 離島ヨリ女房相求候儀一向召留候事、(「大与座規模帳他」前掲『沖縄県史料』前近代六・首里王府仕置二、八七頁)
(64) 十八世紀中葉に開始された官吏登用試験。中国の科挙に由来するが、中国とは異なり、琉球の場合の登用対象は中・下級吏員であった。五百人前後の受験者につき合格者は一～三名と大変な「狭き門」であったという。琉球の科については、田名真之「平等学校所と科試」(高良倉吉ほか編『新しい琉球史像――安良城盛昭先生追悼論集――』榕樹社、一九九六年、以下、田名一九九六と略記する)に詳しい。
(65) 久米島在番相勤候方、旅中拘置候女密々御当地江渡置候者も有之由相聞得候、諸間切諸嶋之者無故本札外江差渡候儀、跡々より御禁止被仰渡候処、其守無之甚以不可然事候、久米嶋之儀人居少産業届兼及難儀、就中綿子紬調方之儀専女共之働を以相弁候処、右通之次第御法相背候迄ニ而無之、大切成綿子紬調方差支候躰ニも可相成哉与御心配之御事候条、此旨得与得其意、向後無其儀様厳重可相守候、乍此上不守之聞得於有之者屹与御沙汰可及候条、聊無緩疎可相守候、左候而代合之節々無伝失可次渡候、依御差図中越候、以上(「岸秋正文庫「稽古案文集」(二)」『史料編集室紀要』二六、二〇〇一年、三〇九頁)
(66) 田名一九九六、九五―九六頁。
(67) 那覇府仲井真筑登之親雲上滞在之時生産之女真嘉戸(「侯隆氏系図家譜正統」前掲『平良市史』第八巻資料編六、五一〇頁)
(68) 「上官氏家譜(九世正房)」(八重山博物館蔵影印本)
(69) 本島の家譜の書式は(当初から唐系格であった久米村家譜を除いて)十七世紀後半から十八世紀にかけて和系格から唐系格へと改訂された(田名一九九二b、一〇八―一一四頁)。また八重山の家譜も一七七一年の大津波(明和大津波)で多くの家譜を流失して以降、唐系格から唐系格へ改訂されたという(新城一九八二、二五一頁)。しかし宮古島の系図は、一貫して横系図の和系格であった。こうした相違のためか、宮古の家譜には、室と継室あるいは実子と義子の区別、娘の嫁ぎ先などが記されていない。
(70) 石垣市総務部市史編集室編『石垣市史叢書』二、石垣市役所、一九九二年、一五―一六頁。なお王府における頭職の選考・任命は、島役人の投票の結果を鑑みて行われた(豊見山和行「近世琉球の王府制度に関する一考察――『おかず書』・『結状』

の分析を中心に――」『沖縄文化研究』一五、一九八九年、七五―七八頁）。琉球では、役人の任職・出世は同僚や上司の推挙の形を取り、王府の推挙を経て決定される習慣があった。

(71) 男子武佐、宮古島下里村居住、母宮古島下里村百姓男奴志女孫蒲戸、乾隆二十五年庚辰六月三日生、同四十三年戊戌三月十八日死、享年十九。（「柳姓家譜（田仲家）」那覇市企画部市史編集室編『那覇市史』資料篇一―八・家譜資料四、同室、一九八三年、七九六頁）

(72) 男子興禰、八重山島居住、母同島平得村平得尓也娘仁嘉伊、康熙四十九年庚寅三月二十日生。女子真牛、八重山島居住、母興禰同腹、康熙五十年辛卯十月十九日生。（「雍姓家譜（目取真家）」那覇市企画部市史編集室編『那覇市史』資料篇一―七・家譜資料三、同室、一九八二年、八六二頁）

(73) 男子樽、道光二十七年丁未四月十六日生、母八重山嶋大川村本名屋宮城筑登之女真伊津。（「容氏家譜（九世山田家）」前掲『那覇市史』資料篇一―八・家譜資料四、七二八頁）

(74) 両先島在番幷同筆者、於其地出生之子奉公人被仰付御模被召定置候、然処田名親雲上事在番筆者之時、脇江相拘候女之為男子致出生候付、前石垣親雲上証拠書之通及訟、系図継入置候処、右通脇ニ出産之子ニ而候故、百姓召成置候付、嫡子田名筑登之ゟ訟之趣有之候、然者脇々江取合、致出生候子奉公人ニ被仰付候而ハ無際限積ニ而、締方も如何敷候、仮屋江致其備生産之子ハ格別、脇方江出生之子ハ慥成証拠申出候ハヽ、住居付ヲ以系図釣入迄百姓被仰付候、若継子無之爰元ニ申請候方ハ、慥成証拠取添願出候ハヽ、吟味次第御達被下筈候、尤田名親雲上男子事、右通御法も不被仰付以前出生之子ニ而候故、此節迄ハ願之通奉公人ニ被仰付候間、其首尾可被申渡候、此旨御差図ニ而候、以上、

西十一月　　　　宇久田親雲上　宮平親方

（前掲『石垣市史叢書』九、七九―七九頁）

(75) 一七三〇年に王府評定所から系図座に布達された規模帳には「妾（側室）の手続きを踏んでいない者が産んだ子供を家譜へ掲載することは人倫を乱すので一切受け付けてはならない（妾之備茂無之者江出生之子共系継入度願之方畢竟乱人倫掠之基候間一向取持間敷事）」とある（「系図座規模帳（仮題）」前掲『沖縄県史料』前近代六・首里王府仕置二、五四頁）

(76) 次男孫祥。母八重山島大浜村高浜女比登那志。兄孫福無嗣継其家統。（「梅氏家譜（田名家）」前掲『那覇市史』資料篇一―八・家譜資料四、四二九―四三一頁）

(77) 六世孫祥（略）因兄孫一福無嗣乾隆三十七年壬辰六月二十九日請旨継其家統因無嗣子請旨傳統于七世宗霖三子宗威。（同前）

(78) 役人などの勤務に付けられる星（点数）のこと。勤務考査の基礎となる。

(79) 右者故源河親雲上八重山島在番之時設置候子ニ而御座候、然者頭役嫡子之儀跡々ゟ上納米等御免被仰付置、其上無星之者ニ而も役儀被仰付由御座候、右源河事茂上納米等者頭役嫡子同前御免被仰付置候得共、至極不如意之者ニ而朝夕之続をも達兼、必至与及当惑居申候条、何卒御憐愍ニ被思召上、頭役嫡子同前ニ御取持被遊、此節若文子役被仰付候様、在番・頭衆江被仰渡被下度奉願候、此等之趣可然様御取成可被下儀奉頼候、以上、（「御手形写抜書」石垣市総務部市史編集室編『石垣市史叢書』一一、石垣市、一九九八年、一三八頁）

(80) 右遂披露候処、在番人之子格別之儀候間、其見合を以役儀可被申付旨御指図ニ而候、以上、（同前）

(81) 道光十五年乙未、吾奉命為八重山島在番、五月航海到石垣泊、鞅掌之際、生汝姉真鶴。十八年戊戌、汝姉甫三歳、適吾公事既竣歸朝。十九年己亥四月聞汝母生汝、名汝為真山戸、吾慶而不寝者数日。至十一月吾為兄跡目、十二月擢御用意方吟味役。吾雖本非有貴人之相、而深憐汝姉之未能記吾容、汝之未及見吾貌、故特命畫師寫小照一幅、遠寄與汝。汝其慎藏、莫附風雨蟲鼠之弊傷焉。當永傳汝子孫也。道光十九年己亥九月吉日、東任鐸知念里之子親雲上政行、自筆。時六十一歳。（八重山博物館蔵）

(82) 其方事遠海差離朝夕之教訓不罷成就而者何歟不行届儀茂可致出来哉、念遣ニ存所存之程申諭候、（「教訓十箇条」八重山博物館蔵）

(83) 若継子無之爰元ニ申請候方ハ、慥成証拠取添願出候ハヽ、吟味次第御達被下筈候、（註七四）

(84) 「武裔氏家譜」（前掲『平良市史』三）、「武氏家譜（安田家）」（前掲『那覇市史』資料篇一―七・家譜資料三、五七五頁）

(85) 「晏氏家譜（村田家）」（那覇市歴史博物館蔵影印本）

(86) 両先島の蔵元の公用船のスタッフのことか。馬艦船とは琉球域内を航行するジャンク型の運送船で、蔵元の公用船としても利用された。

（87）在番方従内ニ而罷下候者幷馬艦筆者船方之者、又ハ滞在人共其島女取合出生之子共以前ハ訴出次第御当地江居付為被仰付事候得共、連々人居相減一統及難儀居候砌ニ而、男子無之方継子之外引越之願申出候共、一切御取揚不被仰付段被渡置候間、右様引越願有之節ハ能々穿鑿之上、役人幷在番・頭次書いたし聊緩せ之儀無之様可致取締事、（石垣市総務部市史編集室編『石垣市史叢書』七、石垣市役所、一九九四年、一〇〇—一〇一頁）

（88）真和志平等学校所・南風平等学校所・西之平等学校所を指す。

（89）毎月朔日に各学校所で実施された。

（90）御在番御使者御方以下船方之者共、於島元出生之子訴出次第御当地江差登居付御免被仰付候処、以来其身跡継計御免ニ而其外者被召留度（略）相応之訳申述、両先島登合之頭ゟ奉訴候趣之案文（「三平等兼題文言集」那覇市企画部市史編集室編『那覇市史』資料篇一—一一・琉球資料（下）、同室、一九九一年、二一五頁）

（91）御在番御使者御方以下船方之者共、於島元出生之子訴出次第御当地江差登居付御免被仰付事御座候、然者両先島之儀年貢幷御用布御用物等頭懸を以上納被仰付置事候処、素ゟ人居少有之候上此跡飢饉疫癘等之災変打続、其以来人居格別相減至当分者以前弐三人之上納分壱人ニ而引負候丈合相成、至極及難儀居申候、右ニ付而者いつれ人居致繁栄持高相減候様不取計候而ハ往々猶更疲入、年貢諸上納物難調得体ニも可成行哉与至極心痛仕事御座候間、右之趣被聞召分、何卒以来御在番御使者御方以下船方之者共、於島元出生之子訴出次第御当地江差登居付之儀、其身跡継計御免ニ而其外者被召留被下度、是又奉願候、（略）（「一番汀志良次村森田筑登之、儀間筑登之親雲上御添削」同前、二一五—二一六頁）

（92）戦禍をくぐり抜けた僅か三四件分の記録（の抄出）が現存している。

（93）「宮古嶋ニテ出生之子無訴列登候者口問」、「宮古嶋ニテ出生之子共密々列登者共幷係合之者共口問」、「八重山嶋ニテ出生之子供無訴列登候者共口問」（崎濱秀明編『沖縄旧法制史料集成』四・琉球平等所記録、崎濱秀明、一九六八年、一三五—一四五頁、および比嘉・崎浜一九六五年、一六九—一八〇頁）

（94）寺入りについては註（54）を参照のこと。

(95) 「新集科律」巻六、関津「楷船馬艦船其外手形有る船より船頭内談を以て(御領内エ罷渡者ハ)寺入十日船頭ハ寺入二十日(他領エ渡者ハ)寺入七十日船頭ハ寺入九十日」

(96) 「新集科律」巻一三、雑犯「令ニ相背者ハ寺入四十日。但義之可行を不行して令ニ違を違令に取へし(略)」

(97) 刑罰は書類の人名の上に押札と呼ばれる貼紙をもって示した。

(98) 本文翁長事、故高良頼ヲ受、宮古嶋ニテ出生之男子訟無ニ列登不届儀候、然ハ右躰之者ハ先例私ニ諸嶋幷他領へ渡ル新集科律ヲ楷船馬艦船其外手形有ル船ヨリ船頭内談ヲ以御領内之嶋々へ相渡候者共罪科準、列渡候者寺入十日、船幷頼ヲ受候者ハ同二十日分之御咎目被仰付置候得共、於両先嶋出生之子共密々不列登様ニト之儀ハ段々御取締被仰付置候ヲ、其守達無之、去頃年密々列登候者多々是在不届之仕形ニテ、右御咎目向ニテハ輕相見得申候間、違令律ヲ以論、寺入四十日之筈候得共、去寅十一月去年閏中就両度之就御恩謝ニ等減押札之通被仰付可然哉ト吟味仕候、(前掲『沖縄旧法制史料集成』四・琉球平等所記録、一四一頁)

(99) 子供はその後、依頼主である女性の夫が同島に出稼ぎに行った際に本島に連れ渡っている。

〔付記〕

本章執筆にあたり石垣市立八重山博物館・石垣市役所総務部市史編集課・那覇市歴史博物館より多大なご協力を賜った。また琉球史研究者の得能壽美氏より数多くの貴重なご教示をいただいた。記して深謝申し上げたい。

スペイン領フィリピンの中国人統治
――支配の正統性原理と総督府あるいは「マニラ市」の利害の交錯するところ――

菅谷成子

はじめに

スペインによるフィリピン支配は、初代総督となるミゲル・ロペス・デ・レガスピ（在任一五六五―七二）率いる遠征隊が一五六五年にセブ島セブに根拠地を築いたことによって緒についた。さらにレガスピは、より有利かつ恒久的な根拠地を求めて北上し、ルソン島のマイニラ（マニラ）の首長を退け、七一年六月二十四日、その跡地にスペイン植民都市「マニラ市（Ciudad de Manila）」を設置した(1)。

これ以降、スペイン領フィリピンの存続を保障し、その首府「マニラ市」の発展を支えたのは、ヌエバ・エスパーニャ（メキシコ）副王領のアカプルコとの間で約二三〇年にわたって行われたマニラ・ガレオン貿易であった。これは、スペイン王室の重商主義政策の下で、本国と新大陸の植民地を繋ぐインディアス貿易（Carrera de Indias）の一環をなし、スペイン領フィリピンにとって、十八世紀中葉に至るまで事実上スペイン本国との唯一の連絡回路として、本国からの指令および官員や兵員の補充にも不可欠な生命線であった。すなわち、フィリピン諸島は、スペイン領インディアスの最西端の領地として位置づけられ、ヌエバ・エスパーニャ副王領に属するものとされたのである(2)。

スペインのインディアス統治は、カトリシズムの布教を支配の正統性原理とするものであり、世俗による支配と教会による支配とが一体化した植民地統治が行われた。それゆえ、「スペイン帝国」の辺縁に位置したフィリピンにおいてもスペインによる統治は、支配の正統性原理であったカトリシズムを基底に据え、その住民にカトリシズムの受容を要求したものであった(3)。

一方、マニラ・ガレオン貿易は、中国の生糸や陶磁器等の奢侈品をマニラで中継してメキシコに輸出し新大陸の銀を輸入するもので、スペイン領フィリピンを財政・経済的に支えたが、中国人の介在なしには成り立たなかった。スペイン人は一四九四年のトルデシーリャス条約とマカオのポルトガル根拠地との関係からマニラに坐すのみで、商品の供給は既存の中国帆船貿易に依存せざるをえなかったのである。ここに、スペイン人来島以前から行われていた中国・福建からの中国人が主宰する帆船貿易は、スペイン植民地首府マニラを経由してメキシコと繋がった。その結果、スペイン領マニラは、新大陸の銀が恒常的にアジアに流入するゲイトウェイとなって世界的な銀の流通に寄与するとともに、福建から銀を求める多数の中国貿易商人や移民を惹きつけ、十七世紀初頭までにはスペイン人の人口を凌駕する、その当時の東南アジアにおいて最大規模の中国人人口を抱えることになった。また、スペイン人は、ガレオン貿易の中継輸出品を中国人貿易商人に頼るのみならず、小売業や手職（oficio mecánico）への忌避があり、日常生活も中国人移民の提供する様々な商品やサービスに依存するものとなった(4)。

他方、これらの中国人移民は、スペイン領フィリピンにおいて概ねカトリシズムを受容しない「他者」であった。すなわち、スペイン植民地政府（フィリピン総督府）は、植民地の生命線ともいえるマニラ・ガレオン貿易の興隆とともに、支配の正統性原理であるカトリシズムを基底に据えた植民地社会に、理念的には存在しえない多数の「異教徒」中国人を領内に抱えることになった。「スペイン帝国」の最西端のフィリピン植民地において、これらの異教徒の「他者」である中国人をいかに統治するかは、フィリピン総督府にとっては、支配の正統性と植民地の存続とも関わる喫緊の課題となった。

スペインの中国人統治は、概ね一八二〇年代に至るまで、これらの「他者」を、カトリシズムを基底に据えた植民地社会から隔離して管理することを基本に、植民地の維持に不可欠な存在として居住許可を与えてフィリピン総督府の財源とする一方、カトリシズムへの改宗を進め、彼らを植民地社会の正統な構成要素――スペイン国王の「臣民」

に転化させようとするものであった。その要をなしたのが中国人指定居住区かつ商業中心として一五八一～八二年に設置されたマニラの「パリアン」であった。(5)

ところが、十八世紀末葉に出たホセ・バスコ総督（在任一七七八―八七）は、周辺海域でのイギリスの脅威の高まりを背景に、植民地首府マニラすなわちイントラムロス（城壁内＝本来の「マニラ市」）の防衛機能の強化を理由にして、パリアンを取壊す一方、それに代わる商業中心地として一七八三年にイントラムロスに新たなパリアン（アルカイセリア・デ・サン・ホセ）を建設し、一五七名の中国人小売り業者を入居させた。これは、イントラムロスの周囲に外濠あるいは対壕（contrafoso）を新たに設置するとともに、その周囲に無人の緩衝地帯を創出することで、イギリスの侵攻に備える施策の一環であった。(6)

これに対して、スペイン植民都市自治体、統治機関としての「マニラ市（マニラ市参事会〔cabildo/ayuntamiento〕）」は、これらの一連の首府防衛機能強化策が、植民地の人びとの利益と安全を損なう不適切なものであると糾弾した。その要点は、バスコ総督が、本国の許可をえずに旧来のパリアンの破壊を伴う一連の防衛機能強化策を実施したこと、その結果、治安が悪化しただけでなく、マニラ市民の日常必需物資の入手が困難になったこと、さらに、イントラムロスに中国人を多数抱えるのは危険であるとともに、パリアンの取壊しが中国人の周辺各地への分散を招き、植民地の安全に深刻な問題が生じるということにあった。(7)

スペイン領フィリピンにおける中国人統治については、一般にスペイン人と中国人の二項対立の図式で捉えられることが多かった。実際、一五七四年の中国人海賊林鳳のマニラ襲来、九三年の中国人漕手によるゴメス・ペレス・ダスマリニャス総督（在任一五九〇―九三）の殺害およびそれに関連する福建官憲の来島、一六〇二年の福建官憲の来島と翌年の二万三〇〇〇人の中国人が犠牲となった蜂起、三九年のラグナ州カランバにおける中国人労働者の蜂起に端を発して二万人以上の中国人が「虐殺」された事件が起こった。さらには一六六二年の台湾に根拠地を築いた鄭成功による呂宋招諭では、マンリケ・デ・ララ総督（在任一六五三―六三）はマニラ防衛の兵力を確保するためにマルク諸島やミンダナオ島から駐屯軍を引き上げたが、それに連動して中国人社会の動揺と流血事件が起こった。またスペイン支配を揺るがしたイギリスのマニラ占領（一七六二―六四）時においては中国人が対英協力して禍根を残した。この間、十八世紀末葉に至るまで断続的に中国人の追放も行われた(8)。

しかし、上記のパリアン取壊しをめぐる事例からは、それに収斂されない側面のあったことがわかる。本章では、スペイン領フィリピンがマニラ・ガレオン貿易とともにあった時期について、その中国人統治を手がかりにして、二項対立の図式の背後にあったものを、支配の正統性原理との関わりに留意しながら検討する。それを通して、世俗権力と教会権力が一体となったスペイン統治の下で、中国人移民がいかなる存在であったのか、また、スペイン領インディアスの最西端に位置したフィリピンを事例として、スペイン統治の特質を理解する手がかりを提供したい。

一　スペインの中国人統治

（1）　中国人指定居住区「パリアン」

スペイン人のマニラ来航以前に、福建より来往する中国人は、在地の首長から「マイニラ」の対岸、パシグ川を挟んだバイバイ（現在のサン・ニコラス地区）に居留地を与えられていた(9)。スペイン植民都市「マニラ市」の設置以降、引続き来航する中国人に対して、フィリピン総督府が初めて具体的な施策を講じたのは一五八一年であった。ゴンサロ・ロンキリョ総督（在任一五八〇―八三）は、マニラ・ガレオン貿易を支える福建―マニラ間の中国帆船貿易が順調に発展し、中国人商人（mercaderes）の来島が増加したことを背景に、中国帆船貿易に対して輸入関税（アルモハリファスゴ）の徴収を開始し、総督府（王室）財源とした。その便宜のため、ロンキリョ総督は、「マニラ市」（後のイントラムロスにあたる地区）の一隅に店舗等の商業・宿泊施設を設けて柵で囲った区画を設置した。これが、その位置に変遷はあったが、十八世紀末葉まで概ねイントラムロスの東側に位置してスペインの中国人統治の根幹――隔離政策を象徴する装置となった「パリアン（アルカイセリア［絹市場］とも呼ばれた）」の嚆矢であった。(10)

一五八二年一月にアルカイデ（alcaide：要塞司令官）兼フスティシア・マヨル（justicia mayor：主判事）職が設置され、スペイン人によるパリアン管理体制が整い、中国人商人はパリアンに集住するよう求められた。ただし、貿易に直接関係のない職人、農業や漁業等に従事している中国人は集住の対象外であった。(11)しかし、その後、パリアンは、一五九三年にゴメス・ペレス・ダスマリニャス総督がマルク諸島遠征途上に中国人漕手によって暗殺された事件を契機にして、治安上の考慮から「マニラ市」外、すなわち城壁外かつ大砲の着弾距離内に移転し、それと同時に、パリアンの治安維持機能が強調されるようになった。その結果、商人だけではなく、農漁業の従事者やカトリズムに改宗して現地で妻帯している者を除いて、全ての中国人は、原則として、パリアンに集住するよう求められた。

その背景には、福建からの中国帆船貿易の繁栄にともなって中国人移民の人口も急激に増大し、十六世紀末葉までには、ルソン島全体で八千人程度、そのうちマニラ周辺にはスペイン人の人口を凌駕する四千人規模に達していたことがある。このことは、マニラ・ガレオン貿易がスペイン世界と東アジア世界における金銀交換比率の差を背景に急速に拡大したことと連動していた。「マニラ市」は急速に整備され、偉容を誇る城壁都市「イントラムロス」としての姿を現しつつあった。(12)それと同時にスペイン人の日常の消費生活は、中国人移民の提供する商品や「手職」に依存するものになったが、彼らは一般にカトリシズムを受容しない「異教徒」であった。スペイン人にとって、「異教徒」

中国人は、スペイン領フィリピンの維持に不可欠な存在であると同時に、「サンレイ・インフィエル（sangley infiel）」でもあった。「インフィエル」とは、この場合「異教徒の」という意味ではあるが、その第一義は「不忠実な」であった。この呼称は、その当時のスペイン人の「他者」認識、すなわち、カトリシズム信仰とスペイン国家への忠誠とを関連づける意識を象徴していたといえる。(13)

この間、アルカイデ兼フスティシア・マヨルの職掌は、アルカルデ・マヨル・デル・パリアン（パリアン知事）として統合され、カトリック教徒と非カトリック教徒とを問わず、パリアン在住中国人を管轄した。パリアン知事の下で、治安の維持はアルグワシル・マヨル（alguacil mayor：大警吏）およびその属官が担当した。これらの役職は売官（総督府の財源となる）によって埋められた。(14)このパリアンの管理体制は、一七五五年にペドロ・マヌエル・デ・アランディア総督（在任一七五四―五九）が実施した「異教徒」中国人の追放によって、一七五六年七月にパリアン知事が廃されるまで続いた。その結果、パリアン知事の職務は、トンド州（アランディア総督の下でコレヒドールが治めるコレヒミエントとなった）の長官が継承した。(15)

その一方、中国人移民は、初代マニラ司教でドミニコ会士であったドミンゴ・デ・サラサール（在任一五八一―九四）の要請に対応する一五九四年六月十一日付けの勅令に基づいて、一六〇〇年頃までにはパリアンおよびパシグ川の対岸に居住する中国人が自身の主宰する法廷と監獄を備えて自治を行うことが認められた。これによって、一般の諸島住民（インディオ）がプエブロ（行政町）において行っていたと同様の組織・役職、すなわち、一般には「カピタン」と呼ばれた頭領（gobernador/gobernadorcillo）、助役（teniente）、書記（escribano）の役職が設けられた。インディオの場合と同様に、毎年の選挙が行われたが、これらの役職者はカトリック教徒であることが要求された。また、地方においても十分な数の中国人が存在する場合は、頭領が同様に自治を行い、役人を選挙することになった。(16)

その他に、グレミオ（gremio）と呼ばれる同業組合が二十〜四十程度（製材工、漁師、染色工等）組織されたが、各グレミオを統括するのがカベシーリャ（cabecilla）であった。各カベシーリャは、スペイン当局との折衝に頭領以下の三役とともにあたったが、特にグレミオに関わる事項や納税等を請負っており、グレミオは単なる同業組合としてではなく、徴税の便宜をはかる機能をもって組織されたといえる。またカベシーリャは、中国人移民社会の指導者層として、頭領を選出する母体となっていた。その後、アランディア総督の下で、一七五四年にカベシーリャを統括するものとして筆頭カベシーリャ（cabecilla principal）が設置された。(17) 筆頭カベシーリャは徴税請負を通して中国人移民社会に影響力を及ぼしたが、その勢威は頭領と助役を凌ぐことも多かった。(18)

（2）　カトリシズムの布教

これらの中国人移民をスペイン植民地社会に「統合」する試み、すなわち、彼らに対する支配の正統性原理であるカトリシズムの布教は、一五八七年のドミニコ会のマニラ到来を契機に本格化した。ドミニコ会は中国人への布教の任務を負っていたため、来島の翌年にパリアンに隣接して最初の布教拠点となる施療施設を備えた教会・修道院（convento）を設立した。続いて八九年には、「マニラ市」の対岸に位置するバイバイに居住する中国人のために「清めの聖母（Nuestra Señora de Purificación）」教会・修道院が設置された。その後、一五九六年には隣接するビノンドにも教会・修道院が設置された。この間、最初の布教拠点は中国人専用の治療施設となったが、九七年に火災で焼失したのを機会にビノンドに移転した。これが一七七四年まで存続し、一時滞在者あるいはカトリック教徒であるとを問わず、中国人の治療に中心的役割を果たしたサン・ガブリエル病院であった。一方、パリアンに滞在する中国人に対しては、一六一八年に「パリアン教会（Iglesia de los Santos Reyes del Parian）」と修道院が完成し、十八世紀末葉に至るまで中国人に対する布教と司牧の拠点になった[19]。

カトリシズムを受容した中国人は、原則として、パリアンの「異教徒」中国人から分離され、バイバイさらには隣接するビノンドあるいはサンタ・クルスに居住して司牧を受けることとされたが、改宗者は少数に留まった。その一方、これらの中国人は、現地女性との教会に認められた正式な結婚によって家族を形成する者も少なくなく、混血の子孫である中国系メスティーソが生み出された。十六世紀末葉から十七世紀初頭において、王立司法行政院（Real Audiencia y Chancillería）の審議官（oidor）や代理総督を務めたアントニオ・デ・モルガ（在任一五九五―九六）によれば、ビノンドには五百～六百人の中国人とその家族が居住していた。ただし、モルガは、これらのカトリック教徒中国人を、パリアンの「異教徒」中国人商人等と比較して社会的・経済的に劣った者と見なしていた[20]。

ビノンドには、現代フィリピンにおいてもチャイナタウンが存在するが、その淵源は一五九四年にある。ダスマリニャス総督暗殺を承けて臨時総督に就任した息子のルイス・ペレス・ダスマリニャス（在任一五九三―九五）は、中国人カトリック教徒とその家族のために、ビノンドをドミニコ会の司牧の下での固有の居住地として与えた[21]。ルイス・ペレスは、治安の観点に総督暗殺の報復を兼ねてパリアンの市外移転にあわせて約五千人を追放する一方[22]、中国人カトリック教徒には植民地の正統な住民として居住地を与えて保護したのである。この後、スペイン領フィリピンでは、来往する「異教徒」中国人を可能な限りパリアンに収容するとともに、植民地の安寧と経済上の必要との兼ね合いから移民の上限を六千人に設定し（十八世紀末葉においては四千人）、これを超える者は追放対象とすることとされた[23]。

（3）　財源としての中国人

本国からもインディアスからも孤立していたスペイン領フィリピンは、その維持のための軍事費等が嵩むものであった。その一方、歳入の柱は貿易関税（アルモハリファスゴ）と植民地の被支配住民に課せられた貢税（tributo）のみで、フィリピン総督府の財政は、恒常的に支出が歳入を上回る状態であり、ヌエバ・エスパーニャ副王府から毎年マニラ・ガレオン船で齎される財政援助金（シトゥアード［situado］）が欠かせなかった。(24)

そのなかで、フィリピン総督府にとって、福建—マニラ間の中国帆船貿易にかかる関税は重要な財源の一つであった。その税率は当初は輸入商品の実勢価額の三パーセントとされたが、一六〇六年には六パーセントとされた。しかし、実際には、実勢価額の三分の一程度が上乗せされたため、事実上八パーセント程度の課税であった。また中国帆船にかかる繋船税（anclaje）は、アルモハリファスゴの支払額の二五パーセントであった。(25)

中国帆船貿易にかかるアルモハリファスゴの徴収額は、十七世紀前半まで、フィリピン総督府の関税収入の六〇〜七〇パーセントを占めていた。その後、清朝が鄭成功の活動を封じるために発した遷界令の実施時期（一六六一—八三）に当たる十七世紀後半においては急激に落ち込み一〇パーセントに満たない時期もあったが、遷界令の解除後に急速に回復し、十八世紀においては関税収入の四〇〜六〇パーセントを占めていた。(26) そのため、福建—マニラ間の中国人の主宰する帆船貿易は、マニラ・ガレオン貿易を支えるのみならず貴重な財政収入源でもあり、フィリピン総督府にとって、スペイン支配の正統性原理とは別に維持すべきものであった。

次に、中国人に課せられた税として、まず貢税があった。これは基本的にスペイン支配を受入れた住民から徴収されるもので、インディオと同様に、一貢税単位（成人二人により構成）当り、一般に八レアル（一ペソ＝八レアル）と付加税の二レアル、合計一〇レアルが課せられるものであった。(27) さらに、アロンソ・ファハルド総督（在任一六一八—二四）の在任中に、サン・ガブリエル病院の維持費（年額二〇〇〇ペソ）やパリアン知事の俸給等の中国人統治に関わる諸経費を中国人自身に負担させるために「中国人共同基金（caja de comunidad de sangleyes）」が設置され、年額一二レアルの徴収が開始された[28]。しかし、専ら「異教徒」中国人移民に課せられ、総督府の最も重要な財源の一つとなったのは「一般居住許可証（licencia general）」であった。これは、十七世紀前葉のパリアンの最盛期には、フィリピン総督府のシトゥアードを除いた植民地にかかる財政収入の約三〇～四〇パーセントを占めていた[29]。

「一般居住許可証」は、貢税の支払いに加えて、原則として「異教徒」中国人移民に取得が義務づけられたもので、発行時の総督名、本人の氏名、職業、身体的特徴などが記され、身分証明書としての機能も果たした。これは、ファン・デ・シルバ総督（在任一六〇九―一六）の下で、一六一二年より、それまで手数料（二レアル）のみであった「一般居住許可証」の発行が手数料に加えて年額八ペソの徴収となり、総督府の重要な財源となったものである[30]。この当時、植民地の安全の観点から、中国人移民には六千人の人口上限が設定されていたが[31]、実際にマニラに滞在する中国人はこれを上回っていた。その背景には、「一般居住許可証」に対する高い需要がスペイン官憲の不正な蓄財手段ともなっていたことがあった[32]。シルバ総督は、この現状に鑑みて、それを総督府財源に転化しようとしたものと考えられる。ただし、「一般居住許可証」にかかる八ペソの徴収が中国人人口を抑制することはなく、総督府の貴重な財源として、限度数を超える許可証の発行にさらに拍車をかける結果となった。

当初、「一般居住許可証」にかかる年額八ペソは一括して徴収されたが、一六四二年以降、四ペソずつ二期（一月～六月末および七月～十二月末）に分けて納入されるようになった。また正規の税額に加えて、許可証印刷代・印紙代を含む事務料として、四レアル九グラノ（一レアル＝一二グラノ）が徴収された[33]。また、一七一〇年三月二十九日の総督令（decreto）で、「一般居住許可証」は、貿易期間のみ滞在する中国人貿易商、中国船の船主、財福（escribano）、火長（piloto）、乗組員等、滞在期間が三ヶ月を超えない場合、すなわち各納期の半ばを超えない場合は取得する必要がなくなった（これらの中国人は、滞在中はパリアンまたは自船に起居することになっていた）。これに付随して、例えば、フィリピンに居住していた者でも、貿易期間開始後、三ヶ月以内に中国に帰国するなどの場合は、その年（当該の納期）についての許可証取得の必要がなくなった。しかし、就業のために貿易期間後も滞在する予定の者、あるいは、その他の者で上記の三ヶ月を超えて滞在する者については取得が必要であった。(34)

また、「一般居住許可証」は、「異教徒」中国人がパリアンを離れて「マニラ市」の周囲五レグア（一レグアは約五・五七キロメートル。ほぼ現在のマニラ首都圏に相当する地域）内に位置するプエブロや農園等で労働に従事することを可能にした。しかし、これは、当該の中国人がインディオやメスティーソの家屋に夕刻の「アンジェラスの鐘」以降に留まることを許可するものではなく、それ以降に留まる場合は別の許可証が必要であった。さらに「一般居住許可証」を取得した中国人は、十二日間に限って、マニラ周辺のトンド、ブラカン、パンパンガ、ラグナ、カビテ州に船（河川交通）を使用して赴くことができたが、滞在期間中は船中で宿泊することとされた。各地域の州知事や各プエブロの役人は、これらの中国人の行動を監視し、違反者は、カビテの河川での二年間の労働が科されることになっていた。(35)

以上のように「一般居住許可証」の発行は、スペイン統治の正統性原理に照らして「他者」である「異教徒」中国人の存在を、フィリピン総督府が有用（財源としても）と認める限りにおいて、臨時的な措置として、その居住・滞在を可能にするものであった。それと同時に、当然のことながら、これらの中国人がカトリシズムを基底に据えた植民地社会と接触することを可能な限り制限し、それを通して、財政的な観点からも、彼らをスペインの管理下におこうとするものであった。(36)

別言すると、スペインの中国人統治は、スペイン当局との折衝に当る頭領等の中国人移民社会の指導者に対してはカトリック教徒であることを求める一方、彼らを通して一般の諸島住民とは区別して自治を行わせ、中国人移民社会の内部の問題には限定的にしか関わらない形態をとった。さらに、フィリピン総督府は、十八世紀中葉の「異教徒」

中国人の追放に至るまで、これらの指導者層の下にある「異教徒」中国人を植民地の「他者」とする一方、有用な一時滞在者として「一般居住許可証」を与えて彼らの存在を認知して賦課金と引換えに財源化した。これがカトリシズムを基底に据えたスペイン領フィリピン社会において、中国人移民が総体として「異教徒の他者」として留まることを許す機序となったといえよう。他方、スペイン支配の正統性の理念は、中国人移民社会の指導者をカトリック教徒に限る一方、「異教徒」中国人を居住許可の必要な一時滞在者とすることで、確保されていたと考えられる。

二　スペイン都市自治体「マニラ市」

スペイン領フィリピンの首府「マニラ市（Insigne y siempre leal Ciudad de Manila）」は、初代総督となったレガスピによって一五七一年六月二十四日に設置された(37)。その位置は、パシグ川左岸の「マイニラ」の跡地、後に城壁と濠が整備されて「イントラムロス」となった地区で、これが本来の「マニラ市」の境域であった。これはまたスペイン都市自治体としての「マニラ市」の発足、すなわち、その統治機関としてスペイン市民の役職者からなる「マニラ市参事会」の発足を意味した。その構成は、若干の変遷はあったが、基本的には二名の司法行政官（alcalde ordinario）と立法・行政の執行役である十二名のレヒドール（regidor）であった(38)。

スペイン都市自治体としての「マニラ市」の重要な機能には、スペイン市民に良好な都市空間を提供するとともに、生活必需品を適正な価格で安定的に供給することがあった。そのため「マニラ市」は、市域の周囲五レグアを管轄下において物流や価格を管理し、財源確保のために物品等への課税や手数料等を徴収する権限が認められた(39)。「マニラ市」の財源には臨時的に措置されたものも多いが、例えば、不動産賃貸料、総督府の科した財産刑の半額分、商品の再検量手数料、基準器貸出料、トランプ専売制度収入、肉、米、酒等への物品税、パン屋営業税、食肉供給請負契約料、食肉屠殺税等があった。そのなかで、最も安定して重要であったのがパリアンに設けられた店舗や土地から上がる賃料収入であった。「マニラ市」は財源確保のため、スペイン本国にパリアンの土地・建物を市の共有資産（propios）とするよう請願を行った。これは一五八九年八月の勅令によって裁可され、ゴメス・ペレス・ダスマリニャス総督の下で実現したものであった。(40)

実際、「マニラ市」が一六九三年に本国（スペイン国王直属の諮問機関「インディアス枢機会議」）に提出した一五九二〜一六九一年の約百年間にわたる財政報告によれば、この間の総収入六五万九三二〇ペソの八二・六パーセントに当たる五四万四三七〇ペソがパリアンからの賃料収入であった。この当時の「マニラ市」の財政がいかにパリアンからの賃料収入に依存していたのかが鮮明になる。さらに、その他の主な収入源としてパン屋営業税、食肉供給請負契約料、食肉屠殺税、基準器貸出・再検量手数料等を含めて二十項目が挙げられているが、その大半が、一時的あるいは不定期的に徴収されたのみであった。(41)すなわち、「マニラ市」の財政収入は、パリアンからの賃料に著しく偏っており、他の財源が十分に活用されていないという意味で不健全であった。このことは、逆にパリアンからの賃料収入がいかに莫大であったのかを証左するもので、少なくとも十七世紀中葉までのアジアの「交易の時代」の最盛期において、「マニラ市」の繁栄がマニラ・ガレオン貿易による新大陸からの銀の流入、すなわち、中国帆船貿易の隆盛に支えられていたことを示している。

その一方、都市自治体としての「マニラ市」は、その周囲五レグアの管轄区域およびその権限をめぐって、フィリピン総督（「国王代理」としての権限を有する）と確執を抱えることになった。「マニラ市」の周囲五レグアとされた管轄区域は、実はフィリピン総督府（王権）の下にあったトンド州の領域に重なっていた。トンド州は、中国人統治の要かつ商業中心であったパリアンを擁し、ビノンドやサンタ・クルスを含めて多数の中国人が居住し、トンド州知事やパリアン知事の権限と「マニラ市」の司法行政官の権限が交錯する場であった。例えば、パリアンの統治については、一六〇六年十一月四日の勅令でフィリピン総督の専権事項とされていたが、[42]「マニラ市」の司法行政長官がパリアンの中国人が関わる訴訟をパリアン知事とともに担当できるのかどうか、あるいは「マニラ市」の必需物資の供給状況調査や価格設定権をめぐって、総督府との確執があった。

三　「マニラ市」の管轄区域をめぐる総督府との確執

セバスティアン・ウルタド・デ・コルクエラ総督（在任一六三五―四四）は、十七世紀に出たフィリピン総督のうちで最も傑出した一人とも評されるが、その功績の一つには総督府財政改善のための取り組みがあった。[43]総督は、「マニラ市」の管轄区域とされた周囲五レグア以内に位置するプエブロやカビテ港（マニラ・ガレオン船の母港）をトンド州やブラカン州知事の管轄であるとして、「マニラ市」の必需物資供給に関しての二ヶ月に一度の査察や価格設定権を認めなかった。「マニラ市」のスペイン本国における総代弁人（procurador general）のグラウ・イ・モンファルコンを通じた訴えは、インディアス枢機会議で審議された。その過程で、カビテ港が「マニラ市」にとってガレオン船を仕立てる重大な利害地であるため、一五九六年五月八日づけで五レグアの管轄区域に含まれる裁定のあったことが判明した。[44]にもかかわらず、ウルタド・デ・コルクエラ総督がカビテ港に自らの甥を主判事（justicia mayor）に任命したのは「マニラ市」の司法行政官の権限を侵害したことになる。フェリーペ四世（在位一六二一―六五）は、暫定的に一六三四年六月十日に、最終的に「マニラ市」とカビテ港との関係を確認して三八年十二月八日づけで、総督が

「マニラ市」の権利を侵害しないよう命じた。(45)

またウルタド・デ・コルクエラ総督は、「マニラ市」の司法行政官が毎日午前中に総督府に出頭して口頭で行政報告するよう命じ、司法行政官の権威を損ねた。さらに総督は、「マニラ市」が慣例的特権として任命してきた管轄区域の市参事会付き司祭、弁護士、会計官および資産管理や物流に関する役職、例えば、共有資産管理官、食肉供給や魚市場、検量所の調査官、屠殺場やパン屋の監督のための要員や管理官等に軍人を任命した。スペイン国王は、一六四〇年十二月三十日および四一年八月二十八日づけの勅令で、これらを違法として「マニラ市」の訴えを認めた。(46) このことは、一六七九年六月十七日づけでカルロス二世（在位一六六五—一七〇〇）も再確認した。(47)

また、カルロス二世が一六八〇年に編纂させた「インディアス法集成」は、フェリーペ三世（在位一五九八—一六二一）の出した「マニラ市」の司法行政官の訴訟に関する権限について二つの勅令を掲載している。その内容は、「マニラ市」の司法行政官は、パリアンが五レグア内に位置しているという理由で、パリアン知事とともに中国人に関わる訴訟を担当できると主張しているが、第一審について担当できるのはパリアン知事のみであり、控訴審の担当は王立司法行政院の審議官であるというものであった。(48) しかしながら、「インディアス法集成」を受領した「マニラ市」が総代弁人フアン・キハノを通じて強力な抗議を行った結果、カルロス二世は一六八七年五月二十日づけでこれらの勅令を無効として廃止し、「マニラ市」の司法行政官がパリアンの訴訟に関われることを確認した。(49)

これより先、「マニラ市」の司法行政官の裁判権をめぐっては、やはりウルタド・デ・コルクエラ総督との確執があった。総督は一六三九年に「マニラ市」の司法行政官がパリアンやカビテ港に関わる訴訟に関与することを阻止する目的をもって、これまでの正式な官職であるカビテ港長官（justicia mayor del Puerto de Cavite）やパリアン知事（alcaide del Parian）に代えて、それぞれの長官として統治官（gobernador）や主判事（justicia mayor）を任命した。国王は一六四二年十月二十四日づけで官職や管轄の変更はしないように命じた。[50]また総督は、「マニラ市」から一〇〇パソ（約一四〇メートル）しか離れていないのにもかかわらず、パリアンに統治官（gobernador）をおいた。[51]スペイン国王は、一六四一年六月二十一日づけで、「マニラ市」の司法行政官がその管轄区域に照らして、カビテ港やパリアンの訴訟に民事あるいは刑事を問わずに、その長官や知事とともに担当できる権限を有するとした上で、管内の必需物資の管理や価格設定は、司法行政官の専権事項であるとした。またパリアン統治官の任命について検討すべきことがあれば、王立司法行政院は報告するようにと命じた。[52]

いずれにせよ、一六八六年六月六日づけでカルロス二世が司法行政官の裁判権に関して同様の再確認を行っていることから、「マニラ市」の管轄区域をめぐる問題は経済・財政的な利害からも容易に解決しなかったことがわかる。すなわち、一六八四年六月十六日づけの「マニラ市」の訴えは、カビテ港長官兼主判事（castellano y justicia mayor）が「マニラ市」の司法行政官が管内の訴訟に関わることを阻止している。またカビテ港における必需物資の価格設定や物流の管理は「マニラ市」の司法行政官の専権事項であるというものであった。国王は、軍に関わらないカビテ港管内で生じた訴訟、価格設定や調査、ガレオン船に関することは「マニラ市」の公証人／書記（escribano）に送付し、司法行政官に委ねる。一方、カビテ港における軍に関わる司法行政は長官兼主判事が遂行するとした。[53]しかし、十八世紀中葉に至っても、この問題は解決していなかった。「マニラ市」は、ホセ・フランシスコ・デ・オバンド総督（在任一七五〇―五四）が管轄区域内の必需物資の価格設定権を侵害していると訴えていた。国王フェルナンド六世（在位一七四六―五九）はインディアス枢機会議による審議を通じて、一七五六年十一月三十日づけで「マニラ市」の管内における価格設定権を再確認している。[54]

四 「マニラ市」とパリアン

ここで「マニラ市」とパリアン、およびフィリピン総督府との関係についてみておきたい。上述したように「マニラ市」にとって、その財源の八割を占めたパリアンの賃料収入の確保は死活問題といっても過言ではなかった。一方、フィリピン総督府にとっても「異教徒」中国人に課した「一般住許可証」は重要な財源の一つであった。これらは、いずれもパリアンを中心とした中国人移民の管理と表裏一体をなすものであった。

パリアンの賃料については、一六〇四年七月十八日づけの勅令によれば、「マニラ市」は、パリアンの土地・建物を共有資産として、その賃料収入を歳入とすることがスペイン国王に裁可されているにもかかわらず、総督がパリアンの不動産を個人や病院、慈善財団に割当てたため、市の財政が悪化していると訴えていた[55]。

パリアンは、一五九三年のダスマリニャス総督の暗殺事件後、「マニラ市」外、すなわち「イントラムロス」東側城壁の濠を隔てた低湿地（アロセーロス地区、現メハンガーデン付近）に移転した。それ以後、パリアンは、十八世紀末葉のパスコ総督による破壊と新たなアルカイセリア・デ・サン・ホセの建設まで、中国人蜂起、大火あるいは地震等によって破壊あるいは焼失を経験したが、その都度その位置に再建された。しかし、一六三九年のラグナ州カランバにおける中国人労働者の蜂起に端を発して二万人以上の中国人が殺害された事件では異なっていた[56]。当時の総督ウルタド・デ・コルクエラは、元の場所にパリアンを再建するという本国の指示にもかかわらず、治安確保を理由に、パシグ川の対岸、イントラムロスに設置した大砲の着弾距離内に位置するビノンド（エスタカーダ地区）に移転させた[57]。

いずれにせよ、この処置は「マニラ市」が、最重要の財源であるパリアンの賃料収入を失うことを意味した。そのため、「マニラ市」は旧来の位置、すなわち共有資産上にパリアンを再建するよう、本国の総代弁人を通して強力に訴えた。フェリーペ四世はビノンドへの移転を裁可せず、該地のパリアンが火事で焼失したのを機として一六四五年に従来の場所に再建された。「マニラ市」は一六三九～四五年まで途絶えた賃料収入を回復できることになった。(58) これとは対照的に、時代は遡るが、一五九七年にドミニコ会経営のサン・ガブリエル病院が焼失した際、「マニラ市」は治安維持の観点から元の場所に再建することに反対した。サン・ガブリエル病院は再建にあたって、その規模の拡大と耐火の面から石造化されることになったが、「マニラ市」は、中国人蜂起が生起した場合に病院がその拠点として利用される可能性があり、首府マニラ（イントラムロス）にとって危険であるとした。ドミニコ会は「マニラ市」の要求に応じ、病院は一五九八年にビノンドに移転し、翌年に木造で竣工した。(59) おそらく「マニラ市」にとってサン・ガブリエル病院は資産価値がなく、首府マニラの安全確保という観点が優先されたためと思われる。

一方、ウルタド・デ・コルクエラ総督がパリアンをビノンドに移転させたのは、イントラムロス防衛もさることながら、総督府の財政を強化し、かつ都市自治体としての「マニラ市」の権限を縮減しようとした一連の施策の一つであったと考えられる、実際、総督は一六三六年には、地方に居住していた「異教徒」中国人を一旦パリアンに収容した後、改めて「一般居住許可証」として一〇ペソ二レアル（貢税額五レアルを含む）の支払いに応じた者に地方に赴く許可を与えた。(60) これは、総督府の財政を強化するものではあったが、パリアンからの中国人の流出を招くとともに、一六三九年の事件の遠因ともなったと考えられる。

パリアンの賃料収入は、先にもみたように、一五九二～一六九一年にわたる「マニラ市」の財政報告によれば、この間の総収入の八二・六パーセントを占めていた。賃料収入は、この期間を通じて「マニラ市」の最重要の財源ではあったが、仔細にみると、十七世紀中葉以降、特に一六五五年以降は急激に減少して最盛期の一六三〇～五〇年代

（一六三九～四五年、および五五年以降を除く）の三分の一程度の年額三〇〇〇～四〇〇〇ペソに落ち込んでいた。それに連動して、一六五四～八〇年における「マニラ市」財政収入の規模も最盛期の三分の一であった(61)。

これは明清交替期の混乱、なかでも清朝の遷界令の影響が大きかったと思われる。この時期、福建からのマニラへの中国帆船の来航が減少し、フィリピン総督府の重要な財源の一つであった関税収入の激減を齎した(62)。これは、福建―マニラ間の中国帆船貿易の成否と密接に関わるパリアンの商業センターとしての機能を減じるものであった。実際これを裏書きするように「マニラ市」では、一六七〇年代よりパリアンの空き物件が増加し、あるいは賃料を支払うべき者が転居していることが頻繁に問題となっていた。その一方、中国人移民はパリアンを中心する経済活動では利益を得られなくなったと思われるが、彼らの地理的拡散による植民地の地方経済への影響力の増大が指摘されている(63)。

「マニラ市」の総代弁人であったディエゴ・デ・ビリャトロは、中国人移民がパリアンと地方の間にネットワークを構築しながら植民地経済を掌中に収めていく状況をカルロス二世に報告している。すなわち、福建（Chancheo）からの貧しい中国人移民は、植民地で必要とされている多様な商品について店舗の経営や手職に従事して生来の勤勉さに如才なさ（astuto）と貪欲さ（codicioso）を合わせて成功している。これらの中国人は、地方にいる中国人と協力して、インディオが享受するはずの当該地域の富を全て吸い上げている。これらの中国人は、総督府よりパリアンを出て地方に赴く許可を取得しており、目的地においては現地の当局者から滞在許可を得て店舗を設置し、あるいは手職に従事して、その土地が生み出す果実をパリアンに送っている。彼らは中国人同士で取引するだけでなく、競合する職業に従事するインディオを共同して圧迫して駆逐する。そのため、中国人が利益を独占する一方、競争に敗れた多くのインディオは土地を耕作するしかない。このような状況を改善するため、単身の中国人はカトリック教徒であるか否かを問わずパリアンに居住させ、妻帯者（カトリック教徒）はビノンドまたは隣接のサンタ・クルスに居住させる。

また地方のインディオが商業活動に従事できるよう保護し、中国人がパリアン外で前者の不利益になるような店舗を構え手職に従事することを禁じ、治安を騒擾する場合は取締って罰を与える。[64]

「マニラ市」は、一六八三年および八四年にインディアス枢機会議に財政の窮状を訴えているが、「マニラ市」の総代弁人ファン・キハノはスペイン国王に対して、パリアンに居住しているはずの中国人の多くが許可を得るなどして周辺諸地域に移住して賃料を支払っていないこと、パリアン内に店舗や家屋を所有し、あるいは耕作地を保有しているスペイン人が、借手（中国人）がいないために賃料を支払っていないと指摘している。スペイン国王は「マニラ市」の請願に基づいて一六八六年十一月十四日づけで、中国人移民はカトリック教徒であろうとも農業に従事する者を除いてパリアンでの居住を義務づけて賃料を支払わせ、またパリアンに店舗や家屋および耕作地を現に、あるいは今後保有する個人は何人であろうとも「マニラ市」に賃料を支払うよう命じた。[65]

従来、上記のような「マニラ市」の要求については、スペインの中国人移民に対する抑圧的な統治政策の事例とされることも多かった。しかしながら、中国人移民は、総督府の発行する「許可証」をもって地方に赴いているのであり、そのことがパリアンからの人口流出に拍車をかけ、「マニラ市」の賃料収入の減少に繋がっていた。実際、マニラから商用で遠方の地に河川を利用して出かける場合、当該の中国人は、総督府に書面で氏名、船号、乗組員の氏名、行き先を申し出て旅行の許可を得ていた。また建設労働、漁労、旅行等で遠方に赴く場合にも、必要に応じて、カトリック教徒と非カトリック教徒とを問わず、許可証が与えられた。[66] 例えば、マヌエル・デ・レオン総督（在任一六六九—七七）は、カルロス二世に対して、「異教徒」中国人移民に対する「一般居住許可証」は、本来パリアンでの滞在を許可するものである。それゆえ、パリアン外に居住する場合は、「一般許可証」とは別に一〇ペソを徴収して「特別許可」を与える。これから上がる収入は総督府財政に貢献すると報告した。デ・レオン総督によれば、この当時、多数の中国人がパリアンの外で農業を含めて多様な経済活動に従事し、必需物資の供給を独占し、また中国との貿易においても利益をあげていた。(67) 総督が、当時の「異教徒」中国人の地方への進出を「特別許可」の形態をとって追認したことは、スペイン統治の正統性原理を揺るがさずに、これらの中国人の存在を認め、かつ総督府財源にも貢献させようするものであったと解釈できる。

以上のように、スペイン領フィリピンの中国人統治の要であったパリアンをめぐって、フィリピン総督府と「マニラ市」は相反する利害をも有していた。両者に共通するのは、支配の正統性原理に照らして、本来存在しないはずの「異教徒」中国人の存在をいかに認めつつ統治するかであった――彼らをパリアンに収容して隔離すること――が前提ではあったが、そのベクトルは必ずしも一致していなかったのである。

五 「ブルボン改革」下の総督府と「マニラ市」

(1) アランディア総督の「異教徒」中国人の追放

スペイン本国では、一七〇〇年にスペイン王室がハプスブルク家からブルボン家に交替した。ブルボン王家は国家権力の強化を目指す「ブルボン改革」に着手したが、それは行財政改革を通じて社会・文化をも変革するものであった。(68) なかでもカルロス三世（在位一七五九―八八）の下で、スペイン本国はもとよりインディアスにおいても、その支配をより実効あるものにするために、中央集権化、税制改革、産業の振興などが精力的に推進された。スペイン領フィリピンも例外ではなかった。

上述のように、スペイン領フィリピンでは十七世紀中葉以降、マニラ・ガレオン貿易を支えてきた福建―マニラ間中国帆船貿易の不振と連動して「異教徒」中国人移民の経済活動の領域的拡大と植民地の地域経済の掌握があった。この間、インド・コロマンデル海岸を根拠地としたイギリスは、非公式にマニラ貿易への参入を進め、インド綿布がマニラ・ガレオン船の重要な積荷となった。(69) このことは、当時のインド綿布の世界的需要拡大のなかで、福建―マニラ間の中国帆船貿易の意味を相対化する契機となったと思われる。さらに、イギリス等の海上活動の活発化は、マニラ・ガレオン船の航行上の安全確保を困難にした。これらを背景に、スペイン領フィリピンでは、マニラ・ガレオン貿易への依存が新大陸銀のインディアス域外への流出を招いているとして、これに依存した植民地経営からの脱却を図るとともに、諸島産品の開発を推進して中国人への経済・財政的依存を減じ、スペイン人の主導する植民地経済の樹立が要請された。(70)

「ブルボン改革」はまた「カトリック的啓蒙」という理念にたっており、カトリシズムを「国民」生成や「国家」統合の原理としつつ、近代化を推進するものでもあった。(71) その意味で、一七五五年にアランディア総督が「ブルボン改革」の一環として実施した「異教徒」中国人の追放は、「カトリック的啓蒙」の理念にもかなうものであった。これ以降、スペイン領フィリピンでは、イギリスのマニラ占領に関連して一七六九年に実施された「対英協力」中国人の追放を挟んで、少なくとも一八二〇年代に至るまでカトリシズムの受容が定住の要件とされた。その結果、スペイン領マニラを中心とする中国人移民社会は総体として「カトリック」化し、比較的小規模な定住型の社会に変容し、中国系メスティーソ興隆の母胎ともなった。(72)

ここにおいて中国人移民はカトリシズムを受容して、理念的には、スペイン領フィリピンの「他者」からスペイン国王の「臣民」に転化した。その結果、スペイン領フィリピンに存在する中国人は、カトリシズムを受容して植民地の「正統な」住民として「臣民」となった中国人移民、あるいは、福建―マニラ間貿易に関連して一時的にマニラに滞在する「異教徒」の貿易商人や船員等の「他者」とに峻別されることになった。

すなわち、アランディア総督の「異教徒」中国人の追放は、福建―マニラ間の中国人による帆船貿易に支障を来すことを意図するものではなかった。アランディア総督は、一七五二年十一月十四日づけでフェルナンド六世より、イントラムロスに設置された大砲の着弾距離内に、「異教徒」中国人の追放後も彼らとの自由な取引ができる場を建設するよう指令を受けていた。これが一七五六年にパシグ川河口近くかつイントラムロスの対岸に設置されたアルカイセリア・サン・フェルナンドであった（竣工一七五八年、改修六二年）[73]。これは、アランディア総督の追放と一体となって、カトリシズムを基底に据えた植民地社会から「異教徒」中国人を厳格に隔離し、スペインの植民地統治理念を実現するための装置であった。

アンディア総督は「異教徒」中国人の追放に続いて、一七五六年に二十七章からなる「異教徒中国人のマニラ滞在に関する条例（Ordenanza）」を公布した[74]。本条例は、前年の中国人追放と一対をなすもので、その趣旨は、植民地の「他者」である「異教徒」中国人をいかに実効的にアルカイセリアに隔離しておくかであった。

この条例は、従来の慣行に依拠しながら、改めて中国貿易帆船の入港から出航までの手順を具体的に示したものであるが、特に「異教徒」中国人のアルカイセリア滞在中の行動を細かく規定していた。その一方、植民地の「正統な」住民とされたカトリック教徒中国人移民については、その指導者である中国人頭領（カベシーリャあるいはゴベルナドールシリヨ）を中心に、スペイン統治の協力者と位置づけていた。

本条例は「異教徒」中国人を物理的にスペイン領フィリピン社会から隔離するのみならず、中国人の祖先祭祀を核とする民間信仰の儀礼に関わる全ての行為や事物自体を植民地社会から排除しようと試みた。「条例」の第六章、第十章、第十一章および第二十三章には、中国人の「偶像崇拝（idolatría/supersticiones）」を禁じる規定が含まれている。

第六章は、停泊中の中国船上あるいはアルカイセリアにおいて、中国人が春節を祝い、その他の儀礼や共食を行い、供物や香料を所持し、紙銭を燃やすなどした場合は一〇〇ペソの罰金を科すとしている。これらは総督府（王室）財政に繰入れられ、アルカイセリアの工事費に充てることになっていた。第六章の規定を具体化するものが第十章、第十一章および第二十三章である。中国人カベシーリャは船主と協力して、財政当局による検査終了後、乗員・乗客が所持している金や銀鍍金または赤色等の紙、偶像、経典、図書、暦、その他の書付け、線香や焚香等、一切の中国人の信仰に関わる事物を差し出させ、カベシーリャが出帆検査時まで預かることとされた。第十九章では、アルカイセリア内での賭博の開帳も禁じられ、中国人改宗者や地元住民（naturales）が賭博に参加することを厳禁した。

また教会との関係では、滞在中に入院治療が必要になった「異教徒」中国人が護送された、ドミニコ会経営のサン・ガブリエル病院をめぐる規定があった。第二十章で、アルカイセリアの長官は、病院長から患者の名前や身体的特徴を記入した受入証を徴し、治癒時には受入証と引替えに当該の中国人をアルカイセリアに連れ戻した。患者が死亡した場合は、病院長は、長官に故人の身体的特徴を記した死亡証明証を送付し、長官の許にあった受入証を回収することになっていた。アルカイセリアの長官は、中国船の到着時に作成された乗船者名簿と併せて死亡証明書を管理し、中国船の出港検査時の員数確認を行った。

第二十一章では、いかなる理由があっても「異教徒」中国人や洗礼志願者がスペイン領フィリピンに残留することを認めないものとし、さらにサン・ガブリエル病院長や司祭に死床洗礼や癒しの秘跡を施さないよう求めていた。その理由として、一七五四年九月に「異教徒」中国人の追放が予告されて以後、洗礼志願者や受洗者が急増したが、これらの改宗中国人の信仰の質に問題のあることが背景にあった。そのため本章では、サン・ガブリエル病院長をはじめ、これらの中国人の改宗に関わった聖職者に受洗証明書等を回収するよう要請している。また、死床洗礼を受けた者が回復する場合もあり、これらの者は洗礼志願者に課せられた三ヶ月間の教理学習をしておらず、信仰の質が保証できないとされた(75)。

アランディア総督は、国家権力の強化を目指す「ブルボン改革」の推進者として、「異教徒」中国人の追放を核にして中国人統治に関わったが、総督の施政は、スペイン都市自治体である「マニラ市」の利害と必ずしも一致しなかった。アルカイセリア・サン・フェルナンドの建設は、フェルナンド六世の勅令に基づくものであったが、アランディア総督は必ずしも勅令の指示するところに従わなかった。国王は、アルカイセリアの建設費は、総督府（王室）財政からの負担で設置し、それから上がる賃料収入等の利益で費用を回収するか、そうではない場合はパリアンに不動産をもつ者、すなわち、まず「マニラ市」に出資の勧誘を行い、建設費や賃料徴収の分配に関して調整の上で必要な許可を出すよう要求していた(76)。しかしながら、総督はアルカイセリアの建設について「マニラ市」に諮らなかった。

アランディア総督は、マニラ在住のスペイン人有力者フェルナンド・ミエル・イ・ノリエガと契約を交わし、建設費用の四万八〇〇〇ペソについて、総督府財政からの支出と折半することとした。その結果、「マニラ市」はアルカイセリアの建設に参画することができず、賃料収入も得られなかった。総督はまた、このアルカイセリアに王名を冠して「サン・フェルナンド」としたが、これはミエルの名でもあり、彼の貢献に報いる意味もあった。さらに子孫にも承継可能なアルカイセリアの「アルカイデ」の地位（報酬年額六〇〇ペソ）を授与し、さらに、その賃料収入を総督府財政と折半することとし、「アルカイデ」が代官（teniente）を任命する権利をも認めた。

アランディア総督は一七五七年七月二十四日づけで上記の措置をフェルナンド六世に報告したが、国王は五八年九月七日づけで、ミエル・イ・ノリエガに対する報償が度を越しているとして、アルカイデの地位は一代限りとされた。一方、「マニラ市」は、同年七月二十九日づけでスペイン本国に請願書を送付し、アルカイセリアの管理・運営が総督の取巻き・寵臣により腐敗していると非難し、また設置された店舗その他の設備の賃料や建設経費の妥当性をめぐって強力な抵抗を示した(77)。アルカイセリアの建設は、「マニラ市」にとって、パリアンの「異教徒」中国人から上がる賃料収入の喪失を意味し大きな財源の損失であった。実際、「マニラ市」は、アランディア総督の追放による中国人の減少、火災にあったパリアンの復興等に二万七〇〇〇ペソかかること、マニラ・ガレオン貿易の不振等を挙げ、新総督ための就任儀礼費用四〇〇〇ペソが捻出できないと訴えた。国王は、一七五九年十月二十三日づけで、就任儀礼を簡素化して総額一〇〇〇ペソに押さえ、「マニラ市」の負担は、その半額の五〇〇ペソのみとした(78)。

上記のパリアンの被災に関して、アランディア総督は、その復興の一部として、総督府の建築主任であったアントニオ・フィゲロアに委託して九〇八一ペソの経費で複数の小売店舗を建設させた。しかし、総督府からの支出を四六〇〇ペソに圧縮するために、当該店舗の契約者に濠の浚渫維持を条件に賃料徴収権を与えて建設費用を負担させ、当該店舗が建設費分の賃料を回収した後は、それを総督府歳入（王室財源）とする方策を採った。「マニラ市」は、アランディア総督に抗議したものの、はかばかしい結果が得られず、一七六〇年七月二十三日づけで権利の侵害と財政の逼迫を国王に訴えた。カルロス三世は六二年十月一日づけで、「マニラ市」のパリアンに対する権利について、まず後任の総督の下で法廷で争い、その結果を報告するように求めた(79)。

一方、アルカイセリア建設にかかる問題は、その後、パリアン賃料収入の多くを失った「マニラ市」の執拗な抗議と、それに対するミエル側との応酬を交えて約二十年にわたって争われ、バスコ総督治下の一七八二年六月に決着をみた。すなわち、インディアス枢機会議はアルカイデの地位を一代限りのものとする一方、アルカイセリアの建設費およびその資産的価値に関する査定は、ミエル側の主張どおり四万八〇〇〇ペソを採用した。その上でミエルが出資・負担した二万四〇〇〇ペソについて、当該額に達するまでアルカイセリアから上がる賃料を総督府財政との折半で受領する権利が承認された。また年額六〇〇ペソのアルカイデの俸給は、ミエルの子孫と総督府が折半して負担し、アルカイデは中国貿易帆船から二〇ペソを徴収できるとされた(80)。

結局、「マニラ市」は、この件に関して二十年以上を費やして何ら得るところがなかった。その意味で、この問題はミエル個人の王権への貢献に配慮しつつも制限し、「スペイン帝国」全域にわたって中央集権化を進める「ブルボン改革」の理念に沿って決着されたものといえよう。

(2) バスコ総督のパリアン破壊

一七六九年に、イギリスのマニラ占領時に対英協力したという理由で、事実上、全ての在住中国人が追放され、約十年にわたって新たな中国人移民の流入が途絶した。一七七八年に「ブルボン改革」の推進者として着任したバスコ総督は、一転して中国人移民の導入をも含めた各種の植民地経済開発に着手した。しかし、新規の移民を原則としてカトリック教徒としたため、スペイン領フィリピンには、比較的小規模のカトリック化した中国人移民社会が存続する一方、「異教徒」中国人は植民地の「他者」、一時滞在者として、アルカイセリア・サン・フェルナンドに隔離され続けた(81)。

バスコ総督はまた「ブルボン改革」の一環として、イギリスによるマニラ占領の経験を踏まえ、首府マニラの防衛力を強化する任務を負っていた。冒頭に示した「マニラ市」の共有資産パリアンの取壊し(一七八三年二月二十六日づけ布告[bando])とイントラムロスへのアルカイセリア・デ・サン・ホセの設置(十月一日竣工。店舗数二一六)は、その一環であった(82)。バスコ総督は、同年十二月十六日づけのスペイン国王への書簡でアルカイセリアの設置について次のように説明した。すなわち、パリアンに代わる新たな食糧供給拠点を設けるのに適当な場所がイントラムロスのマボロ地区をおいてほかにないこと、中国人は、従来（城壁の外の）パリアンで食糧や必需物資の供給に携わってきたが、イントラムロスにおいてこそ、より適切に彼らを管理できる、という二点であった(83)。

しかしながら、一七八五年九月二十五日の勅令は、「マニラ市」の抗議が奏功して、総督に対してその受領後三日以内にアルカイセリアの中国人商人をイントラムロス外に追放するよう、またアルカイセリアにはスペイン人、インディオ、メスティーソを入居させるよう命じていた。バスコ総督は、翌年七月八日に対象となる一五七名の中国人を追放した。彼らは、その当時、各地に分散して居住していたその他の四二七人の中国人とともに、ビノンド、サンタ・クルス、トンドに集められ、トンド州長官（コレヒドール）の監視下におかれた。またバスコ総督は、アルカイセリアがアントニオ・トビアス（陸軍中佐〔teniente Coronel del Regimiento del Rey〕）、アントニオ・マドリガル（ビリャメディアナ侯）、ニコラス・フェリーペ・ロドリゲス（王立倉庫主任管理官〔Guarda mayor de esos Reales Almacenes〕）の三名の出資と所有にかかり、その総額は四万八〇〇〇～五万ペソに上ったことを明らかにした(84)。

共有資産であるパリアンを失った「マニラ市」は八七年一月二日づけで、バスコ総督の防衛力強化計画の問題点を列挙し、元の場所にパリアンを再建するよう国王に奏上した。すなわち、緩衝地帯での夜間における治安の悪化、スペイン人とは全く異なる過去に何度も反抗してきた民族（中国人）がイントラムロスに存在し、かつまたパリアンの取壊しによって周辺地区に分散していることの危険性、パリアンの取壊しでスペイン人、メスティーソ、インディオ、中国人を含めて約四千人が店舗や住居を失ったこと、アルカイセリア・デ・サン・ホセは狭隘で、マニラ市民は必要物資を求めてサンタ・クルス、ビノンドまで出向かなければならないことであった。その上で「マニラ市」は、一七八三年から四年分で合計一万九八〇四ペソに上るパリアンの賃料を失ったとした。またパリアンは、もともと耐火・耐久性のない資材で建築され、石造の教会などと異なって首府防衛の障害とはならないし、中国人をパリアンに集住させることは、植民地の治安維持にもかなっている。さら、在住中国人を二千人とすれば、総計一万二〇〇〇ペソの人頭税を円滑に徴収でき、総督府（王室）財政に貢献できるとした。(85)

その結果、一七九〇年五月十四日づけの勅令は、フェリクス・ベレンゲール・デ・マルキーナ総督（在任一七八八―九三）に「マニラ市」と協議の上、旧来の位置に敵（イギリス等）の侵入の際には直ちに取壊せるような建築材でパリアンを再建するよう命じた。またパリアンの再建がなるまでの間、中国人は、トンド州長官の監視下の適当と思われる場所、あるいは、その他の治安上より安全とみなされる地区に居住させることとした。(86) しかし、十九世紀に入ってもパリアンは再建されなかった。

「マニラ市」は、中国人のアルカイセリアおよびイントラムロスからの追放を求め、執拗にパリアンの再建を要求し続けたが、一八〇八年二月十五日づけの本国への書面は、下記のように、ことさら中国人の「脅威」を強調するものであった。

マニラ市の設置以来、インディオや中国人による反乱を防ぐために、市内［イントラムロス］には真のスペイン人以外の居住を認めてこなかった［現実には、家事使用人などとしてスペイン人以外の人びとが居住していた（筆者）］。中国人の不忠実な本質は、総督府をして、これらの中国人の居住人口がある数値を超えないように厳しい政策を採らせた。また、彼らを集めてパリアンに居住させ、厳格な警察力の下におき、夜間はイントラムロスに留まらせないようにしていた。このような方針は、バスコ総督がパリアンを破壊し、イントラムロスにアルカイセリアを設置した時まで行われていた。(87)

スペイン国王は、「マニラ市」の申立て受けて、インディアス枢機会議で検討した結果、一八一六年三月十六日づけの勅令を発した。これは、一七九〇年五月の勅令の遵守および中国人の動静監視を求めるものであった。(88) しかし、この勅令をもってしてもパリアンの再建はならなかった。それはなぜであろうか。「マニラ市」は、パリアン再建を求める理由として、過去に繰り返された中国人蜂起等を挙げ、イントラムロスに中国人を抱えることの危険性──中国人の潜在的「脅威」を指摘していた。しかしながら、バスコ総督がパリアンを破壊した一七八三年当時は、七九年の中国人移民の再受入れ開始から間もなく、一七九四年三月においても、イントラムロス周辺の中国人カトリック教徒の司牧を担当していたアグスティン・デル・ロサリオ神父は教区所属の中国人信徒を一三四七人と報告している。十九世紀に入り、在住中国人人口は次第に増大したとはいえ、四千～五千人規模であった(89)。

これは、マニラ・ガレオン貿易の最盛期であった十七世紀前半の大規模な「中国人蜂起・虐殺事件」が起きた当時、マニラおよびその周辺に滞在する中国人が二万～三万人に達していたことと比較すると、その一〇分の一～四分の一程度であった。さらに当時は、来島する中国人を、原則的にカトリック教徒の移民とアルカイセリア・サン・フェルナンドに隔離された「異教徒」の一時滞在者とに分け、それらの中国人を別々に管理するという制度的枠組があった。「マニラ市」がパリアンの再建をめぐって、スペイン領フィリピンの過去に照らして言及した中国人の「脅威」は当時の実情を反映していなかったといえよう。

マニラ市がパリアンの再建にこだわった理由は、その財政にあった。一七八三年に設置されたアルカイセリア・デ・サン・ホセは、「マニラ市」の共有資産ではなかった。十八世紀末葉に「マニラ市」は、スペイン本国に対して財政の悪化のために必要な事業を行えない事情を説明したなかで、パリアンの破壊をあげている(90)。バスコ総督には、「マニラ市」の都市自治体としての活動を支える「財源を断つ」という意図もあったと思われる。その後、マリアノ・フェルナンデス・デ・フォルゲラス臨時総督（在任一八〇六―一〇、一六―二二）は、パリアンの破壊によって「マニラ市」

が被った損害を保障する措置として、一八一九年十一月二十三日づけで、月額四レアルの店鋪営業税を「マニラ市」の財政収入として認めた。これ以降、イントラムロスおよびその周辺の一八のプエブロに設けられた中国人経営の店鋪は、これを支払うことになった。この措置は中国人側の抵抗などもあって、必ずしも順調な徴収が行われた訳ではなかったが、二四年七月五日および二五年四月九日づけの王立司法行政院の決議(resolución)においても追認され[91]、その後、これが問題となることはなかった。

おわりに

本章が対象とした時期において、スペイン領フィリピンの中国人統治の要諦は、スペインのインディアス支配の正統性原理に照らして本来は存在するはずのない、しかし植民地にとって有用かつ不可欠の「他者」である「異教徒」中国人を認めつつ、いかに統治するかであった。その一方、支配者であるスペイン当局の利害は、必ずしも一枚岩ではなく、王権を代理するフィリピン総督府と都市自治体としての「マニラ市」の本質的な対立があった。これら両者は、限られた植民地の財源のなかで、それぞれが「財源」としての中国人を見いだした。その際、その前提となったのが、これらの中国人を、カトリシズムを基底に据えた植民地社会から「隔離する」であり、その装置となったのがパリアンであった。

十八世紀中葉になり「ブルボン改革」の「カトリック的啓蒙」の下で、中国人移民にはカトリシズムの受容が要求され、理論上、彼らは植民地の正統な住民、スペイン国王の「臣民」となった。しかしながら、マニラ・ガレオン貿易体制の下で、スペイン人と中国人の間に形成された鋭い緊張を含んだ相互依存関係のなかで創造された中国人のイメージ、「不忠実な中国人（サンレイ・インフィエル）」は容易には払拭されなかった。

さらに、イギリスのマニラ占領期に中国人がイギリス人に協力した事実が相まって、このイメージは再生・増幅された。「マニラ市」は、パリアンの再建を要求する際、繰返し中国人の「脅威」を理由としたが、これは、必ずしもその当時の中国人の現実的な「脅威」を反映してなされたものではなかった。しかしながら、インディアス枢機会議での審議が厖大な植民地行政文書の蓄積に依拠していたことから、「マニラ市」は、中国人の「脅威」を主張することがパリアンの再建に有効であると判断したのであろう。さらに一七八三年当時、スペイン本国でフィリピン問題の専門家として国王やインディアス枢機会議に影響力があったのは、テパ伯フランシスコ・レアンドロ・デ・ビアナであった。ビアナは、イギリスのマニラ占領時、王立司法行政院の検察官（fiscal）として、中国人の対英協力を目の当たりにしていた。ビアナは、バスコ総督を厳しく非難し、さらに「中国人はカトリックに改宗した者であっても偶像崇拝を行い、スペイン人に対する憎悪、総督府に対する反抗、また強欲・残酷さを示し、これらの本質は、何度も繰り返された背信行為でスペイン人をフィリピン諸島から無きものにしようとしたことで証明されている」としていた(92)。スペイン本国とインディアス間の距離に基づく認識のギャップを利用して植民地で作成された文書は、同時代のインディアス枢機会議での審議を左右するだけでなく、その文書を利用する我々の目をも時として欺き、スペイン領フィリピンにおける中国人の引き続く「脅威」を現出させる。

本章では、中国人統治をめぐってフィリピン総督府と「マニラ市」との対抗関係があり、その基底には支配の正統性原理――教会による統治――があったことを示した。しかしながら、カトリック教会と中国人との関係、それにフィリピン総督府あるいは「マニラ市」がいかに関わっていたのか、また中国人が自らの頭領を擁して、自らの生存戦略に沿って、まさに二項対立の構図を超えて、いかに巧みにスペイン当局（総督府、「マニラ市」および教会）に対していたのかについては、紙幅の関係もあって記述することができなかった。今後の課題としたい。

註

（1） Luis Merino, *The Cabildo Secular or Municipal Government of Manila: Social Component・Organization・Economics* (Iloilo: Research Center, University of San Agustin, 1980), pp. 30, 125-127.

（2） マニラ・ガレオン貿易については、William Lytle Schurz, *The Manila Galleon* (New York, Dutton, 1939; Everyman Paperback, rpt. edition, 1959) を参照。また拙稿「フィリピンとメキシコ」（歴史学研究会編『世界史とは何か——多元的世界の接触の契機』講座世界史1、東京大学出版会、一九九五年）、二〇三—二二八頁。

（3） 池端雪浦「フィリピンにおける植民地支配とカトリシズム」（石井米雄編『東南アジアの歴史』講座東南アジア学四、弘文堂、一九九一年）、二一七—二四二頁。

（4） スペイン人の手職の忌避については、立石博高「アンシャン・レジーム期のマドリード市会——自治体改革との関連で」（大内一、染田秀藤、立石博高共著『もう一つのスペイン史——中近世の国家と社会』同朋舎出版、一九九四年）、一六〇—一六九頁を参照。

（5） パリアンの歴史については、箭内健次「マニラの所謂パリアンに就いて」『台北帝国学文政学部史学科研究年報』五輯、一九三八年、一九〇—三四六頁、および Sonia L. Pinto, "The Parian, 1581-1762," MA thesis, Ateneo de Manila University, 1964; and Alberto Santamaria, "The Chinese Parian (El Parian de los Sangleyes)," in Alfonso Felix, Jr. (ed.), *The Chinese in the Philippines*, 2 vols. (Manila: Solidaridad, 1966-69), vol. 1: *1570-1770*, pp. 67-118 を参照。

（6） Reales Ordenes, 6 September 1784 and 25 September 1785, and Real Cédula, 14 May 1790, in *Cedulario de la insigne, muy noble, y siempre leal ciudad de Manila, capital de estas Islas Filipinas, destinado al uso de los señores regidores que se componen su Exmo. Ayuntamiento* (Manila: Imp. de D. José María Dayot, 1836), pp. 130-131, 135-136, 160-164.（*Cedulario* と略記する）。

（7） Real Cédula, 14 May 1790, *Ibid.*

（8）これらについて日本語で読める文献として、箭内「マニラの所謂パリアン」、内田晶子「一六三九年のマニラにおける中国人暴動」『お茶の水史学』一八、一九七四年、一―一四頁がある。関連する翻訳史料として、アントニオ・デ・モルガ（神吉敬三訳、箭内健次訳注）『フィリピン諸島誌』大航海時代叢書Ⅶ（岩波書店、一九六六年）、また漢文史料として、一六〇三年までの事件については『東西洋考』巻五、「東洋列国考」呂宋を参照。鄭成功の事件については、Charles J. McCarthy, "On the Koxinga Threat of 1662," *Philippine Studies*（*PS*）, vol. 18 (January 1970), pp. 187-196; and Ruperto C Santos, *Anales Ecclesiasticos de Philipinas, 1574-1682: Philippine Church Hsitory, A Summary Translation*, 2 vols. (Manila: Roman Catholic Archbishop of Manila, 1994), vol. 1, pp. 168-181. 中国人の対英協力後の追放については、Salvador P. Escoto, "The Last Mass Expulsion of the Chinese and the New Spanish Policy for their Readmission to the Philippines, 1764-1779," *PS*, vol. 47 (January-March 1999), pp. 48-76; and *idem*, "A Supplement to the Chinese Expulsion from the Philippines, 1764-1779," *PS*, vol. 48 (April-June 2000), pp. 209-234. また拙稿「一八世紀中葉フィリピンにおける中国人移民社会の変容と中国系メスティーソの興隆――対英協力中国人の追放をめぐって――」『東洋学報』七六巻三・四号、一九九八年、六一―九一頁。二項対立の図式を含めて近年の研究動向については、拙稿「スペイン領フィリピンにおける「中国人」――"Sangley," "Mestizo" および "Indio" のあいだ――」『東南アジア研究』四三巻四号、二〇〇六年、三七四―三九六頁を参照。

（9）William Henry Scott, *Barangay: Sixteenth-Century Philippine Culture and Society*（Quezon City: Ateneo de Manila University Press, 1994）, pp. 75-76, 191-229.

（10）これ以降のパリアンに関する一般的な記述は註（5）による。

（11）"Año de 1779: Testimonio literal del expediente formado a consequencia de Reales determinaciones sobre el establecimiento de los Sangleyes en estas Yslas, con el Padron General de ellos admitidos en este presente año," Filipinas 715, Archivo General de Indias（AGI）, f. 676.（"Año de 1779" と略記する）。

（12）Inmaculada Alva Rodríguez, *Vida municipal en Manila*（*Siglos XVI-XVII*）（Córdoba: Universidad de Córdoba, 1997）, pp. 65-66. また「マニラ市」は一五九五年十一月十九日づけで植民地首府（"Cabeza y más principal Ciudad"）として正式に認め

られた（*Cedulario*, pp. 5-6）。金銀交換比率について、さしあたり木村正弘『鎖国とシルバーロード』（サイマル出版会、一九八九年）、五六―五七頁。また小葉田淳『金銀貿易史の研究』（法政大学出版局、一九七六年）、四九、五五―五九頁を参照。

（13）スペイン人がカトリシズムの信仰とスペイン王室への忠誠を同一視していたことは、斎藤晃『魂の征服――アンデスにおける改宗の政治学――』（平凡社、一九九三年）、二二七―二二九頁を参照。なお、スペイン領フィリピンにおいて「中国人」を意味する「サンレイ（sangley）」とは商売を意味する「生意」にあたる福建語の「生理」に由来するとされる。もちろん「チノ（chino）」も使用された。

（14）"Año de 1779," f. 677. 売官制度は、一五八六年にフィリピンに導入されたが定着までには紆余曲折があった（モルガ、三七九―三八〇頁）。一六三〇年代以降は官職の譲渡や相続も認められた（Merino, 1980, pp. 149-166, 195-198）。売官に関しては Nicholas P. Cushner, *Spain in the Philippines: From Conquest to Revolution*（Quezon City: Institute of Philippine Culture, Ateneo de Manila University, 1971）, and Alva, pp. 177-185, 151-183.

（15）*Ibid.*; and Real Cédula, 7 February 1758, in Miguel Rodríguez Bérriz, *Diccionario de la administración de Filipinas: Anuario de 1888*, 2 vols.（Manila: Imp. y Lito. de Pérez, hijo, 1887-88）, vol. 1, pp. 560-564.（*Anuario* と略記する）。アランディア総督の中国人追放については、拙稿「18世紀中期フィリピンにおけるアランディア総督の非キリスト教徒中国人の追放――中国系メスティーソの興隆の契機をめぐって――」『東南アジア――歴史と文化』一九号、一九九〇年、二六―四二頁を参照。

（16）"Año de 1779," ff. 676-677.

（17）*Ibid.*, f. 677. 徴税請負は十八世紀より開始され、当初はスペイン人が請負うこともあったが、一七二〇年代後半から中国人が請負うようになった（*Ibid.*, ff. 677-684）。

（18）Edgar Wickberg, *Chinese in Philippine Life, 1850-1898*（New Haven: Yale University Press, 1965; Quezon City: Ateneo de Manila University Press, rpt. edition, 2000）, pp. 37-38. 一七五五年の中国人追放当時、スペイン当局に対応した頭領はファン・エウヘニオ・アレチェデレラ・チェンカ（范雩亭柔増観）で、筆頭カベシーリャはホセ・アレバロ・チョンセイ（扶西長使）であった（拙稿「アランディア総督」、三二―三三頁）。前者は一七四四―四九、五五年、後者は一七五〇―五四、六〇—六二年に徴税を請負った（“Año de 1779,” ff. 682-683）。また「対英協力」中国人の追放時、スペイン当局と折衝したイグナシオ・ミゲル・マヨラルゴ・ゴ・キコ（怡那受琦官）は一七六七年当時、筆頭カベシーリャであったが、一七五七—五九、六四—六八年の間、徴税を請負っていた（“Año de 1775. Testimonio Literal del Expediente creado en virtud de Superior Providencia emanada de la R.l Cedula…;” Filipinas 715, AGI; and “Año de 1779,” ff. 683-685）。

（19）“Informe de P.e Provincial Joseph Herrera,” June 1760, Sección San Gabriel, tomo 7, num. 2, ff. 101-118, Archivo de la Provincia del Santisimo Rosario en Filipinas（APSR）; “Escrito del P. F. Pardo sobre San Gabriel,” May 1673, *ibid.*, tomo 1, num. 17, ff. 322-327, APSR; and Francisco Gainza, “Memoria sobre el origen, progresos, variaciones y estado actual de la iglesia de los sangleyes cristianos,” Binondo, 12 June 1847, Folletos, tomo 115, Archivo de la Universidad de Santo Tomás. また拙稿「18世紀後期フィリピンにおけるサン・ガブリエル病院——非キリスト教徒中国人の追放との関連において——」『名古屋女子大学紀要』（人文・社会編）三七号、一九九一年、二一六—二一九頁。

（20）モルガ、四〇一—四〇七頁。

（21）Gainza, “Memoria”; and Lorelei D. C. de Viana, *Three Centuries of Binondo Architecture 1594-1898: A Socio-Historical Perspective*（Manila: University of Santo Tomas Publishing House, 2001）, pp.16-17. モルガによれば、ルイス・ペレス総督は「すべての点でドミニコ会士たちの助言に従っていた」とあるので（モルガ、七六頁）、ビノンド居住地の下賜にドミニコ会の影響があったのかもしれない。

（22）箭内「マニラの所謂パリアン」、二三四—二三七頁。

（23）*Recopilación de leyes de los reynos de las Indias*, 4.a impresión, 3 vols.（Madrid: Viuda de D. Joaquín Ibarra, 1791; facsim. edition, 1998〔「インディアス法集成」、一六八一年初版〕）, lib. 6, tit. 18, ley 1.（*Recopilación* と略記する）; *Anuario*, vol. 1, p. 591; and *Cedulario*, p. 163.

（24）シトゥアードは、メキシコ副王府からの財政援助金とアカプルコで徴収されたマニラ・ガレオン貿易にかかる関税の返戻金とから構成されていた。Leslie E. Bauzon, *Deficit Government: Mexico and the Philippine Situado, 1606-1804*, East Asian

Cultural Studies, ser. no. 21（Tokyo: Centre for East Asian Cultural Studies, 1981）, pp. 50-66を参照。ルイス・アロンソは、シトゥアードは、必ずしもフィリピン植民地財政に不可欠のものではなく、植民地財政は、従来、考えられていたより自立していたとの見解を提出している（Luis Alonso, "Financing the Empire: The Nature of the Tax System in the Philippines, 1565-1804," *PS*, vol. 51〔January 2003〕, pp. 63-95）。

（25） *Recopilación*, lib. 8, tit. 15, ley 23; and Tomás de Comyn, *State of the Philippines in 1810*, trans. William Walton（Manila: Filipiniana Book Guild, 1969）, p. 64.

（26） Pierre Chaunu, *Les Philippines et le Pacifique des Ibériques*（*XVI*^{e}*, XVII*^{e}*, XVIII*^{e}*. siècles*）――*Introduction méthodologiques et indices d'activité*（Paris: S.E.V.P.E.N., 1960）, pp. 164-169, 200-216.

（27） Patricio Hidalgo Nuchera, *Encomienda, tributo y trabajo en Filipinas*（*1570-1608*）（Madrid: Universidad Autónoma de Madrid, Polifemo, 1995）, pp. 191-204.

（28） "Fundacion de la caxa de Comun.^{d} de los Sang.^{es}," 39-C-7, Archives of the Archdiocese of Manila（AAM）; and "Año de 1779," ff. 689-691.

（29） Chaunu, pp. 78-89.

（30） "Año de 1779," ff. 679-680. シルバ総督による「一般居住許可証」の徴収が一六一〇年より開始されたとする史料もある（Juan de Silva to the King, 3 December 1613 in Emma H. Blair and Alexander Robertson〔eds.〕, *The Philippine Islands, 1493-1898*, 55 vols.〔Cleveland: Arthur H. Clark, 1903-1909〕, vol. 17, p. 150）。（*BR*と略記する）。

（31） *Recopilación*, lib. 6, tit. 18, ley 1.

（32） Miguel Benavides to the King, 5 July 1603 in *BR*, vol. 12, p. 108.

（33） 二期に分けて徴収するようになったのは、パリアン在住中国人が総督府と折衝した結果である（"Año de 1779," ff. 680-681）。

（34） *Ibid.*, ff. 686-687. ただし、どのような場合に当該期分の納入が必要かについては記述に混乱がみられる。

（35） *Ibid.*, f. 687. モルガは、「いかなるサングレイも特別の許可なしには、諸島内を歩くことも、マニラ市から二レグワ離れることも許されていない」としているが（モルガ、四〇七頁）、これは「一般居住許可証」として八ペソが徴収される以前の状況と思われる。

（36）「一般居住許可証」は、スペイン領インディアス（アメリカ）において本来は存在しないはずの「外国人（extranjero）」に手数料と引換えに臨時的に与えられた許可（permiso）である「コンポシシオン（composición）」と同様の機能を果たすものであったと考えられる。スペイン領アメリカにおける「外国人」の不安定な地位については、Tamar Herzog, *Defining Nations: Immigrants and Citizens in Early Modern Spain and Spanish America*（New Haven: Yale University Press, 2003）, pp. 95, 110-118を参照。その意味で、「一般居住許可証」の発行は、必ずしもスペイン領フィリピンに特有のものではなく、スペイン領インディアスの統治を各地域の実情に適応させたものであったともいえよう。なお、中国人は「外国人」ではなかった。また、マニラは貿易港として一八三四年に正式に開港したが、その数年前までスペイン領フィリピンに商業・貿易などのために来住した「外国人」であるヨーロッパ人は、アルカイセリアでの滞在は必要でなかったが、原則として、その滞在目的に応じた「許可証」の取得を必要とした（Rafael Díaz Arenas, *Report of the Commerce and Shipping of the Philippine Islands*, trans. Encarnacion Alzona〔Manila: National Historical Institute, 1979〕, p. 77）。

（37）「マニラ市」の公式名称「令名高く常に忠誠なるマニラ市（Insigne y siempre leal Ciudad de Manila）」は、一五七四年六月二十一日づけでスペイン国王の認証を得た（*Cedulario*, pp. 3-4）。マニラ市設置当時、約二五〇人が市民として登録された（Merino, 1980, pp. 30-31; and *idem, Estudios sobre el municipio de Manila*, 2 vols.〔Manila: Intramuros Administration and Centro Cultural de España, 1983-1987〕, vol. 1: *El cabildo secular: aspectos fundacionales y administrativos*, p. 26）。

（38）Merino, 1980, pp.149-166; and *idem*, 1983, pp. 146-164. 本章では一般的な地域名称としてのマニラと区別するために、本来のマニラ市（イントラムロス）の範囲および都市自治体としてのマニラ市（マニラ市参事会）は「マニラ市」と記述する。

（39）管轄区域を周囲五レグアとすることは、一五七四年六月二十一日づけのフェリーペ二世（在位一五五六―九八）による勅令で認められ、フランシスコ・デ・サンデ総督（在任一五七五―八〇）の下で、一五七七年一月四日より実施された（*Cedulario*, pp. 14-15）。

(40) Merino, 1980, pp. 203-204; and *idem*, 1983, pp. 181-186.

(41) *Idem*, 1980, pp. 209-213, 256-259, *idem* 1983, pp. 189-193, 238-242; and Alva, pp. 257-289.

(42) 王立司法行政院の審議官は関わってはならないとされた（*Recopilación*, lib. 2, tit. 15, ley 55）。フィリピン総督は、ヌエバ・エスパーニャ副王と同等の給与である年額八〇〇〇ペソが与えられ、スペイン国王の代理として、行政（gobernador）、軍事（capitán general）および司法（王立司法行政院長［presidente］）の三権を握っていた（*Recopilación*, lib. 5, tit. 2, ley 1）。カトリック教会組織についても、インディアスにおけるローマ教皇の代理として教会の保護者であった国王（patronato real de Indias による）の代理として、総督は高位聖職者の推薦権や教区主任司祭以下の聖職者の叙任権を有していた（*Recopilación*, lib. 1, tit. 6, leyes 16-17, 50）。

(43) 軍人出身のウルタド・デ・コルクエラ総督はイスラーム勢力との戦いにも攻勢に出たほか、フィリピン統治の主権をめぐって教会とも対峙した。総督の治績および評価については、Cushner, pp. 158-167を参照。

(44) *Cedulario*, pp. 15, 61-62.

(45) *Ibid*., pp. 10-11.

(46) *Ibid*., pp. 26-27, 32-34.

(47) *Ibid*., pp. 56-59.

(48) フェリーペ三世による一六〇三年四月十五日（*Recopilación*, lib. 5, tit. 3, ley 24）、ならびに一六〇三年十月十五日および一六一四年六月十二日の各勅令（*Recopilación*, lib. 6, tit. 18, ley 6）。なお、これらの勅令では、本稿で「パリアン知事」としている役職について「アルカルデ（alcalde）」または「アルカイデ（alcaide）」が使用されている。また「フスティシア・マヨル（justicia mayor）」が用いられることもある。

(49) *Cedulario*, pp. 70-72.

(50) *Ibid*., pp. 34-35, 63.

(51) *Ibid*., p. 63.

（52）*Ibid.*, pp. 60-64.
（53）*Ibid.*, pp. 60-65.
（54）*Ibid.*, pp. 88-89.
（55）*Ibid.*, pp. 10-12.
（56）一六三九年の事件の遠因をつくったのはウルタド・デ・コルクエラ総督であった。総督は歳入増大のためにラグナ州の開墾を企図して中国人を入植させた（箭内「マニラの所謂パリアン」、二五二—二五三、二四二—二五五頁、内田「中国人暴動」、三、七—八頁）。
（57）Alva, p. 64; Merino, 1980, p. 207; and *idem*, 1983, p. 187.
（58）*Idem*, 1980, pp. 64, 69-70.
（59）Viana, p. 15. 結局、サン・ガブリエル病院が石造建築となったのは一六二五年であった（*Ibid.*, pp. 98-99）。
（60）Hurtado de Corcuera to the King, in *BR*, vol. 26, pp. 139-141.
（61）Alva, pp. 69-72; Merino, 1980, pp. 206-213; and *idem*, 1983, pp. 86-193.
（62）Chaunu, pp. 164-169, 200-216.
（63）*Anuario*, vol. 1, pp. 560-564.
（64）Real Cédula, 17 June 1679 in *Cedulario*, pp. 53-55.
（65）*Ibid.*, pp. 68-70.
（66）“Año de 1779,” f. 688.
（67）Manuel de León to the King, 15 June 1671, in H. de la Costa (ed.), *Readings in Philippine History* (Manila: Bookmark, 1965), p. 75.
（68）立石博高「スペインの啓蒙思想と啓蒙的改革」（立石、関哲行、中川功、中塚次郎編『スペインの歴史』昭和堂、一九九八年）、一五四—一六〇頁。

(69) Serafin D. Quiason, *English "Country Trade" with the Philippines, 1644-1765* (Quezon City: University of the Philippines Press, 1966).

(70) Bauzon, pp. 74-76. 十八世紀中葉以降に取り組まれた経済開発策については、María Lourdes Díaz-Trechuelo, "The Economic Development of the Philippines in the Second Half of the Eighteenth Century," *PS* 11 (1963), pp. 195-231を参照。

(71) 立石「国民国家の形成と地域ナショナリズムの擡頭」(立石、中塚次郎編『スペインにおける国家と地域——ナショナリズムの相克』国際書院、二〇〇二年)、一九頁。

(72) 拙稿「18世紀中葉フィリピンにおける中国人移民社会のカトリック化と中国系メスティーソの興隆——「結婚調査文書」を手がかりとして——」『東洋文化研究所紀要』一三九冊、二〇〇〇年、四二〇—四四四頁。

(73) Merino, 1987, p. 181: and Viana, pp. 104-106.

(74) *Ordenanza qve se ha de observar en la capital de Manila en el recivo, estancia, y tornabvelta de los sangleies infieles qve del Reyno de China vengan a comerciar, segvn las ordenes de sv Magestad* (Manila: Colegio de Compañía de Iesus, 1756).

(75) この当時の洗礼志願者や受洗者の急増については、拙稿「アランディア総督」三二一—三三三頁。また、一七七九年の中国人移民再受入れにあたって、フィリピン総督府はカトリック教会に改宗希望の中国人について、その意思を十分に確認した上で三ヶ月間の「カトリック要理」の学習をさせて洗礼志願者の資格を得た者に洗礼を施すよう求めている("Año de 1779," f. 692)。また時代は下るが、マニラ司教区総代理(vicario general)であったフランシスコ・ドゥラナは、瀕死を装って死床洗礼を受けた中国人が、その翌日に頭領の仲介で仕事を得てカトリック教徒として不正に植民地に留まっていると指摘している(Francisco [Díaz] Durana [Arcediano] to Felix Berenguer de Marquina, 20 March 1789, Provisorato 1784-1826, 7-A-3, AAM)。

(76) Merino, 1987, pp. 181, 229.

(77) *Idem*, pp. 180-182, 218-228; and Viana, pp. 106-107.

(78) *Cedulario*, pp. 93-94.

(79) *Ibid.*, pp. 95-97.

(80) Merino, 1987, pp. 241-242.

(81) 拙稿「バスコ総督のフィリピン植民地経済開発——中国人移民奨励と養蚕業振興策——」『南方文化』一三輯、一九八六年、四七—六九頁。バスコ総督は、「異教徒」中国人移民の「消滅」に対応してそれまでの特許としての「一般居住許可証」を廃して、一律六ペソの人頭税として「定住許可証（licencia de radicación）」を発行して、一元的に管理する方針とした。

(82) Noble Ayuntamiento de Manila to the King, Manila, 2 January, 1787 in "Filipinas Sangleyes: Antecedentes que acompano el Ministerio de Hacienda de Yndias, con la Real orden de 2 Octubre 826," Ultramar 607, AGI; Real Orden, 6 September 1784, *Cedulario*, pp. 130-31; Real Orden, 5 May 1786, *ibid.*, pp. 141-142; and Real Cédula, 14 May 1790, *ibid.*, pp. 160-164.

(83) Real Orden, 25 September 1785, in *Cedulario*, pp. 135-136; and Real Cédula, 14 May 1790, *ibid.*, pp. 160-164

(84) Real Cédula, 14 May 1790, in *Cedulario*, pp. 160-164; and Real Orden, 25 September 1785, in *Anuario*, vol. 1, p. 589.

(85) Noble Ayuntamiento de Manila to the King, Manila, 2 January, 1787. 人頭税については註（81）参照。

(86) *Cedulario*, pp.160-164; and Díaz-Trechuelo, "The Economic Background," in Felix (ed.), vol. 2: *1770-1898*, pp. 30-31.

(87) *Anuario*, vol. 1, p. 595.

(88) *Ibid.*, pp. 594-596.

(89) Padrones 1775-1796a, 9-C-7, AAM; and Díaz-Trechuelo, pp. 35-36, 42.

(90) Real Cédula, 18 September 1798, in *Cedulario*, pp. 197-200.

(91) Concejo de Indias, 16 May and 10 December 1828, Ultramar 607, AGI.

(92) *Ibid.*

跋

本書が出来上がるまでに積み重ねてきた我々の研究グループの活動履歴を改めて記しておく。

二〇〇五年度の発足当初は我々の研究グループの構成員は編者の他、武内房司、八尾隆生、嶋尾稔の研究分担者からなる四名のみであり、編者が総括及び東アジア海域中核世界の地方統治の研究を、武内が中華帝国周辺の中華帝国周辺の地方統治の研究を、八尾が十五〜十八世紀のベトナム地方統治の研究を、嶋尾が十八〜十九世紀のベトナム地方統治の研究をそれぞれ担当することになった。

続いて二〇〇六年度には海域世界の地方統治研究の枠を広げる必要から、三木聰を研究分担者に加え、東アジア海域中核世界の東南部における地方統治の研究を、さらに研究協力者に渡辺美季を迎え、近世琉球の地方政治の研究をそれぞれ担当してもらった。

さらに二〇〇八年度からは比較研究の充実を図るため研究協力者として菅谷成子を新しく加え、東南アジアとりわけフィリピンの地方政治の研究を担当してもらった。

我々の研究グループによる過去五年間にわたる主な活動内容は以下のとおりである。

二〇〇五年八月十一日　第一回研究会（慶應義塾大学）
二〇〇五年十月八日　第二回研究会（慶應義塾大学）

二〇〇六年二月二十二日～二十八日、三月十日～二十日　嶋尾によるベトナム・ハノイでの文献調査
二〇〇六年二月二十六日～三月十三日　八尾によるベトナム・ハノイでの文献調査
二〇〇六年三月二十一日～二十八日　武内によるベトナム・ハノイおよびフエでの文献・実地調査
二〇〇六年七月一日　第三回研究会（慶應義塾大学）
二〇〇六年九月十二日～十七日　山本による中国・北京での文献調査
二〇〇六年十月二十一日　第四回研究報告会
二〇〇七年三月二十五日～三月三十一日　武内を除く全員によるベトナム現地調査（ハノイ、ランソンにおける碑文史料収集）
二〇〇七年七月六日　第四回研究会（慶應義塾大学）
二〇〇七年九月二十八日　第五回研究会（慶應義塾大学）
二〇〇七年十一月三十日　第六回研究会（慶應義塾大学）
二〇〇八年一月十一日～一月十三日　東南アジア研究フォーラムとの共催によるワークショップ「東アジア海域の地方統治」を広島で開催
二〇〇八年三月二十四日～三月三十一日　全員による中国浙江現地調査活動（杭州、紹興、寧波における城郭遺跡および海防遺跡）
二〇〇八年五月二十三日　第七回研究会（慶應義塾大学）
二〇〇八年六月四日～八月四日　山本による米国主要図書館の漢籍史料文献調査
二〇〇八年十一月九日　第八回研究会（慶應義塾大学）

二〇〇八年十二月二十日〜十二月二十八日　中国福建現地調査活動（福州、莆田、泉州、厦門）および厦門大学の関係研究者たちとの学術交流会を実施
二〇〇九年六月二十日　第九回研究会（慶應義塾大学）
二〇〇九年十月三十一日　国際ワークショップ「明清時代の秩序形成と地方統治１」を慶應義塾大学で開催
二〇〇九年十一月四日　国際ワークショップ「明清時代の秩序形成と地方統治２」を北海道大学で開催
二〇一〇年一月四日〜一月七日　全員による沖縄現地調査を実施
二〇一〇年三月二十七日　第十回研究会（慶應義塾大学）研究の総括

なお、本書には研究グループのメンバーの他に、巫仁恕、ピエール・エティエンヌ・ヴィル、陳支平、上田新也の各氏による論考を収録している。これは国際ワークショップや現地調査の時々において研究協力を賜った方々であり、それぞれの研究が我々の研究テーマである「東アジアの地域形成と地方統治官」と密接に関わることから特別に寄稿していただいたことによる。なおヴィル論文は氏が学習院大学客員研究員として来日された折の講演に基づく。


本書が東アジア海域叢書の一つとして、しかもその最初に刊行されるにあたっては、それに尽力していただいた多くの方々の御厚情によるところが大きい。

まず何をおいても領域代表である小島毅氏には深甚なる感謝を表したい。研究グループを組織する機会を与えていただくことがなければ本書は産まれなかった。

また我々の研究グループの成果を最初に刊行することに対して快諾いただいた他の「にんぷろ」関係者や研究代表

各位にも厚く御礼申し上げる。

プロジェクトの研究活動において外側から協力を賜った方々、海外実地調査におけるベトナム、浙江、福建、沖縄の各関係者の皆様および厦門大学の研究者の皆様、寄稿の労を厭われなかった巫仁恕、陳支平、ピエール・エティエンヌ・ヴィル、上田新也の各氏、さらにその翻訳に従事していただいた吉田建一郎、梅川純代、大道寺慶子の皆様には衷心より謝意を述べたい。

本書の刊行に際しては汲古書院の石坂叡志氏および小林詔子氏にお世話いただいた。とりわけ小林詔子氏には我方の原稿の遅れによって多大な迷惑をおかけしたにもかかわらず、迅速かつ丁寧な編集作業を進めていただき、予定通り刊行にこぎつけることができた。まことにもって恐縮する次第である。

最後になったが、この五年間にわたって研究グループに加わっていただき、活動をともにしてきた武内房司、八尾隆生、嶋尾稔、三木聰、渡辺美季、菅谷成子の六名の皆様方に対しては特別な思いがよぎる。編者は研究グループの代表として十分なリーダーシップを発揮したとは言い難いが、何とか一書を公刊する運びに至ったのはひとえにこれらの研究仲間の協力によるところが大きい。定期的に慶應義塾大学で実施した研究報告会、毎年場所を変えて実施した現地調査で交わした学術交流とその後に酌み交わした美酒と美食の味が忘れられない。我々の研究グループはこれをもって解散するが、いったん出来上がった友誼は永遠に失せることはない。

本書はこれらの尊い恩恵を享けて世に出たことを改めて確認しておく。

二〇一〇年七月十八日

山本英史

East Asian Maritime World Series Vol.1

Local Administration and the Maritime World of Early Modern East Asia

YAMAMOTO Eishi ed.

Contents

執筆者紹介（掲載順）

山本　英史（やまもと　えいし）1950年生。慶應義塾大学文学部教授。博士（文学）。『伝統中国の地域像』（編著、慶應義塾大学出版会、2000年）、『清代中国の地域支配』（慶應義塾大学出版会、2007年）、『アジアの文人が見た民衆とその文化』（編著、慶應義塾大学言語文化研究所、2010年）、『伝統中国判牘資料目録』（共編、汲古書院、2010年）など。

三木　聰（みき　さとし）1951年生。北海道大学大学院文学研究科教授。博士（文学）。『盗みの文化誌』（共著、青弓社、1995年）、『明清福建農村社会の研究』（北海道大学図書刊行会、2002年）、『伝統中国判牘資料目録』（共編、汲古書院、2010年）など。

巫　仁恕（ウー　レンシュー）1966年生。台湾中央研究院近代史研究所副研究員。歴史学博士。『奢侈的女人：明清時期江南婦女的消費文化』（台北、三民書局、2005年）。『品味奢華：晩明的消費社会与士大夫』（台北、中央研究院与聯経出版公司、2007年）、『游道：明清旅遊文化』（共著、台北、三民書局、2010年）、『激変良民：伝統中国城市群衆集体行動之分析』（北京、北京大学出版社即将出版、2010年）など。

ピエール・エティエンヌ・ヴィルPierre-Étienne WILL　1944年生。コレージュ・ド・フランス教授。*Bureaucratie et famine en Chine au 18e siècle*. Paris/La Haye, EHESS/Mouton, 1980. 312 pp.（徐建青訳『十八世紀中國的官僚制度與荒政』南京、江蘇人民出版社、2002年）、[Avec R. Bin Wong] *Nourish the People: The State Civilian Granary System in China, 1650-1850*. Ann Arbor, University of Michigan Center for Chinese Studies, 1991. *Nombres, astres, plantes et viscères: sept essais sur l'histoire des sciences et des techniques en Asie orientale*（共編）, Paris, Collège de France, Institut des Hautes Études Chinoises, 1994. *La Chine et la démocratie. Tradition, droit, institutions*（共著）, Paris, Fayard, 2007.

陳　支平（チェン　チーピン）1952年生。厦門大学歴史系教授。歴史学博士。『清代賦役制度演変新探』（安渓、厦門大学出版社、1986年）、『近500年来福建的家族社会与文化』（生活・読書・新知三聯書店、1991年）、『明史新編』（北京、中華書局、1993年）、『民間

文書与明清族商研究』（北京、中華書局、2009年）など。

武内　房司（たけうち　ふさじ）1956年生。学習院大学文学部教授。『清代貴州苗族林業契約文書匯編（1736～1950）』（共編、東京大学出版会、2005年）、「デオヴァンチとその周辺――シプソンチャウタイ・タイ族領主層と清仏戦争」（塚田誠之編『民族の移動と文化の動態――中国周縁地域の歴史と現在』風響社、2003年）、「清代貴州のカトリックと民間宗教結社」（細谷良夫他編『清朝史研究の新たなる地平――フィールドと文書を追って』山川出版社、2008年）など。

八尾　隆生（やお　たかお）1960年生。広島大学大学院文学研究科教授。博士（文学）。『黎初ヴェトナムの政治と社会』（広島大学出版会、2009年）、「黎朝前期紅河デルタにおける屯田所政策」（『アジア・アフリカ言語文化研究』64号、2002年）、「藍山起義と『藍山実録』編纂の系譜――早咲きのヴェトナム『民族主義』――」（『歴史学研究』789号、2004年）、「ヴェトナム紅河デルタ・ニンビン省瑰池社の開拓史――国家と地方官、民との交渉再考――」（『東洋史研究』66巻4号、2008年）など。

上田　新也（うえだ　しんや）1977年生。日本学術振興会特別研究員（PD）。博士（文学）。「17世紀ベトナム黎鄭政権における国家機構と非例官署」（『南方文化』第33輯、2006年）、「ベトナム黎鄭政権における鄭王府の財政機構――18世紀の六番を中心に――」（『東南アジア研究』46巻1号、2008年）、「ベトナム黎鄭政権の官僚機構――18世紀の鄭王府と差遣――」（『東洋学報』91巻2号、2009年）、「ベトナム黎鄭政権における徴税と村落」（『東方学』119輯、2010年）など。

嶋尾　稔（しまお　みのる）1963年生。慶應義塾大学言語文化研究所教授。“The Sinification of the Vietnamese Village: Family Genealogy and Ancestral Hall.” ISHII Yoneo ed. *The Changing Self Image of Southeast Asian Society during the 19th and 20th Centuries*. Tokyo: The Toyo Bunko. 2009.「ベトナムの家礼と民間文化」（山本英史編『アジアの文人が見た民衆とその文化』慶應義塾大学言語文化研究所、2010年）など。

渡辺　美季（わたなべ　みき）1975年生。神奈川大学外国語学部助教。博士（文学）。「鳥原宗安の明人送還――徳川家康による対明『初』交渉の実態――」（『ヒストリア』

202号、2006年)、「琉球人か倭人か――十六世紀末から十七世紀初の中国東南沿海における『琉球人』像――」(『史学雑誌』116編10号、2007年)、「琉球侵攻と日明関係」(『東洋史研究』68巻3号、2009年)、『沖縄学入門――空腹の作法』(共著、昭和堂、2010年) など。

菅谷　成子 (すがや　なりこ) 愛媛大学法文学部教授。「「マニラ公正証書原簿」にみる一八世紀末葉のスペイン領フィピン社会」(愛媛大学「資料学」研究会編『歴史と文学の資料を読む』創風社出版、2008年)、「スペイン領フィリピンにおける「中国人」――“Sangley,” “Mestizo” および “Indio” のあいだ――」(『東南アジア研究』43巻4号、2006年)、“Life of Chinese Immigrants in Late Eighteenth-Century Manila,” in Nicholas Thomas and Nie Dening (eds.), *Southeast Asia and China: Continuity and Change* (Xiamen University Press, 2006) など。

＊　＊　＊

吉田　建一郎 (よしだ　たていちろう) 1976年生。大阪経済大学経済学部専任講師。博士 (史学)。「戦間期中国における鶏卵・鶏卵加工品輸出と養鶏業」(『東洋学報』86巻4号、2005年)、「占領期前後における山東タマゴの対外輸出」(本庄比佐子編『日本の青島占領と山東の社会経済 1914－22年』財団法人東洋文庫、2006年)、「19世紀末－1930年代初期の上海における製革業」(金丸裕一編『近代中国と企業・文化・国家』ゆまに書房、2009年)、「20世紀前期の上海における日系製革企業――江南製革と中華皮革――」(『史学』79巻1・2号、2010年) など。

大道寺　慶子 (だいどうじ　けいこ) 1975年生。ウェストミンスター大学フェロー。PhD。「江戸人の消化――病の想像の一考察」(鈴木晃仁・石塚久郎編『食餌の技法―身体医文化論Ⅳ』(慶應義塾大学出版会、2005年)、英文和訳：レイモンド・アンブローシ「民間武術と儀礼：経済変遷を通じての継続性」(山田奨治・アレキサンダー・ベネット編『日本の教育に“武道”を』明治図書、2005年) など。

梅川　純代 (うめかわ　すみよ) 1973年生。大妻女子短期大学ほか非常勤講師。PhD。『「気」の思想から見る道教の房中術――いまに生きる古代中国の性愛長寿法』(共著、五曜書房、2003年)、「媚薬――中国性技法における食」(鈴木晃仁・石塚久郎編『食餌

の技法——身体医文化論Ⅳ』慶應義塾大学出版会、2005年)、「試論春宮圖與房中術之間關係」(Vivienne Lo、王書民編『形象中醫——中醫歴史圖像研究』北京、人民衛生出版、2007年)、「房中性愛技法の日中交流史——後期房中書は日本に伝わったのか」(田中文雄・テリー＝クリーマン編『道教と共生思想』大河書房、2009年)など。

東アジア海域叢書1

近世の海域世界と地方統治

平成二十二年十月五日発行

監　修　小島　毅
編　者　山本英史
発行者　石坂叡志
発行所　株式会社　汲古書院
〒102-0072東京都千代田区飯田橋二-五-四
電　話〇三-三二六五-九七六四
FAX〇三-三二二二-一八四五

富士リプロ㈱

ISBN978-4-7629-2941-0　C3322

東アジア海域叢書　監修のご挨拶

にんぷろ領域代表　小島　毅

この叢書は共同研究の成果を公刊したものである。文部科学省科学研究費補助金特定領域研究として、平成十七年（二〇〇五）から五年間、「東アジアの海域交流と日本伝統文化の形成――寧波を焦点とする学際的創生」と銘打ったプロジェクトが行われた。正式な略称は「東アジア海域交流」であったが、愛称「寧波プロジェクト」、さらに簡潔に「にんぷろ」の名で呼ばれたものである。

「東アジアの海域交流」とは、実は「日本伝統文化の形成」の謂いにほかならない。日本一国史観の桎梏から自由な立場に身を置いて、海を通じてつながる東アジア世界の姿を明らかにしていくことが目指された。

同様の共同研究は従来もいくつかなされてきたが、にんぷろの特徴は、その学際性と地域性にある。すなわち、東洋史・日本史はもとより、思想・文学・美術・芸能・科学等についての歴史的な研究や、建築学・造船学・植物学といった自然科学系の専門家もまじえて、総合的に交流の諸相を明らかにした。また、それを寧波という、歴史的に日本と深い関わりを持つ都市とその周辺地域に注目することで、「大陸と列島」という俯瞰図ではなく、点と点をつなぐ数多くの線を具体的に解明してきたのである。

「東アジア海域叢書」は、にんぷろの成果の一部として、それぞれの具体的な研究テーマを扱う諸論文を集めたものである。斯界の研究蓄積のうえに立って、さらに大きな一歩を進めたものであると自負している。この成果を活用して、より広くより深い研究の進展が望まれる。

東アジア海域叢書　全二十巻

○にんぷろ「東アジアの海域交流と日本伝統文化の形成——寧波を焦点とする学際的創生——」は、二〇〇五年度から〇九年度の五年間にわたり、さまざまな分野の研究者が三十四のテーマ別の研究班を組織し、成果を報告してきました。今回、その成果が更に広い分野に深く活用されることを願って、二十巻の専門的な論文群による叢書とし、世に送ります。

【題目一覧】

1	近世の海域世界と地方統治	山本英史 編	二〇一〇年十月	刊行
2	海域交流と政治権力の対応	井上徹 編	二〇一〇年十二月	刊行予定
3	小説・芸能から見た海域交流	勝山稔 編	二〇一一年一月	刊行予定
4	海域世界の環境と文化	吉尾寛 編	二〇一一年二月	刊行予定
5	江戸儒学の中庸注釈と海域世界	市来津由彦・中村春作・田尻祐一郎・前田勉 編	二〇一一年三月	刊行予定
6	碑と地方志のアーカイブズを探る	須江隆 編	以下続刊	
7	外交史料から十～十四世紀を探る	平田茂樹・遠藤隆俊 編		
8	浙江の茶文化を学際的に探る	高橋忠彦 編		
9	寧波の水利と人びとの生活	松田吉郎 編		

10 寧波と宋風石造文化 山川　均編
11 寧波と博多を往来する人と物 伊藤幸司・中島楽章 編
12 蒼海に響きあう祈りの諸相 藤田　明良編
13 蒼海に交わされる詩文 堀川貴司・浅見洋二 編
14 中近世の朝鮮半島と海域交流 森平　雅彦編
15 中世日本の王権と禅・宋学 小島　毅編
16 平泉文化の国際性と地域性 藪　敏裕編
17 儒仏道三教の交響と日本文化 横手　裕編
18 明清楽の伝来と受容 加藤　徹編
19 聖地寧波の仏教美術 井手　誠之輔編
20 大宋諸山図・五山十刹図　注解 藤井　恵介編

▼Ａ５判上製箱入り／平均３５０頁／予価各７３５０円／二〇一〇年十月より毎月～隔月刊行予定
※タイトルは変更になることがあります。二〇一〇年十月現在の予定

編者のことば

本書は、近世の東アジア海域で展開した多様な国際交流に対して陸域の政治権力がどのように対応したのかを検討する。海域世界の歴史を、「ひらかれた海」（一二五〇年～一三五〇年）、「せめぎあう海」（一五〇〇年～一六〇〇年）、「すみわける海」（一七〇〇年～一八〇〇年）の三つに段階的に区分する場合、海域の動向と陸域の政治権力の対応との間には時系列的な変化がうかがわれる。「ひらかれた海」の時代、東アジア海域の貿易が順調に成長した一方で、ユーラシア大陸における民族対立の激化に強く影響を受けた政治権力の関心は陸域に傾いたが、「倭寇的状況」と呼ばれる混沌とした状況が出現した「せめぎあう海」の時代には、海防体制が陸域の国家の重要課題とされた。続く「すみわける海」の時代では、「倭寇的状況」の終熄により国際関係上の安定がもたらされ、中国、日本、沖縄、朝鮮など諸地域の政治権力は海域よりも陸域に足場を置いた国家秩序の構築にこそ力を注ぐようになった。海域と陸域の双方の動向に注目することにより、海域世界で創り上げられた伝統の総体を解明できるものと考える。

東アジア海域叢書2

海域交流と政治権力の対応

編者のことば

本書は、戯曲小説等の通俗文化の検討を中心に構成している。

冒頭では、まず研究フィールドとなる古代の中国人における海域の認識を古典小説から確認を行い、そして中心的論題となる中国戯曲小説の日本に於ける受容の動態について、文言小説（『太平広記』『夷堅志』）や白話小説（『今古奇観』『西遊記』『金瓶梅』）から事例研究を行う。このような考察を経て、中国の様々な通俗文化が、どのような機会や経緯を経て、日本に受容され、自国文化として受け入れられるようになったのかを考察する。

また、受容された文化が日本独自の文化として変容する過程を、明治期の漢文教科書や語学教科書の事例から検討を試みる一方、更に日本に受容され独自発展を遂げた文化が、再度中国へ逆輸入され、まさに日中間で文化交流が行われる事例についても分析を試み、歴代行われた海域交流の実像を、小説芸能の分野から多角的にアプローチを試みたい。

東アジア海域叢書3

小説・芸能から見た海域交流